高等职业教育公共基础课系列规划教材



# 大学语文

主　编／夏新颜
副主编／吴　迪　霍书海　刘旺余　周翠英　张智慧
郭卓敏　廖　昳　杨艺蒙　谢奉伸

大连理工大学出版社
Dalian University of Technology Press

**图书在版编目(CIP)数据**

大学语文 / 夏新颜主编.  -- 大连 ：大连理工大学出版社，2024.9(2025.7 重印)
高等职业教育公共基础课系列规划教材
ISBN 978-7-5685-4948-6

Ⅰ.①大… Ⅱ.①夏… Ⅲ.①大学语文课—高等职业教育—教材 Ⅳ.①H19

中国国家版本馆 CIP 数据核字(2024)第 073789 号

大连理工大学出版社出版
地址:大连市软件园路 80 号　邮政编码:116023
营销中心:0411-84707410　84708842　邮购及零售:0411-84706041
E-mail:dutp@dutp.cn　URL:https://www.dutp.cn
大连图腾彩色印刷有限公司印刷　　大连理工大学出版社发行

幅面尺寸:185mm×260mm　印张:16.5　字数:430 千字
2024 年 9 月第 1 版　2025 年 7 月第 3 次印刷

责任编辑:刘俊如　责任校对:程砚芳
封面设计:张　莹

ISBN 978-7-5685-4948-6　定　价:55.80 元

# 前言

本教材以人文素质教育为核心，融语文教育的人文性、工具性、审美性为一体，集培养学生人文综合素养和听说读写汉语实践能力于一体。本教材以习近平新时代中国特色社会主义思想为指导，遵循高等职业院校学生身心发展规律，对照各专业人才培养方案，依据服务建设现代化经济体系和实现更高质量更充分就业对语文能力的要求，将语文能力、职业素养和思政有机结合，实现培养高素质高技能创新型人才的高等职业教育的根本任务。

在教材编写上紧扣高等职业教育人才培养的目标和定位，把全面提高学生的语文基础能力、大力培养学生的人文素养和家国情怀、有效加强学生职场所需的书面表达和口语交际能力作为教材编写的重点，力求达到"高等职业学校要培养服务区域发展的高素质技术技能人才"的目标要求。本教材具有如下特色：

一是强化德育功能。大学语文以"寓思想教育于语文教学之中"为己任，当前，全国高等职业院校广泛开展了"思政课程"和"课程思政"的教学改革和教研活动，本教材在编写过程中，通过赏析名家名篇潜移默化地对学生进行个人修养、责任担当、家国情怀等方面的培养。

二是注重开发人文资源。人文精神是一个人的立身之本，本教材以史为线，收录了文学史上极具代表性的名篇佳作，将前面六个章节分为文本精读和拓展阅读，提供尽可能多的阅读容量，不仅体现了"大语文"的学习视野，增强了人文素养，还有助于学生树立正确科学的世界观、人生观、价值观。

三是凸显实用性。为了让学生更好地适应社会对人才的素质要求，了解社会，掌握解决社会问题的一些基本技能，加之高等职业教育强调对实践操作能力的培养，本教材专门开辟了口语交际和应用写作两个单元，帮助学生熟悉常用文体的写作要领，为学生自学提供范式，将学习知识和提升写作能力相结合，最终达到"立德树人"和"知行合一"的目的。

本教材由河南职业技术学院夏新颜任主编，河南职业技术学院吴迪、霍书海、刘旺余、周翠英、张智慧、郭卓敏、廖映、杨艺蒙、谢奉伸任副主编，大连船用柴油机有限公司常磊参与编写。具体编写分工如下：第一章由张智慧编写；第二章第一节由杨艺蒙编写；第二章第二节由周翠英编写；第三章第一节由谢奉伸编写；第三章第二节由周翠英编写；第四章由郭卓敏编写；第五章由霍书海编写;第六章由吴迪编写;第七章由刘旺余编写;第八章由廖昳编写;常磊负责挖掘文学作品中与职场相关的内容,增添典型工作案例。全书由夏新颜拟定大纲,统筹规划思政内容,统稿并定稿。

"立身以立学为先,立学以读书为本",中华上下五千年的文化博大精深,但由于篇幅有限,难以言尽,仅能以史为鉴,把教材作为教师和学生的参考用书,期待本教材能够为高等职业教育的学生提供一个广阔而自由的精神空间,提供一个自主阅读、独立思考和自由创造的平台,激发学生去畅游更广阔更丰富多彩的文学天地。最后借宋人翁森的一句话相送——磋砣莫遣韶光老,人生惟有读书好。

在本教材编写过程中,编者选用了一些名家作品,注释评析中借鉴辑录了一些专家、学者的观点,引用了网络上的一些信息资料,在此表示衷心的感谢!请相关著作权人看到本教材后与出版社联系,出版社将按照相关法律的规定支付稿酬。由于编写水平和时间所限,本书中难免存在疏漏或不当之处,诚望大家批评指正。

**夏新颜**

2024 年 9 月

所有意见和建议请发往:dutpgz@163.com
欢迎访问职教数字化服务平台:https://www.dutp.cn/sve/
联系电话:0411-84706581　84706672

# 目录

## 文化长廊

## 职场在线

# 文化长廊

# 第一章　先秦两汉文学

## 第一节　文本精读

### 一、诗　经·七月

**题解**

《诗经》是我国第一部诗歌总集，原名《诗》，或称"诗三百"，共有305篇，另有6篇笙诗，有声无词。全书主要收集了西周初年至春秋中叶五百多年间的作品。《诗经》中的作品，有来自公卿、列士的献诗，有来自各地民间的歌谣，还有周王朝乐官的乐歌等，涉及内容广泛，包括政治、经济、军事、文化道德、风俗人情等，深刻反映了当时社会生活的面貌，是一幅形象的历史图景，具有很高的文学价值和历史价值。《诗经》分为风、雅、颂三类，《风》有十五国风，共160篇，是从周南、召南、邶、鄘、卫、王、郑、齐、魏、唐、秦、陈、桧、曹、豳15个地区采集上来的土风歌谣。雅即朝廷之乐，是周王朝王畿地区的音乐，《雅》分为《大雅》（31篇）、《小雅》（74篇），共105篇。颂是宗庙祭祀之乐，多是对祖先的赞颂，《颂》又分为《周颂》（31篇）、《鲁颂》（4篇）、《商颂》（5篇），共40篇。《诗经》在中国文学史上具有崇高的地位，对后世文学产生了不可磨灭的影响。

#### 七　月

七月流火[1]，九月授衣。一之日觱发，二之日栗烈。[2]无衣无褐[3]，何以卒岁？三之日于耜，四之日举趾。同我妇子，馌彼南亩，田畯至喜。[4]

七月流火，九月授衣。春日载阳，有鸣仓庚[5]。女执懿筐，遵彼微行，爰求柔桑。春日迟迟，采蘩祁祁。[6]女心伤悲，殆及公子同归。[7]

七月流火，八月萑苇。蚕月条桑，取彼斧斨，以伐远扬，猗彼女桑。[8]七月鸣鵙，八月载绩。[9]载玄载黄[10]，我朱孔阳，为公子裳。

四月秀葽[11]，五月鸣蜩[12]。八月其获，十月陨萚。[13]一之日于貉[14]，取彼狐狸，为公子裘。二之日其同，载缵武功，[15]言私其豵，献豜于公。[16]

五月斯螽动股，六月莎鸡振羽，[17]七月在野，八月在宇，九月在户，十月蟋蟀入我床下。[18]穹窒熏鼠，塞向墐户。[19]嗟我妇子，曰为改岁，入此室处。

六月食郁及薁[20]，七月亨葵及菽[21]，八月剥枣，十月获稻，为此春酒，以介眉寿。[22]七月食瓜，八月断壶，九月叔苴，采荼薪樗，食我农夫。[23]

九月筑场圃，十月纳禾稼。[24]黍稷重穋，禾麻菽麦。[25]嗟我农夫，我稼既同，上入执宫功。[26]昼尔于茅，宵尔索绹。亟其乘屋，其始播百谷。[27]

二之日凿冰冲冲，三之日纳于凌阴。[28]四之日其蚤，献羔祭韭。[29]九月肃霜，十月涤场。[30]朋酒斯飨，曰杀羔羊。跻彼公堂，称彼兕觥，万寿无疆。[31]

（选自《中国历代文学作品选》，上海古籍出版社，2008 年）

---

① 七月流火：毛传，“火，大火也。流，下也。九月霜始降，妇功成，可以授冬衣矣。”郑笺：“大火者，寒暑之候也。火星中而寒暑退，故将言寒，先著火所在。”按“火”即“大火”星，即心宿二。大火于夏历五月初昏见于东北天空，六月初昏达于正南，七月昏则继向西“流”，即所谓“七月流火”，是指进入暑退将寒的气候。

② “一之日”二句：毛传，“一之日，十之余也。”“觱（bì）发，风寒也。”“栗烈，寒气也。”按一之日、二之日，即十一月、十二月，犹“十有一月之日”，“十有二月之日”，而简省其文。

③ 褐：郑笺，“褐（hè），毛布也。”《孟子·滕文公上》“许子衣褐”，赵岐注：“以毳织之，若今马衣也。或曰褐，枲衣也，一曰粗布衣也。”按赵注所谓“毳”，是指兽毛。褐原指毛织衣，后又通指粗布衣，即用粗麻织的衣裳。

④ “三之日”五句：朱熹曰，“于，往也。耜（sì），田器也。于耜，言往修田器也。举趾，举足而耕也。”范处义曰：“农夫既兴作，而在南亩，其妇子则为黍食以饷之，田大夫见其如此，所以喜也。”按三之日、四之日，即一月、二月，便是“因乘上数”（孔疏），取诗之谐。

⑤ 仓庚：毛传，“仓庚，离黄也。”即黄鹂，亦名黄莺。此为传递春消息的应节趋时之鸟。

⑥ “春日”二句：毛传，“懿筐，深筐也。微行，墙下径也。五亩之宅，树之以桑。迟迟，舒缓也。蘩，白蒿也，所以生蚕。祁祁，众多也。”用白蒿煮水浸沃蚕子，可促蚕子同时发蚁（孵化），故曰“所以生蚕”。

⑦ “女心伤悲”二句：毛传，“春，女悲，秋，士悲，感其物化也。殆，始。及，与也。”范处义曰：“女子感其所见，念当嫁娶之时，将远其父母，所以伤悲，谓不得久于家。”徐绍桢曰：“此中采桑之人，固有婚姻及时之女，念及将有远父母兄弟之行，则我之在此采桑，能有几时，其心伤悲，固是出于性情之正。诗言殆及公子同归者，殆，将然之词，亦非谓此采桑之日也。”

⑧ “七月流火”六句：朱熹曰，“萑苇，即蒹葭也。蚕月，治桑之月。”“远扬，远枝扬起者也。女桑，小桑也。”条桑，即挑桑，谓“挑拨而取之”（马瑞辰）。斧斨，可合指一物，也可分指两物。若分指，斧是刃器顶端开銎，竖装在横木柄上；斨是刃器中间开方銎，将木柄横贯其中。斨之功效较斧为高。猗：作“掎”，牵引。女桑：小桑。“蚕月”四句，即言善斩伐而桑益茂。

⑨ “七月鸣鵙”二句：毛传，“鵙，伯劳也。载绩，丝事毕而麻事起矣。”胡承珙曰：“伯劳以夏至鸣，冬至去，五月以后皆其鸣时。”“诗则但言其鸣为将寒之候，以起下文载绩，故以七月、八月连言之，不必定指始鸣。”按绩即绩麻，七月鸣鵙，八月载绩，若言伯劳鸣犹未止，亟制寒衣，可毕功于冬至之前。

⑩ 玄：黑而赤的颜色。玄、黄是指丝织品与麻织品的染色。

⑪ 葽：苦菜，菊科苦苣荬属。《夏小正》，四月“秀幽”（幽、葽一声之转），《逸周书·时训》，小满之日“苦菜秀”，《月令》，孟夏“苦菜秀”；可知它是彼时标志时令的植物。

⑫ 蜩：蝉。

⑬ “八月其获”二句：朱熹曰，“获，禾之早者可获也。陨，坠。”孔疏，“落叶谓之萚。”

⑭ 于貉：捕猎狐貉。貉：哺乳动物，外貌像狐狸，昼伏夜出。

⑮ “二之日其同”二句：朱熹曰，“同，竭作以狩也。缵，习而继之也。”范处义曰，“田猎非特去害田

之兽，盖欲继缵武事，使不忘战。”

⑯“言私其豵”二句：毛传，“豕一岁曰豵，三岁曰豜。大兽公之，小兽私之。”

⑰斯螽（zhōng）：今俗名尖头蚱蜢、括搭板、舂米郎，属直翅目蝗科中的中华负蝗和蹩螽之类。莎鸡：今称纺织娘，属直翅目螽斯科。

⑱“七月在野”四句：范处义曰，“自七月至十月皆记蟋蟀一物，此古文之一体也。此物孟秋犹在草野，仲秋即入人檐宇，季秋犹飞走户庭，孟冬即韬伏床下，视微物犹尔，则居民宜以此时葺治屋室。”

⑲“穹窒熏鼠”二句：毛传，“穹，穷。窒，塞也。向，北出牖也。墐（jìn），涂也。庶人荜户。”范处义曰：“穹空则室实之，鼠穴则熏出之。”按“向”即室背面北开的后窗，冬日灌北风，故须“塞”之。孔疏：“荜户以荆竹织门，以其荆竹通风，故泥之也。”

⑳郁：又称郁李、爵李，蔷薇科樱桃属。薁（yù）：又名燕薁、车秧藤、山葡萄，葡萄科。

㉑亨：即“烹”。葵：冬葵，锦葵科锦葵属。菽：大豆。

㉒“八月剥枣”四句：毛传，“剥，击也。春酒，冻醪也。”朱熹曰：“获稻以酿酒也，介，助也。介眉寿者，颂祷之辞也。”按剥音扑，犹言打枣。春酒：冬酿春熟，即酎酒，亦即重酿酒之属。《说文·酉部》：“八月黍成，可为酎酒”，是黍可为酎酒。但酎酒仍以稻为上。重酿酒酒精浓度高，为防止酒力发挥过猛而常常作冷饮，所谓“冻醪”是也。

㉓“七月食瓜”五句：毛传，“壶，瓠也。叔，拾也。苴，麻子也。樗，恶木也。”郑笺，“瓜瓠之畜，麻实之糁，干荼之菜，恶木之薪，亦所以助男养农夫之具。”瓜：即葫芦科之甜瓜。瓠：即葫芦。断：断其蔓也。麻子是上古主要食粮之一。胡承珙曰：“荼为苦菜，春夏已成，此采荼虽承九月之下，非谓至是始采，谓所采之荼、所薪之樗，于是时皆可为助养农夫之用。”樗：俗名臭椿，木质疏松，不堪大用，未成造纸原料之前，只充作薪材。严粲曰：“六章述老壮之养有厚薄也。”

㉔“九月筑场圃”二句：郑笺，“场圃同地，自物生之时，耕种之以种菜茹，至物尽成熟，筑坚以为场。纳，内也。治于场而内之囷仓也。”

㉕“黍稷重穋”二句：毛传，“后熟曰重，先熟曰穋。”朱熹曰：“禾者，谷连藁秸之总名。禾之秀实而在野者曰稼。”“再言禾者，稻秫苽（按即菰）梁之属皆禾也。”诗谓十月，是“此等诸种皆成熟矣，不专是十月纳之也”（严粲）。

㉖“嗟我农夫”三句：郑笺，“既同，言已聚也。”杨树达以为，“上入执宫功”之“上”与“尚”同，尚，庶几也，诗意我之禾稼既已聚积矣，汝庶几其可以入都邑治宫室之事矣。所谓“宫功”者，殆即指乘屋葺治之事为言也（《诗上入执宫功解》）。

㉗“昼尔于茅”四句：朱熹曰，“昼往取茅，夜而绞索，亟升其屋而治之，盖以来岁将复始播百谷，而不暇于此故也。不待督责而自相警戒，不敢休息如此。”索綯：绳索。亟：通急。

㉘“二之日凿冰”二句：毛传，“冲冲，凿冰之意。凌阴，冰室也。”此言藏冰，为冬令之事。

㉙蚤：早。韭：韭菜。献羔祭韭：春令开冰之仪，即所谓“献羔祭韭而后启之”（朱熹）。

㉚“九月肃霜”二句：朱熹曰，“肃霜，气肃而霜降也。涤场者，农事毕而扫场地也。”或曰涤场，涤荡也，则为肃清之义，诗谓“九月之气清高颢白而已，至十月，则万物摇落无余矣”（王国维）。

㉛跻：登上。称：举起。兕觥：古代用兽角做的酒器。

**评析：**

《七月》是西周初年豳地（在今陕西省彬县）一带的诗歌，是风诗中最长的一篇，全诗共八章，每章均为十一句，共八十八句。整首诗真实生动全面地反映了三千年前西周农人的生活状况。全诗按照季节时令的先后顺序，以赋的手法平铺直叙，详细地描述了农人生产劳作的过程。他们种田、采桑、养蚕、纺织、染帛、裁衣、收割、打猎、筑场、盖房、凿冰、酿酒，一年到头无休止地劳作，而大部分的劳动成果却被贵族所占有，自己只能吃苦菜、住陋室，“言私其豵，献豜于公”，岁末寒冬，“无衣无褐”，“穹窒熏鼠，塞向墐户”，无以卒岁。诗中真实地再现了农人生活和贵族生活的巨大差异，这对于我们了解西周时期的农业生产活动有很大的史学价值。

阅读思考

1. 本诗主要运用了什么艺术手法，描写了哪些方面的内容？
2. 试举例说明诗中景物描写对表达人物情感的作用。
3. 诗中是如何描写农人的生活的？从这些描写中你能感受到什么？

# 二、左　传（节选）

题解

《左传》又名《左氏春秋》或《春秋左氏传》。《左传》是一部编年体著作，主要记述周王朝及诸侯各国的重大历史事件，记载历史事件的时间范围为鲁隐公元年（公元前722年）到鲁悼公四年（公元前464年）。有“五经”之一之称的《春秋》是一部编年体著作，主要记载了鲁隐公元年（公元前722年）到鲁哀公十四年（公元前481年）的历史，但其记录非常简洁，就像大事纪年表，清晰明了，只有时间、地点、人物、事件，没有具体的内容。而《左传》是以《春秋》的记事为纲，按照历史事件的时间顺序，对《春秋》进行的详细解读和说明。《左传》在《春秋》的基础之上，发展了春秋笔法，增添了许多丰富多彩的历史事件，不但详细描述了事件的起因、经过、结果，还将事件中的人物刻画得栩栩如生，通过人物间的对话和行动来凸显人物个性特征。《左传》还创立了一种新的形式，即在事件的叙述中或者叙述后，加之“君子曰”“君子是以知”“孔子曰”等，对事件或者人物做出道德伦理评价，以表达作者的感情和立场，为叙事增添了色彩。《左传》“言近而旨远，辞浅而义深。虽发语已殚，而含义未尽。使夫读者，望表而知里，扪毛而辨骨，睹一事于句中，反三隅于字外”，是我国叙事散文成熟的标志。

## 郑伯[1]克段于鄢

初，郑武公娶于申，曰武姜。[2]生庄公及共叔段。庄公寤生，惊姜氏，故名曰寤生，遂恶之。[3]爱共叔段，欲立之。亟请于武公，公弗许。

及庄公即位，为之请制[4]。公曰：“制，岩邑也，虢叔死焉，佗邑唯命。”[5]请京，使居之，谓之京城大叔[6]。祭仲[7]曰：“都城过百雉[8]，国之害也。先王之制：大都不过参[9]国之一；中，五之一；小，九之一；今京不度，非制也。君将不堪。”公曰：“姜氏欲之，焉辟[10]害？”对曰：“姜氏何厌之有？不如早为之所，无使滋蔓[11]。蔓难图也。蔓草犹不可除，况君之宠弟乎？”公曰：“多行不义必自毙[12]，子姑待之。”

既而大叔命西鄙北鄙贰[13]于己。公子吕[14]曰：“国不堪贰，君将若之何？欲与大叔，臣请事之；若弗与，则请除之。无生民心。”公曰：“无庸，将自及。”

大叔又收贰以为己邑，至于廪延[15]。子封曰：“可矣，厚[16]将得众。”公曰：“不义不暱，厚将崩。”

大叔完聚，缮甲兵，具卒乘，[17]将袭郑。夫人将启之。公闻其期，曰：“可矣！”命子封帅车二百乘以伐京。京叛大叔段，段入于鄢[18]，公伐诸鄢。五月辛丑，大叔出奔共。[19]

书[20]曰：“郑伯克段于鄢。”段不弟，故不言弟；如二君，故曰克；称郑伯，讥失教也；谓之郑志[21]，不言出奔，难之也。

遂置姜氏于城颍[22]而誓之曰："不及黄泉[23]，无相见也。"既而悔之。颍考叔为颍谷封人[24]，闻之，有献于公。公赐之食。食舍肉。公问之，对曰："小人有母，皆尝小人之食矣，未尝君之羹[25]，请以遗[26]之。"公曰："尔有母遗，繄[27]我独无！"颍考叔曰："敢问何谓也？"公语之故，且告之悔。对曰："君何患焉？若阙[28]地及泉，隧而相见，其谁曰不然？"公从之。公入而赋："大隧之中，其乐也融融！"姜出而赋："大隧之外，其乐也泄泄[29]。"遂为母子如初。

君子曰[30]："颍考叔，纯孝也。爱其母，施及庄公。《诗》曰：'孝子不匮，永锡尔类。'[31]其是之谓乎？"

（选自《左传》，中华书局，2016 年）

---

❶ 郑伯：指郑庄公。

❷ 初：当初。古文追述往事的常用词。郑武公：姓姬，名掘突。申：国名，姜姓，在今河南省南阳市北。武姜：郑武公之妻。"武"表示丈夫武公，"姜"是她娘家的姓。

❸ 寤生：难产的一种，逆生，胎儿的脚先出来。寤：同"牾"，逆，侧着。惊：使动用法，使姜氏惊。恶：厌恶讨厌。

❹ 之：代词，指共叔段。制：地名，又名虎牢，在今河南省荥阳市西北。

❺ 制：原是该国领地。虢叔：东虢国的国君。

❻ 京：郑国的邑名，在今河南荥阳市东南。大：同"太"。下同。

❼ 祭仲：郑国大夫。大夫，周代官职等级名，当时分卿、大夫、士三等级。

❽ 雉：量词，古代计算城墙，长三丈、高一丈为一雉。

❾ 参：同"三"。

❿ 辟：同"避"。

⓫ 滋蔓：滋长蔓延。

⓬ 毙：倒下去，死。

⓭ 鄙：边邑。贰：两属。两方管理。

⓮ 公子吕：字子封，郑国大夫。

⓯ 廪延：郑邑名，在今河南省延津县北。

⓰ 厚：指土地扩大。

⓱ 缮：修理，制造。卒：步兵。乘：兵车。

⓲ 鄢：郑地名，在今河南省鄢陵县西北。

⓳ 五月辛丑：即鲁隐公元年二十三日。共：古国名，在今河南辉县。

⓴ 书：指《春秋》原文。

㉑ 郑志：郑庄公的本意。志：意愿。

㉒ 城颍：郑邑名，在今河南临颍县西北。

㉓ 黄泉：地下的泉水，这里指墓穴。

㉔ 颍考叔：郑国人，执掌颍谷（今河南登封西）。封人：管理边界的官吏。

㉕ 羹：肉汁。这里指肉食。

㉖ 遗：给，留给。

㉗ 繄：句首语气助词，不译。

㉘ 阙：通"掘"，挖掘。
㉙ 泄泄：和上文中的"融融"，都是形容快乐的样子。
㉚ 君子曰：这是《左传》作者用以发表评论的方式。
㉛ 孝子不匮，永锡尔类：见《诗经·大雅·既醉》。匮：穷尽。锡：赐予，给予。这里有影响的意思。类：朱熹解释为"善"。

**评 析：**

本文选自《左传·隐公元年》。《郑伯克段于鄢》是《左传》的首篇，也是《古文观止》的首篇。记叙了发生在公元前722年的一段历史。

人物主要有父亲郑武公、母亲武姜、哥哥郑庄公、弟弟共叔段，以及纯孝之人颍考叔等。当初，父亲郑武公和母亲武姜生了两个男孩，分别是郑庄公和共叔段。武姜生长子郑庄公时难产，觉得不吉利，于是十分讨厌她的大儿子，偏爱弟弟共叔段，并且想让丈夫郑武公废长立幼，可是没有得到郑武公的允许。等到郑庄公即位，武姜请求郑庄公将制这个地方赐给共叔段为封地，庄公以此地不吉利为由拒绝了这个请求。武姜又请求将京邑封给共叔段，得到了庄公的同意，共叔段就成了京邑的太叔。共叔段没有安于现状，他在京邑修筑了高大的城墙，又把郑国的两个边邑——西鄙与北鄙收为自己的城邑，还秘密准备了兵车、粮草，要偷袭郑国都城，母亲武姜也打算和共叔段里应外合。殊不知这一切早已被郑庄公看破，且将他们玩弄于股掌之间。待时机成熟，庄公命子封率车二百乘伐京。乘，是一个军事单位，一乘就是一辆战车，四匹马，甲士三人，步卒七十二人。二百乘是什么概念呢？就是六百名甲士及一万四千四百名步兵。从中我们不难看出，庄公是下了多大的决心剿灭共叔段。共叔段毫无招架之力，于五月二十三日，逃到共地。从这段历史中，我们看到了，弟弟共叔段没有尊敬兄长；作为大哥的郑庄公对弟弟共叔段没有管教，更不像一个有道之君，约束僭越的臣子。于是，文中对此做出了道德伦理评价，"书曰：'郑伯克段于鄢。'段不弟，故不言弟；如二君，故曰克；称郑伯，讥失教也；谓之郑志，不言出奔，难之也。"随后，郑庄公又把母亲送到城颍并对天发誓："不及黄泉，无相见也！"但话一出口就后悔了，因为这会让天下之人耻笑他是一个不孝之子。但君无戏言，如何给自己找台阶下就成了一个难题。这时，颍考叔给庄公出了一个主意，可以挖一个隧道，在有黄泉的地方相见，由此，庄公和他的母亲和好如初。文末，以"君子曰"对人物做出了道德评价，鲜明地表达了作者的立场和感情。

整篇文章，脉络清晰，精彩而完整地叙述了"郑伯克段于鄢"的前因后果。通过主要人物的行动、对话，将武姜的偏私昏聩、违礼干政、助纣为虐，郑庄公的老谋深算、工于心计、以宠为杀，共叔段的贪婪狂妄、权欲熏心、愚昧无知、不忠不义，刻画得淋漓尽致。情节生动、复杂而饱满，言近而旨远，辞浅而义深。通过全文，我们看到了姜氏不慈、共叔段不悌、郑庄公不义不孝，这样一个历史事实，给我们以启示，发人深省。

**阅读思考**

1. 郑庄公先封共叔段为京城太叔，又听任共叔段"不度""命西鄙北鄙贰于己"，既而"收贰以为己邑"，最后"伐诸鄢"。有人认为这是郑庄公的"仁慈"和"忍让"，有人却认为他是有意“养成其恶”。你是怎么看的?

2. 谈谈学习文章得到启示。

## 三、大　学（节选）

### 题解

《大学》原为《礼记》中的一篇，宋代时从《礼记》中分离出来，作为单独的一部著作与《论语》《孟子》《中庸》合称为“四书”。朱熹将《大学》重新分章辨句进行编排，将《大学》分为“经”和“传”两个部分。他认为，“经一章盖孔子之言，而曾子述之；其传十章，则曾子之意而门人记之也”。就是说，“经”的部分一章，是孔子的原话，由孔子的弟子曾子记录下来；“传”的部分十章，是曾子对“经”的解释，由曾子的学生记录下来。朱熹引用程颐的观点，认为《大学》是初学者入德之门，因此把它列为“四书”之首。

大学之道[1]，在明明德[2]，在亲民[3]，在止于至善。

知止[4]而后有定，定而后能静，静而后能安，安而后能虑，虑而后能得。物有本末，事有终始，知所先后，则近道矣。

古之欲明明德于天下者，先治其国；欲治其国者，先齐其家[5]；欲齐其家者，先修其身；欲修其身者，先正其心；欲正其心者，先诚其意；欲诚其意者，先致其知[6]。致知在格物[7]。物格而后知至，知至而后意诚，意诚而后心正，心正而后身修，身修而后家齐，家齐而后国治，国治而后天下平。自天子以至于庶人[8]，壹是[9]皆以修身为本。

其本乱而末[10]治者，否矣！其所厚者薄，而其所薄者厚，[11]未之有也[12]。此谓知本，此谓知之至也。

（选自《论语　大学　中庸》，中华书局，2015 年）

---

❶ 大学之道：大学的宗旨。“大学”一词在古代有两种含义：一是指博学；二是相对于小学而言的大人之学。古人八岁入小学，学习“洒扫应对进退、礼乐射御书数”等文化基础知识；十五岁入大学，学习伦理、政治、哲学等“穷理正心，修己治人”的学问。所以，后一种含义其实也和前一种含义有相通的地方，同样有“博学”的意思。道：本义是道路、引申为规律、原则等，在中国古代哲学、政治学里，也指宇宙万物的本原、个体，一定的政治观或思想体系等，在不同的上下文环境里有不同的意思。

❷ 明明德：前一个“明”作动词，有使动的意味，即“使彰明”，也就是发扬、弘扬的意思。后一个“明”作形容词，明德也就是光明正大的品德。

❸ 亲民：有两种说法。一是《管子·形势解》：“道之纯厚，遇之有实，虽不言曰吾亲民，而民亲矣。”王阳明曾与弟子徐爱辨亲民和新民，认为“宜从旧本作亲民”，列在《传习录》首章，“说亲民便是兼教养意，说新民便觉偏了”。“亲民”的主要目的是“齐家”，齐家即亲民也。“亲民”二字与上面“明明德”相结合，即弘扬光明的品德，要学习并应用于日常生活当中，大人的学问即从生活中来。二是程颐、朱熹解“亲”作“新”，即革新、弃旧图新。亲民，也就是新民，使人弃旧图新、去恶

从善。

④ 知止：知道目标之所在。

⑤ 齐其家：管理好自己的家庭或家族，使家庭或家族和和美美、蒸蒸日上、兴旺发达。

⑥ 致其知：使他具有真正的知识。

⑦ 格物：研究事物的原理。

⑧ 庶人：平民百姓。

⑨ 壹是：都是。

⑩ 末：相对于“本”而言，枝节。

⑪ 厚者薄：该重视的不重视。薄者厚：不该重视的加以重视。

⑫ 未之有也：即未有之也。没有这样的道理（事情、做法等）。

**评 析：**

在一部记载朱熹言论的书——《朱子语类》中，我们看到了朱熹对读“四书”的建议：“四书”之中，先看《大学》，次看《论语》《孟子》，最后看《中庸》，字字句句认真研读，感悟其中的道理并用实际行动践行，一生受用不尽。

《大学》之所以重要，被朱熹放在“四书”之首，是因为它教我们立身高远，从个人修身开始，一直发展到为社会服务，去治国平天下。《大学》就像是人生的一个框架，为我们提出了人生的规划。《大学》在这个人生规划当中，提出了“三纲领”，即明明德、亲民、止于至善，告诉我们每个人身上都有一种与生俱来的光辉品德，即便这种品德有时会被各种欲望所遮蔽，我们还是要想尽办法发现自身的这种光辉品德，把它发扬光大，并且推己及人，达到止于至善的境界。《大学》中还提出了“八条目”，即格物、致知、诚意、正心、修身、齐家、治国、平天下。在知道了自己的人生目标和发展方向后，心就安定了，由定到静，由静到安，由安到虑，由虑到得。分清主次，有本有末，有始有终，做到符合事物的发展规律。由此看来，《大学》既是儒家先哲给我们提出来的处世箴言，也是儒家设计的人生进步的阶梯。

**阅读思考**

1. 《大学》中什么是道德修养的最高境界？
2. 在学习《大学》后为自己量身定做一份人生规划。
3. 谈谈学习《大学》后的收获。

立德修身行天下——大学，何为“大学之道”

立德修身行天下——大学，“三纲”“八目”及内在关联

## 四、中　庸（节选）

### 题解

《中庸》原是《礼记》中的一篇，一般认为其作者是孔子的孙子子思。《中庸》是儒家经典之一。南宋朱熹作《中庸章句》，他认为《中庸》是子思因担忧道学失传而作，是“孔门传授心法”的著作，并把《中庸》和《大学》《论语》《孟子》合编为“四书”。《中庸》里的学问都很实用，宋元以

后，《中庸》成为学校官定的教科书和科举考试的必读书。我们读《中庸》字字句句，若能涵泳切己，看得透彻，便一生受用不尽。

天命之谓性[1]，率性之谓道[2]，修道之谓教[3]。

道也者，不可须臾离也，可离，非道也。是故君子戒慎乎其所不睹，恐惧乎其所不闻。莫见乎隐，莫显乎微，[4]故君子慎其独也。

喜怒哀乐之未发，谓之中[5]；发而皆中节[6]，谓之和。中也者，天下之大本也；和也者，天下之达道也。致[7]中和，天地位焉，万物育焉。

（选自《论语·大学·中庸》，中华书局，2015 年）

---

❶ 天命之谓性：人的本性是上天所赐予的。命：赋予。性：指天赋予人的本性。

❷ 率：循，遵循。道：是指事物运动变化所应遵循的普遍规律。

❸ 教：教化，政教。

❹ 莫：在这里是“没有什么……”的意思。见（xiàn）：显现，明显。乎：于，在这里有比较的意味。

❺ 中：符合。

❻ 节：节度法度。

❼ 致：达到。

**评 析：**

“中者，不偏不倚、无过不及之名；庸，平常也。”这是宋朝理学家朱熹在《中庸章句》中对“中庸”二字的解释。“中庸”所追求的最高境界是“至诚”，其主旨在于涵养人性。中庸之道是儒家人生智慧的核心理论，是处理人际关系的一种思维观念和行为准则。本文是《中庸》的第一章，这一章可以称得上是儒家纲要中的纲要。《中庸》中提出的“慎独自修”“至诚尽性”等内容，对为人处世，人性修养有重要影响。

**阅读思考**

1. 谈谈你是如何理解“中庸”的含义的。
2. 学习后你都有哪些收获?

儒家学说的基本范畴与行为规范

## 五、庄　子·秋水（节选）

**题解**

庄子（约前 369 年—前 286 年），名周，战国时期宋国蒙（今河南商丘市东北）人。战国中期思想家、哲学家、文学家。庄子在哲学思想上继承和发展了老子“道法自然”的思想观点，成为道家的重要代表人物，与老子并称“老庄”。从《史记·老子韩非列传》记载的“庄子者，蒙人也，名周。周尝为蒙漆园吏，与梁惠王、齐宣王同时”中，我们可以知道庄子曾做过蒙漆园吏，与梁惠王、齐宣王是同一时代的人。其作品收录在《庄子》一书中，共33篇，分为内、外、杂三个部分。内篇有7篇文章，外篇有15篇文章，杂篇有11篇文章。《庄子》语言体量极大，从语言风格来说，行文汪洋恣肆，寓言是其主要的表现形式。

## 秋水[1]（节选）

秋水时至，百川灌河[2]，泾流[3]之大，两涘渚崖之间[4]，不辩牛马[5]。于是焉[6]河伯[7]欣然自喜，以天下之美为尽在己[8]。顺流而东行，至于北海，东面而视，不见水端[9]。于是焉河伯始旋其面目[10]，望洋向若[11]而叹曰："野语[12]有之曰：'闻道百，以为莫己若'[13]者，我之谓也[14]。且夫我尝闻少仲尼之闻而轻伯夷之义[15]者，始吾弗信。今我睹子之难穷也，吾非至于子之门则殆[16]矣。吾长见笑于大方之家[17]。"

北海若曰："井蛙不可以语于海[18]者，拘于虚[19]也；夏虫不可以语于冰者，笃于时[20]也；曲士[21]不可以语于道者，束于教[22]也。今尔出于崖涘[23]，观于大海，乃知尔丑[24]，尔将可与语大理矣。天下之水，莫大于海。万川归之，不知何时止而不盈；尾闾[25]泄之，不知何时已而不虚；春秋不变，水旱不知。此其过江河之流，不可为量数[26]。而吾未尝以此自多[27]者，自以比形于天地，而受气于阴阳[28]，吾在于天地之间，犹小石小木之在大[29]山也。方存乎见少[30]，又奚[31]以自多！计四海之在天地之间也，不似礨空[32]之在大泽乎？计中国之在海内，不似稊米[33]之在大仓乎？号物之数谓之万[34]，人处一焉[35]；人卒九州[36]，谷食之所生，舟车之所通，人处一焉[37]；此其比万物也，不似豪末之在于马体乎？[38]五帝之所连[39]，三王之所争，仁人之所忧，任士[40]之所劳，尽此矣！伯夷辞之以为名[41]，仲尼语之以为博[42]，此其自多也，不似尔向[43]之自多于水乎？"

（选自《庄子集释》，中华书局，2016年）

---

1. 《秋水》是《庄子·外篇》中的一篇。
2. 河：黄河。
3. 泾流：直涌流的河水。泾：通"径"，直。
4. 两涘渚崖之间：两岸及河中沙洲之间。涘：水边。渚：水中洲岛。
5. 不辩牛马：分辨不清牛马，形容水面宽阔。辩：通"辨"，分辨。
6. 焉：同"乎"。
7. 河伯：黄河之神。
8. 以天下之美为尽在己：以为天下的美景全集中在自己这里。
9. 端：边，尽头。
10. 旋其面目：改变了欣然自喜的表情。
11. 望洋：仰视的样子。若：海神名。
12. 野语：俗语。
13. 闻道百，以为莫己若：听了许多道理，总以为谁都不如自己。"莫己若"为"莫若己"的倒装。若：如。
14. 我之谓也：说的就是我。
15. 尝闻少仲尼之闻而轻伯夷之义：曾经听说（有人）以孔子所知学问为少，以伯夷的义举为轻。少、轻，均为形容词意动用法。

⑯ 殆：危险，可怕。

⑰ 长见笑于大方之家：永远被懂得大道理的人所讥笑。

⑱ 语于海：谈及大海。

⑲ 拘于虚：受狭小的生活空间的局限。虚：同“墟”，狭小的处所。

⑳ 笃于时：受短暂生命的限制。笃：固，引申为限制。

㉑ 曲士：孤陋寡闻的人。

㉒ 束于教：受所受教育的束缚。

㉓ 出于崖涘：从河中走出来。

㉔ 丑：鄙陋低劣，此指拘于一隅之见的偏狭与自大。

㉕ 尾闾：神话传说中排泄海水的地方。传说在海的东边。

㉖ 不可为量数：无法用数字来计量。

㉗ 自多：自夸、自满。

㉘ 自以比形于天地，而受气于阴阳：自以为寄托形体于天地，禀受元气于阴阳。比：通“庇”。

㉙ 大：通“泰”。

㉚ 方存乎见少：正感到所见太少。

㉛ 奚：何。

㉜ 礨空：石块上的小孔。礨：同“磊”，积石。

㉝ 稊米：像稗籽一样的小米。

㉞ 号物之数谓之万：称事物的数量为“万”。

㉟ 人处一焉：这一句是说人在万物中仅居其一。

㊱ 人卒九州：人布满九州。卒：尽，占尽。

㊲ 人处一焉：这一句是说个人在天下人中仅居其一。

㊳ “此其”二句：人类个体在宇宙大系统中是极小的一分子。豪末：动物毫毛的末梢。豪：通“毫”。

㊴ 连：继承，此指五帝禅让天下。

㊵ 任士：以天下为己任的贤能之士。

㊶ 辞之以为名：辞让天下以取得名声。

㊷ 博：广博。

㊸ 向：从前。

**评析：**

当代学者张默生在《庄子新释》中称《秋水》“是《庄子》中最有名的一篇，此篇层次分明，思想高妙，若以文章的艺术而论，堪称全书的冠军。”复旦大学陈引驰在《庄子讲义》中说：“《秋水》篇无疑属于《庄子》最重要的篇章之一。”《秋水》到底有着什么样的魅力，让我们一探究竟。

纵观《秋水》，可分为上下两篇。上篇包括河伯和海神的 7 次问答，下篇包括 6 个精心安排的寓言故事，通篇主旨深奥。本课选取的是《秋水》中河伯和海神的第一次问答对话。秋天的洪水随着季节猛涨，千万条江河齐聚到黄河，水势之大让河伯欣然自喜，以为天下一切的美景都汇集在自己这里。等到河伯向东行至北海，便望洋兴叹，和北海若相比，自己是多么的微不足道。也由此引出了河伯和北海若的对话。北海若用了三个比喻，

“井蛙、夏虫、曲士”，言明空间、时间、教养的局限，会影响对事物认知的判断。通过“礨空之在大泽、稊米之在大仓、豪末之在马体”三个对比，阐述了小大的相对性。告诉我们宇宙是无限的，人的认识会受主客观条件的制约，因此我们不能局限于个人有限的见闻而自满自足。《秋水》中诡奇的想象、引人入胜的论辩、行云流水般的语言、汪洋恣肆的句式，将哲学思想顺势而发，让读者在领略美文的同时受到哲理的启迪。

**阅读思考**

1. 揭示本文寓意，说说你从中受到的启发。
2. 结合课文，简要说明本文是怎样把抽象的哲理具体化的。
3. 翻译全文。

道家代表人物及思想主张

道家的渊源及基本宗旨

## 六、淮南子·女娲补天

**题解**

《淮南子》是西汉淮南王刘安及其门客所著，又称《淮南鸿烈》，鸿是广大的意思，烈是光明的意思。《淮南子》多用神话传说、历史故事等来说理，具有较强的文学色彩。关于女娲的传说，千百年来被中华儿女口耳相传，世世代代留存于中华民族的记忆之中。女娲是中国古代神话的造物女神，她捏土造人、化生万物、救赎苍生，是中国上古神话中的创世女神。

### 女娲补天

往古[1]之时，四极废[2]，九州裂[3]；天不兼覆，地不周载[4]；火爁焱[5]而不灭，水浩洋而不息[6]；猛兽食颛[7]民，鸷鸟攫老弱[8]。于是女娲炼五色石以补苍天，断鳌[9]足以立四极，杀黑龙以济冀州[10]，积芦灰[11]以止淫水[12]。苍天补，四极正；淫水涸[13]，冀州平；狡虫[14]死，颛民生。

（选自《淮南子》卷六，中华书局，2016 年）

---

❶ 往古：远古。

❷ 四极废：传说天的四方都有柱子支撑着，柱子折断，天倾塌下来了。极：边，端。废：毁坏，此指折断。

❸ 九州：传说中古代中国被划分为九个地区，《尚书·禹贡》称九州之名为冀、兖、青、徐、扬、荆、豫、梁、雍。州：水中高出水面的陆地。裂：塌陷崩裂。

④ 天不兼覆，地不周载：天体有塌落而不能全面覆盖大地，大地有崩裂溢水而不能周全地容载万物。

⑤ 爁焱：大火绵延燃烧的样子。

⑥ 浩洋：水广大盛多的样子。息：停止。

⑦ 颛：善良无辜。

⑧ 鸷鸟：凶猛的鸟。攫：抓取。

⑨ 鼇：同“鳌”，传说中海里的大龟。

⑩ 黑龙：此处指水怪雨神之属。济：救助。

⑪ 芦灰：芦苇焚烧后的灰烬。

⑫ 淫水：平地出的水，此处指泛滥的洪水。

⑬ 涸：干枯。

⑭ 狡虫：凶猛的禽兽，这里指上文的猛兽、鸷鸟。

**评 析：**

“昔之初民，见天地万物，变异不常，其诸现象，又出于人力所能以上，则自造众说以解释之；凡所解释，今谓之神话。”（鲁迅《中国小说史略》）原始社会生产力水平十分低下，面对难以捉摸和控制的大自然，人们不由自主地会对其产生敬畏之心，一些灾害性的自然现象，如地震、洪水，和人类自身的生老病死等，更会引起先民的惊奇和恐慌。人们由此幻想出世界上存在着种种超自然的神灵和魔力，并对之加以膜拜，大自然在一定程度上被神化了。神话就是这样以故事的形式，表现了远古人民对大自然及社会现象的认识和期望，是“通过人民的幻想用一种不自觉的艺术方式加工过的自然和社会形式本身。”

关于女娲的描述，《山海经》有这样的记载：“有神十人，名曰女娲之肠，化为神，处栗广之野，横道而处。”晋代郭璞予以解：“女娲，古神女而帝者，人面蛇身，一日中七十变。”《太平御览》卷七十八引《风俗通义》云：“俗说天地开辟，未有人民，女娲抟黄土作人。”本文讲“往古之时，四极废，九州裂；天不兼覆，地不周载……女娲炼五色石以补苍天”。于是，女娲作为创世大神“化生万物、救赎苍生”的传说，便被中华儿女口耳相传，世代留存于民族的记忆之中。

中国古代丰富多彩的神话，是远古历史的回音，真实地记录了中华民族在其童年时代的瑰丽的幻想、顽强的抗争以及步履蹒跚的足印，在一定程度上影响了民族精神的形成及其特征。

**阅读思考**

1. 中国古代神话中都蕴含了哪些民族精神？
2. 查阅相关资料，了解更多与女娲相关的神话传说。
3. 背诵全文，并体会本文的语言特点。

中国神话的产生与保存

中国神话蕴含的民族精神

# 第二节　拓展阅读

## 一、楚　辞·国殇

### 题解

屈原（约公元前340年—公元前278年）是中国历史上一位伟大的爱国诗人、中国浪漫主义文学的奠基人。屈原，名平，字原，战国后期楚国丹阳（今湖北省宜昌市秭归县）人。据《史记·屈原贾生列传》记载，屈原曾任楚怀王左徒，他“博闻强志，明于治乱，娴于辞令”“入则与王图议国事，以出号令；出则接遇宾客，应对诸侯”，对内主张举贤任能，对外主张联齐抗秦，深得楚怀王的信任，后来受到诬陷排挤，被楚怀王疏远。楚怀王死后，长子顷襄王继位，屈原再次受到谗害被放逐。屈原的一生是坚贞不屈的、砥砺不懈的。他能在逆境中坚持真理，在黑暗中勇于反抗，对自己的理想抱负充满信心与希望，却遭到小人谗害受到不公正的待遇。他哀怨激愤，却依旧忠君爱国，他的美政理想与坚贞的人格只能通过诗歌得以抒发。屈原的爱国情怀以及为了理想顽强不屈地对现实进行批判的精神，为中国文化增添了一股深沉而刚烈之气，培养了中华儿女主动承担历史责任的勇气。同时，屈原的辞赋对培养民族精神做出重大贡献。

楚辞指的是战国时期出现的、具有楚国地方特色的乐调、语言、名物的诗赋，在中国文学史上有着特殊的意义。汉代刘向把屈原及宋玉等人的作品编辑成集，命名为《楚辞》。与《诗经》相比，楚辞在艺术上呈现的是另一个新的境界。首先，楚辞是一种新的诗歌样式，句式上富于变化，长短不一，生动而自由，善于渲染增强艺术效果。其次，楚辞突出表现了浪漫主义的精神，其大胆奇特的想象对李白等后世诗人产生了巨大的影响。第三，楚辞的象征手法，如“香草美人”等，成为中国文学史上以男女、君臣相比况的常见手法。楚辞和《诗经》共同构成中国诗歌史的源头。

### 国　殇[1]

屈　原

操吴戈兮被犀甲[2]，车错毂兮短兵接[3]。  
旌蔽日兮敌若云[4]，矢交坠兮士争先[5]。  
凌余阵兮躐余行[6]，左骖殪兮右刃伤[7]。  
霾两轮兮絷四马[8]，援玉枹兮击鸣鼓[9]。  
天时怼兮威灵怒[10]，严杀尽兮弃原野[11]。  
出不入兮往不反[12]，平原忽兮路超远[13]。  
带长剑兮挟秦弓[14]，首身离兮心不惩[15]。

诚[16]既勇兮又以武，终[17]刚强兮不可凌。
身既死兮神以灵[18]，子魂魄兮为鬼雄[19]！

---

1. 本篇选自《楚辞·九歌》。本诗是礼赞为国捐躯的将士的乐歌，故名“国殇”。殇：指未成年即死去，通常指战死的人。
2. 操：拿着。吴戈：战国时吴国制造的一种特别锋利的戈。被：通“披”。犀甲：犀牛皮制作的铠甲。
3. 车错毂（gǔ）：指两国激烈交战，兵帅来往交错。毂是车轮中心插轴的地方。短兵：指刀剑一类的短兵器。
4. 旌蔽日兮敌若云：旌旗遮蔽了太阳，敌兵像云一样聚集在一起。旌：用羽毛装饰的旗子。
5. 矢交坠兮士争先：双方激战，流箭交错，纷纷坠落，战士却奋勇争先杀敌。矢：箭。
6. 凌：侵犯。躐（liè）：践踏。行：行列。
7. 左骖（cān）：古代战车用四匹马拉，中间的两匹马叫“服”，左右两边的叫“骖”。殪（yì）：缢地而死。右：右骖。刃伤：为兵刃所伤。
8. 霾（mái）两轮兮絷（zhí）四马：把（战车）两轮埋在土中，马头的缰绳也不解开，要同敌人血战到底。霾：通“埋”。絷：绊住。
9. 援玉枹（fú）兮击鸣鼓：主帅鸣击战鼓以振作士气。援：拿着。枹：同“桴”，鼓槌。
10. 天时：天意。怼（duì）：怨。威灵怒：神明震怒。
11. 严杀：酣战痛杀。弃原野：捐躯战场。
12. 出不入兮往不反：战士抱着义无反顾的必死决心。反：通“返”。
13. 忽：指原野宽广无际。超：通“迢”。
14. 挟（xié）：携，拿。秦弓：战国秦地所造的弓（因射程较远而著名）。
15. 首身离：头和身子分离，指战死。惩：恐惧，悔恨。
16. 诚：果然是，诚然。
17. 终：始终。
18. 神以灵：指精神永存。
19. 鬼雄：鬼中英雄。

**评 析：**

《九歌》共11篇，是楚辞中重要的作品，除首尾两篇分别为迎、送神曲外，中间九篇为娱神曲，精华聚在其中。《国殇》便是这九篇中的一篇，是追悼为国捐躯的将士的祭歌。

乐歌分为两节，先是描写在一场短兵相接的战斗中，楚国将士奋死抗敌的壮烈场面，继而颂悼他们为国捐躯的高尚志节。由第一节“旌蔽日兮敌若云”一句可知，这是一场敌众我寡的殊死战斗。当敌人来势汹汹，冲乱楚军的战阵，欲长驱直入时，楚军将士仍个个奋勇争先。但见战阵中有一辆主战车冲出，这辆原有四匹马拉的大车，虽左外侧的骖马已中箭倒毙，右外侧的骖马也被砍伤，但它的主人——楚军统帅，仍毫无惧色，他将战车的两个轮子埋进土里，笼住马缰，举槌擂响了进军的战鼓。一时战气萧杀，引得苍天也跟着威怒起来。待杀气散尽，战场上只留下一具具尸体，静卧荒野。

在这首诗中，诗人对为国捐躯的将士的英雄气概和威武不屈的崇高品质，给予了高度评价，赞美他们活着是人中的英雄，死了是鬼中的豪杰，热情歌颂了楚国人民强烈的爱国主义精神和坚毅的性格。这首诗尽管是直赋其事，但既有比喻，又有想象，把强烈的英雄主义色彩和积极的浪漫主义精神融汇在全诗之中，风格悲壮，情调激昂，是《九歌》中一篇很有特色的作品。

阅读思考

1. 结合《国殇》说说楚辞在语言上有什么特点。
2. 这首诗表达了作者怎样的思想感情?
3. 屈原作为中国历史上已知最早的诗人，你是怎样评价他的?

悲歌一曲祭国魂
——《九歌 国殇》

# 二、史　记·项羽本纪（节选）

## 题解

司马迁在《报任安书》中说自己修史的宗旨是“究天人之际，通古今之变，成一家之言”。司马迁在综合前代史书各种体制的基础上，创立了纪传体通史——《史记》。《史记》是我国纪传体史学的奠基之作，同时也是我国传记文学的开端与典范。

《史记》共一百三十篇，包括十二本纪、十表、八书、三十世家、七十列传，五种体例各不相同却又相互配合，构成一个有机的整体。《史记》记载了自上古传说中的黄帝时代至汉武帝时代三千多年的历史。其中的本纪和列传是主体。

十二本纪是全书的提纲，按帝王世代顺序记述了帝王的言行政绩，兴衰始终。其中记载先秦历史的五篇，依次是五帝、夏、殷、周、秦；记载秦汉历史的七篇，依次是秦始皇、楚霸王项羽、汉高祖刘邦、高后吕雉、汉文帝刘恒、汉景帝刘启和汉武帝刘彻。值得注意的是，项羽是秦汉之际主宰天下的人物，吕后是西汉惠帝王朝的发号施令者，因此，二人虽均无天子称号，却被列入本纪。西汉惠帝虽当了天子，却有名无实，无实权，所以本纪中没有他的位置。十表主要排列了帝王侯国间的大事，八书是有关经济、文化、天文、历法等方面的专门论述，三十世家主要是贵族之家的历史，七十列传是不同阶层不同类型的人物传记，如《刺客列传》《李斯列传》《游侠列传》等，所收人物非常广泛，并且都刻画得栩栩如生，较为全面地反映了社会生活的总体风貌。

司马迁出生于史官家庭，从小受良好的文化熏陶，自幼养成读书的习惯。不仅如此，他还曾向儒学大师孔安国学习古文《尚书》，向董仲舒学习《春秋》；后来，担任太史令的司马迁，又利用工作上的方便，翻阅学习由国家收藏的各种文献资料。司马迁不仅读万卷书还行万里路。他在长沙水滨凭吊屈原；在刘邦发迹的丰沛之地，参观萧何等人的故居，听当地人讲逸闻轶事。司马迁在出游的过程中，不仅收集了许多新鲜材料，也加深了对历史事件的理解，使得《史记》中的人物传记具有高度的真实性。司马迁非常重视对事件因果关系的探究，他对事件的起因往往详写，而略写引发的结果，并在叙事中使用多种手法，描绘各种复杂事件，宏大场面及个人感受跃然纸上。他在《史记》中对人物的刻画也都鲜明形象、有血有肉，说话行事符合自己的身份特点。不仅如此，《史记》中的人物形象也有许多共性，有知恩图报、以德报德的苏秦等人；有以牙还牙、以怨报怨的伍子胥；还有为报答知遇之恩不惜牺牲自己生命的荆轲。《史记》中的人物共性寓于个性之中，生动丰满、复杂有趣。

# 项羽本纪[1]（节选）

司马迁

沛公军霸上[2]，未得与项羽相见。沛公左司马曹无伤使人言于项羽曰："沛公欲王关中，使子婴[3]为相，珍宝尽有之。"项羽大怒，曰："旦日飨士卒，为击破沛公军！"[4]当是时，项羽兵四十万，在新丰鸿门[5]；沛公兵十万，在霸上。范增说[6]项羽曰："沛公居山东[7]时，贪于财货，好美姬。今入关，财物无所取，妇人无所幸[8]，此其志不在小。吾令人望其气[9]，皆为龙虎，成五采，此天子气也。急击勿失！"

楚左尹项伯者[10]，项羽季父也，素善留侯张良[11]。张良是时从沛公，项伯乃夜驰之沛公军，私见张良，具告[12]以事，欲呼张良与俱去。曰："毋从俱死也。"张良曰："臣为韩王送沛公[13]。沛公今事有急，亡去不义。不可不语。"良乃入，具告沛公。沛公大惊，曰："为之奈何？[14]"张良曰："谁为大王为此计者[15]？"曰："鲰生[16]说我曰，'距关，毋内诸侯，[17]秦地可尽王也。'故听之。"良曰："料大王士卒足以当项王乎？"沛公默然，曰："固不如也。且为之奈何？"张良曰："请往谓项伯，言沛公不敢背项王也。"沛公曰："君安与项伯有故[18]？"张良曰："秦时与臣游，项伯杀人，臣活之[19]。今事有急，故幸来告良。"沛公曰："孰与君少长？"[20]良曰："长于臣。"沛公曰："君为我呼入，吾得兄事之[21]。"张良出，要[22]项伯。项伯即入见沛公。沛公奉卮酒为寿[23]，约为婚姻[24]，曰："吾入关，秋豪[25]不敢有所近，籍吏民[26]，封府库，而待将军[27]。所以遣将守关者，备他盗之出入与非常[28]也。日夜望将军至，岂敢反乎！愿伯具言臣不敢倍德[29]也。"项伯许诺，谓沛公曰："旦日不可不蚤自来谢项王[30]！"沛公曰："诺。"于是项伯复夜去，至军中，具以沛公言报项王，因言曰："沛公不先破关中，公岂敢入乎？今人有大功而击之，不义也。不如因善遇之。"项王许诺。

沛公旦日从百余骑来见项王，至鸿门，谢曰："臣与将军戮力[31]而攻秦，将军战河北，臣战河南，然不自意[32]能先入关破秦，得复见将军于此。今者有小人之言，令将军与臣有郤[33]。"项王曰："此沛公左司马曹无伤言之；不然，籍何以至此。"项王即日因留沛公与饮。项王、项伯东向坐[34]；亚父[35]南向坐。亚父者，范增也。沛公北向坐；张良西向侍。范增数目[36]项王，举所佩玉玦[37]以示之者三。项王默然不应。范增起，出召项庄[38]，谓曰："君王为人不忍，若[39]入前为寿，寿毕，请以剑舞，因击沛公于坐[40]，杀之。不者[41]，若属[42]皆且为所虏。"庄则入为寿，寿毕，曰："君王与沛公饮，军中无以为乐，请以剑舞。"项王曰："诺。"项庄拔剑起舞，项伯亦拔剑起舞，常以身翼蔽[43]沛公，庄不得击。

于是张良至军门，见樊哙[44]。樊哙曰："今日之事何如？"良曰："甚急！今者项庄拔剑舞，其意常在沛公也[45]。"哙曰："此迫矣！臣请入，与之同命[46]。"哙即带剑拥[47]盾入军门。交戟之卫士[48]欲止不内，樊哙侧其盾以撞，卫士仆地[49]。哙遂入，披帷[50]西向立，瞋目[51]视项王，头发上指[52]，目眦[53]尽裂。项王按剑而跽曰[54]："客何为者？"张良曰："沛公之参乘[55]樊哙者也。"项王曰："壮士！赐之卮酒！"则与斗[56]卮酒。哙拜谢，起，立而饮之。项王曰："赐之彘肩[57]！"则与一生彘肩。樊哙覆其盾[58]于地，加彘肩上，拔剑切而啖[59]之。项王曰："壮士！能复饮乎？"樊哙曰："臣死且不避，卮酒安足辞！夫秦王有虎狼之心，杀人如不能举[60]，刑人如恐不胜[61]，天下皆叛之。怀王与诸将约曰：'先破秦入咸阳者王之。'今沛公先破秦入咸阳，毫毛不敢有所近，封闭宫室，还军霸上，以待大王来。故遣将守关者，备他盗出入与非常也。劳苦而功高如此，未有封侯之赏，而听细说[62]，欲诛有功之人，此亡秦之续[63]耳，窃为大王不取也。”项王未有以应，曰：“坐。”樊哙从良坐[64]。坐须臾，沛公起如厕[65]，因招樊哙出。

沛公已出，项王使都尉陈平[66]召沛公。沛公曰：“今者出，未辞也，为之奈何？”樊哙曰：“大行不顾细谨[67]，大礼不辞小让[68]。如今人方为刀俎[69]，我为鱼肉，何辞为？”于是遂去。乃令张良留谢。良问曰：“大王来何操[70]？”曰：“我持白璧一双，欲献项王，玉斗[71]一双，欲与亚父。会[72]其怒，不敢献。公为我献之。”张良曰：“谨诺。”当是时，项王军在鸿门下，沛公军在霸上，相去四十里。沛公则置[73]车骑，脱身独骑，与樊哙、夏侯婴、靳强、纪信等四人持剑盾走[74]，从郦山[75]下，道芷阳间行[76]。沛公谓张良曰：“从此道至吾军，不过二十里耳。度我至军中，公乃入。”沛公已去，间至军中[77]，张良入谢，曰：“沛公不胜杯杓[78]，不能辞。谨使臣良奉白璧一双，再拜献大王足下；玉斗一双，再拜奉大将军[79]足下。”项王曰：“沛公安在？”良曰：“闻大王有意督过之[80]，脱身独去，已至军矣。”项王则受璧，置之坐上。亚父受玉斗，置之地，拔剑撞而破之，曰：“唉！竖子[81]不足与谋。夺项王天下者，必沛公也，吾属今为之虏矣！”沛公至军，立诛杀曹无伤。

居数日，项羽引兵西屠咸阳，杀秦降王子婴，烧秦宫室，火三月不灭，收其货宝妇女而东[82]。人或说项王曰：“关中阻山河[83]四塞[84]，地肥饶，可都以霸[85]。”项王见秦宫室皆以[86]烧残破，又心怀思欲东归，曰：“富贵不归故乡，如衣绣夜行[87]，谁知之者！”说者曰：“人言楚人沐猴而冠[88]耳，果然。”项王闻之，烹[89]说者。

项王使人致命[90]怀王，怀王曰：“如约[91]。”乃尊怀王为义帝[92]。项王欲自王，先王诸将相，谓曰：“天下初发难时，假立[93]诸侯后以伐秦。然身被坚执锐首事[94]，暴露于野三年，灭秦定天下者，皆将相诸君与籍之力也。义帝虽[95]无功，故当[96]分其地而王之。”诸将皆曰：“善。”乃分天下，立诸将为侯王。……故立沛公为汉王[97]……项王自立为西楚霸王[98]，王九郡，都彭城。……

汉五年[99]，汉王乃追项王，……项王军壁垓下[100]，兵少食尽。汉军及诸侯兵围之数重。夜闻汉军四面皆楚歌[101]，项王乃大惊曰：“汉皆已得楚乎？是何楚人之多也！”项王则夜起，饮帐中。有美人名虞，常幸从[102]；骏马名骓[103]，常骑之。于是项王乃悲歌忼慨[104]，自为诗曰：“力拔山兮气盖世，时不利兮骓不逝[105]。骓不逝兮可奈何，虞兮虞兮奈若何[106]！”歌数阕[107]，美人和之[108]。项王泣数行下，左右皆泣，莫能仰视。

于是项王乃上马骑，麾下壮士从者八百余人，直夜溃围[109]南出，驰走。平明[110]，汉军乃觉之，令骑将灌婴[111]以五千骑追之。项王渡淮，骑能属者[112]百余人耳。项王至阴陵[113]，迷失道，问一田父，田父绐[114]曰“左”。左，乃陷大泽[115]中。以故汉追及之。项王乃复引兵而东，至东城[116]，乃有二十八骑。汉骑追者数千人。项王自度不得脱，谓其骑曰：“吾起兵至今八岁矣，身[117]七十余战，所当者破，所击者服，未尝败北，遂霸有天下。然今卒[118]困于此。此天之亡我，非战之罪也。今日固决死[119]，愿为诸君快战[120]，必三胜之，为诸君溃围、斩将、刈旗[121]，令诸君知天亡我，非战之罪也。”乃分其骑以为四队，四向。汉军围之数重。项王谓其骑曰：“吾为公取彼一将。”令四面骑驰下，期山东[122]为三处。于是项王大呼驰下，汉军皆披靡[123]，遂斩汉一将。是时，赤泉侯[124]为骑将，追项王，项王瞋目而叱之，赤泉侯人马俱惊，辟易[125]数里与其骑会为三处。汉军不知项王所在，乃分军为三，复围之。项王乃驰，复斩汉一都尉，杀数十百人。复聚其骑，亡其两骑耳。乃谓其骑曰：“何如？”骑皆伏[126]曰：“如大王言。”

于是项王乃欲东渡乌江[127]。乌江亭长檥船待[128]，谓项王曰：“江东虽小，地方千里，众数十万人，亦足王也。愿大王急渡。今独臣有船，汉军至，无以渡。”项王笑曰：“天之亡我，我何渡为！[129]且籍与江东子弟八千人渡江而西，今无一人还，纵江东父兄怜而王我，我何面目见之？纵彼不言，籍独不愧于心乎？”乃谓亭长曰：“吾知公长者。吾骑此马五岁，所当无敌，尝一日行千里，不忍杀之，以赐公。”乃令骑皆下马步行，持短兵[130]接战。独籍所杀汉军数百人。项王身亦被十余创[131]。顾见汉骑司马吕马童[132]，曰：“若非吾故人[133]乎？”马童面[134]之，指王翳曰[135]：“此项王也。”项王乃曰：“吾闻汉购我头千金，邑万户，吾为若德[136]。”乃自刎而死。王翳取其头，余骑相蹂践争项王，相杀者数十人。……

太史公[137]曰：吾闻之周生[138]曰，“舜目盖重瞳子[139]”，又闻项羽亦重瞳子，羽岂其苗裔[140]邪？何兴之暴[141]也！夫秦失其政，陈涉首难[142]，豪杰蜂起，相与并争，不可胜数。然羽非有尺寸[143]，乘势起陇亩[144]之中，三年遂将五诸侯[145]灭秦，分裂天下，而封王侯，政[146]由羽出，号为“霸王”，位[147]虽不终，近古以来未尝有也。及羽背关怀楚[148]，放逐义帝而自立，怨王侯叛己[149]，难矣。自矜功伐[150]，奋其私智而不师古[151]，谓霸王之业，欲以力征[152]经营天下，五年卒亡其国，身死东城，尚不觉寤[153]而不自责，过[154]矣。乃引[155]“天亡我，非用兵之罪也”，岂不谬哉！

（选自《史记》卷七，中华书局，2019 年）

---

❶ 选自《史记·项羽本纪》，司马迁撰。

❷ 军：驻扎。霸上：地名，即灞水以西的白鹿原，在今陕西省西安市东。

❸ 子婴：秦二世胡亥的侄子，被赵高立为秦王，后降刘邦。

❹ 旦日：明早。飨（xiǎng）：犒赏酒食。为：将，准备。

❺ 新丰：地名，在今陕西省西安市临潼区东北。鸿门：古地名，在今陕西省西安市临潼区东北鸿门堡村，今当地称为项王营。

❻ 说（shuì）：劝说，游说。

❼ 山东：泛指战国时秦以外六国之地，因在崤山（今河南省西部）以东，故名。

❽ 幸：亲近，宠爱。

❾ 气：头上的云气。古人迷信，认为通过观察某人头上的云气可以推断其祸福吉凶。

❿ 左尹：楚官名，辅佐令尹的官。项伯：名缠，项羽的族叔。

⓫ 素：平常。善：交好。张良：字子房，本为韩国人，祖、父皆任韩相。韩灭，张良欲报仇，陈胜起义后，聚众响应，不久归顺刘邦，成为刘邦的主要谋士，后封留侯。留：秦县名，在今江苏省沛县东南。

⓬ 具告：详细告诉。

⓭ 为韩王送沛公：张良曾劝说项梁立韩公子成为韩王，自己做韩相。后来刘邦使韩王成留守阳翟（今河南省禹县），张良奉韩王命随同刘邦一道西入武关，故有此言。韩王：指韩王成。

⓮ 为之奈何：对这件事该怎么办？

⓯ 为：前一个“为”是替、给的意思，后一个“为”是出、制定的意思。

⓰ 鲰（zōu）生：浅陋无知的小人；一说人名。

⓱ 距：通“拒”，把守的意思。关：函谷关。内：通“纳”，放进。

⓲ 故：旧谊。

⓳ 活之：使之活。

⓴ 孰与君少长：项伯和你的年纪相比，谁大谁小？

㉑ 得：应该。兄事之：以兄长的礼节对待他。

㉒ 要（yāo）：通“邀”。
㉓ 卮（zhī）：盛酒的器皿。为寿：祝寿。
㉔ 约为婚姻：约定结为姻亲。
㉕ 秋豪：鸟兽在秋天新生的绒毛，比喻非常细小的事物。豪：通“毫”。
㉖ 籍：登记。吏民：官吏和人民。
㉗ 将军：指项羽。
㉘ 非常：意外的变故。
㉙ 倍德：忘恩负义。倍：通“背”，背叛、忘记。
㉚ 蚤：通“早”。谢：道歉，谢罪。
㉛ 戮力：尽力；协力。戮：通“勠”。
㉜ 不自意：自己没料想到。
㉝ 郤（xì）：通“隙”，嫌隙。
㉞ 东向坐：面向东坐，秦汉时室内以面向东坐为上位。
㉟ 亚父：仅次于父，这是项羽对范增的尊称。
㊱ 数（shuò）：多次。目：名词用作动词，以目示意的意思。
㊲ 玦（jué）：玉器名，环形有缺，借以表示决断。这是暗示项羽下决心杀刘邦。
㊳ 项庄：项羽的堂弟。
㊴ 若：你。
㊵ 因击：乘机。坐：同“座”，座位。
㊶ 不者：否则。不：通“否”。
㊷ 若属：你们。
㊸ 翼蔽：像鸟张开翅膀一样遮挡住。
㊹ 樊哙（kuài）：沛县（今江苏省沛县）人，原以屠狗为业，随刘邦起义，屡立战功，刘邦建汉后，曾任汉左丞相，封舞阳侯。
㊺ 其意常在沛公也：他的目的在于（杀死）刘邦。
㊻ 与之同命：和沛公同生共死。
㊼ 拥：持，抱。
㊽ 交戟之卫士：交叉持戟的门卫。
㊾ 仆地：跌倒在地上。
㊿ 披帷：掀开帷帐。
51 瞋目：睁大眼睛。这是发怒的表情。
52 上指：向上竖直。
53 眦（zì）：眼眶。
54 按剑：用手握着剑柄。跽（jì）：长跪。古人席地而坐，两膝着地，两股贴脚跟。股不着脚跟为跪；而挺腰耸身叫跽，这是一种便于应变的姿势。
55 参乘（shèng）：即骖乘，坐在车右负责护卫的人。
56 斗：容量单位，十升为一斗，十斗为一石。
57 彘（zhì）肩：猪前腿。
58 覆其盾：把盾牌反过来。
59 啖（dàn）：大口地吃。

60 举：尽。
61 刑：用刑。胜：尽。
62 细说：小人的谗言。
63 亡秦之续：重蹈亡秦的覆辙。
64 从良坐：在张良身边坐下。
65 如厕：上厕所。如：往，去。
66 都尉：武官名，比将军略低。陈平：阳武（今河南省原阳县）人，当时在项羽手下做都尉，第二年归附刘邦，为谋士，汉建国后封曲阳侯，曾任丞相。
67 大行：做大事。细谨：细枝末节。
68 辞：避忌。让：责备。
69 俎（zǔ）：砧板。
70 操：拿，这里是携带的意思。
71 玉斗：玉制的酒具。
72 会：恰逢，适逢。
73 置：丢弃。
74 夏侯婴：沛县（今江苏省沛县）人，从刘邦起义，被封为汝阴侯。靳强：刘邦部属，后封汾阳侯。纪信：刘邦部将，后被项羽烧死。
75 郦山：即骊山。
76 道：取道。芷阳：秦县名，在今陕西省西安市东。间行：抄小路走。
77 间至军中：由小道回到军中。
78 不胜杯杓（sháo）：不胜酒力。不胜：禁不起。杯杓：这里为酒的代称。杓：勺子，取酒用具。
79 大将军：指范增。
80 督过之：责备、怪罪他。
81 竖子：小子，对人的一种蔑称。这里明指项庄，暗指项羽。
82 东：向东。
83 阻山河：以山河为险阻。
84 四塞：指关中四面可以扼守的险要关隘。关中东有函谷关，西有大散关，南有武关，北有萧关，合称“四塞”。
85 都以霸：建都而成就霸业。
86 以：通“已”。
87 衣绣夜行：穿着锦绣的衣服在夜里行路。比喻富贵荣华不外露。
88 沐猴而冠：猴子戴帽，比喻虚有仪表。这里讥笑项羽看上去轰轰烈烈，其实不能成大事。沐猴：猕猴。
89 烹：煮。
90 致命：报命。
91 如约：按照约定。
92 义帝：即“假帝”，仅是名义上的帝王。
93 假立：名义上推立。
94 被坚执锐：穿上铠甲，拿起武器。首事：首先起事。
95 虽：尽管。

96 故当：本来应当。
97 汉王：项羽所封的刘邦的王号，辖巴、蜀、汉中三郡，包括今湖北西北部、四川东部和西部及陕西南部。
98 西楚霸王：项羽自封的王号。当时彭城（今江苏省徐州市区）一带称西楚，项羽定都彭城。霸王：诸侯盟主。
99 汉五年：公元前 202 年。
100 壁：安营。垓下：古地名，在今安徽省固镇东北沱河南岸灵璧县东南。
101 楚歌：这里指唱楚地的乐歌。
102 幸从：受到宠幸而跟随。
103 骓（zhuī）：毛色青白相间的马。
104 忼慨：慷慨，这里有悲愤激昂之意。
105 不逝：指被围困，不能向前跑。
106 奈若何：把你怎么办？
107 数阕：几遍。阕：曲终叫阕。
108 和之：作诗与项羽唱和。
109 直夜：当晚。直：通“值”。溃：突破，冲破。
110 平明：天亮时。
111 灌婴：汉将，后封颍阴侯。
112 骑能属者：能跟从项羽的骑兵。
113 阴陵：地名，在今安徽省定远县西北。
114 绐（dài）：哄骗。
115 泽：沼泽地。
116 东城：地名，在安徽定远县东南。
117 身：亲身经历。
118 卒：终于。
119 决死：必死。
120 快战：痛快地打一仗。
121 刈（yì）旗：砍倒敌方的大旗。
122 期：约定……为（会聚处）。山东：山的东面。
123 披靡：草木随风而倒的样子，比喻汉军的溃败之状。
124 赤泉侯：指杨喜，汉军骑将，后被封赤泉侯。此时尚未封侯，这是史家的追称。
125 辟易：倒退。
126 伏：指在马上拜伏。
127 乌江：地名，即今安徽省和县东北苏、皖界上的乌江镇。
128 亭长：乡官。秦时，十里一亭，设亭长一人，管理乡里事务。檥（yǐ）：同“舣”，撑船靠岸。
129 我何渡为：我还渡河做什么呢？
130 短兵：指刀、剑等短武器。
131 被：受。创：伤。
132 顾：回头。骑司马：官名，骑兵将领。吕马童：人名，原为项羽部属，后以战功封中水侯。
133 故人：旧相识。

134 面：通“偭”，背对着。
135 指：指示。王翳：汉将，后封杜衍侯。
136 吾为若德：我给你这点儿好处。
137 太史公：司马迁自称。以下为论赞，是对项羽的一生进行总结和评价的。
138 周生：是和司马迁同时代的人，其名及行事不详。
139 盖：大概。重瞳：双目各有两个眸子。
140 苗裔：后代子孙。
141 暴：突然。
142 陈涉：即陈胜，字涉。首难：首先起事。
143 尺寸：尺寸大小的封地。
144 陇亩：乡野。
145 将：率领。五诸侯：指齐、赵、韩、魏、燕五国故地的反秦义军。
146 政：政令。
147 位：指西楚霸王的地位。
148 背关怀楚：指放弃关中形胜之地而定都彭城之事。
149 怨王侯叛己：抱怨诸侯王背叛自己。
150 自矜：自夸。功伐：功劳。
151 奋：逞。私智：个人的智慧。不师古：不向古人学习，这里古人指建功立业的帝王。
152 力征：以武力征伐。
153 寤：通“悟”。
154 过：错。
155 引：借口。

**评 析：**

《史记》中的人物传记大都是以历史人物的活动为中心来记录的，《项羽本纪》全面地记载了项羽生平事业的兴盛衰亡，着重描绘了这个英雄人物短暂而波澜起伏的四个阶段：事业的起点吴中起兵，功业的顶点巨鹿之战，由盛而衰的转折点鸿门宴，英雄末路的终点乌江自刎。文中围绕着项羽一生的战绩，再现了群雄蜂起、楚汉相争的宏伟的历史场景。作者以项羽一生中最重大、最能表现其性格特征的三件大事来集中表现人物。这三件大事分别是巨鹿之战、鸿门之宴、垓下之围。作者对项羽的性格进行了血肉丰满的描绘，对项羽的命运进行了比较完整的叙述，展现了作者既有作为历史学家对这一英雄人物的深切同情和历史批判，又有作为文学家驾驭史料、精心裁剪、巧于对比和锤炼语言的高超的艺术才能。

本文节选的是《项羽本纪》中的鸿门宴、垓下之围、乌江自刎及太史公曰片段。通过对人物的刻画，项羽这位英雄生动丰满地跃然纸上。项羽勇猛善战却又感情用事、刚愎自用、拒纳良言，以致错失良机、大失人心。

《项羽本纪》在语言方面取得了巨大的艺术成就。在对话语言中，司马迁有时直录口语，如项羽年轻位微时说“彼可取而代也”等，表现了项羽的抗争信念和直率的性情；有时大段陈词，如项羽斩杀宋义前的一番话，说得慷慨激昂、雄辩有力；霸王别姬的悲歌又是那么的缠绵悱恻、儿女情长；与乌江亭长诀别，则又显得仗义非常，体现出了对话语言与人物性格、环境、地位、心理状态的关联。除了人物言行外，文章还重视对人物心理的描写与刻画，如垓下之围、四面楚歌、悲歌别姬，充分表现了项羽内心的矛盾和痛苦。

阅读思考

1. 在描述垓下之围时，作者着重描写了哪几个场面？
2. 结合选文，试分析项羽有哪些性格特点。
3. 项羽才气过人，英勇非凡，但最终却落得个自刎于乌江的悲惨结局。认真体会“太史公曰”的评议，谈谈你对项羽失败原因的看法。

# 三、汉　书（节选）

题解

《汉书》是我国第一部纪传体断代史，全书包括十二纪、八表、十志、七十列传，共一百篇，一百二十卷，记载了自汉高祖元年（前206年）至新朝王莽地皇四年（23年）近二百三十年的历史。《汉书》史料丰富、精确，叙述中博采诸说之长，文风也朴实严谨，在史学和文学上都占有重要的地位。历史上经常把司马迁的《史记》和班固的《汉书》并举。

## （一）苏武传（节选）[1]

班固

武字子卿[2]，少以父任，兄弟并为郎[3]。稍迁至栘中厩监[4]。时汉连伐胡，数通使相窥观[5]，匈奴留汉使郭吉、路充国等，前后十余辈。[6]匈奴使来，汉亦留之以相当[7]。天汉元年[8]，且鞮侯单于初立[9]，恐汉袭之，乃曰：“汉天子我丈人行[10]也。”尽归汉使路充国等。武帝嘉其义[11]，乃遣武以中郎将使持节送匈奴使留在汉者[12]，因厚赂[13]单于，答其善意。武与副中郎将张胜及假吏[14]常惠等募士斥候百余人俱[15]。既至匈奴，置币遗单于[16]。单于益骄，非汉所望也[17]。

方欲发使送武等，会缑王与长水虞常等谋反匈奴中。[18]缑王者，昆邪王姊子也[19]，与昆邪王俱降汉，后随浞野侯没胡中[20]。及卫律所将[21]降者，阴相与谋劫单于母阏氏归汉[22]。会武等至匈奴，虞常在汉时素与副张胜相知[23]，私候[24]胜曰：“闻汉天子甚怨卫律，常能为汉伏弩[25]射杀之。吾母与弟在汉，幸蒙其赏赐[26]。”张胜许之，以货物与常。

后月余，单于出猎，独阏氏子弟在。虞常等七十余人欲发[27]；其一人夜亡，告之[28]。单于子弟发兵与战[29]，缑王等皆死，虞常生得[30]。

单于使卫律治[31]其事。张胜闻之，恐前语发，以状语武[32]。武曰：“事如此，此必及我。见犯乃死，重负国[33]。”欲自杀，胜、惠共止之。虞常果引[34]张胜。单于怒，召诸贵人[35]议，欲杀汉使者。左伊秩訾[36]曰：“即谋[37]单于，何以复加？宜皆降之[38]。”单于使卫律召武受辞[39]，武谓惠等：“屈节辱命，虽生，何面目以归汉[40]！”引佩刀自刺。卫律惊，自抱持武，驰召医[41]。凿地为坎，置煴火[42]，覆武其上，蹈其背以出血[43]。武气绝，半日复息。惠等哭，舆归营[44]。单于壮其节[45]，朝夕遣人候问武，而收系[46]张胜。

武益愈[47]。单于使使晓武，会论虞常，欲因此时降武[48]。剑斩虞常已，律曰：“汉使张胜谋杀单于近臣[49]，当死，单于募降者赦罪。”举剑欲击之，胜请降。律谓武曰：“副有罪，当相坐[50]。”武曰："本无谋[51]，又非亲属，何谓相坐？"复举剑拟之[52]，武不动。律曰："苏君，律前负汉归匈奴，幸蒙大恩，赐号称王，拥众数万，马畜弥山[53]，富贵如此。苏君今日降，明日复然。空以身膏草野[54]，谁复知之！"武不应。律曰："君因我[55]降，与君为兄弟，今不听吾计，后虽欲复见我，尚可得[56]乎？"武骂律曰："女为人臣子，不顾恩义，畔主背亲，为降虏于蛮夷，何以女为见[57]？且单于信女，使决人死生，不平心[58]持正，反欲斗两主，观祸败[59]。南越杀汉使者，屠为九郡[60]；宛王杀汉使者，头县北阙[61]；朝鲜杀汉使者，即时诛灭[62]。独匈奴未耳。若知我不降明[63]，欲令两国相攻，匈奴之祸从我始矣。"

律知武终不可胁，白单于[64]。单于愈益欲降之。乃幽[65]武置大窖[66]中，绝不饮食[67]。天雨雪，武卧啮雪与旃毛并咽之[68]，数日不死，匈奴以为神，乃徙武北海上无人处，使牧羝[69]，羝乳乃得归[70]。别其官属常惠等，各置他所。

武既至海上，廪食[71]不至，掘野鼠去[72]草实而食之。杖汉节牧羊[73]，卧起操持，节旄尽落。积五六年，单于弟於靬王弋[74]射海上。武能网纺缴，檠弓弩[75]，于靬王爱之，给其衣食。三岁余，王病，赐武马畜、服匿、穹庐[76]。王死后，人众徙去[77]。其冬，丁令盗武牛羊，武复穷厄[78]。

……

昭帝[79]即位数年，匈奴与汉和亲。汉求武等，匈奴诡言武死。后汉使复至匈奴，常惠请其守者与俱[80]，得夜见汉使，具自陈道。教使者谓单于，言天子射上林中，得雁，足有系帛书，言武等在某泽[81]中。使者大喜，如惠语以让单于[82]。单于视左右而惊[83]，谢汉使曰："武等实在[84]。"……单于召会武官属，前以降及物故，凡随武还者九人[85]。

武以始元六年春至京师[86]……武留匈奴凡十九岁，始以强壮出，及还，须发尽白。

---

❶ 本篇选自《汉书·李广苏建传》，叙述了苏武出使匈奴的事迹，表现了他在万般危难的情况下艰苦卓绝、宁死不屈的节操。其中"苏武牧羊"的故事广为我国人民熟悉和喜爱，后代许多戏剧、歌词、绘画都取材于此。

❷ 武字子卿：这里只叙苏武的名和字，没有提姓和籍贯，因为选节的上一段是讲其父苏建的，已经说过姓苏，是杜陵（今陕西省西安市东）人。

❸ "少以"二句：年轻时凭父亲的职位，弟兄几个人都做了郎官。父任：父亲的职位。苏建曾做代太守，封平陵侯。兄弟：苏武兄名嘉，弟名贤。郎：汉代侍卫皇帝的官员。

❹ 移（yí）中厩（jiù）监：在皇宫移园的马房中主管鞍马、鹰犬和射猎用具的官员。移：这里是汉宫中的园名。

❺ "时汉"二句：当时汉朝接连攻打匈奴，常常互相派人窥探对方。胡：这里指匈奴。数（shuò）：多次。

❻ 留：扣留。十余辈：十多个人。

❼ 相当：相抵。

❽ 天汉元年：前 100 年。天汉：汉武帝的年号。

❾ 且鞮（jū dī）侯单于：匈奴称其君主为单于，且鞮侯是当时单于嗣位以前的封号。

❿ 丈人行（háng）：长辈。丈人：对父辈的尊称。行：辈。

⓫ 嘉：赞赏。义：指上文释放汉使的行为。

⓬ "乃遣"句：于是派遣苏武以中郎将的身份带着旄（máo）节去出使，以送还汉朝扣留的匈奴使者。中郎将：汉代皇宫主宿卫侍从的武官。节：即旄节，在竹竿上饰以三层牦牛尾，作为使者的信物。

⑬ 赂：用财物赠送别人。

⑭ 假吏：临时充任的官吏。

⑮ 募：招募。士：士兵。斥候：侦察人员。俱：一同前往。

⑯ 置币：准备财物。遗（wèi），赠送。

⑰ “非汉”句：不像汉武帝原来希望的那样。

⑱ 会：恰好遇上。缑（gōu）王：匈奴的一个贵族。长水：地名，在今陕西蓝田县。其地多胡骑。虞常：人名，长水人。

⑲ 昆邪王：匈奴贵族，汉武帝元狩二年（前 121 年）降汉。姊子：外甥。

⑳ 浞（zhuó）野侯：指汉将赵破奴。武帝太初二年（前 103 年）被匈奴所俘虏。没胡中：陷入匈奴，指缑王跟着赵破奴一起为匈奴所俘。

㉑ 卫律：长水胡人，先在汉朝为官，后降匈奴，封丁零王。所将：所统率的。

㉒ “阴相与”句：暗中共同策划，要把单于母亲阏氏（yān zhī）劫掠到汉朝。阴：暗暗地。劫：劫持。阏氏：单于配偶的称号。

㉓ 素：平素。相知：互相熟识。

㉔ 私候：私下拜访。

㉕ 伏弩（nǔ）：埋伏弓箭。弩：一种设有机关的弓。

㉖ “幸蒙”句：希望受到汉朝的赏赐。其：指汉朝廷。

㉗ 发：发动叛乱。

㉘ “其一人”二句：其中有一个人连夜逃出，揭发了这件事。亡：逃走。告：告发。

㉙ 与战：指与缑王、虞常等人作战。

㉚ 生得：活捉。此指被活捉。

㉛ 治：审理。

㉜ “恐前语”二句：担心过去和虞常所说的合谋造反的话被泄露，就把情况告诉了苏武。发：泄露。语（yù）武：告诉苏武。

㉝ “见犯”二句：被侮辱之后才死，更加对不起国家。见犯：被侵犯，指被逮捕受辱。重（chóng）：更加。

㉞ 引：牵扯，攀连。指虞常供出张胜合谋之事。

㉟ 诸贵人：指匈奴贵族。

㊱ 左伊秩訾（zī）：匈奴王号。

㊲ 谋：谋害。

㊳ 宜皆降之：应该都让他们投降。降之：使之降。

㊴ 受辞：受审讯。

㊵ “屈节”三句：损坏了自己的节操，辱没了国家的使命，即使还活着，但有什么脸面回到汉朝去呢！

㊶ “卫律”三句：卫律大惊，亲自抱住苏武，并使人快马请来医生。

㊷ “凿地”二句：在地上掘个坑，里边点上有烟无焰的火。煴（yūn）火：初燃未旺、有烟无焰的火。

㊸ “覆武”二句：把苏武面朝下伏在坑上，敲打他的背以把血放出来（免得血淤积体内为害）。蹈：通“搯（tāo）”，轻轻敲打。

㊹ 舆归营：用车把苏武运回营帐。舆：作动词用，用车运载。

㊺ 壮其节：即“以其节为壮”，认为他的气节了不起。

㊻ 收系：逮捕关押。

47 武益愈：苏武的伤渐渐痊愈。

48 “单于”三句：单于派使者告知苏武，共同审判虞常，打算趁这时迫使苏武投降。晓：告知。

49 “汉使”句：指上文虞常与张胜商议以伏弩射杀卫律之事。近臣：亲近的臣，卫律自指。

50 “副有罪”二句：副使张胜有罪，苏武应当连坐。相坐：连带治罪。

51 本无谋：本来就没有和张胜同谋。

52 “复举剑”句：卫律又举起剑来做出要杀人的样子。拟：比画着做个样子。

53 “拥众”二句：拥有好几万人，马匹等牲畜漫山遍野。弥：满。

54 “空以”句：白白地让自己的肉体变做野草的肥料，指白白流血牺牲。膏：作动词用，使……肥沃。

55 因我：迁就我。

56 得：能够。

57 “为降虏”二句：你投降做了外族的俘虏，我见你做什么。何以女为见：即“何以见女为”，为什么要见你。女：同“汝”。为：语气助词。

58 平心：居心公平。

59 “反欲”二句：反而要唆使两方君主相斗，坐观成败。斗两主：使汉和匈奴两主相斗。

60 “南越”二句：汉武帝元鼎五年（前 112 年）夏四月，南越王相吕嘉反，杀其王、王太后及汉使者。武帝遣将征讨。六年（前 111 年），杀吕嘉，遂分南越之地为南海、苍梧、郁林、合浦、交阯、九真、日南、珠崖、儋耳九郡。屠：分裂。

61 “宛王”二句：大宛出汗血马，汉武帝派遣使者车令持重金求良马，大宛不与。使者因此辱骂宛王，大宛中贵人乃使东边郁成王遮杀汉使。武帝遂于太初元年（前 104 年）发兵征大宛；太初四年（前 101 年），大宛诸贵人乃谋杀大宛王毋寡，献其头并赠良马于汉。

62 “朝鲜”二句：汉武帝元封二年（前 109 年），派涉何为使说降朝鲜王右渠，未果。而涉何派人刺死送其返国的朝鲜裨王长。后涉何封辽东东部都尉，朝鲜发兵袭杀何。武帝乃派兵征朝鲜。至元封三年（前 108 年），朝鲜尼溪相参乃使人刺杀朝鲜王右渠，归降汉朝。汉分朝鲜地为真番、临屯、乐浪、玄菟四郡。

63 “若知”句：你明知我不肯投降。若：你。

64 “律知”二句：卫律知道终究不能用威胁的手段使苏武投降，便报告了单于。白：告诉。

65 幽：禁闭，关押。

66 窖（jiào）：收藏粮食的地洞。

67 绝不饮食（yìn sì）：断绝供应，不给他吃喝。饮、食，都作动词用。

68 “天雨雪”二句：天下雪，苏武躺在地窖里嚼着雪，和毡毛一起吞下。雨：落下。啮（niè）：咬。旃（zhān）：通“毡”，毛织物。

69 “乃徙”二句：于是把苏武迁到北海没人住的地方，叫他牧羊。徙：迁居。北海：即今贝加尔湖，在今俄罗斯西伯利亚。羝（dī）：公羊。

70 “羝乳”句：等到公羊产下小羊，才能回来，意即永不得归。这是匈奴威胁苏武的话。乳：指生小羊。

71 廪（lǐn）食：公家供应的粮食。

72 去：通“弆”（jǔ），储藏。

73 “杖汉节”句：拿着汉朝的旄节放羊。杖：拄着。

74 於靬（wū jiān）王：且鞮侯单于之弟。弋（yì）：用带细绳的箭射猎，此泛指射猎。

75 “武能”二句：苏武会结渔网，纺缴丝，矫正弓弩。网：作动词用，结网的意思。缴（zhuó）：系在箭上的绳。檠（qíng）：矫正弓的工具，这里作动词用，矫正弓弩的意思。

76 服匿：盛酒酪的瓦器。穹庐：北方游牧民族居住的圆形毡帐，即今“蒙古包”。

77 “人众”句：意为於靬王部下的人都迁走了。

78 “丁令”二句：丁令人偷走苏武的牛羊，苏武又穷困了。丁令：匈奴的别支。厄：困苦。

79 昭帝：武帝的儿子刘弗陵，公元前 87 年继位。

80 “常惠”句：常惠请求和看守自己的人一起去。

81 “教使者”五句：请汉使向单于说，汉帝在上林苑打猎，射到一只大雁，脚上系着用帛写的信，里边说苏武等人在某一个水泽中。上林：即上林苑，汉代皇家苑囿。帛：一种丝织品。

82 “如惠语”句：照着常惠的话来责怪单于说谎。让：责怪。

83 “单于”句：单于看看左右侍从，感到非常惊讶。

84 实在：确实还活着。

85 “单于”三句：单于召集当初跟从苏武的僚属，除去以前已投降匈奴的和死了的，现在跟随苏武一起回去的共有九人。以：通“已”。物故：死亡。

86 始元六年：前 81 年。京师：京城，指长安（今陕西省西安市）。

**评 析：**

《苏武传》是《汉书》中非常精彩的传记文学作品。文中描述了苏武出使匈奴，面对敌人的威逼利诱坚守节操、排除万难、历经磨难、不辱使命的事迹，刻画了坚贞不屈、忠于国家、忠于人民的爱国英雄的光辉形象。整篇文章铺陈直叙，情节波澜起伏、精彩纷呈、一波三折、引人入胜。

文章情节脉络清晰，详略得当。文中先介绍了苏武的身世，以及出使匈奴的原因。随后，重点描写十九年间，苏武坚持民族气节，与匈奴单于斗智斗勇的事迹。其中，匈奴欲三次招降苏武，都被苏武成功拒绝。第一次是单于派卫律招降苏武，苏武对常惠说：“丧失气节、玷辱使命，即使活着，还有什么脸面回到家乡去呢?”说着拔出佩带的刀自刎。这一幕惊呆了卫律，好在卫律反应及时，为苏武找到了一位神医，帮助苏武死里逃生。苏武的这种气节让单于等人佩服得五体投地。紧接着单于又多方刁难苏武，在他面前剑斩虞常，威逼利诱使他投降，眼看苏武没有被胁迫成功，单于就把他幽禁起来，不给他吃喝，断绝供应，他却“卧啮雪，与旃毛并咽之，数日不死”，让匈奴人以为他得到了神明的帮助。于是，单于就把苏武流放到荒无人烟的北海牧羊。苏轼手握汉节（国家民族的象征），在九死一生中维持着作为使者的使命。第三次是故友李陵劝降。李陵给苏武摆事实讲道理，告知他家人的现状，死的死，亡的亡，夫人早已改嫁，还有家人不知所踪，希望苏武认清现实，早日投降匈奴（此处本节选文已省略）。但苏武誓死不降。十九年后，苏武终于守得云开见月明，回到了故土。

**阅读思考**

1. 作品中哪些细节描写体现了苏武的性格特征?
2. 简述《苏武传》的艺术特色。
3. 你认为作品哪部分描写得最精彩？为什么?

## （二）霍光传[1]（节选）

班固

霍光字子孟，票骑将军去病[2]弟也。父中孺，河东平阳[3]人也，以县吏给事平阳侯家，与侍者卫少儿私通而生去病。中孺吏毕归家，娶妇生光，因绝不相闻。久之，少儿女弟子夫[4]得幸于武帝，立为皇后，去病以皇后姊子贵幸。既壮大，乃自知父为霍中孺，未及求问。会为票骑将军击匈奴，道出河东，河东太守郊迎，负弩矢先驱，至平阳传舍[5]，遣吏迎霍中孺。中孺趋入拜谒，将军迎拜，因跪曰："去病不早自知为大人遗体也。"中孺扶服[6]叩头，曰："老臣得托命将军，此天力也。"去病大为中孺买田宅奴婢而去。还，复过焉，乃将光西至长安，时年十余岁，任光为郎[7]，稍迁诸曹侍中[8]。去病死后，光为奉车都尉光禄大夫[9]，出则奉车，入侍左右，出入禁闼二十余年，小心谨慎，未尝有过，甚见亲信。

征和二年[10]，卫太子为江充[11]所败，而燕王旦、广陵王胥[12]皆多过失。是时上年老，宠姬钩弋赵婕妤有男[13]，上心欲以为嗣，命大臣辅之。察群臣唯光任大重，可属社稷[14]。上乃使黄门画者画周公负成王朝诸侯以赐光[15]。后元二年[16]春，上游五柞宫[17]，病笃，光涕泣问曰："如有不讳[18]，谁当嗣者？"上曰："君未谕前画意邪？立少子，君行周公之事。"光顿首让曰："臣不如金日磾。"日磾亦曰："臣外国人，不如光。"上以光为大司马大将军，日磾为车骑将军[19]，及太仆上官桀[20]为左将军，搜粟都尉桑弘羊为御史大夫[21]，皆拜卧内床下，受遗诏辅少主。明日，武帝崩，太子袭尊号，是为孝昭皇帝。帝年八岁，政事一决于光。……遗诏封……光为博陆侯[22]。

光为人沉静详审，长财七尺三寸[23]，白皙，疏眉目，美须髯。每出入下殿门，止进有常处，郎仆射[24]窃识视之，不失尺寸，其资性端正如此。初辅幼主，政自己出，天下想闻其风采。殿中尝有怪，一夜群臣相惊，光召尚符玺郎[25]郎不肯授光。光欲夺之，郎按剑曰："臣头可得，玺不可得也！"光甚谊之[26]。明日，诏增此郎秩[27]二等。众庶莫不多[28]光。

光与左将军桀结婚相亲，光长女[29]为桀子安妻，有女[30]年与帝相配，桀因帝姊鄂邑盖主[31]内安女后宫为婕妤，数月立为皇后。父安为票骑将军，封桑乐侯。光时休沐出，桀辄入代光决事。桀父子既尊盛，而德长公主。公主内行不修，近幸河间丁外人。桀、安欲为外人求封，幸依国家故事以列侯尚公主者，光不许。又为外人求光禄大夫，欲令得召见，又不许。长主大以是怨光。而桀、安数为外人求官爵弗能得，亦惭。自先帝时，桀已为九卿[32]，位在光右。及父子并为将军，有椒房中宫[33]之重，皇后亲安女，光乃其外祖，而顾专制朝事，由是与光争权。

燕王旦自以昭帝兄，常怀怨望。及御史大夫桑弘羊建造酒榷[34]盐铁，为国兴利，伐[35]其功，欲为子弟得官，亦怨恨光。于是盖主、上官桀、安及弘羊皆与燕王旦通谋，诈令人为燕王上书，言："光出都肄羽林[36]，道上称跸[37]，太官先置。"又引："苏武前使匈奴，拘留二十年不降，还乃为典属国[38]，而大将军长史敞[39]亡功为搜粟都尉，又擅调益莫府校尉[40]。光专权自恣，疑有非常。臣旦愿归符玺，入宿卫，察奸臣变。"候司光出沐日奏之。桀欲从中下其事，桑弘羊当与诸大臣共执退光。书奏，帝不肯下。

明旦，光闻之，止画室[41]中不入。上问："大将军安在？"左将军桀对曰："以燕王告其罪，故不敢入。"有诏召大将军。光入，免冠顿首谢，上曰："将军冠。朕知是书诈也，将军亡罪。"光曰："陛下何以知之？"上曰："将军之广明[42]，都郎属耳。调校尉以来未能十日，燕王何以得知之？且将军为非，不须校尉。"是时，帝年十四，尚书[43]左右皆惊，而上书者果亡，捕之甚急。桀等惧，白上小事不足遂。上不听。

后桀党与有谮光者，上辄怒曰："大将军忠臣，先帝所属以辅朕身，敢有毁者坐之。"自是桀等不敢复言，乃谋令长公主置酒请光，伏兵格杀之，因废帝，迎立燕王为天子。事发觉，光尽诛桀、安、弘羊、外人宗族。燕王、盖主皆自杀。光威震海内。昭帝既冠，遂委任光，讫十三年，百姓充实，四夷宾服。

元平元年[44]，昭帝崩，亡嗣。武帝六男独有广陵王胥在，群臣议所立，咸持广陵王。王本以行失道，先帝所不用。光内不自安。郎有上书言："周太王废太伯立王季[45]，文王舍伯邑考[46]立武王，唯在所宜，虽废长立少可也。广陵王不可以承宗庙。"言合光意。光以其书视[47]丞相敞等，擢郎为九江[48]太守，即日承皇太后[49]诏，遣行大鸿胪事少府乐成、宗正德、光禄大夫吉、中郎将利汉迎昌邑王贺[50]。

贺者，武帝孙，昌邑哀王[51]子也。既至，即位，行淫乱。光忧懑，独以问所亲故吏大司农[52]田延年。延年曰："将军为国柱石，审此人不可，何不建白太后，更选贤而立之？"光曰："今欲如是，于古尝有此否？"延年曰："伊尹[53]相殷，废太甲[54]以安宗庙，后世称其忠。将军若能行此，亦汉之伊尹也。"光乃引延年给事中[55]，阴与车骑将军张安世图计，遂召丞相、御史、将军、列侯、中二千石、大夫、博士会议未央宫[56]。光曰："昌邑王行昏乱，恐危社稷，如何？"群臣皆惊鄂[57]失色，莫敢发言，但唯唯而已。田延年前，离席按剑，曰："先帝属将军以幼孤，寄将军以天下，以将军忠贤能安刘氏也。今群下鼎沸，社稷将倾，且汉之传谥常为孝者[58]，以长有天下，令宗庙血食[59]也。如令汉家绝祀，将军虽死，何面目见先帝于地下乎？今日之议，不得旋踵。群臣后应者，臣请剑斩之。"光谢曰："九卿责光是也。天下匈匈不安，光当受难。"于是议者皆叩头，曰："万姓之命在于将军，唯大将军令。"

光即与群臣俱见白太后，具陈昌邑王不可以承宗庙状。皇太后乃车驾幸未央承明殿[60]，诏诸禁门毋内昌邑群臣。王入朝太后还，乘辇欲归温室[61]，中黄门[62]宦者各持门扇，王入，门闭，昌邑群臣不得入。王曰："何为？"大将军跪曰："有皇太后诏，毋内昌邑群臣。"王曰："徐之，何乃惊人如是！"光使尽驱出昌邑群臣，置金马门[63]外。车骑将军安世将羽林骑收缚二百余人，皆送廷尉[64]诏狱。令故昭帝侍中中臣侍守王。光敕左右："谨宿卫，卒有物故自裁[65]，令我负天下，有杀主名。"王尚未自知当废，谓左右："我故群臣从官安得罪，而大将军尽系之乎？"顷之，有太后诏召王，王闻召，意恐，乃曰："我安得罪而召我哉！"太后被珠襦，盛服坐武帐[66]中，侍御数百人皆持兵，期门武士陛戟[67]，陈列殿下。群臣以次上殿，召昌邑王伏前听诏。光与群臣连名奏王"……荒淫迷惑，失帝王礼谊，乱汉制度。……当废[68]。"……皇太后诏曰："可。"光令王起拜受诏，王曰："闻天子有争臣七人，虽无道不失天下[69]。"光曰："皇太后诏废，安得天子！"乃即持其手，解脱其玺组，奉上太后，扶王下殿，出金马门，群臣随送。王西面拜[70]，曰："愚戆不任汉事。"起就乘舆副车。大将军光送至昌邑邸，光谢曰："王行自绝于天，臣等驽怯，不能杀身报德。臣宁负王，不敢负社稷。愿王自爱，臣长不复见左右。"光涕泣而去。群臣奏言："古者废放之人屏于远方，不及以政，请徙王贺汉中房陵县[71]。"太后诏归贺昌邑，赐汤沐邑[72]二千户。昌邑群臣坐亡辅导之谊，陷王于恶，光悉诛杀二百余人。出死，号呼市中曰："当断不断，反受其乱。"

光坐庭中，会丞相以下议定所立。广陵王已前不用，及燕刺王反诛，其子不在议中。近亲唯有卫太子孙号皇曾孙[73]在民间，咸称述焉。光遂与丞相敞等上奏曰："《礼》曰：'人道亲亲故尊祖，尊祖故敬宗[74]。’大宗亡嗣，择支子孙贤者为嗣。孝武皇帝曾孙病已，武帝时有诏掖庭养视，至今年十八，师受《诗》《论语》《孝经》，躬行节俭，慈仁爱人，可以嗣孝昭皇帝后，奉承祖宗庙，子万姓。臣昧死以闻。”皇太后诏曰：“可。”光遣宗正刘德至曾孙家尚冠里[75]，洗沐赐御衣，太仆以軨猎车[76]迎曾孙就斋宗正府，入未央宫见皇太后，封为阳武侯[77]。已而光奉上皇帝玺绶，谒于高庙，是为孝宣皇帝。

明年，下诏曰：“夫褒有德，赏元功，古今通谊也。大司马大将军光宿卫忠正，宣德明恩，守节秉谊，以安宗庙。其以河北、东武阳益封光万七千户。”与故所食凡二万户。赏赐前后黄金七千斤，钱六千万，杂缯三万匹，奴婢百七十人，马二千匹，甲第一区。

自昭帝时，光子禹及兄孙云皆中郎将[78]，云弟山奉车都尉侍中，领胡越兵[79]。光两女婿为东西宫卫尉[80]，昆弟诸婿外孙皆奉朝请[81]，为诸曹大夫，骑都尉，给事中。党亲连体，根据于朝廷。光自后元[82]秉持万机，及上即位，乃归政。上谦让不受，诸事皆先关白光，然后奏御天子。光每朝见，上虚己敛容，礼下之已甚。

光秉政前后二十年。地节二年[83]春病笃，车驾自临问光病，上为之涕泣。光上书谢恩曰：“愿分国邑三千户，以封兄孙奉车都尉山为列侯，奉兄票骑将军去病祀。”事下丞相御史，即日拜光子禹为右将军。

光薨，上及皇太后亲临光丧。

---

❶ 本篇选自《汉书·霍光金日磾传》。

❷ 票骑：《史记》作“骠骑”，汉代将军名号，品秩同大将军，为霍去病而始置。去病：霍去病（前 140 年—前 117 年），西汉名将，与卫青齐名。六次出击匈奴，打开通往西域的通道，解除了匈奴对汉王朝的威胁。

❸ 河东平阳：河东郡平阳县，治当今山西省临汾市西南。

❹ 子夫：卫子夫（？—前 91 年），原本是平阳公主家的歌女，侍宴时被汉武帝看中，入宫，生戾太子，立为皇后。弟卫青官至大司马大将军。后因戾太子事为武帝所废，自杀。

❺ 传舍：古代的旅舍。

❻ 扶服（pú fú）：同“匍匐”，伏地而行。

❼ 郎：帝王侍从官，帝王出则卫护陪从，入则备顾问或差遣。

❽ 诸曹：各分科办事的官署。侍中：汉代自列侯以下至郎中的加官，侍从皇帝左右以应杂事，出入宫廷。

❾ 奉车都尉：为天子掌管乘舆的武官。光禄大夫：属光禄勋，掌顾问应对。

❿ 征和二年：前 91 年。征和：汉武帝的年号。

⓫ 卫太子：卫皇后所生，名据（前 128 年—前 91 年），谥戾太子。汉武帝末年为江充所诬陷，举兵诛杀江充，兵败自杀。江充：汉武帝末年任直指绣衣使者。武帝晚年常怀疑左右有人用蛊术诅咒他，派江充至太子宫掘地，挖到桐木人，太子遭到诬陷，趁武帝避暑甘泉宫，告令百官说江充谋反，遂斩杀江充。太子自杀后，武帝渐明真相，令车千秋复查太子冤情，族灭江充家。

⓬ 燕王旦：燕王刘旦，武帝第三子。为人博学辩略，喜好招致游士。卫太子败，上书请求进入宿卫，武帝恼怒。后又藏匿亡命，为武帝所谦恶。广陵王胥：广陵厉王刘胥，武帝第四子。喜好倡乐逸游，力能扛鼎，但行为不遵法度。昭帝即位，广陵王使女巫诅咒，后事发，以绶自绞死。

⓭ 钩弋：汉宫名，赵婕妤所居。赵婕妤：河间（今河北省献县东南）人。武帝巡狩过河间，得到皇上宠幸，入宫为婕妤。婕妤：嫔妃称号，汉武帝始置，次于皇后、昭仪，位列第三。有男：即汉昭帝刘弗陵。

⑭ 社稷：土神和谷神，借指国家。

⑮ 黄门：宫中官署名，职以百物供天子，故也有画工。画周公负成王：周武王死后，子成王立，年少，由武王之弟周公旦辅政。“画周公负成王”，即以图画形式表达周公辅少主政的内容。负成王：把成王抱在怀中。

⑯ 后元二年：前87年。

⑰ 五柞（zhà）宫：汉武帝所造离宫，在扶风周至（今陕西省周至县东南），有五棵三人合抱的柞树，故名。

⑱ 不讳：死的婉辞。

⑲ 金日磾（dī）：前134年—前86年，本匈奴休屠王太子，武帝时从昆邪王归汉，任侍中。武帝临终，遗诏封为秺侯。车骑：汉代将军名号，文帝时始置，品秩同卫将军及左右前后将军，位次上卿。

⑳ 太仆：掌舆马的官。上官桀：武帝时任骑都尉，武帝临终托少主任为左将军，遗诏封安阳侯，孙女为昭帝皇后。元凤元年（前80年）因谋反被诛。

㉑ 桑弘羊（前152年—前80年）：西汉洛阳（今河南省洛阳市东）人，武帝时制定、推行盐铁酒类的官营政策，抑止富商巨贾的势力。元凤元年与上官桀通同谋反被杀。御史大夫：掌监察、执法、文书图籍。秦汉时与丞相（大司徒）、太尉（大司马）合称三公，后改称大司空。

㉒ 博陆侯：食邑在北海、河间、东郡。博：广大。陆：平正。

㉓ 财：通“才”。七尺三寸：一汉尺约合27.65厘米，七尺三寸约合1.81米。

㉔ 郎仆射（yè）：郎官的首长。

㉕ 尚符玺郎：掌管帝王符节、玉玺的郎官。

㉖ 谊：通“义”。

㉗ 秩：官吏的俸禄，引申为职位、品级。

㉘ 多：赞美。

㉙ 光长女：霍光嫡妻东闾氏所生。

㉚ 女：上官安之女，即霍光之外孙女。昭帝11岁时立为皇后，年方6岁。

㉛ 鄂邑盖主：汉昭帝的大姊，即下文的“长公主”。鄂邑，长公主的食邑地。称盖主是以盖侯为驸马。

㉜ 九卿：秦汉以奉常、郎中令、卫尉、太仆、廷尉、典客、宗正、治粟内史、少府为九卿。武帝时上官桀曾为太仆。

㉝ 椒房中宫：皇后所居。椒房：汉代后妃所居，以椒和泥涂壁，取其性温，有香，多子之义。

㉞ 酒榷：政府对酒实行专卖。

㉟ 伐：自我夸耀。

㊱ 都：汇聚。肄：练习。羽林：皇帝的护卫军。长官有羽林中郎将和羽林郎。

㊲ 跸（bì）：帝王出行时开路清道。这里是指责霍光僭越天子的仪式。

㊳ 典属国：官名，掌管少数民族事务。

㊴ 长史：汉代丞相、太尉、御史大夫、将军、边郡太守的属官。敞：即杨敞。本在大将军幕府为军司马，经霍光累次迁升，最后做到丞相。

㊵ 莫府：即幕府，将军的府署。校尉：汉代军职，位略次于将军。

㊶ 画室：一说近臣集会谋画之室，一说雕画之室。

㊷ 之：到。广明：亭名。霍光练兵之处。汉代十里一亭。

㊸ 尚书：皇帝左右掌管文书章奏的官。

44 元平元年：前74年。

45 周太王：周文王的祖父古公亶（dǎn）父。文王父亲季历是太王的第三子，据说古公看出文王有圣瑞，有意把季历定为嗣子，长子太伯、次子虞仲因而避位让贤，出走荆蛮之地。王季：即季历。

46 伯邑考：文王长子。

47 视：同“示”。

48 九江：郡名，辖境相当今安徽、河南省淮河以南，湖北省黄冈市以东和江西全省以北地区。

49 皇太后：即昭帝上官皇后，当时年约十五六岁。

50 大鸿胪：武帝时改典客为大鸿胪，属九卿之一，掌管与外国的交往。少府：掌握山海池泽的税利，以供宫廷之用的官，九卿之一。乐成：姓史。宗正：掌管皇室亲属的官，九卿之一。德：刘德，刘向的父亲。吉：丙吉。中郎将：统领皇帝侍卫的武官。

51 昌邑哀王：刘髆（？—前87年），汉武帝第五子。

52 大司农：武帝时改治粟内史为大司农，九卿之一，掌管钱谷盐铁和国家的财政收支。

53 伊尹：名挚，成汤用为相，以灭夏桀，为商初重臣。

54 太甲：成汤长孙，即位后不理朝政，被伊尹放在成汤葬地桐宫，三年而悔过，伊尹迎之复位。

55 给事中：将军、列侯、九卿以至黄门郎等的加官，给事殿中，备顾问应对，讨论政事。为皇帝近臣。

56 中二千石：汉代九卿的俸禄都是中二千石。博士：太常所属学官，掌古今史事待问及书籍典守。未央宫：汉高祖七年萧何所造，遗址在今陕西省西安市西北郊汉长安故城内西南隅。

57 鄂：通“愕”。

58 汉之传谥常为孝者：汉代自惠帝以下，谥号皆冠以“孝”字。

59 血食：受祭祀。

60 承明殿：未央宫中殿名，班固《西都赋》说它是“著作之庭”。

61 温室：殿名，在未央宫内，武帝时建。据《西京杂记》“温室殿以椒涂壁，被之文绣，香桂为柱，设火齐屏风，鸿羽帐，规定以罽（jì）宾氍毹（qú shū）。”冬天很温暖。

62 中黄门：汉代给事内廷的官名，以宦者充任。

63 金马门：汉代臣属待诏之处，门旁有铜马。

64 廷尉：掌管刑狱的官。

65 卒：通“猝”。物故：亡故。自裁：自杀。

66 武帐：置有兵器架和五种兵器的帷帐，汉代天子在宫殿中接见臣下时专用。

67 期门：武帝时选拔陇西、天水等六郡良家子组成的护卫队，平帝时改称虎贲郎。陛戟：执戟卫于陛下。

68 原文在“光与群臣连名奏王”以下，有尚书令读三十几位大臣的奏章，列举昌邑王失德之事。因奏文甚长，这里前后均有删节。

69 “闻天子”二句：是《孝经·谏诤章》的句子。争臣：直言谏诤之臣。争：通“诤”。

70 西面拜：因昌邑在今山东巨野西南，长安在其西，所以，“西面拜”即遥拜长安宗庙。

71 汉中房陵县：汉中郡房陵县，在今湖北省房县。

72 汤沐邑：皇帝、皇后、皇子、公主等收取赋税的私邑。

73 皇曾孙：汉武帝曾孙，在民间名病已，即位后改名刘询（前94年—前49年）。

74 “人道”二句：《礼记·大传》句，原文作：“人道亲亲也。亲亲故尊祖，尊祖故敬宗。”

75 尚冠里：长安城内里名。

⑯ 軨猎车：一种轻便车。

⑰ 阳武侯：阳武，在今河南省原阳县东南。就位前先封侯，表示承认其皇族身份。

⑱ 中郎将：统领皇帝侍卫的武官。

⑲ 胡越兵：指编在汉朝军队中的胡骑、越骑。

⑳ 两女婿：指范明友、邓广汉。卫尉：掌管宫门警卫的官，九卿之一。

㉑ 奉朝请：定期朝见皇帝。古以春季朝见为“朝”，秋季朝见为“请”。

㉒ 后元：指武帝死、昭帝立的后元二年，即公元前87年。

㉓ 地节：汉宣帝年号。地节二年，即公元前68年。

**评 析：**

本篇记叙了霍去病同父异母的弟弟霍光，受到霍去病的提携，从一个小县吏的儿子平步青云，在得到汉武帝的亲近和信任后，受遗诏，辅佐少主，最终，在政治斗争中，成为权倾朝野、威震人主、可以左右皇位继承人的实力人物的故事。

在文章中，霍光为人沉着冷静、细致慎重，身高七尺三寸，皮肤白皙，眉、眼分得很开，须髯很美。每次从下殿门进出，停顿、前进都有固定的地方，尺寸丝毫不差，资性端正，处事小心谨慎可见一斑。他老成持重又杀伐果断，知人善用，堪称深谋远虑的政治家。他平定了上官桀等人蓄谋已久的政变，废黜了行为不符合礼仪规范的昌邑王刘贺，拥立汉武帝刘彻的曾孙刘询为汉宣帝，使汉室转危为安。但是，从汉昭帝起，霍光的儿子、侄孙、女婿等家人都身居高位连成一体，植根盘踞在朝廷之中，为霍氏宗族由盛极衰，最终被覆灭（此部分本篇未选入）埋下了伏笔。文章通过人物的语言、行动来刻画人物形象，在平铺直叙中寓含褒贬、预示吉凶。

**阅读思考**

1. 试分析霍光的人物特点，你是如何评价霍光的历史功过的？
2. 总结本文的写作特点。

## 四、古诗十九首·行行重行行

**题解**

《古诗十九首》收录在南朝梁武帝长子萧统组织文人共同编选的《文选》中，包括《行行重行行》《青青河畔草》《青青陵上柏》《今日良宴会》《西北有高楼》《涉江采芙蓉》《明月皎夜光》《冉冉孤生竹》《庭中有奇树》《迢迢牵牛星》《回车驾言迈》《东城高且长》《驱车上东门》《去者日以疏》《生年不满百》《凛凛岁云暮》《孟冬寒气至》《客从远方来》《明月何皎皎》。和《诗经》一样，《古诗十九首》不是一时一地一人所作，其内容上多是抒发对游子的相思离别之苦，表达了思妇内心复杂独特的感受。这之中，也不乏对人生的思考，如《今日良宵会》告诉有志之士，人生的价值和所追求的幸福要靠奋斗才能实现。《古诗十九首》是汉代文人五言诗的最高成就，这些作品不但传达了具有典型代表意义的思想感情，还揭示了许多人生哲理，艺术上浑然天成，语言含蓄隽永，善用比兴寄托，言近旨远，语短情长，耐人寻味。刘勰在《文心雕龙·明诗》中就这样概括《古诗十九首》的艺术特色："观其结体散文，直而不野，婉转附物，怊怅切情，实五言之冠冕也。"《古诗十九首》无论是在五言诗的发展史上还是在中国诗歌历史上都占有重要地位，它的题材内容、表现手法和创作风格被后世文人竞相模仿，深深影响了后世诗歌的创作。

## 行行重行行

行行重行行，与君生别离[1]。
相去[2]万余里，各在天一涯[3]。
道路阻且长[4]，会面安可知[5]？
胡马依北风，越鸟巢南枝。[6]
相去日以远[7]，衣带日以缓[8]。
浮云蔽白日[9]，游子不顾反[10]。
思君令人老，岁月忽已晚[11]。
弃捐勿复道[12]，努力加餐饭[13]。

（选自《古诗源》，中华书局，2016年）

❶ 行行：行而不止。重：又。君：你，指丈夫。生别离：活生生地被分开。此处暗用《九歌·少司命》"悲莫悲兮生别离"之句。

❷ 相去：相隔。

❸ 天一涯：天的一边。

❹ 阻且长：艰险而又漫长。且：又。

❺ 安：怎能。知：预料。

❻ "胡马"两句：托物喻意，胡马、越鸟尚且留恋故乡，难道游子就不思恋故土吗？胡马：胡地所产的马。胡：古代对北方和西方各民族的称呼，后用以泛指北方。依：依恋。越鸟：南方的鸟。越：即百越，古代对南方少数民族的称呼，后泛指南方。巢南枝：在向南的枝条上筑巢。巢：用作动词，筑巢。

❼ 日以远：一天比一天远。以，同"已"。

❽ "衣带"句：衣带一天比一天宽松，表明思妇因思念，一天比一天消瘦。缓：宽松。

❾ 浮云：喻诱惑丈夫的女性。白日：喻未归的丈夫。

❿ 反：同"返"，回来。

⓫ 晚：指年终，岁末。

⓬ 弃捐：抛弃。勿复道：不要再说。

⓭ "努力"句：是思妇无可奈何的自我宽慰之词，一说是思妇希望在外的游子多加保重。

**评 析：**

全诗抒发了妇女对远行丈夫的思念之情，反映了汉末动乱给百姓带来的生死离别的痛苦遭遇。一个妇女怀念离家远行的丈夫，咏叹别离的痛苦、相隔的遥远和见面的艰难，把自己刻骨的相思和丈夫的一去不复返相对照，但还是自我宽解，只希望远行的人自己保重。全诗长于抒情，委曲婉转，韵味深长，善用叠词，给人复沓的音律美，语言质朴精练。

本篇可分为两部分：前六句为第一部分，后十句为第二部分。第一部分，追叙初别，着重描写长路漫漫相见甚难。开头两句“行行重行行，与君生别离。”是全诗的领起，总领下文。第二部分，着重刻画思妇相思之苦。“胡马依北风，越鸟巢南枝。”以鸟兽作比，表达了思妇内心复杂的心情，鸟兽尚且思恋故乡，盼望游子早日归来。也许是离家太久，路途太遥远，女子的思念之情也愈加深切。“相去日已远，衣带日已缓。”日日思君不见君，容颜憔悴，衣带渐宽，怎一个愁字了得。而与之形成鲜明对比的却是“浮云蔽白日，游子不顾反。”让思妇陷入到惆怅疑惑两难的境地。到底如何是好？年复一年游子未归，思妇已心力交瘁。最后两句强作宽慰，与其思之又深而不得，还不如努力加餐饭，保重身体，以待来日相会。

**阅读思考**

1. 这首诗表达了作者怎样的思想感情？
2. 简述这首诗的语言特点。
3. 结合具体作品，总结《古诗十九首》的艺术成就。

## 五、登楼赋

王粲

**题解**

王粲（177 年—217 年），字仲宣，山阳郡高平县（今山东省邹城市西南）人，东汉末年文学家，“建安七子”之一，太尉王龚曾孙、司空王畅之孙，少有才名，后为著名学者蔡邕所赏识。初平二年（191 年），因关中骚乱，前往荆州依靠刘表，客居荆州十余年，有志不伸，心怀郁郁。建安十三年（208 年），曹操南征荆州，不久，刘表病逝，其子刘琮举州投降，王粲也归降曹操，深得曹氏父子信赖的王粲，被赐爵关内侯。建安十八年（213 年），魏王国建立，王粲任侍中。建安二十二年（217 年），王粲随曹操南征孙权，于北还途中病逝，终年四十一岁。

王粲善属文，其诗赋为“建安七子”之冠，又与曹植并称“曹王”。著诗、赋、论、议近 60 篇。

《登楼赋》见于《文选》卷十一。王粲才华卓越，却不被刘表重用，寓流荆州十五年。建安九年（204 年）秋，王粲在荆州登上麦城（在今湖北省当阳市东南）城楼，纵目四望，写下了这篇传诵不衰的名赋。

登兹[1]楼以四望兮，聊暇日以销忧[2]。览斯宇之所处[3]兮，实显敞而寡仇。[4]挟清漳之通浦[5]

兮，倚曲沮之长洲[6]。背坟衍之广陆[7]兮，临皋隰之沃流[8]。北弥陶牧[9]，西接昭丘[10]。华实蔽野[11]，黍稷盈畴[12]。虽信美而非吾土兮[13]，曾何足以少留[14]。

遭纷浊而迁逝[15]兮，漫逾纪以迄今[16]。情眷眷[17]而怀归兮，孰忧思之可任[18]？凭轩槛以遥望兮，向北风而开襟。[19]平原远而极目兮，蔽荆山之高岑[20]。路逶迤而修迥[21]兮，川既漾而济深[22]。悲旧乡之壅隔[23]兮，涕横坠而弗禁[24]。昔尼父之在陈兮，有“归欤”之叹音。[25]钟仪幽而楚奏[26]兮，庄舄显而越吟[27]。人情同于怀土[28]兮，岂穷达而异心[29]。

惟日月之逾迈[30]兮，俟河清其未极[31]。冀王道之一平[32]兮，假高衢而骋力[33]。惧匏瓜之徒悬[34]兮，畏井渫之莫食[35]。步栖迟以徙倚[36]兮，白日忽其将匿[37]。风萧瑟而并兴[38]兮，天惨惨而无色[39]。兽狂顾以求群[40]兮，鸟相鸣而举翼[41]。原野阒其无人[42]兮，征夫行而未息[43]。心凄怆以感发[44]兮，意忉怛而憯恻[45]。循阶除而下降[46]兮，气交愤于胸臆[47]。夜参半而不寐[48]兮，怅盘桓以反侧[49]。

（选自《文选》，上海辞书出版社，2019 年）

---

1. 兹：此。
2. 聊：姑且，暂且。暇日：假借此日。暇，通“假”，借。销忧：解除忧虑。
3. 斯宇之所处：指这座楼所处的环境。
4. 实显敞而寡仇：此楼的宽阔敞亮，世间很少能有与它相比的。寡：少。仇：匹敌。
5. 挟清漳之通浦：漳水和沮水在这里会合。挟：带。清漳：指漳水，发源湖北南漳水，流经当阳，与沮水会合，经江陵注入长江。通浦：两条河流相通之处。
6. 倚曲沮之长洲：弯曲的沮水中间的一块长形陆地。倚：靠。曲沮：弯曲的沮水。沮水发源湖北保康，流经南漳、当阳，与漳水会合。长洲：水中长形陆地。
7. 背坟衍之广陆：楼北是地势较高的广袤原野。背：背靠，指北面。坟：高。衍：平。广陆：广袤的原野。
8. 临皋隰（xí）之沃流：楼南是地势低洼的低湿之地。临：面临，指南面。皋隰：水边低洼之地。沃流：可以灌溉的水流。
9. 北弥陶牧：北面的尽头是陶朱公所在地的远郊。弥：终极；尽。陶：指范蠡。春秋时，越国的范蠡帮助越王勾践灭吴后弃官来到陶（今山东省荷泽市定陶区西北），自称陶朱公。牧：远郊之地。
10. 昭丘：楚昭王的坟墓，在今湖北省当阳市郊外。
11. 华实蔽野：（放眼望去）花和果实覆盖着原野。华：同“花”。
12. 黍（shǔ）稷（jì）盈畴：农作物遍布田野。黍稷：泛指农作物。
13. 信美：确实美。吾土：这里指作者的故乡。
14. 曾何足以少留：怎能暂居一段。
15. 遭纷浊而迁逝：生逢乱世到处迁徙流亡。纷浊：纷乱混浊，比喻乱世。
16. 漫逾纪以迄今：这种流亡生活至今已超过了十二年。逾：超过。纪：十二年。迄今：至今。
17. 眷眷（juàn）：形容念念不忘。
18. 孰忧思之可任：这种忧思谁能经受得住呢？任：承受。
19. 凭：倚，靠。开襟：敞开胸襟。
20. 蔽荆山之高岑（cén）：高耸的荆山挡住了视线。荆山：在湖北南漳县西部。高岑：小而高的山。
21. 路逶（wēi）迤（yí）而修迥：道路曲折漫长。修：长。迥：远。
22. 川既漾而济深：河水荡漾而深，很难渡过。这句与前一句表示路远水长归路艰难。

㉓ 悲旧乡之壅（yōng）隔：想到与故乡阻塞隔绝就悲伤不已。壅：阻塞。
㉔ 涕横坠而弗禁：禁不住泪流满面。涕：眼泪。弗禁：止不住。
㉕ 昔尼父之在陈兮，有“归欤”之叹音：昔日孔子周游列国的时候，在陈、蔡绝粮时感叹，“归欤，归欤!”。尼父：指孔子。
㉖ 钟仪幽而楚奏：钟仪被囚，仍不忘弹奏家乡的乐曲。《左传·成公九年》载，楚人钟仪被郑国作为俘虏献给晋国，晋侯让他弹琴，他弹奏了楚调，晋侯便称赞他说，“乐操土风，不忘旧也。”
㉗ 庄舄（xì）显而越吟：庄舄身居要职，仍说家乡方言。《史记·张仪列传》载，庄舄在楚国做官时病了，楚王说，他原来是越国的穷人，现在在楚国做了大官，还能思念越国吗？便派人去看，却发现他正在用家乡话自言自语。
㉘ 人情同于怀土：人都有怀念故乡的心情。
㉙ 岂穷达而异心：哪能因为不得志或显达就不同了呢?
㉚ 惟日月之逾迈：日月如梭，时光飞逝。惟：发语词，无实义。
㉛ 俟（sì）河清其未极：黄河水还没有到清澈的那一天。俟：等待。河清：黄河水浊，偶有清时，古有黄河千年一清之说，故亦比喻难得遇到之事。河：黄河。未极：未至。
㉜ 冀王道之一平：希望国家统一安定。冀：希望。
㉝ 假高衢（qú）而骋力：自己可以施展才能和抱负。假：凭借。高衢：大道。
㉞ 惧匏（páo）瓜之徒悬：担心自己像匏瓜那样被白白地挂在那里。《论语·阳货》：“吾岂匏瓜也哉?焉能系而不食?”比喻不为世所用。
㉟ 畏井渫（xiè）之莫食：害怕井淘好了，却没有人来打水吃。渫：淘井。《周易·井卦》：“井渫不食，为我心恻。”比喻一个洁身自持而不为人所重用的人。
㊱ 步栖（qī）迟以徙倚：在楼上漫步徘徊。栖迟、徙倚：徘徊、漫步。
㊲ 白日忽其将匿（nì）：太阳将要落下。匿：隐藏。
㊳ 风萧瑟而并兴：林涛阵阵，八面来风。萧瑟：树木被风吹拂的声音。并兴：指风从不同的地方同时吹起。
㊴ 天惨惨而无色：天空暗淡无光。
㊵ 兽狂顾以求群：野兽惊恐地张望寻找伙伴。狂顾：惊恐地回头望。
㊶ 鸟相鸣而举翼：鸟张开翅膀互相地鸣叫。
㊷ 原野阒（qù）其无人：原野静寂无人。阒：寂静。
㊸ 征夫行而未息：离家远行的人还在匆匆赶路。
㊹ 心凄怆以感发：指自己为周围景物所感触，不禁觉得凄凉悲怆。
㊺ 意忉（dāo）怛（dá）而憯（cǎn）恻：指心情悲痛，无限伤感。憯：同“惨”。这句与前一句为互文。
㊻ 循阶除而下降：沿着阶梯下楼。循：沿着。除：台阶。
㊼ 气交愤于胸臆：胸中闷气郁结，愤懑难平。
㊽ 夜参半而不寐：即直到半夜还难以入睡。
㊾ 怅盘桓以反侧：惆怅难耐，辗转反侧。盘桓：这里指内心的不平静。

**评 析：**

赋是中国古代文学中一种独特的散文形式，它通常以描绘景色和情感为主题，抒发作者对社会、人生和自我境遇的思考和感慨。王粲的《登楼赋》就是以此为基础展开的。

王粲的《登楼赋》是在东汉末年创作的，当时的社会正处于动荡不安的时期。东汉末年的政治混乱和社会动荡给人们带来了许多困扰和苦闷，王粲正是以这个时代的社会环境和个人遭遇为基础创作了此赋。这篇赋运用铺叙手法，由登楼极目四望而生忧时伤事之慨，并把眷恋故乡、怀才不遇之情巧妙地结合起来，各层自有重点，深挚的感情，徐徐道来，感人至深。

本赋共三小段：

第一段首二句述登楼缘起：是为了“销忧”。次十句写在楼上所见景物，同时交代楼的地点方位。末二句点明作者之忧乃是出于对故土的思念。

第二段先回顾作者经历：他适逢汉末战乱，避难至荆州，已逾十二年。“情眷眷”句以下，宣泄因旧乡壅隔而不能北归的悲思，作者涕泪交坠，悲情强烈。接着用孔子困于陈时曾叹息“归欤，归欤”以及春秋时楚人钟仪被囚于晋国却操楚调，越人庄舄在楚国任显职依旧不改乡音的故事，进一步衬托自己对故土的强烈眷念。这里“钟仪”句和“庄舄”句，所咏事迹相反，而用意正同，乃所谓“反衬”修辞手法。从这一“反衬”中又引出末二句来：穷达虽异，而怀土情同。这一段中表现的情感更加浓烈，到了“孰可任”的地步。

第三段在内容上进一步发展。作者提出了他期待着“河清”之日的到来，希冀“王道”普施，天下清平，说如此便可以借之驰骋才力，改变如徒悬的匏瓜和无人取饮的洁井那样长期被弃置埋没的处境。从情绪上来说，本段比前二段更加强烈。作者始登楼是为了“销忧”，至此循阶而下时，不仅忧思未消，反而更凄怆愤慨起来，甚至夜半不寐，怅恨不已。

总体来看，本篇的三个段落，也就是三个层次，它们是层层转进的关系，以“销忧”始，以更加强烈的“气交愤”结束。

文中，王粲以豪放洒脱的笔调和华丽的辞章，描绘了登楼时的宏大景色和个人的情感体验，他通过比喻、修辞和象征的手法，将自然景观与内心感受相结合，创造出一种诗意和富有情感的氛围。这种赋的形式和风格表明了王粲对文学艺术的追求和对个人情感的表达。

《登楼赋》书写了作者因生逢乱世，长期客居他乡，才能不能得以施展而产生思乡、怀国之情和怀才不遇之忧，表现了作者对动乱时局的忧虑和对国家和平统一的希望，也倾吐了自己渴望施展抱负、建功立业的心情。全篇抒情意味很浓，以“忧”字贯穿其中，风格沉郁悲凉，语言流畅自然，是建安时代抒情小赋的代表作品。

## 阅读思考

1. 分析《登楼赋》是如何写景的。
2. 作者通过《登楼赋》表达了怎样的情感?
3. 试分析王粲的写作风格。

# 第二章　魏晋南北朝文学

## 第一节　文本精读

### 一、曹操诗两首

**题解**

曹操（155年—220年），字孟德，沛国谯县（今安徽省亳州市）人，东汉末年著名的政治家、军事家和诗人。他戎马一生，纵横沙场，完成了统一北方的大业；他精通音律，善作诗歌，尤其擅作四言诗和五言诗。曹操的诗真实地反映了汉末动乱的社会现实和人们流离失所的生活实况，抒写了曹操一统天下的政治理想，展现了他积极进取的人生态度。曹操还是建安文学的代表作者，他的诗有慷慨悲凉之风，在文学史上留下了光辉一笔，其代表作品有《蒿里行》《观沧海》《薤露》《短歌行》《龟虽寿》《苦寒行》等。钟嵘在《诗品》中评曰："曹公古直，甚有悲凉之句。"

#### 蒿里行[1]

关东有义士[2]，兴兵讨群凶。
初期会盟津，乃心在咸阳。[3]
军合力不齐[4]，踌躇而雁行。
势利使人争，嗣还自相戕[5]。
淮南弟称号，[6]刻玺[7]于北方。
铠甲生虮虱，万姓以死亡。
白骨露于野，千里无鸡鸣。
生民百遗一，念之断人肠。

（选自《先秦汉魏晋南北朝诗》，中华书局，1983年）

---

❶ 蒿里行：挽歌，属《相和歌·相和曲》，古辞现存，言人死魂魄归于蒿里（即死人的居里）。

❷ 关东：指函谷关（今河南省灵宝市涵谷关镇）以东。义士：指起兵讨伐董卓的诸将领。初平元年（190年）春关东州郡起兵讨卓，推渤海太守袁绍为盟主。

❸ “初期”二句：本来期望团结群雄，像周武王会合诸侯一样，吊民伐罪；初心是要直捣洛阳，像刘邦、项籍之攻入咸阳。两句都是用典，非实叙。盟津：地名，就是孟津（在今河南省洛阳市），相传周武王伐纣时和诸侯在此地会盟。咸阳：地名，秦的都城，在今陕西省咸阳市东。

❹ 齐：一致。当时诸将各怀观望，力量不能合一。

❺ 嗣还：其后不久。还：通“旋”。自相戕：指讨董卓的诸将互相攻伐。

❻ “淮南弟”句：袁术（袁绍的从弟）改九江为淮南，设置寿春（今安徽省寿县）。建安二年（197 年），袁术称帝于寿春。

❼ 玺：天子所用的印。初平二年（191 年），袁绍谋立刘虞为天子，刻作金印。

**评析：**

曹操的诗在风格上以慷慨悲凉为基调，语言极尽本色。建安时期社会动荡，民生凋敝，满目疮痍，故曹操在抒发情感时往往慷慨悲凉，由此，这便成为他的诗歌风格的基本特征。在诗歌的语言上，曹操绝少使用华美辞藻，结构也不很精细，而是喜从大处着笔，厚重古朴，真实直率地袒露自己的胸襟，显示鲜明的个性。

《蒿里行》采用乐府旧题，行批判之实，这在当时是一个创举，这首诗不仅对因战乱而陷于水深火热之中的苦难人民表示了极大的悲愤和同情，而且对造成人民疾苦的首恶元凶给予了无情的揭露和鞭挞。诗的前四句是交代背景：群凶作乱，义士讨伐，形势大好。“初期会盟津，乃心在咸阳”，是说义士们起初希望结成联盟，通过讨伐这一举动来平定叛乱。但是联军内部矛盾重重，自相残杀，力量涣散。他们搞分裂、谋私利，造成的结果是什么呢？“军合力不齐，踌躇而雁行。势利使人争，嗣还自相戕。”貌合神离，互相观望，畏缩不前，按兵不动甚至自相残杀。最后六句直接描写战争的危害：由于连年战争，将士的铠甲不离身，长出了虱子；百姓大量死亡，荒野上白骨累累，千里之内都听不到鸡鸣之声。面对着这荒凉、凄惨的景象，诗人不禁发出了振聋发聩的呼喊：“生民百遗一，念之断人肠”，体现了强烈的民本精神和现实主义精神。

全诗风格质朴，沉郁悲壮，体现了曹操作为一位政治家、军事家的豪迈气魄，也显示出他的忧患意识，本诗集典故、事例、描述于一身，既形象具体，又内蕴深厚，是曹操比较成功的作品。通过阅读，读者不仅可以了解当时的历史事实，还能领略作为诗人的曹操的独特文风。

## 龟虽寿[1]

神龟虽寿，犹有竟时。[2]
螣蛇[3]乘雾，终为土灰。
老骥[4]伏枥[5]，志在千里。
烈士[6]暮年[7]，壮心不已[8]。
盈缩[9]之期，不但[10]在天；
养怡[11]之福，可得永年。
幸甚至哉，歌以咏志。[12]

（选自《曹操集》，中华书局，2012 年）

❶ 此诗为曹操组诗作品《步出夏门行》中的第四章，诗题是后人从诗歌的开头取三字而来。

❷ “神龟”二句：神龟虽能长寿，但也有死亡的时候。神龟：传说中的通灵之龟，能活几千岁。寿：长寿。竟：终结，这里指死亡。

❸ 螣（téng）蛇：亦作“腾蛇”，是一种会飞的蛇。

❹ 骥（jì）：良马，千里马。

❺ 枥（lì）：马槽。

❻ 烈士：有远大抱负的人。

❼ 暮年：晚年。

❽ 已：停止。

❾ 盈缩：指人的寿命长短。盈：满，引申为长。缩：亏，引申为短。

❿ 但：仅，只。

⓫ 养怡：指调养身心，保持身心健康。怡：愉快、和乐。

⓬ “幸甚”二句：此二句是附文，跟正文没关系，只是抒发作者感情，是乐府诗的一种形式性结尾。

**评 析：**

这是一首富于哲理的诗，是《步出夏门行》的最后一章。该诗融哲理思考、慷慨激情和艺术形象于一炉，表现了诗人老当益壮、积极进取的人生态度。诗中的哲理来自诗人对生活的真切体验，因而写得兴致淋漓，有着一种真挚而浓烈的感情力量。哲理与诗情又是通过形象化的手法表现出来的，因而述理、明志、抒情在具体的艺术形象中实现了完美的结合。

全诗的韵调跌宕起伏，诗的开头四句娓娓说理，“犹有”“终为”二词组显得沉着。“老骥伏枥”四句是千古传诵的名句，笔力遒劲，韵律沉雄，内蕴着一股自强不息的豪迈气概，深刻地表达了曹操老当益壮、锐意进取的精神面貌。此四句，语气由沉着转为激昂，笔挟风雷，使这位“时露霸气”的盖世英豪的形象跃然纸上。而最后几句深沉委婉，给人一种亲切温馨之感。

全诗跌宕起伏，肌理缜密，闪耀着哲理的智慧之光，迸发着奋进之情，唱响着乐观声调，艺术风格朴实无华，格调高远，慷慨激昂，显示出诗人自强不息的进取精神和热爱生活的乐观精神。人的寿命的长短不完全决定于天，只要保持身心健康就能延年益寿，这里可见诗人对天命持否定态度，对事在人为抱有信心的乐观主义精神，抒发了诗人不甘衰老、不信天命、奋斗不息、对伟大理想的追求永不停止的壮志豪情。

**阅读思考**

1. 仔细品读诗歌，谈谈这两首诗分别反映了诗人怎样的心理活动。
2. 《蒿里行》中表现残酷战争的是哪两句？诗人是如何表现的？
3. 领会这两首诗歌的艺术特点。

## 二、洛神赋

曹植

### 题解

曹植（192年—232年），字子建，曹丕的母弟，沛国谯（今安徽省亳州市）人。封陈王，谥思，世称陈思王。建安时期最负盛名的作家，钟嵘在《诗品》中称其为“建安之杰”。他从小就因为才华横溢，受到曹操的宠爱，几乎被立为太子。后来曹丕、曹叡父子为帝，他备受猜忌压迫，郁郁而死。曹植前期的作品多表现其在邺城的安逸生活以及追求建功立业的政治理想；后期的作品多通过比兴的手法，表现其抑郁不得志的愤激不平之情。曹植的诗歌语言精练，辞采华茂。

曹植的赋，今存40余篇，从内容来看，大致可分三类。一为纪事，如《东征赋》《登台赋》《述行赋》等；二为述志，如《离思赋》《感节赋》《喜霁赋》等；三为咏物，如《宝刀赋》《迷迭香赋》《神龟赋》等。后二类数量更多些。曹植的赋有三个特点，一是取材相当广泛，朝着日常化、生活化方向拓展；二是小型化，曹植似乎一篇大赋也没有写过，今存作品全是形制较短的小赋，一般只有几百字，最长的《洛神赋》也不过千字；三是抒情化，无论纪事或者咏物，曹植都摒弃了汉赋铺排堆砌的传统。

据传，《洛神赋》作于222年，曹植到当时魏国首都洛阳朝见皇帝曹丕，返回途中写下这篇赋。《洛神赋》的创作起因是曹植受到了曹丕的挑衅。当时，曹丕要求曹植在三十步内作一篇赋文，否则就要割掉曹植的头发。曹植在洛水边看到了一位美丽的女子，于是就以洛水中的女神为题材，在三十步内创作了这篇赋文。虽然曹植的创作时间非常紧迫，是他在沿着洛水行走过程中的即兴创作，但是赋文的内容和形式都非常出色。

《洛神赋》以华丽的辞章和细腻的描写展现了曹植的文学才华，表达了曹植对美丽女性的赞美和对爱情的渴望。整篇赋文通过描绘洛水女神的形象，借以抒发曹植内心深处的思念之情和对美好事物的追求。

黄初[1]三年，余朝京师[2]，还济洛川[3]。古人有言，斯水[4]之神，名曰宓妃[5]。感宋玉对楚王神女之事[6]，遂作斯赋。其辞曰：

余从京域[7]，言归东藩[8]。背伊阙[9]，越轘辕[10]，经通谷[11]，陵景山[12]。日既西倾，车殆马烦[13]。尔乃税驾乎蘅皋[14]，秣驷乎芝田[15]，容与乎阳林[16]，流眄[17]乎洛川。于是精移神骇[18]，忽焉思散[19]。俯则未察，仰以殊观[20]，睹一丽人，于岩之畔[21]。乃援御者[22]而告之曰：“尔有觌[23]于彼者乎？彼何人斯？若此之艳也！”御者对曰：“臣闻河洛之神，名曰宓妃。然则君王之所见也，无乃是乎？其状若何？臣愿闻之。”

余告之曰：其形也，翩若惊鸿，婉若游龙。[24]荣曜秋菊，华茂春松。[25]仿佛兮若轻云之蔽月，飘飖兮若流风之回雪。[26]远而望之，皎若太阳升朝霞[27]；迫而察之，灼若芙蕖出渌波。[28]秾纤得衷[29]，修短合度[30]。肩若削成，腰如约素。[31]延颈秀项[32]，皓质呈露[33]。芳泽无加，铅华弗御。[34]云髻峨峨[35]，修眉联娟[36]。丹唇外朗，皓齿内鲜，[37]明眸善睐[38]，靥辅承权[39]。瑰姿艳逸[40]，仪静体闲[41]。柔情绰[42]态，媚于语言。奇服[43]旷世，骨像应图[44]。披罗衣之璀粲[45]兮，珥瑶碧之华琚[46]。戴金翠之首饰[47]，缀明珠以耀躯。践远游之文履[48]，曳雾绡之轻裾[49]。微幽兰之芳蔼[50]兮，步踟蹰于山隅[51]。于是忽焉纵体，以遨以嬉。[52]左倚采旄[53]，右荫桂旗[54]。攘皓腕于神浒兮[55]，采湍濑之玄芝[56]。

余情悦其淑美兮，心振荡而不怡。[57]无良媒以接欢兮，托微波而通辞。[58]愿诚素[59]之先达兮，解玉佩以要[60]之。嗟佳人之信修[61]兮，羌习礼而明诗[62]。抗琼珶以和予兮[63]，指潜渊而为期[64]。执眷眷之款实兮[65]，惧斯灵之我欺[66]。感交甫之弃言[67]兮，怅犹豫而狐疑[68]。收和颜而静志兮[69]，申礼防以自持[70]。

于是洛灵感焉，徙倚[71]彷徨，神光离合，乍阴乍阳。[72]竦轻躯以鹤立[73]，若将飞而未翔。践椒涂[74]之郁烈，步蘅薄而流芳[75]。超长吟以永慕兮，声哀厉而弥长。[76]尔乃众灵杂遝[77]，命俦啸侣[78]，或戏清流，或翔神渚[79]，或采明珠，或拾翠羽[80]。从南湘之二妃[81]，携汉滨之游女[82]。叹匏瓜之无匹兮，咏牵牛之独处。[83]扬轻袿之猗靡兮[84]，翳修袖以延伫[85]。体迅飞凫[86]，飘忽若神，陵波微步，罗袜生尘。[87]动无常则，若危若安。进止难期[88]，若往若还。转眄流精[89]，光润玉颜。含辞未吐，气若幽兰[90]。华容婀娜，令我忘餐。

于是屏翳收风，川后静波[91]。冯夷[92]鸣鼓，女娲[93]清歌。腾文鱼以警乘，鸣玉鸾以偕逝。[94]六龙俨其齐首[95]，载云车之容裔[96]，鲸鲵踊而夹毂[97]，水禽翔而为卫。于是越北沚[98]，过南冈，纡素领，回清扬，[99]动朱唇以徐言，陈交接[100]之大纲。恨人神之道殊兮，怨盛年之莫当[101]。抗罗袂以掩涕兮，泪流襟之浪浪。[102]悼良会之永绝兮，哀一逝而异乡。[103]无微情以效爱[104]兮，献江南之明珰[105]。虽潜处于太阴，长寄心于君王。[106]忽不悟其所舍，怅神宵而蔽光。[107]

于是背下陵高[108]，足往神留，遗情想像[109]，顾望怀愁。冀灵体[110]之复形，御轻舟而上溯[111]。浮长川[112]而忘返，思绵绵而增慕。夜耿耿[113]而不寐，沾繁霜而至曙。命仆夫而就驾，吾将归乎东路。揽騑辔以抗策，怅盘桓而不能去。[114]

（选自《昭明文选译注》吉林文史出版社，1987 年）

---

❶ 黄初：魏文帝曹丕年号，220 年—226 年。

❷ 京师：京城，指魏都洛阳（今河南省洛阳市洛龙区城东）。

❸ 济：渡。洛川：即洛水，源出陕西省，东流入河南省，流经河南省洛阳市。

❹ 斯水：此水，指洛川。

❺ 宓（fú）妃：即洛神。传说古帝宓羲氏之女溺死洛水为神，故名洛神。

❻ 宋玉对楚王神女之事：传为宋玉所作的《高唐赋》和《神女赋》，都记载宋玉与楚襄王对答梦遇巫山神女事。

❼ 京域：京都地区，指洛阳。

❽ 言：语助词。东藩：东方藩国，指曹植的封地。黄初三年，曹植被封为鄄（juàn）城（即今山东省鄄城县）王，城在洛阳东北方向，故称东藩。

❾ 伊阙：山名，又称阙塞山、龙门山，在河南省洛阳市南。

❿ 轘（huán）辕：山名，在今河南省偃师市东南。

⓫ 通谷：山谷名。在洛阳城南。

⓬ 陵：登。景山：山名，在今河南省偃师市南。

⓭ 殆：通“怠”，懈怠。烦：疲乏。

⓮ 尔乃：承接连词，于是就。税（tuō）驾：停车。税：通“脱”，解；脱；释放。驾：车乘总称。蘅皋：生着杜蘅的河岸。蘅：杜蘅，香草名。皋：岸。

⑮ 秣驷：喂马。驷：一车四马，此泛指驾车之马。芝田：古代传说中仙人种着灵芝草的地方。
⑯ 容与：悠然安闲貌。阳林：地名。
⑰ 流眄：纵目四望。眄：斜视。一作“流盼”，目光流转顾盼。
⑱ 精移神骇：神情恍惚。骇：散。
⑲ 忽：突然。思散：思绪分散，精神不集中。
⑳ 殊观：少见的异常现象。
㉑ 岩之畔：山岩边。
㉒ 援：以手牵引。御者：车夫。
㉓ 觌（dí）：看见。
㉔ “翩若”二句：若惊飞的鸿雁，如游动的蛟龙。翩：疾飞貌。引申为轻快飘忽。惊鸿：惊飞的鸿雁。婉：美好。这两句是写洛神的体态轻盈。
㉕ “荣曜（yào）”二句：容光焕发如秋日下的菊花，体态丰茂如春风中的松树。荣：丰盛。曜：日光照耀。华茂：华美茂盛。这两句是写洛神容光焕发，充满生气。
㉖ “仿佛”二句：时隐时现像轻云遮住月亮，浮动飘忽似回风旋舞雪花。仿佛：若隐若现的样子。飘飖（yáo）：即飘摇，飞翔貌。回：回旋，旋转。这两句是写洛神的体态婀娜，行动飘忽。
㉗ 皎：洁白光亮。太阳升朝霞：太阳升起于朝霞之中。
㉘ 迫：靠近。灼：鲜明，鲜艳。芙蕖：一作“芙蓉”，荷花。渌（lù）：水清貌。此一句与前一句是说，不论远远凝望还是靠近观看，洛神都是姿容绝艳。
㉙ 秾（nóng）：花木繁盛。此指人体丰腴。纤：细小。此指人体苗条。
㉚ 修短：长短，高矮。此一句与前一句是说洛神的高矮肥瘦都恰到好处。
㉛ “肩若”二句：肩窄如削，腰细如束。削成：形容两肩瘦削下垂的样子。约素：一束白绢。素：白细丝织品。这两句是写洛神的肩膀和腰肢线条圆美。
㉜ 延、秀：均指长。颈：脖子的前部。项：脖子的后部。
㉝ 皓：洁白。呈露：显现，外露。
㉞ “芳泽”二句：既不施脂，也不敷粉。泽：润肤的油脂。铅华：粉，古代烧铅成粉，故称铅华。弗御：不施。御：用。
㉟ 云髻：发髻如云。峨峨：高耸貌。
㊱ 联娟：微曲貌。
㊲ “丹唇”二句：红唇鲜润，牙齿洁白。朗：明润。鲜：光洁。
㊳ 眸：目中瞳子。睐（lài）：顾盼。
㊴ 靥（yè）：酒窝。辅：面颊。承权，在颧骨之下。权：颧骨。
㊵ 瑰：奇妙。艳逸：艳丽飘逸。
㊶ 仪：仪态。闲：娴雅。
㊷ 绰：绰约，美好。
㊸ 奇服：奇丽的服饰。旷世：举世唯有。旷：空。
㊹ 骨像：骨骼形貌。应图：指与画中人相当。
㊺ 璀粲：鲜明貌。一说为衣动的声音。
㊻ 珥（ěr）：珠玉耳饰。此处用作动词，作佩戴解。瑶、碧：均为美玉。华琚（jū）：刻有花纹的佩玉。
㊼ 翠：翡翠。首饰：指钗簪一类饰物。
㊽ 践：穿，着。远游：鞋名。文履：饰有花纹图案的鞋。

49 曳：拖。雾绡：轻薄如雾的生丝。裾：裙边。
50 微：轻微。芳蔼：香气。
51 踟蹰：徘徊。隅：角落。
52 “于是”二句：忽然又飘然轻举，且行且戏。纵体：身体轻举貌。遨：游。
53 采旄：彩旗。采：同“彩”。旄：旗杆上旄牛尾饰物，此处指旗。
54 桂旗：以桂木做旗杆的旗，形容旗的华美。
55 攘：此指挽袖伸出。神浒：为神所游之水边地。浒：水边泽畔。
56 湍濑：石上急流。玄芝：黑色芝草，相传为神草。
57 “余情”二句：我喜欢她的淑美，又担心不被接受，不觉心旌摇曳而不安。振荡：形容心动荡不安。怡：悦。
58 “无良媒”二句：没有合适的媒人去通接欢情，就只能借助目光来传递话语。波：流转的目光。
59 诚素：真诚的情意。素：同“愫”，情愫。
60 要：同“邀”，约请。
61 信修：确实美好。修：美好。
62 羌：发语词。习礼：懂得礼法。明：善于言辞。这句意指有很好的文化教养。
63 抗：举起。琼珶（dì）：美玉。和：应答。
64 “指潜渊”句：指深水发誓，约期相会。潜渊：深渊，一说指洛神所居之地。期：会。
65 眷眷：依恋貌。款实：诚实。
66 斯灵：此神，指宓妃。我欺：即欺我。
67 交甫：郑交甫。《文选》李善注引《神仙传》：“切仙一出，游于江滨，逢郑交甫。交甫不知何人也，目而挑之，女遂解佩与之。交甫行数步，空怀无佩，女亦不见。”弃言：背弃承诺。
68 狐疑：疑虑不定。因为想到郑交甫曾经被仙女遗弃，故此内心产生了疑虑。
69 收和颜：收起和悦的容颜。静志：镇定情志。
70 申：施展。礼防：礼法，礼能防乱，故称礼防。自持：自我约束。
71 徙倚：流连徘徊。
72 “神光”二句：洛神身上放出的光彩忽聚忽散，忽明忽暗。
73 竦（sǒng）：耸。鹤立：形容身躯轻盈飘举，如鹤之立。
74 椒途：涂有椒泥的道路，一说指长满香椒的道路。椒：花椒，有浓香。
75 蘅薄：杜蘅丛生地。流芳：散发香气。
76 “超长吟”二句：怅然长吟以表示深沉的思慕，声音哀婉而悠长。超：惆怅。永慕：长久思慕。弥：久。
77 众灵：众仙。杂沓：纷纭，多而乱的样子。
78 命俦啸侣：招呼同伴。俦：伙伴，同类。
79 渚：水中高地。
80 翠羽：翠鸟的羽毛。
81 南湘之二妃：指娥皇和女英。据刘向《列女传》载，尧以长女娥皇和次女女英嫁舜，后舜南巡，死于苍梧。二妃往寻，自投湘水而死，为湘水之神。
82 汉滨之游女：汉水女神，即前注中郑交甫所遇之神女。
83 “叹匏瓜”二句：为匏瓜星的无偶而叹息，为牵牛星的独处而哀咏。匏瓜：星名，又名天鸡，在河鼓星东。无匹：无偶。牵牛：星名，又名天鼓，与织女星各处天河之旁。相传每年七月初七才得一会。
84 袿（guī）：妇女的上衣。猗（yī）靡：随风飘动貌。

85 翳（yì）：遮蔽。延伫：久立。

86 凫（fú）：野鸭。

87 “陵波”二句：在水波上细步行走，溅起的水沫附在罗袜上如同尘埃。陵波：即凌波，形容女子步履轻盈。

88 难期：难料。

89 转眄流精：转眼顾盼之间流露出奕奕神采。流精：形容目光流转而有光彩。

90 气若幽兰：形容气息香馨如兰。

91 屏翳：传说中的众神之一，司职说法不一，或以为是云神，或以为是雷神，或以为是雨神，在此篇中被曹植视作风神。川后：传说中的河神。

92 冯（píng）夷：传说中的水神。

93 女娲：女神名，相传笙簧是她所造，所以这里说“女娲清歌”。

94 “腾文鱼”二句：飞腾的文鱼警卫着洛神的车乘，众神随着叮当作响的玉鸾一齐离去。腾：升。文鱼：神话中一种能飞的鱼。警乘：警卫车乘。玉銮：鸾鸟形的玉制车铃，动则发声。偕逝：俱往。

95 六龙：相传神出游多驾六龙。俨：庄严的样子。齐首：六龙齐头并进。

96 云车：相传神以云为车。容裔：即“容与”，舒缓安详貌。

97 鲸鲵（ní）：即鲸鱼。水栖哺乳动物：雄者称鲸，雌者称鲵。毂（gǔ）：车轮中用以贯轴的圆木，这里指车。

98 沚：水中小块陆地。

99 “纡素领”二句：洛神不断回首顾盼。纡：回。素领：白皙的颈项。清扬：形容女性清秀的眉目，《诗经·郑风·野有蔓草》：“有美一人，清扬婉兮。”

100 交接：结交往来。

101 盛年：少壮之年。莫当：无匹，无偶，即两人不能结合。

102 “抗罗袂”二句：举起罗袖掩面而泣，止不住泪水涟涟沾湿了衣襟。抗：举。袂：衣袖。浪浪：水流不断貌。

103 “悼良会”二句：痛惜这样美好的相会永不再有，哀叹长别从此身处两地。

104 效爱：致爱慕之意。

105 明珰：以明月珠作的耳珰。

106 “虽潜”二句：虽然幽居于神仙之所，但将永远怀念着君王。潜处：深处，幽居。太阴：众神所居之处。君王：指曹植。

107 “忽不悟”二句：洛神说毕忽然不知去处，我为众灵一时消失隐去光彩而深感惆怅。不悟：不见，未察觉。所舍：停留，止息之处。宵：通“消”，消失。蔽光：隐去光彩。

108 背下：离开低地。陵高：登上高处。

109 遗情：留情，情思留连。相像：指思念洛神的美好形象。

110 灵体：指洛神。

111 上溯：逆流而上。

112 长川：指洛水。

113 耿耿：心神不安的样子。

114 “揽騑辔”二句：当手执马缰，举鞭欲策之时，却又怅然若失，徘徊依恋，无法离去。騑（fēi）：车旁之马。古代驾车称辕外之马为騑或骖，此泛指驾车之马。辔（pèi）：马缰绳。抗策：犹举鞭。盘桓：徘徊不进貌。

**评析：**

《洛神赋》以洛神为主题，用华丽的辞藻，生动地描绘了洛水中女神美丽的样子，展示了曹植卓越的文学才华和对美的追求。这篇赋被誉为中国古代文学的瑰宝之一。

故事从作者离开京城的旅程开始，描述了作者与侍从们抵达洛滨时的情景。在宁静的氛围中，作者心神恍惚，凝视着波光粼粼的洛水，偶然间目睹对岸山崖上一个美丽的女神的出现。山间水畔夕阳下的绝美景色，为人物意外的发现增添了惊喜和吸引力，营造出一种令人陶醉的氛围。随后，侍从以巧妙的方式回答，以猜测的口吻郑重其事地提到了洛神宓妃，既为后文对洛神的描写埋下伏笔，又为这离奇的邂逅增添了神秘的色彩。

作者首先以一连串生动奇妙的比喻，精彩地描绘了洛神初次出现时的情景。她的形象鲜明，色彩艳丽，令人目不暇接。比如，“翩若惊鸿，宛若游龙”生动地展现了洛神飘然而至的优雅风姿；“轻云之蔽月”“流风之回雪”从姿态上展示出洛神的轻盈、飘逸、流转和美丽；“秋菊”“春松”“太阳升朝霞”和“芙蕖出渌波”从容貌上展现出她的明丽、清澈、华艳和妖娆。动作和色彩在这些比喻中相互交织，形成了一幅绚丽多彩的奇妙景象，将洛神的绝美形象生动地展现在人们面前。在此基础上，作者又进一步详细描绘了洛神的体态、容貌、服饰和举止。

接下来，作者着重描写了洛神天真活泼的行为和神态，她形象逼真，仿佛就在眼前。作者也深深被眼前这位美丽的女神所打动。同时，对洛神一系列行动的细致描绘，展示了洛神内心炽热的爱和无法实现的深深悲哀。作者的长啸回荡着深沉的思念之哀；洛神徘徊不定，含情脉脉，唇间欲言又止，似乎向作者倾诉着内心深深的眷恋和哀伤。人物的内心矛盾和情感波动得到了充分的表达。就在作者和洛神默默相对、两情依依之际，他们终于到了分别的时刻。这是一个构思奇特的离别场景：帷幕遮住轻风，江水平静无波，在冯夷、女娲的鼓乐声中，洛神乘坐六条龙云车，在鲸鲵和异鱼的护卫下，启程离开。美丽的洛神坐在逐渐远去的车上，不断回头，向作者倾诉自己的真挚情感，整个场景充满着神话色彩。

最后，洛神的艳丽形象消失在苍茫的暮色中，而作者却依然站在水边，忧郁地望着洛神远去的方向，感到迷茫和失落。水面上缥缈的雾气，漫长的夜晚，更加勾起了他的思念之情。这段文字充满了浓郁的抒情色彩，具有一种令人心魂颤动的力量，它更加突出和完美地勾勒了洛神在作者心中的形象。

这篇赋的特点之一是极具想象力，并富有浪漫主义色彩。故事中，作者从京城洛阳出发，在返回封地鄄城的途中，在洛川边停下来喝水、放马，享受阳林的漫步时，看到了洛神宓妃。作者因洛神的身姿优美动人，纯洁如芙蓉，风华绝代而对她产生了爱慕之情，寄送玉佩表达心意。然而，洛神的神圣高洁使他不敢冒险。最后，洛神被他真挚的情感所感动，两人相见并倾诉情意。但由于身份不同，他们无法在一起，最终只能含恨分别。整个故事的想象丰富，浪漫而凄婉，令人感叹并心生愁绪。

特点之二是辞藻华丽却不浮夸，清新自然，给人以爽丽的感觉。作者注重排比、对仗、音律，语言优美、精练、生动。本篇赋的素材和构思都不逊于汉赋。

特点之三是传神的描写和刻画，同时与比喻和烘托相结合，变化巧妙而恰到好处。本篇赋给人一种宏大而不烦琐、美丽而不过分惊艳的感觉，就像欣赏一幅精美的画作，其中的人物栩栩如生，不会让人感到空虚。作者通过对洛神的身材、五官和姿态的描写，不仅展现出洛神的美丽和婀娜多姿，还表现出“清水出芙蓉，天然去雕饰”的清新高洁之美。文中对和洛神相见时的神态描写，让人感觉此情此景仿佛就在眼前。而对他们分手时的描写，表现了他们爱情的真挚和纯洁。一切都是如此美好，以至于在分别之后，人离开了，心却留在那里，思念不断。洛神的倩影和他们相遇时的情景历历在目，既浪漫又苦涩，作者心神不安地徘徊在洛水之间，不忍离去。

### 阅读思考

1. 分析《洛神赋》的主旨。
2. 南朝宋文学家谢灵运曾说：“天下才有一石，曹子建独占八斗。”文学批评家钟嵘在《诗品》中，把曹植列为品第最高的诗人。清代文学家王士祯曾说汉魏以来两千年间诗家堪称“仙才”者，唯曹植、李白、苏轼三人耳。你同意他们的说法吗？请结合《洛神赋》谈谈你的认识。
3. 分析《洛神赋》的写作风格。

## 三、归去来兮辞（并序）

陶渊明

### 题解

陶渊明

陶渊明（365 年—427 年），字元亮，晋代末年至南朝宋初年的文学家，是中国文学史上著名的田园诗人。他以深厚的文学造诣和对自然、农耕生活的热爱而著称，被誉为“田园诗派”的创始人。

陶渊明出生于浔阳柴桑（今江西省九江市西南），家境富裕，自幼聪慧好学。他曾在东晋末年出任官职，但由于深感政治腐败，对官场生活失望，于是辞官返乡，过上了隐居田园的生活。

在田园生活中，陶渊明以耕种田地、养鱼养禽为乐，他深深地热爱着大自然的美丽与宁静，并将这种情感融入了他的诗歌创作中。他的诗作以描绘山水田园之景、抒发对逝去岁月的怀念、反映社会现实的不公等为主题，以清新淡雅的风格和深沉的思想内涵而著称。

陶渊明的田园诗作品广泛流传，其中最著名的包括《归园田居》《饮酒》等。陶渊明涉猎广泛，除了田园诗外，他还写过赋、文、赞等多种文体。他的作品以真挚的情感、深刻的思考和独特的艺术表达赢得了广泛的赞誉，对后世文学产生了深远的影响。他的田园诗风格被后世的文人所模仿，形成了独特的文学流派——“陶派”。

陶渊明的影响不仅仅局限于文学领域，他对农学也有着深入的研究。陶渊明在农耕方面有着丰富的经验和独到的见解，他提出了许多关于农田水利、土地利用和农业生产的理论，对农业的发展起到了积极的推动作用。

陶渊明一生追求自然、追求真理，他的作品表达了对社会现实的批判和对理想生活的追求，展现了他深刻的人文精神和积极向上的价值观。他的作品至今仍被广泛传诵和研究，他的思想与情感也一直影响着人们，他是中国文学史上不可忽视的重要人物之一。

余家贫，耕植不足以自给[1]。幼稚盈室，瓶无储粟，[2]生生所资，未见其术。[3]亲故多劝余为长吏[4]，脱然有怀[5]，求之靡途[6]。会有四方之事[7]，诸侯以惠爱为德[8]，家叔以[9]余贫苦，遂见[10]用于小邑。于时风波未静[11]，心惮远役[12]，彭泽去家百里，公田之利，[13]足以为酒。故便求之。及少日，眷然有归欤之情[14]。何则[15]？质性自然，非矫厉所得。[16]饥冻虽切[17]，违己交病[18]。尝从人事[19]，皆口腹自役[20]。于是怅然慷慨，深愧平生之志。犹望一稔[21]，当敛裳宵逝[22]。寻程氏妹丧于武昌[23]，情在骏奔[24]，自免去职。仲秋[25]至冬，在官八十余日。因事顺心[26]，命篇曰《归去来兮》。乙巳岁[27]十一月也。

归去来兮[28]，田园将芜胡不归[29]？既自以心为形役[30]，奚惆怅而独悲[31]？悟已往之不谏[32]，知来者之可追[33]。实迷途其未远[34]，觉今是而昨非[35]。舟遥遥以轻飏[36]，风飘飘而吹衣。问征夫以前路[37]，恨晨光之熹微[38]。

乃瞻衡宇[39]，载欣载奔[40]。僮仆欢迎，稚子[41]候门。三径就荒，松菊犹存。[42]携幼入室，有酒盈樽[43]。引壶觞以自酌，眄庭柯以怡颜。[44]倚南窗以寄傲[45]，审容膝之易安[46]。园日涉以成趣[47]，门虽设而常关。策扶老以流憩[48]，时矫首而遐观[49]。云无心以出岫[50]，鸟倦飞而知还。景翳翳以将入[51]，抚孤松而盘桓[52]。

归去来兮，请息交以绝游[53]。世与我而相违，复驾言兮焉求？[54]悦亲戚之情话[55]，乐琴书以消忧。农人告余以春及[56]，将有事于西畴[57]。或命巾车[58]，或棹孤舟[59]。既窈窕以寻壑[60]，亦崎岖而经丘[61]。木欣欣以向荣[62]，泉涓涓[63]而始流。善万物之得时，感吾生之行休。[64]

已矣乎[65]！寓形宇内复几时？曷不委心任去留？[66]胡为乎遑遑欲何之[67]？富贵非吾愿，帝乡不可期[68]。怀良辰以孤往[69]，或植杖而耘耔[70]。登东皋以舒啸[71]，临清流而赋诗。聊乘化以归尽[72]，乐夫天命复奚疑[73]！

（选自《陶渊明集译注》，中华书局，2019 年）

---

❶ 耕：耕田。植：植桑。以：来。自给：供给自己生活。给：供给。

❷ 幼稚：指孩童。盈：满。瓶：指盛米用的陶制容器，如甏（bèng）、瓮之类。粟（sù）：古泛指谷物。

❸ 生生：犹言维持生计。前一“生”字为动词，后一“生”字为名词。资：凭借。术：这里指经营生计的本领。

❹ 长吏：职位较高的县吏，这里泛指做官。

❺ 脱然：不经意的样子。有怀：心有所动（指有了做官的念头）。

❻ 靡途：没有门路。

❼ 会有四方之事：刚巧碰上有出使到外地去的事情。会：适逢。四方：意为到各处去。

❽ 诸侯以惠爱为德：地方大吏以爱惜人才为美德。

❾ 家叔：指陶夔（kuí），当时任太常卿。以：因为。

❿ 见：被。

⑪ 风波：指军阀混战。静：平。

⑫ 惮：害怕。役：服役。

⑬ 彭泽：县名。在今江西省北部、长江南岸，临接安徽省。公田：指供俸禄的官地。

⑭ 眷然：思恋的样子。归欤（yú）之情：回去的心情。

⑮ 何：什么。则：道理。

⑯ 质性：本性。矫厉：造作勉强。

⑰ 切：迫切。

⑱ 违己：违反自己本心。交病：指思想上遭受痛苦。

⑲ 尝：曾经。从人事：参与官场上的人际交往。指做官。

⑳ 口腹自役：为了满足口腹的需要而驱使自己。

㉑ 犹：踌躇、犹疑。望：观望。一稔（rěn）：公田收获一次。稔：谷物成熟。

㉒ 敛裳：收拾行装。宵：星夜。逝：离去。

㉓ 寻：不久。程氏妹：嫁给程家的妹妹。武昌：今湖北省鄂州市。

㉔ 情：吊丧的心情。在：像。骏奔：急着前去奔丧。

㉕ 仲秋：农历八月。

㉖ 事：辞官。顺：顺遂。心：心愿。

㉗ 乙巳岁：晋安帝义熙元年，即405年。

㉘ 归去来兮：回去吧。来：助词，无义。兮：语气词。

㉙ 田园将芜胡不归：田园将要荒芜了，为什么不回去？芜：田地荒废。胡：同“何”，为什么。

㉚ 既自以心为形役：让心神为形体所役使。意思是本心不愿出仕，但为了免于饥寒，违背本意做了官。心：意愿。形：形体，指身体。役：奴役。既：表示动作、行为已经完成，此处可做“曾经”解。

㉛ 奚惆怅而独悲：为什么悲愁失意。奚：何，为什么。惆怅：失意的样子。

㉜ 悟已往之不谏：认识到过去的错误（指出仕）已经不可挽回。谏：谏止，劝止。

㉝ 知来者之可追：知道未来的事（指归隐）还来得及补救。追：补救。

㉞ 实迷途其未远：确实迷了路，或许走得还不太远。迷途：这里指做官。

㉟ 是：正确。非：错误。

㊱ 舟遥遥以轻飏（yáng）：船在水面上轻轻地飘荡着前进。遥遥：飘摇放流的样子。以：表修饰。飏：飞扬，形容船行驶轻快。

㊲ 问征夫以前路：向行人问前面的路程。征夫：行人。

㊳ 恨晨光之熹微：遗憾的是天刚刚放亮。恨：遗憾。熹微：天色微明。

㊴ 乃瞻衡宇：就看见了自家的房子。乃：于是；就。瞻：远望。衡宇：横木为门的房屋，指简陋的房屋。衡：通“横”。宇：屋檐，这里指居处。

㊵ 载（zǎi）欣载奔：一边高兴，一边奔跑。

㊶ 稚子：幼儿。

㊷ 三径就荒，松菊犹存：院子里的小路快要荒芜了，松菊还长在那里。三径：院中小路。汉朝蒋诩（xǔ）隐居之后，在院里竹下开辟三径，只与少数友人来往。后来，三径变成了隐士住处的代称。就：接近。

㊸ 盈樽：满杯。

㊹ 引：拿来。觞（shāng）：酒杯。眄庭柯以怡颜：看看院子里的树木，觉得很愉快。眄：这里是“随

便看看”的意思。柯：树枝。以：为了。怡颜：使面容现出愉快神色。

㊺ 寄傲：寄托傲然自得的心情。傲：指傲世。

㊻ 审容膝之易安：觉得住在简陋的小屋里也非常舒服。审：觉察。容膝：只能容下双膝的小屋，极言其狭小。

㊼ 园日涉以成趣：天天到园里行走，自成一种乐趣。涉：涉足，走到。

㊽ 策扶老以流憩（qì）：拄着拐杖出去走走，随时随地休息。策：拄着。扶老：手杖。流憩：游息，就是没有固定的地方，到处走走歇歇。憩：休息。

㊾ 时矫首而遐观：时时抬起头向远处望望。矫：举。遐：远。

㊿ 云无心以出岫（xiù）：云气自然而然地从山里冒出。无心：无意地。岫：山穴，这里泛指山峰。

51 景翳（yì）翳以将入：阳光黯淡，太阳快落下去了。景：日光。翳翳：阴暗的样子。

52 抚孤松而盘桓：手扶孤松徘徊。盘桓：盘旋，徘徊，留恋不去。

53 请息交以绝游：不再同官场有任何瓜葛。息交：停止与人交往断绝交游。

54 世与我而相违，复驾言兮焉求：世事与我所想的相违背，还能努力探求什么呢？驾：驾车，这里指驾车出游去追求想要的东西。言：助词。

55 情话：知心话。

56 春及：春天到了。

57 将有事于西畴：西边田野里要开始耕种了。有事：指耕种之事。事：这里指农事。畴：田地。

58 或命巾车：有时叫上一辆有帷的小车。或：有时。巾车：有车帷的小车。

59 或棹（zhào）孤舟：有时划一艘小船。棹：本义船桨。这里名词做动词，意为划桨。

60 既窈窕以寻壑：经过幽深曲折的山谷。窈窕：幽深曲折的样子。壑：山沟。

61 亦崎岖而经丘：走过高低不平的山路。

62 木欣欣以向荣：草木茂盛。欣欣、向荣：草木滋长茂盛的意思。

63 涓涓：水流细微的样子。

64 善万物之得时，感吾生之行休：羡慕自然界万物一到春天便及时生长茂盛，感叹自己的一生行将结束。善：欢喜，羡慕。行休：行将结束。

65 已矣乎：算了吧！助词“矣”与“乎”连用，加强感叹语气。

66 寓形宇内复几时？曷（hé）不委心任去留：活在世上能有多久，何不顺从自己的心愿，管它什么生与死呢？寓形：寄托其形体即寄身。宇内：天地之间。曷：何。委心：随心所欲。去留：指生死。

67 胡为乎遑遑欲何之：为什么心神不定，想到哪里去呢？遑遑：不安的样子。之：往。

68 帝乡不可期：仙境不可期。帝乡：仙乡，神仙居住的地方。期：希望，企及。

69 怀良辰以孤往：爱惜美好的时光，独自外出。怀：留恋、爱惜。良辰：指上文所说万物得时的春天。孤往：独自外出。

70 或植杖而耘耔：有时扶着拐杖除草培苗。植：立，扶着。耘：除草。耔：培土。

71 登东皋以舒啸：登上东面的高地放声长啸。皋：高地。舒：放。啸：撮口发出的长而清越的一种声音。

72 聊乘化以归尽：姑且顺其自然走完生命的路程。聊：姑且。乘化：随顺大自然的运转变化。归尽：到死。尽：指死亡。

73 乐夫天命复奚疑：乐安天命，还有什么可疑虑的呢？复：还有。疑：疑虑。

**评 析：**

《归去来兮辞》是中国古代文学家陶渊明的代表作之一，陶渊明以清新淡雅的语言、丰富的意象和隐喻，表达了对人生和社会的深刻思考。陶渊明对返璞归真和内心真实自我的追求，触动了读者的思绪，引发了读者对人生意义、社会现实和内心追求的思考。作者这种深刻的思考和独特的表达方式，使得《归去来兮辞》在文学价值上具有独特的魅力，成为中国古代文学中的经典之作。

在整篇辞赋中，陶渊明运用了丰富的意象和隐喻，来表达他对自然的热爱，对俭朴生活的向往，以及对虚荣和浮躁的批判。这些意象和隐喻丰富了作品的意境，使读者在阅读中感受到了作者的情感和思想。无论是古代还是现代，人们对追求内心宁静、远离浮躁世界的渴望都有着共通的情感需求。

陶渊明在《归去来兮辞》中表达的思想观念，涉及对人生意义、社会现实和内心追求等方面的哲学思考。这些思考不仅在古代有着重要的意义，在现代也依然具有启示的价值，是人们在不同时代和文化背景下都会关注和思考的问题。因此，这些哲学思考赋予了《归去来兮辞》更加广泛的内涵和深远的影响力。

**阅读思考**

1. 分析陶渊明作品的思想内容和艺术成就。
2. 试述陶渊明在诗歌史上的地位和影响。
3. 陶渊明的思想和精神在现代有什么意义？

# 第二节 拓展阅读

## 一、燕歌行二首[1]

曹丕

**题解**

曹丕是三国时期的诗人，与父亲曹操和弟弟曹植并称为“建安三曹”。曹丕自幼便展现出对文学的浓厚兴趣，他在诗、赋、文学等领域都有出色的成就，尤其擅长五言诗。他的诗歌形式多样，语言通俗，具有民歌精神，手法委婉细致，回环往复。曹丕非常擅长创作男女爱情和游子思妇题材的作品，他的代表作《燕歌行》是中国现存最早的文人七言诗，展示了他在诗歌创作上的高超技巧。

曹丕在文学上的成就不仅体现在诗歌创作上，还包括文学批评和理论方面，曹丕著有《典论》，其中的《论文》是中国文学史上第一部有系统的文学批评专论的作品，对后世文学批评产生了深远的影响。他的文学才华和成就都得到了后世的高度评价。

其一

秋风萧瑟[2]天气凉，草木摇落[3]露为霜。
群燕辞归鹄[4]南翔，念君客游[5]思断肠。
慊慊[6]思归恋故乡，君何淹留寄他方？[7]
贱妾茕茕[8]守空房，忧来思君不敢[9]忘，
不觉泪下沾衣裳[10]。
援琴鸣弦发清商[11]，短歌[12]微吟不能长。
明月皎皎[13]照我床，星汉西流夜未央[14]。
牵牛织女[15]遥相望，尔独何辜限河梁[16]。

其二

别日何易会日[17]难，山川悠远路漫漫。
郁陶[18]思君未敢言，寄声[19]浮云往不还。
涕零雨面毁形[20]颜，谁能怀忧独不叹？
展诗清歌[21]抑自宽，乐往哀来摧肺肝。
耿耿[22]伏枕不能眠，披衣出户步东西，
仰看星月观云间[23]。
飞鸧[24]晨鸣声可怜，留连顾怀不能存[25]。

（选自《古文鉴赏辞典》（上），上海辞书出版社，2014 年）

---

[1] 燕（yān）歌行：乐府《平调曲》名。

[2] 萧瑟：冷落，凄凉。《楚辞・九辩》："悲哉！秋之为气也。萧瑟兮，草木摇落而变衰。"

[3] 摇落：凋残。

[4] 鹄（hú）：天鹅。朱东润《历代文学作品选》中作"雁"。

[5] 客游：在外寄居或游历。

[6] 慊（qiàn）慊：空虚之感。一说失意不平的样子。

[7] "君何"句：一作"何为淹留寄他方"。淹留：久留。前一句是设想对方必然思归，此句是因其不归而生疑问。

[8] 茕（qióng）茕：孤单，孤独寂寞的样子。出自《楚辞・九章・思美人》："独茕茕而南行兮，思彭咸之故也。"

[9] 不敢：谦虚客气的说法，实指不能、不会。

[10] 衣裳（cháng）：古时上衣称衣，下裙称裳。

[11] 援：引，拿过来。清商：乐名，东汉以来在民间曲调基础上形成的一种新乐调。琴弦仅七，有四调，曰，慢宫，慢角，紧羽，清商。清商音节短促细微，所以下句说"短歌微吟不能长"。

[12] 短歌：调类名，汉乐府有长歌行、短歌行，是根据"歌声有长短"（《乐府诗集》语）来区分的，大概是长歌多表现慷慨激昂的情怀，短歌多表现低回哀伤的思绪。

[13] 皎皎：洁白貌；清白貌。《诗经・小雅・白驹》："皎皎白驹，在彼空谷。"

⑭ 夜未央：夜已深而未尽的时候。

⑮ 牵牛织女：指牵牛星与织女星，亦指古代神话中的牛郎、织女。

⑯ 尔：指牵牛、织女。河梁：河上的桥。传说牵牛和织女隔着天河，只能在每年七月初七相见，喜鹊为他们搭桥。

⑰ 会日：聚会的日期。

⑱ 郁陶：忧思聚集的样子。

⑲ 声：信息，音书。

⑳ 雨面：泪流满面。

㉑ 展诗：赋呈或吟唱诗歌。清歌：没有伴奏的独唱。

㉒ 耿耿：总是想着，不能忘怀的样子。

㉓ 云间：指天上。

㉔ 飞鸧（cāng）：即鸧鹒，在中国常见的黑枕黄鹂。

㉕ 顾怀：眷顾怀念。存：存想，思念。

**评析：**

曹丕的《燕歌行》具有深厚的艺术魅力和思想内涵。首先，从诗歌的情感表达上来看，《燕歌行》展现了曹丕对人生、爱情和命运的深刻思考。诗歌以一位思妇的口吻，表达了她对远方游子的思念和忧虑。通过细腻的描绘，曹丕将思妇的内心世界展现得淋漓尽致，使读者能够深刻地感受到她的孤独、无助和期待。同时，诗人借助思妇的口吻，传达了自己对人生和命运的感慨，表现出一种深沉的哲理思考。

其次，从诗歌的艺术手法上来看，《燕歌行》展现了曹丕高超的诗歌创作技巧。曹丕运用比喻、拟人等修辞手法，将抽象的情感和意象具象化，使得诗歌更加生动、形象。例如，“秋风萧瑟天气凉，草木摇落露为霜”二句，不仅将秋天的景象生动地呈现在读者眼前，还通过比喻和拟人等手法，表达了思妇内心的孤独和凄凉。曹丕善于模仿妇女的口吻，使其诗歌形成柔肠婉转、掩映多姿的“女性美”风格。同时，他在诗中巧妙地运用了层次感和流动感。曹丕通过对一系列否定句式的运用，如“未敢言”“往不还”“独不叹”“不能眠”“不能存”，形成了情感上的层层涟漪，使得诗歌在情感表达上更加深邃。

此外，曹丕在《燕歌行》中还巧妙地运用了七言诗的形式，使得诗歌在表达上更加流畅、自然。同时，他还注重诗歌的节奏和韵律，使得整首诗歌在诵读时更加抑扬顿挫、富有节奏感。

总体来说，曹丕的《燕歌行》是一首情感深沉、艺术精湛的诗歌作品。它不仅展现了诗人对人生、爱情和命运的思考，还展示了诗人高超的诗歌创作技巧。这首诗歌在中国文学史上具有重要的地位，对后世诗歌创作产生了深远的影响。

### 阅读思考

1. 这两首诗主要的表现手法是什么？
2. 这两首诗是如何表现人物的思想感情的？
3. 你如何看待诗中作者的情感？

# 二、登池上楼

谢灵运

## 题解

谢灵运（385 年—433 年），陈郡阳夏（今河南省太康县）人，移籍会稽（今浙江省绍兴市），原为陈郡谢氏士族。东晋名将谢玄之孙，小名“客”，人称谢客。又以袭封康乐公，称谢康公、谢康乐。著名山水诗人，主要创作活动在刘宋时代，中国文学史上山水诗派的开创者。

谢灵运的诗歌虽不乏名句，但他的诗文大都是一半写景，一半谈玄，带有玄言诗的尾巴。尽管如此，谢灵运的创作依旧极大地丰富和开拓了诗的境界，使山水的描写从玄言诗中独立了出来，扭转了东晋以来的玄言诗风，确立了山水诗的地位，使山水诗成为中国诗歌发展史上的一个流派。

谢灵运善于运用富艳精工的语言记叙游赏经历、描绘自然景物，多有形象鲜明、意境优美的佳句，对唐代的诗歌发展产生了一定的影响。唐代诗人李白对谢灵运颇为推崇，曾有“吾人咏歌，独惭康乐”之句。

潜虬媚幽姿[1]，飞鸿响远音[2]。
薄霄愧云浮[3]，栖川怍渊沉[4]。
进德智所拙[5]，退耕力不任[6]。
徇禄反穷海，[7]卧疴对空林[8]。
衾枕昧节候[9]，褰开暂窥临[10]。
倾耳聆[11]波澜，举目眺岖嵚[12]。
初景革绪风[13]，新阳改故阴[14]。
池塘生春草，园柳变鸣禽。[15]
祁祁伤豳歌，萋萋感楚吟。[16]
索居易永久，[17]离群难处心。
持操岂独古，[18]无闷征在今。[19]

（选自《先秦汉魏晋南北朝诗》，中华书局，1983 年）

---

1 虬（qiú）：传说中有两角的小龙。幽姿：潜隐的姿态，这里喻隐士。
2 鸿：大鸟名。远音：鸿飞得高，所以鸣声可以传得很远，这里喻有所作为的人。
3 “薄霄”句：面对迫近云霄展翅高翔的飞鸿感到惭愧。薄：迫近。
4 “栖川”句：面对深渊中的潜龙也感到惭愧。怍（zuò）：惭愧。
5 “进德”句：想要增进德业做一番事业，却力不能及。
6 力不任：体力不能胜任。
7 “徇（xún）禄”句：只得为了俸禄来到永嘉。徇：以身从物。反：同“返”。穷海：偏远荒僻的滨海地区，指永嘉。
8 卧疴（kē）：卧病。空林：冬季枯凋的树林。

⑨ 衾（qīn）：被子。昧节候：不明季节。

⑩ 褰（qiān）开：拉开，指拉开窗帘。窥临：临窗眺望。

⑪ 聆：听。

⑫ 岖嵚（qīn）：山岭高耸的样子。

⑬ 初景：初春的日光。革：清除。绪风：冬日残余的寒风。

⑭ 新阳：指春。故阴：指冬。故：旧。

⑮ "园柳"句：园林中的禽鸟种类因季节变化而不同。

⑯ "祁祁"二句：写诗人由眼前春色而触发的离家伤春的情怀。《诗经·豳风·七月》："春日迟迟，采蘩祁祁。女心伤悲，殆及公子同归。"又《楚辞·招隐士》："王孙游兮不归，春草生兮萋萋。"

⑰ "索居"句：孤独地住着，容易感到日子长久。

⑱ "持操"句：坚持高尚节操的人难道只有古代才有吗？

⑲ "无闷"句：隐居遁世者是没有烦闷的，因此我现在虽离群索居也是没有烦闷的。

**评 析：**

《登池上楼》是谢灵运任永嘉太守时作的一首诗，整首诗充满了深沉的情感和丰富的意象。

从结构上看，全诗可以分为三个层次。第一层写诗人出任永嘉太守时的矛盾心情，懊悔自己既不能像潜藏的虬那样安然退隐，又不能像高飞的鸿那样声震四方，建功立业。这种矛盾的情感反映了诗人内心的挣扎和无奈。第二层写诗人在病中临窗远眺。他卧病在床，对窗外的自然景色产生了深深的喜爱。他倾听着池塘水波的轻拍，举目远望参差耸立的远山，这些景色使他感到心旷神怡。这一部分，诗人以生动的笔触描绘出自然的美，同时也透露出他对自然的深深向往。第三层写诗人的思归之情。诗人描绘出春天的景色，如"池塘生春草，园柳变鸣禽"，这些景象不仅展示了春天的生机，也暗示了诗人对归隐生活的向往。诗人通过对自然景色的描绘，表达了他对归隐生活的渴望和期待。

在艺术手法上，诗人首先运用了比兴的手法，以虬和鸿的进退得失来说明自己进退失据的矛盾心情。虬是传说中的一种龙，能屈能伸，象征着隐退；鸿则是高飞的鸟，象征着进取。诗人以此表达了自己既不能像虬那样安然隐退，又不能像鸿那样建功立业的矛盾情感。诗人还运用了直抒胸臆的手法，直接诉说了自己内心的郁闷和孤独。他卧病在床，对窗外的自然景色产生了深深的喜爱之情，同时也流露出对繁华世界的厌倦和对宁静生活的向往。这种直白的表达方式，使得诗人将内心的情感更加直接、强烈地传达给了读者。诗人还以景写情，用生趣盎然的江南春景来衬托自己内心的抑郁。这种以景生情、情景交融的手法，使得整首诗更加生动、形象。

从情感上看，整首诗充满了诗人对自然的热爱和对归隐生活的向往。诗人通过对自然景色的描绘，表达了他对繁华世界的厌倦和对宁静生活的渴望。这种情感贯穿全诗，使得整首诗充满了深沉的情感和丰富的意象。

阅读思考

1. 谢灵运山水诗的特点有哪些?
2. 比较陶渊明和谢灵运的诗歌在写景方面的不同。
3. 你如何看待《登池上楼》所表达的思想情感?

## 三、西洲曲

### 题解

西洲曲是南朝乐府《杂曲歌辞》名。乐府诗是中国古代文学中的一种重要诗歌体裁，南朝乐府主要流行于南朝时期，即420年至589年。南朝乐府源于汉代负责采集民歌成文人诗词用以配乐的乐府机构，后来逐渐发展成为一种独立的诗歌形式。在现代的研究著作中，南朝乐府一般指这一时期的民歌。

南朝乐府以抒情为主，注重音韵和谐、对仗工整，善于运用象征、比喻等修辞手法，形成了独特的艺术风格。南朝乐府的语言简练质朴，感情真挚动人，具有很强的感染力和传唱性。

南朝乐府在中国古代文学史上具有重要的地位，不仅因为它代表了当时文学的最高成就，还因为它对后世的文学创作产生了深远的影响。许多文人墨客，如鲍照、庾信、徐陵等，都创作了大量的南朝乐府歌辞，留下了宝贵的文化遗产。

南朝乐府是中国古代文学中的瑰宝之一，它以真挚的情感、独特的艺术风格，赢得了后世的赞誉和传承。

忆梅下西洲，折梅寄江北。[1]
单衫杏子红，双鬓鸦雏色[2]。
西洲在何处?两桨桥头渡[3]。
日暮伯劳[4]飞，风吹乌臼[5]树。
树下即门前，门中露翠钿[6]。
开门郎不至，出门采红莲。
采莲南塘秋，莲花过人头。
低头弄莲子[7]，莲子清如水[8]。
置莲怀袖中，莲心[9]彻底红。
忆郎郎不至，仰首望飞鸿[10]。
鸿飞满西洲，望郎上青楼[11]。
楼高望不见，尽日[12]栏杆头。
栏杆十二曲，垂手[13]明如玉。
卷帘天自高，海水摇空绿。[14]
海水梦悠悠[15]，君愁我亦愁。
南风知我意，吹梦到西洲。

(选自《乐府诗选》，人民文学出版社，2000年)

❶ “忆梅”二句：女子见到梅花又落，回忆起以前曾和情人在梅下相会的情景，因而想到西洲去折一枝梅花寄给在江北的情人。下：往。西洲：当是在女子住处附近。江北：当指男子所在的地方。

❷ 鸦雏色：像小乌鸦一样的颜色。形容女子的头发乌黑发亮。

❸ 两桨桥头渡：从桥头划船过去，划两桨就到了。

❹ 伯劳：鸟名，仲夏始鸣，喜欢单栖。这里一方面用来表示季节，一方面暗喻女子孤单的处境。

❺ 乌臼：现在写作“乌桕”。

❻ 翠钿（diàn）：用翠玉做成或镶嵌的首饰。

❼ 莲子：和“怜子”谐音双关。

❽ 青如水：和“清如水”谐音，隐喻爱情的纯洁。

❾ 莲心：和“怜心”谐音，即爱情之心。

❿ 望飞鸿：这里暗含有望书信的意思。因为古代有鸿雁传书的传说。

⓫ 青楼：油漆成青色的楼。唐朝以前的诗中一般用来指女子的住处。

⓬ 尽日：整天。

⓭ 垂手：女子垂下扶着栏杆的手。

⓮ “卷帘”二句：卷帘眺望，只看见高高的天空和不断荡漾着的碧波的江水。海水：这里指浩荡的江水。一说指秋夜的蓝天。

⓯ 海水梦悠悠：梦境像浩荡的江水一样悠长。

**评析：**

《西洲曲》是南朝乐府民歌中的一篇长篇抒情诗，这首诗以细腻的情感、曼丽宛曲的情调、清辞俊语和连翩不绝的艺术特色而著称。

从结构上来看，《西洲曲》采用了叙事和抒情相结合的方式，以思妇的口吻叙述了她与远方游子的爱情故事。全诗三十二句，可分为上下两部分，前半部分主要描写思妇对游子的思念之情，后半部分通过描写女子的日常生活和情感变化，进一步表达她对游子深深的思念和内心的挣扎。这种结构安排使得诗歌在情感表达上更加深邃和丰富。

从艺术手法上来看，《西洲曲》展现了南朝乐府诗独特的艺术魅力。作者运用谐音双关、比喻、拟人等修辞手法，将抽象的情感和意象具象化，使得诗歌更加生动、形象。例如，“低头弄莲子，莲子清如水”这句诗，既表达了女子对游子的思念之情，又巧妙地运用了谐音双关的手法，将“莲子”与“怜子”相联系，表达了女子对游子的深深爱意。此外，作者还注重音韵和谐、对仗工整，使整首诗歌在诵读时更加抑扬顿挫、富有节奏感。

从情感表达上来看，《西洲曲》以真挚的情感打动了读者。女子对游子的思念之情贯穿全诗，作者通过描绘思妇的内心世界和日常生活场景，将她的情感变化展现得淋漓尽致。这种真挚的情感使得诗歌具有很强的感染力和共鸣力，让读者能够深刻地感受到思妇内心的孤独、无助和期待。

《西洲曲》这首诗探讨了爱情、离别和命运等主题。通过思妇与游子的爱情故事，作者表达了对真挚爱情的赞美和对离别之苦的无奈接受。同时，作者通过对社会现实的关注和对下层人民疾苦的同情，赋予了诗歌更广泛的社会意义。

《西洲曲》以细腻的情感、独特的艺术风格和深刻的思想内涵成为南朝乐府中的佳作之一。它展现了作者对人生、爱情和命运的思考，以及对社会现实的关注和对下层人民疾苦的同情。这首诗在中国古代文学史上具有重要的地位，对后世的文学创作产生了深远的影响。

阅读思考

1. 有人认为，只有把《西洲曲》中的时间、地点、人物、情节完全解释清楚，才能评价它的价值，你同意吗?

2.《西洲曲》中运用了多种艺术手法，请根据原文举例说明。

3. 南朝民歌与北朝民歌在表现爱情上有什么不同? 试列举相关作品来讨论。

## 四、世说新语

### 题解

《世说新语》是南朝宋刘义庆组织一班文人，集体创作的一部笔记体小说。它以“段子集”的方式，记载了自汉魏至东晋期间士族名人的趣闻逸事。全书精练生动，气韵流荡，不仅反映了当时人们的生活方式、精神面貌及清谈放诞的风气，更将率直任诞、清俊通脱的“魏晋风度”源远流长地传递了下去。这一脉清流绵绵不绝，至明末，至清朝，甚至在现代，依然有着悠长的回响。

德行（节选一）

梁王、赵王[1]，国之近属[2]，贵重当时。裴令公[3]岁请二国租钱[4]数百万，以恤中表[5]之贫者。或讥之曰:“何以乞物行惠?”裴曰:“损有余，补不足，天之道也。”

---

1. 梁王、赵王：梁王司马肜（róng）（? —302 年）、赵王司马伦（? —301 年），都是司马懿的儿子。
2. 国之近属：皇亲国戚。
3. 裴令公：裴楷（237 年—291 年），字叔则。河东闻喜（今山西省闻喜县）人，官至中书令，被尊称为裴令公。
4. 二国租钱：两个封地的租税钱。
5. 中表：指自己父亲的姐妹或母亲的兄弟姐妹的子女。

德行（节选二）

王恭[1]从会稽还，王大[2]看之。见其坐六尺簟[3]，因语恭:“卿东来，故应有此物，可以一领及我。”恭无言。大去后，即举所坐者送之。既无余席，便坐荐上。后大闻之，甚惊，曰:“吾本谓卿多，故求耳。”对曰:“丈人[4]不悉恭，恭作人无长物。”

❶ 王恭（？—398年）：字孝伯，小字阿宁，太原晋阳（今山西省太原市）人。出身世家，东晋大臣，外戚。王恭少有美誉，与王忱（即本文中的王大）齐名。王恭因不满司马道子和王国宝掌权，两度起兵讨伐，兵败身死。

❷ 王大：即王忱（？—392年），字元达，小字佛大，太原晋阳（今山西省太原市）人。东晋大臣，中书令王坦之第四子，尚书右仆射王国宝之弟。年少才俊，享有盛名，与王恭齐名。两人私交也不错。

❸ 六尺簟（diàn）：六尺长的竹席。

❹ 丈人：这里是对老年男子的尊称，也说老丈。

自新（节选）

周处[1]年少时，凶强侠气，为乡里所患，又义兴水中有蛟[2]，山中有邅迹虎[3]，并皆暴犯百姓，义兴人谓为三横，而处尤剧。或说处杀虎斩蛟，实冀三横唯余其一。处即刺杀虎，又入水击蛟。蛟或浮或没，行数十里，处与之俱。经三日三夜，乡里皆谓已死，更相庆，竟杀蛟而出。闻里人相庆，始知为人情所患，有自改意。乃入吴寻二陆[4]，平原不在，正见清河，具以情告，并云："欲自修改，而年已蹉跎，终无所成。"清河曰："古人贵朝闻夕死[5]，况君前途尚可。且人患志之不立，亦何忧令名不彰邪！"处遂改励，终为忠臣孝子。

（选自《世说新语》，岳麓出版社，1989年）

❶ 周处（约236年—297年）：字子隐，义兴阳羡（今江苏省宜兴市）人，鄱阳太守周鲂之子。

❷ 蛟：古人称为龙的一种，实应为鳄鱼。

❸ 邅（zhān）迹虎：跛脚的老虎。

❹ 二陆：指陆机、陆云。两人是兄弟，是东吴丞相陆逊之孙，大司马陆抗的第四子和第五子，兄弟齐名，并称二陆。下文平原指的是陆机，入晋朝后曾任平原郡内史，陆云任清河郡内史，后文称清河。

❺ 朝闻夕死：引用《论语·里仁》中的"朝闻道，夕死可矣"的意思。

**评析：**

东汉末年，士族阶层和门阀制度逐渐稳固并发展壮大，他们在经济和政治领域享有特权，掌握了人物评价和官吏选拔的主导权。上族不仅与庶族之间界限分明，即使是士族内部也等级森严。这些特权名士崇尚饮酒、服药、清谈，注重言辞和仪态之美，以逃避政务、不理实务为高尚。

《世说新语》一书，生动地展现了这一时代的风俗习惯、人物风貌和思想特点。书中记录的人物众多，上至帝王将相，下至士人庶民，乃至僧侣道士，皆有涉及。原书八卷，南朝梁刘孝标注本分为十卷，现今流传的版本多为三卷，分为德行、言语、故事等十六门，共计一千二百余条。

该书主要记载了东汉末年至魏晋时期的士族逸闻、轶事和琐语，尤其以两晋时期的内容为主。其价值体现在以下几个方面：

首先，该书保存了大量珍贵的史实，真实地反映了从汉末到两晋这一动荡时期的政治、社会、人民生活及思想观念。尽管其中偶尔存在失实和讹误，但整体上仍具有较高的可信度。后来的《晋书》等正史作者都曾大量参考此书，甚至直接引用其中的内容。同时，通过描述人物的言行举止，作者生动地展现了当时重视门第、崇尚玄思、清谈盛行、饮酒服药等时代风尚。

其次，该书形成于东汉以来品评人物的风气之下，主要以真人真事为描写和品评对象。其文笔简洁而意蕴丰富，既具有高度的文学价值，又成为魏晋六朝志人小说的代表作，深受后人喜爱，《世说新语》的艺术成就和对中国古典文学的影响不容忽视。

再次，该书的精神趣味也独具魅力。书中如“德行”“栖逸”等篇章所记载的人物修养和精神风貌，成为后世士人的典范；“文学”门所记条目成为后世文史典故的重要来源；至于“任诞”“排调”等篇章，则带有幽默诙谐的特点。总之，《世说新语》为历代读书人展现了广义的“魏晋风度”。

最后，该书在训诂、名物等方面也具有重要价值。由于作者在写作时并未刻意追求古雅，因此书中保存了大量当时的语言，尤其是丰富的俗语和口语。这些词语的用法既不同于上古时期，也不同于近代汉语，反映了当时的语言特点和地域特色，这为后人研究中古汉语提供了宝贵的资料。同时，书中记载的名物也为中古文物的辨识和鉴定等工作提供了重要参考。然而，由于书中包含大量当时的语汇，使得后人在阅读时常常感到困难，所以历来学者都认为《世说新语》是一部难以阅读且极具挑战性的著作。

《世说新语》作为中国古代志人小说的经典著作，以其独特的艺术魅力和深刻的思想内涵赢得了历代文人的喜爱。鲁迅曾高度评价该书“记言则玄远冷隽，记行则高简瑰奇。”《世说新语》为我们展现了一个丰富多彩且饱满真实的魏晋时代，成为历代文人百读不厌的经典之作。其优美的文笔引领着读者去追怀那个时代的风度和韵味，影响着中国古代士大夫的人格和志趣。

## 阅读思考

1. 试述以上三篇文章的主旨。
2. 《世说新语》的主要内容和艺术特色是什么？
3. 魏晋风流对当时的文学有什么影响？

# 第三章 唐宋文学

## 第一节 文本精读

### 一、春江花月夜[1]

张若虚

题解

张若虚，唐诗人，扬州（今属江苏）人，曾任兖州兵曹。与贺知章、包融、张旭并称“吴中四士”。其诗多已散佚，《全唐诗》中仅存二首：一为《代答闺梦还》，写闺情，诗风近齐梁；一为《春江花月夜》，素来享有盛名，近代王闿运曾评“孤篇横绝，竟为大家”（《论唐诗诸家源流》）。

这首七言古诗，以春江月夜为背景，描写了春夜月光下美丽的景色，并由此生发出对宇宙与人生关系的思索和对游子思妇在明月今宵里天各一方的惋惜。虽然不无青春苦短的伤感情绪，却也表现了人们对纯洁爱情和美好生活的追求，以及对宇宙与人生的积极探索。

春江潮水连海平[2]，海上明月共潮生。
滟滟[3]随波千万里，何处春江无月明。
江流宛转绕芳甸[4]，月照花林皆似霰[5]。
空里流霜[6]不觉飞，汀[7]上白沙看不见。
江天一色无纤尘，皎皎空中孤月轮[8]。
江畔何人初见月？江月何年初照人？
人生代代无穷已[9]，江月年年望相似。
不知江月待何人，但见[10]长江送流水。
白云一片去悠悠[11]，青枫浦上不胜愁[12]。
谁家今夜扁舟子[13]？何处相思明月楼[14]？
可怜楼上月裴回[15]，应照离人妆镜台[16]。
玉户[17]帘中卷不去，捣衣砧上拂还来[18]。
此时相望不相闻[19]，愿逐月华流照君[20]。
鸿雁长飞光不度[21]，鱼龙潜跃水成文[22]。
昨夜闲潭梦落花[23]，可怜[24]春半不还家。

江水流春去欲尽[25]，江潭落月复西斜[26]。
斜月沉沉藏海雾[27]，碣石潇湘无限路[28]。
不知乘月[29]几人归，落月摇情满江树[30]。

（选自《全唐诗》，中华书局，2018 年）

---

1 《春江花月夜》原为乐府《吴声歌曲》名，要求在诗中写出春、江、花、月、夜五种事物。此诗为拟题作诗，已非原有曲调。

2 江：指长江。连海平：江湖浩瀚无垠，仿佛和大海连成一片。

3 滟（yàn）滟：波光荡漾的样子。

4 宛转：曲折。芳甸：花草丛生的原野。

5 霰（xiàn）：白色不透明的小冰粒。

6 流霜：古人以为霜像雪一样是从空中落下的，所以常说“飞霜”，这里是将月色比喻成霜。

7 汀：水中或水边平地。

8 皎皎：洁白明亮。孤月轮：一轮孤月。

9 无穷已：没有穷尽。

10 但见：只见。

11 悠悠：这里指白云缓缓飘逝的样子。

12 青枫浦：即双枫浦在今湖南省浏阳市南境内，此处泛指分别的地点。不胜：经不起，受不了。

13 扁（piān）舟子：飘零江湖的人。扁舟：小船。

14 明月楼：明月下的闺楼，指闺中思妇。

15 月裴回：月影移动，以此衬托思妇的难眠不安。裴回：同“徘徊”。

16 妆镜台：梳妆台。

17 玉户：形容建阁华丽，以玉石镶嵌。

18 捣衣砧（zhēn）：捣衣石。拂还来：与上句“卷不去”都指月光。

19 相望：指互相望着月光。不相闻：指彼此听不到对方的音信。

20 逐：跟。月华：月光。君：指游子。

21 鸿雁：指信使，《汉书·苏武传》记有鸿雁传书的故事。光不度：鸿雁善于远飞仍然不能逾越月光。度：通“渡”。

22 鱼龙潜跃：鱼在水里跳跃。古人有鱼雁传书之说。这里是说鱼儿也无法传递对游子的思念之情。文：通“纹”。

23 闲潭梦落花：即梦见花落幽潭，意味着春天即将逝去。闲潭：平和、幽静的水潭。

24 可怜：可惜。

25 去欲尽：春天将消失净尽。

26 江潭落月：月落江潭。复西斜：指夜将尽。

27 沉沉：下沉。藏海雾：海雾蒸腾，遮掩了西落的月亮。

28 碣石：山名，在今河北省乐亭县西南。潇湘：潇水和湘水在湖南零陵县合流后称潇湘。碣石在北，潇湘在南，此处有相距很远之意。

29 乘月：乘着月色。

30 “落月”句：江边树林洒满了月光，轻轻摇曳，牵系着思妇的离情别绪。

**评 析：**

全诗以月为中心，以春、江、花、夜为陪衬，围绕明月的初生、高悬、西斜、下落的过程展开，描绘了潮水、波光、花林、沙滩、夜空、白云、青枫、闺阁、镜台、海雾等一系列景象，并将游子思妇的离怀别绪融入其中，使抽象的情感变得鲜活生动，一切景语即情语。全诗可分为三部分：从开始到“汀上白沙看不见”为第一部分，描绘了一幅优美、恬静的春江花月夜的夜景；从“江天一色无纤尘”到“但见长江送流水”为第二部分，由“江月”联想到人生，抒发了对宇宙与人生的无限感慨；从“白云一片去悠悠”到诗歌结尾为第三部分，抒写花月春宵游子思妇的离愁别恨。

全诗格调高远不俗，达到了一种诗情、画意、哲理相交融的境界。语言清新自然，音韵和谐流畅。每四句换韵，平仄相互交替。有些诗句不仅使用了律句的平仄，还采用了对偶句。这些都使得这首长诗音节和谐婉转，读起来朗朗上口，极富音乐美感。

**阅读思考**

1. 简要分析本诗景物描写的作用和特点。

2. “江”字在诗中出现了 12 次，“月”字出现了 15 次。你觉得作者这样用词有什么用意？

3. 闻一多在《宫体诗的自赎》一文中写道：“这里一番神秘而又亲切的，如梦境的晤谈，有的是强烈的宇宙意识，被宇宙意识升华过的纯洁的爱情，又由爱情辐射出来的同情心，这是诗中的诗，顶峰上的顶峰。”谈谈你对上述说法是怎样理解的。

4. 分析下面诗句中加点字的表达效果。

“春江潮水连海平，海上明月共潮生。”
“玉户帘中卷不去，捣衣砧上拂还来。”
“不知乘月几人归，落月摇情满江树。”

5. 你还熟悉哪些有关“月”意象的古典诗歌？

《春江花月夜》背景介绍　　《春江花月夜》内容赏析

## 二、卖炭翁[1]

白居易

**题解**

白居易（772 年—846 年），唐诗人，字乐天，晚年号香山居士。祖籍太原（今山西省太原市西南），后迁居下邽（今陕西省渭南市）。白居易是唐代现实主义诗人、唐代三大诗人之一，也是唐代最高产的诗人之一，其诗歌题材广泛，语言通俗，富有情味，《琵琶行》《长恨歌》等经典作品对后世产生了深远的影响。白居易在政治领域中也发挥了重要作用，他在任职期间，表现出了卓越才干，为唐朝政治的发展做出了贡献。白居易在文学上积极倡导新乐府运动，强调继承《诗经》“风雅比兴”的传统和杜甫的创作精神。

《卖炭翁》没有像《新乐府五十首》中的有些篇那样“卒章显其志”，而是在矛盾冲突的高潮中戛然而止，因而更含蓄，更有力，更引人深思，扣人心弦，所以这首诗千百年来万口传诵。

卖炭翁，伐薪烧炭南山中[2]。
满面尘灰烟火色[3]，两鬓苍苍[4]十指黑。
卖炭得钱何所营[5]？身上衣裳口中食。
可怜[6]身上衣正单，心忧炭贱愿[7]天寒。
夜来城外一尺雪，晓驾炭车辗冰辙[8]。
牛困[9]人饥日已高，市[10]南门外泥中歇。
翩翩两骑来是谁[11]？黄衣使者白衫儿[12]。
手把文书口称敕[13]，回车叱牛牵向北[14]。
一车炭，千余斤[15]，宫使驱将惜不得[16]。
半匹红纱一丈绫[17]，系向牛头充炭直[18]。

（选自《白居易集笺校》，上海古籍出版社，2023 年）

---

1 卖炭翁：此诗题注云：“苦宫市也。”宫市：指唐代皇宫里需要物品，就到市场上去拿，随便给点钱，实际上就是公开掠夺。唐德宗时用太监专管其事。

2 伐：砍伐。薪：柴。南山：城南之山。

3 烟火色：烟熏色的脸。此处突出卖炭翁的辛劳。

4 苍苍：灰白色，形容鬓发花白。

5 得：得到。何所营：做什么用。营：谋求，经营，这里指需求。

6 可怜：使人怜悯。

7 愿：希望。

8 晓：天亮。辗（niǎn）：同“碾”，压。辙：车轮滚过地面辗出的痕迹。

9 困：困倦，疲乏。

10 市：长安有贸易专区，称市，市周围有墙有门。

11 翩翩：轻快洒脱的情状。这里形容得意忘形的样子。骑（jì）：骑马的人。

12 黄衣使者：指皇宫内的太监。白衫儿：指太监手下的爪牙。

13 把：拿。称：说。敕（chì）：皇帝的命令或诏书。

14 回：调转。叱：呵斥。牵向北：指牵向宫中。

15 千余斤：不是实指，形容很多。

16 驱：赶着走。将：语气助词。惜不得：舍不得。

17 “半匹红纱”句：唐代商务交易，绢帛等丝织品可以代货币使用。当时钱贵绢贱，半匹纱和一丈绫，比一车炭的价值便宜很多。这里指官方用贱价强夺民财。红纱：一作“红绡”。

18 系：绑扎。这里是挂的意思。直：通“值”，指价格。

**评析：**

此诗开头四句，写卖炭翁的炭来之不易。“伐薪烧炭”，概括了复杂的工序和漫长的劳动过程。“满面尘灰烟火色，两鬓苍苍十指黑”，活画出卖炭翁的肖像，劳动的艰辛得到了形象的展现。“南山中”点出劳动场所，这里的“南山”就是王维所写的“欲投人处宿，隔水问樵夫”的终南山，豺狼出没，荒无人烟。在这样的环境里披星戴月，凌霜冒雪，一斧一斧地“伐薪”，一窑一窑地“烧炭”，好容易烧出“千余斤”，每一斤都渗透着卖炭翁的心血，也凝聚着卖炭翁的希望。这四句把卖炭翁和贩卖木炭的商人区别开来。假如这位卖炭翁还有田地，凭自种自收就不至于挨饿受冻，只是利用农闲时间烧炭卖炭，以补贴家用的话，那么，即使他的一车炭被掠夺，也还有别的活路。然而情况并非如此。诗人的高明之处就在于没有自己出面向读者介绍卖炭翁的家庭经济状况，而是以：“卖炭得钱何所营？身上衣裳口中食。”一问一答的形式，化板为活，使文势跌宕，摇曳生姿，使读者清楚地看到，这位劳动者已被剥削得贫无立锥，别无衣食来源；“身上衣裳口中食”全指望他千辛万苦烧成的“千余斤”木炭卖个好价钱后换得。这就为后面写宫使掠夺木炭的罪行做好了有力的铺垫。

“可怜身上衣正单，心忧炭贱愿天寒”是脍炙人口的名句。“身上衣正单”，自然希望天暖。然而这位卖炭翁把解决衣食问题的希望全部寄托在“卖炭得钱”上，所以他“心忧炭贱愿天寒”，即使在冻得发抖的时候，还一心盼望天气更冷。诗人深刻地理解卖炭翁的艰难处境和复杂的内心活动，只用十多个字就真切地表现了出来，又用“可怜”两字倾注了无限同情，催人泪下。这两句诗从章法上看，是前半篇向后半篇过渡的桥梁。“心忧炭贱愿天寒”，实际上是期待朔风凛冽，大雪纷飞。“夜来城外一尺雪”，总算盼到了一场大雪，也就不再“心忧炭贱”了，“天子脚下”的达官贵人、富商巨贾们为了取暖，不会在微不足道的炭价上斤斤计较。当卖炭翁“晓驾炭车辗冰辙”的时候，占据着他全部心灵的，不是冰雪的道路多么难走，而是那一车炭能卖多少钱，换来多少衣和食。要是在小说家笔下，是可以用很多笔墨写卖炭翁一路上的心理活动的，而诗人却一句也没有写，这是因为他在前面已经给读者开拓了驰骋想象的广阔天地。

卖炭翁好不容易烧出一车炭、盼到一场雪，一路上满怀希望地盘算着卖炭得钱换衣食，结果却遇上了“手把文书口称敕”的“宫使”。在皇宫的使者面前，在皇帝的文书和敕令面前，随着那“叱牛”声，卖炭翁在从“伐薪”“烧炭”“愿天寒”“驾炭车辗冰辙”，直到“泥中歇”的漫长过程中所盘算的一切、所希望的一切，全都化为泡影。从“南山中”到长安城，路那么遥远，又那么难行，当卖炭翁“市南门外泥中歇”的时候，已经是“牛困人饥”；如今又“回车叱牛牵向北”，把炭送进皇宫，当然牛更困、人更“饥”了。那么，当卖炭翁饿着肚子，走回终南山的时候，他会想些什么呢，他往后的日子又怎样过呢，这一切，诗人都没有写，然而读者却不能不想。当想到这一切的时候，就不能不同情卖炭翁的遭遇，不能不憎恨统治者的罪恶，而诗人“苦宫市”的创作意图，也就收到了预期的效果。

这首诗不仅在内容上具有深刻的思想性，在艺术上也很有特色。诗人以“卖炭得钱何所营，身上衣裳口中食”两句展现了几乎濒于生活绝境的老翁所能有的唯一希望。这是全诗的诗眼。其他一切描写，都集中于这个诗眼。在表现手法上，诗人灵活地运用了陪衬和反衬。以“两鬓苍苍”突出年迈，以“满面尘灰烟火色”突出“伐薪、烧炭”的艰辛，再以荒凉险恶的南山做陪衬，老翁的命运就更激起了人们的同情。而这一切，正反衬出老翁希望之火的炽烈：卖炭得钱，买衣买食。老翁“衣正单”，再以夜来的“一尺雪”和路上的“冰辙”做陪衬，更使人感到老翁的“可怜”。而这一切，正反衬了老翁希望之火的炽烈——天寒炭贵，可以多换些衣和食。接下去，“牛困人饥”和“翩翩两骑”，反衬出劳动者与统治者境遇的悬殊；“一车炭，千余斤”和“半匹红纱一丈绫”，反衬出“宫市”掠夺的残酷。而就全诗来说，前面表现希望之火的炽烈，正是为了反衬后面希望化为泡影的可悲可痛。

阅读思考

1. 赏析“满面尘灰烟火色，两鬓苍苍十指黑”的表达效果。
2. “宫使驱将惜不得”中的“惜不得”说明了卖炭翁怎样的心理?
3. 请概括卖炭翁的形象及其描写方法。
4. 本诗表达了作者对于卖炭翁怎样的思想感情?

## 三、别韦参军[1]

高適

题解

高適（约700年—765年），字达夫，唐朝渤海蓨（今河北省景县）人，后迁居宋州宋城（今河南省商丘市睢阳区）。唐代著名的边塞诗人，曾任刑部侍郎、散骑常侍、渤海县侯，世称高渤海。高適与岑参并称“高岑”，有《高常侍集》等传世，其诗笔力雄健，气势奔放，洋溢着盛唐时期所特有的奋发进取、蓬勃向上的时代精神。开封禹王台五贤祠即专为高適、李白、杜甫、何景明、李梦阳而立。后人又把高適、岑参、王昌龄、王之涣合称“边塞四诗人”。

《别韦参军》这首诗字字情真。一般写诗要求语忌直出，脉忌外露，但这绝不是否定率直的抒情。“忌直”是为了深化感情，率直是为了将实情写得更“真”，二者似迥异而实相通。高適此作直吐深情，写苦不见颓靡之态，惜别仍发豪放之情，快人快语，肝胆相照，表现出主人公鲜明的个性特征，因而能以情动人，具有很强的感染力。此诗基本上采用了长篇独白的方式，“多胸臆语，兼有气骨”（殷璠《河岳英灵集》）。诗中又多用偶句和对比，注重音韵，读来音情顿挫，雄浑奔放，具有流美婉转的韵致。

二十解书剑[2]，西游长安城[3]。
举头望君门[4]，屈指取公卿[5]。

国风冲融迈三五[6]，朝廷欢乐弥寰宇[7]。
白璧皆言赐近臣[8]，布衣不得干明主[9]。
归来洛阳无负郭[10]，东过梁宋[11]非吾土。
兔苑为农岁不登[12]，雁池垂钓心长苦[13]。
世人遇[14]我同众人，唯君于我最[15]相亲。
且喜百年见交态[16]，未尝[17]一日辞家贫。
弹棋击筑白日晚[18]，纵酒高歌杨柳春。
欢娱[19]未尽分散去，使我惆怅[20]惊心神。
丈夫[21]不作儿女别，临歧[22]涕泪沾衣巾。

（选自《全唐诗》，中华书局，2018 年）

---

❶ 参军：州（郡）官。唐制于州刺史（郡太守）下设参军数人，协理政务。
❷ 解书剑：会读书击剑。解：一作“辞”。
❸ 长安城：唐代都城，在今陕西省西安市。
❹ 君门：即宫门。亦指京城。
❺ 屈指：计算时日。比喻时间短或数量少。公卿：泛指高官。
❻ 冲融：和洽。迈：超过。三五：三皇五帝。
❼ 欢：一作“礼”。弥：充满，遍及。寰宇：即天下，指唐朝全境。
❽ 近臣：指君主左右亲近之臣。
❾ 布衣：借指平民。古代平民不能衣锦绣。干：干谒。明主：贤明的君主。
❿ 负郭：近城的田，最为肥美。
⓫ 梁宋：大致在今河南省开封和商丘一带。
⓬ 兔苑：园囿名，也称梁园，在今河南省商县东，汉梁王刘武所筑，为游赏与延宾之所。岁不登：收成不好。不登：歉收。
⓭ 雁池：汉梁孝王刘武所筑兔园中的池沼名。垂钓：暗用姜太公典故，姜太公吕尚曾在渭水的磻溪上钓鱼，得遇周文王，助周灭商。
⓮ 遇：一作“向”。
⓯ 最：一作“情”。
⓰ 百年：一生；终身。见：一作“有”。
⓱ 尝：一作“当”。
⓲ 弹棋：古两人对局棋，二十四子，红黑各半。筑：状如筝的乐器，十三弦，以竹击。
⓳ 欢娱：欢乐。
⓴ 惆怅：因失意或失望而伤感、懊恼。
㉑ 丈夫：一作“终当”。
㉒ 临歧（qí）：即“临岐”，本为面临歧路，后亦用为赠别之辞。

评析：

此诗前八句，写诗人闯荡京师、客游梁宋、落拓失意的真实经历。那时他年纪轻轻，自负文才武略，以为取得卿相是指日可待的事。三言两语，就表现出诗人聪明、天真、自负的性格特征。但现实的遭遇与他所想的截然不同。他理想中的君主，沉醉在“太平盛世”的安乐窝里。“国风冲融迈三五，朝廷礼乐弥寰宇”，说国家风教鼎盛，超过了三皇五帝，朝廷礼乐遍及四海之内。这两句，貌似颂扬，实含讽意；下两句“白璧皆言赐近臣，布衣不得干明主”，就是似褒实贬的注脚。干谒“明主”不成，只好离开京师。但不能回家，因为“归来洛阳无负郭”，家中根本没有多少产业。故诗人不得不到河南商丘一带谋生，“兔苑为农岁不登，雁池垂钓心长苦”。汉代梁孝王曾在商丘一带筑兔苑，开雁池，作为歌舞游冶之所，诗中借古迹代地名，说自己在这里种田捕鱼，生计艰难。不说“捕鱼”而说“垂钓”，暗用姜太公“渭水垂钓”故事，说明自己苦闷地等待着朝廷的任用。

后十句是写与韦参军的离别，生动地展现了他们之间的深挚友谊和难舍之情。“世人遇我同众人，唯君于我最相亲”，这两句，看似寻常，其中暗含了作者的辛酸遭遇和对韦参军的感激之情。“且喜百年见交态，未尝一日辞家贫”，说他们的友谊经过长期考验，韦参军经常接济自己，从未以“家贫”为借口推托。“弹棋击筑白日晚，纵酒高歌杨柳春”，“白日晚”见其朝夕相处；“杨柳春”见其既游且歌。这样的友情，的确舍不得分开。“欢娱未尽分散去，使我惆怅惊心神”，“惊心神”三字，写出了与朋友相别时的痛楚之状，但为事业、前程计，又不得不别，因而劝慰朋友：“丈夫不作儿女别，临岐涕泪沾衣巾。”

阅读思考

1. 请结合全诗赏析“弹棋击筑白日晚，纵酒高歌杨柳春”。
2. 这首诗饱含了诗人哪些丰富的情感？请做具体赏析。

## 四、满江红[1]·怒发冲冠

岳飞

### 题解

岳飞（1103 年—1142 年），字鹏举，南宋抗金将领，民族英雄，相州汤阴（今属河南省）人。建炎三年（1129 年）秋，兀术南侵，改任建康（今江苏省南京市）留守的杜充不战而降。金军得以渡过长江天险，很快攻下临安、越州（今浙江省绍兴市）、明州等地，高宗被迫流亡海上。岳飞率孤军坚持敌后作战。他先在广德攻击金军后卫，六战六捷；又在金军进攻常州时，率部驰援，四战四胜。次年，岳飞在牛头山设伏，大破金兀术，收复建康，金军被迫北撤。从此，岳飞威名传遍大江南北，声震河朔。七月，岳飞升任通州镇抚使兼知泰州，拥有人马万余，岳飞便在此时建立起一支纪律严明、作战骁勇的抗金劲旅“岳家军”。绍兴六年（1136 年），岳飞再次出师北伐，攻占了伊阳、洛阳、商州和虢州，继而围攻陈、蔡地区。但岳飞很快发现自己是孤军深入，既无援兵，又无粮草，因此，他不得不撤回鄂州（今湖北省武昌市）。此次北伐，岳飞壮志未酬，因此，他在镇守鄂州时写下了千古绝唱的《满江红》。这首词代表了岳飞“精忠报国”的英雄之志，词里句中无不透出雄壮之气，显示了作者忧国报国的壮志豪情。作为爱国将领的抒怀之作，《满江红》字里行间情调激昂，慷慨壮烈。

怒发冲冠[2]，凭阑[3]处、潇潇[4]雨歇。抬望眼，仰天长啸[5]，壮怀[6]激烈。三十功名尘与土[7]，八千里路云和月[8]。莫等闲[9]、白了少年头，空悲切[10]。

靖康耻[11]，犹未雪。臣子恨，何时灭。驾长车，踏破贺兰山[12]缺。壮志饥餐胡虏[13]肉，笑谈渴饮匈奴[14]血。待从头、收拾旧山河，朝天阙[15]。

（选自《宋词三百首》，商务印书馆，2017 年）

---

[1] 满江红：词牌名，又名“上江虹”“念良游”“伤春曲”等。双调九十三字。
[2] 怒发冲冠：气得头发竖起，以至于将帽子顶起，形容愤怒至极。
[3] 凭阑：身倚栏杆。阑，同“栏”。
[4] 潇潇：形容雨势急骤。
[5] 长啸：大声呼叫。啸：蹙口发出声音。
[6] 壮怀：奋发图强的志向。
[7] “三十”句：谓自己年已三十，得到的功名如同尘土一样微不足道。三十：是概数。功名：或指岳飞攻克襄阳六郡以后晋升之事。
[8] “八千”句：形容南征北战，路途遥远，披星戴月。八千：是概数，极言沙场征战行程之远。
[9] 等闲：轻易，随便。
[10] 空悲切：即白白地哀痛。
[11] 靖康耻：宋钦宗靖康二年（1127 年），金兵攻陷汴京，虏走徽、钦二帝。靖康，宋钦宗赵桓的年号。
[12] 贺兰山：贺兰山脉，中国境内有两座山脉名贺兰山，一座在河北，另一座在宁夏。一说指位于宁夏与内蒙古交界处的贺兰山，当时被金兵占领；一说指位于河北境内的贺兰山。据史料考证岳飞足迹未到过宁夏贺兰山，而岳飞抗金活动区域曾在河北贺兰山。
[13] 胡虏：对女真族入侵者的蔑称。
[14] 匈奴：古代北方民族之一，这里指金入侵者。
[15] 朝天阙（què）：朝见皇帝。天阙：本指宫殿前的楼观，此指皇帝居住的地方。

**评 析：**

这首词前四字，出自司马迁写蔺相如“怒发上冲冠”，表明这是不共戴天的深仇大恨。此仇此恨，因何愈思愈不可忍？正缘独上高楼，自倚栏杆，纵目乾坤，俯仰六合，不禁热血满怀沸腾激昂。而此时秋霖乍止，风澄烟净，光景自佳，翻助郁闷之怀，于是仰天长啸，以抒此万斛英雄壮志。着“潇潇雨歇”四字，笔锋微顿，方见气度渊静。开头凌云壮志，气吞山河，写来气势磅礴。再接下去，作者以“三十功名尘与土，八千里路云和月”十四个字，出乎意料，令人叫绝，此十四字，如见将军抚膺自理半生壮志，九曲回肠，英雄正是多情人物。功名是其所期，岂与尘土同埋；驰驱何足言苦，堪随云月共赏。试看作者是何等胸襟，何等识见！过片前后，一片壮怀，喷薄倾吐：靖康之耻，指徽、钦两帝被掳，犹不得还；故下言臣子抱恨无穷，此是古代君臣观念。此恨何时得解？功名已委于尘土，三十已去，至此，将军自将上片歇拍处“莫等闲、白了少年头，空悲切”之勉语，说与人体会。雄壮之笔，字字掷地有声！以下出奇语，现壮怀，英雄忠愤气概，凛凛犹若神明。金兵入侵中原，止畏岳家军，不啻闻风丧胆，故自岳飞言，“匈奴”实不足灭，踏破“贺兰”直捣黄龙并非夸大其词。“饥餐”“渴饮”这一联微嫌合掌，然只有如此才足以畅其情、尽其势。未至有复沓之感者，是因为其中有一种真气在。“待从头，收拾旧山河，朝天阙!”丹心碧血，倾出肺腑。用文学家眼光视之结束全篇，神完气足，无复毫发遗憾，令人神往，叫人起舞。然而岳飞头未及白，金兵自陷困境，宋皇朝却因奸计，自弃战败。这首词代表了岳飞“精忠报国”的英雄之志，显示了他的壮志豪情。

### 阅读思考

1. 有人评论这首词励志且充满乐观主义精神，请联系该词内容加以剖析这种观点。
2. 这首词表达了作者怎样的感情?

## 五、临江仙[1]·夜饮东坡醒复醉

苏轼

### 题解

苏轼（1037年—1101年），字子瞻，和仲，号东坡居士，死后追谥号“文忠”。眉州眉山（今属四川省眉山市）人。北宋书画家、文学家、美食家，是豪放派词人的主要代表之一。在政治上属于旧党，但也有改革弊政的想法。其文汪洋恣肆，明白畅达，其诗题材广泛，内容丰富。

在文章方面与欧阳修合称“欧苏”，在词作方面与辛弃疾合称“苏辛”。在诗歌方面与黄庭坚并称“苏黄”，在书法方面“自出新意、不践古人”，开创“尚意”书风，其作《黄州寒食帖》被誉为天下第三行书，与蔡襄、黄庭坚、米芾并称“宋四家”，在绘画方面擅画枯木竹石，反对程式束缚，重视神似，为其后世“文人画”的发展奠定了坚实的基础。后代文人称其为苏东坡、“坡仙”“苏仙”。与父亲苏洵，弟苏辙同为唐宋八大家，合称“三苏”。

这首词展现了谪居中的苏东坡的真性情，反映了他的独特风格。历史上的成功之作，无不体现作者的鲜明个性，因此，作为文学作品展现真情性是最难能可贵的。元好问评论东坡词说：“唐歌词多宫体，又皆极力为之。自东坡一出，情性之外，不知有文字，真有‘一洗万古凡马空’气象。”元好问道出了东坡词的总的特点：文如其人，个性鲜明，也刚好指出了这首词的成功之处。

夜饮东坡[2]醒复醉，归来仿佛三更。家童鼻息已雷鸣。敲门都不应，倚杖听江声[3]。
长恨此身非我有，何时忘却营营[4]？夜阑风静縠纹平[5]。小舟从此逝，江海寄余生。

（选自《宋词三百首》，商务印书馆，2017 年）

---

❶ 临江仙：唐教坊曲名，后用作词牌名。字数有五十二字、五十四字、五十八字、五十九字、六十字、六十二字六种，平韵格。
❷ 东坡：在湖北省黄冈县东。苏轼谪贬黄州时，友人马正卿助其垦辟的游息之所，筑雪堂五间。
❸ 听江声：苏轼寓居临皋，在湖北黄县南长江边，故能听长江涛声。
❹ 营营：周旋、忙碌，内心躁急之状，形容奔走钻营，追逐名利。
❺ 夜阑：夜尽。縠（hú）纹：比喻水波细纹。縠：绉纱类丝织品。

**评 析：**

这首词记叙深秋之夜苏轼在东坡雪堂开怀畅饮，醉后返归临皋的情景。“夜饮东坡醒复醉”一开始就点明了夜饮的地点和醉酒的程度。醉而复醒，醒而复醉，当他回临皋住所时，自然很晚了。“归来仿佛三更”中“仿佛”二字，传神地描述出作者醉眼蒙眬的情态。这开头二句，先一个“醒复醉”，再一个“仿佛”，把作者纵饮的豪兴淋漓尽致地表现了出来。

接下来的三句，写词人已到住所、在家门口停留下来的情景：“家童鼻息已雷鸣。敲门都不应，倚仗听江声。”人们读到这里，眼前就好像浮现出一位风神疏朗的人物形象，一位襟怀旷达、遗世独立的“幽人”。你看，他醉复醒，恣意所适；时间对于他来说，三更、四更，无所不可；深夜归来，敲门不应，坦然处之，展示出一种豁达的人生态度，一种超旷的精神世界，一种独特的个性和真情。

词的上片还展现出一个极其安恬的静美世界。因为夜阑更深，万籁俱寂，所以伫立门外，能听到门里家童的鼾声；也正因为四周极其静谧，所以作者在敲门不应的时候，能够悠悠然“倚仗听江声”，以动衬静，以有声衬无声，是常用的诗家手法，从写家童“鼻息如雷”进而写谛听江声，把夜之深、夜之静完全衬托出来，使人有身临其境之感。

“倚仗听江声”，这个富有启发性的句子很自然地引出下片的内容。下片一开始，词人便慨然长叹道：“长恨此身非我有，何时忘却营营?”这突兀而起的喟叹，是词人长期孤愤心情的抒发，正反映了他在“听江声”时心境之不平静。妙在这两句直抒胸臆的议论中充满着哲理意味。

“长恨此身非我有”是化用《庄子·知北游》“汝身非汝有也”句；“何时忘却营营”，是化用《庄子·庚桑楚》“全汝形，抱汝生，无使汝思虑营营”。此二句本是说，人的此身非人所自有，一个人的形体精神是天地自然赋予的，为人当守本分，保其生机，不要因世事而思虑百端，随其周旋忙碌。苏轼在政治上受到挫折，忧惧苦恼，因而向道家思想寻求超脱之方。这两句颇富哲理的议论，饱含着词人切身的感受，带有深沉的感情，一任情性，发自衷心，因而自有一种感人的力量。以议论为词，化用哲学语言入词，冲破了传统词的清规戒律，扩大了词的表现力。这种语言上的特色正表现出词人的独特个性。

作者静夜沉思，豁然有悟，既然自己无法掌握命运，就当全身远祸。顾盼眼前江上景致，是“夜阑风静縠纹平”，心与景会，神与物游，为如此静谧美好的大自然深深陶醉了。于是，他情不自禁地产生脱离现实社会的浪漫主义的遐想，唱道：“小舟从此逝，江海寄余生”，他要趁此良辰美景，驾一叶扁舟，随波流逝，任意东西，他要将自己的有限融化在无限的大自然之中。

“夜阑风静縠纹平”，表面上看只是一般写景的句子，其实不是纯粹写景，而是作者主观世界和客观世界相契合的产物。它意蕴丰富，富有启迪、暗示作用，象征着作者追求的宁静安谧的理想境界，接以“小舟”两句，自是顺理成章。苏东坡政治上受到沉重打击之后，思想几度变化，由积极入世转向消极低沉，又转而追求一种精神自由的、合乎自然的人生理想。在他复杂的人生观中，由于杂有某些老庄思想，因而在痛苦的逆境中形成了旷达不羁的性格。“小舟从此逝，江海寄余生”，写得多么飘逸，又多么富有浪漫情调，这样的诗句，也只有从东坡磊落豁达的襟怀中才能流出。

### 阅读思考

1. 作者是怎样把自己纵饮的醉意表现出来的呢？怎样理解他这份醉饮的豪兴？
2. “小舟从此逝，江海寄余生”寄托了作者怎样的情怀？

苏轼的家国情怀

## 六、永遇乐[1]·京口北固亭怀古[2]

辛弃疾

### 题解

辛弃疾（1140年—1207年），原字坦夫，后改字幼安，号稼轩，山东东路济南府历城县（今山东省济南市历城区遥墙镇四风闸村）人。南宋豪放派词人、将领，有“词中之龙”之称。与苏轼合称“苏辛”，与李清照并称“济南二安”。

辛弃疾生于金国，少年抗金归宋，曾任江西安抚使、福建安抚使等职。著有《美芹十论》《九议》，条陈战守之策。由于辛弃疾与当政的主和派政见不合，被弹劾落职，退隐山居。开禧北伐前后，相继被起用为绍兴知府、镇江知府、枢密都承旨等职。开禧三年（1207年），辛弃疾病逝，后赠少师，谥号“忠敏”。

辛弃疾一生以收复中原为志，以功业自诩，却命运多舛、备受排挤、壮志难酬。但他收复中原的信念始终没有动摇，他把满腔激情和对国家兴亡、民族命运的关切、忧虑，全部寄寓于词作之中。其词艺术风格多样，以豪放为主，风格豪迈又不乏细腻柔媚之处，其词题材广阔又善化用典故，抒写力图恢复国家统一的情怀，倾诉壮志难酬的悲愤，以及对当时执政者屈辱求和的谴责。辛弃疾也有不少吟咏祖国河山的作品。现存词六百多首，有词集《稼轩长短句》等传世。

《永遇乐·京口北固亭怀古》这首词，虽豪放，但细究可发现，此词风格并非“豪放”一词就能

全面概括 。从整体上来看，此词不是一首激情澎湃、斗志昂扬的豪放之文，而是一首沉郁顿挫、悲壮苍凉之作。

千古江山，英雄无觅，孙仲谋[3]处。舞榭歌台[4]，风流总被，雨打风吹去。斜阳草树，寻常巷陌[5]，人道寄奴[6]曾住。想当年，金戈铁马，气吞万里如虎。[7]

元嘉草草[8]，封狼居胥[9]，赢得仓皇北顾[10]。四十三年[11]，望中犹记，烽火扬州路[12]。可堪[13]回首，佛狸祠[14]下，一片神鸦社鼓[15]。凭谁问：廉颇[16]老矣，尚能饭否？

（选自《宋词三百首》，商务印书馆，2017 年）

---

❶ 永遇乐：词牌名，又名“消息”，此调有平、仄两体。此体为双调一百零四字，上下片各十一句四仄韵。

❷ 京口：古城名，即今江苏镇江。因临京岘山、长江口而得名。北固亭：晋蔡谟筑楼北固山上，称北固亭，原址位于今江苏省镇江市，北临长江，又称北顾亭。

❸ 孙仲谋：孙权（182 年—252 年），字仲谋。东吴大帝，吴郡富春县（今浙江省杭州市富阳区）人，曾经建都京口。

❹ 舞榭（xiè）歌台：演出歌舞的台榭，这里代指孙权故宫。榭：建在高台上的房子。

❺ 寻常巷陌：极窄狭的街道。寻常：古代指长度，八尺为寻，倍寻为常，形容窄狭。引申为普通、平常。巷、陌：这里都指街道。

❻ 寄奴：南朝宋武帝刘裕小名。

❼ “想当年”三句：刘裕曾两次领兵北伐，收复洛阳、长安等地。金戈：用金属制成的长枪。铁马：披着铁甲的战马。都是当时精良的军事装备。这里指代精锐的部队。

❽ 元嘉草草：刘裕之子宋文帝刘义隆好大喜功，仓促北伐，反而让北魏太武帝拓跋焘抓住机会，以骑兵集团南下，兵抵长江北岸而返，刘义隆部遭到对手的重创。元嘉：刘义隆年号。草草：轻率。

❾ 封狼居胥：狼居胥山，在内蒙古自治区西北部。汉武帝元狩四年（前 119 年）霍去病远征匈奴，歼敌七万余，于是“封狼居胥山，禅于姑衍”。积土为坛于山上，祭天曰封，祭地曰禅，古时用这个方法庆祝胜利。南朝宋文帝刘义隆命王玄谟北伐，玄谟陈说北伐的策略，文帝说：“闻王玄谟陈说，使人有封狼居胥意”。词中用“元嘉北伐”失利事，影射南宋“隆兴北伐”。

❿ 赢得仓皇北顾：落得仓皇逃命。宋军北伐，为北魏军击败，北魏军趁机大举南侵，直抵扬州，吓得宋文帝亲自登上建康幕府山向北观望形势。赢得：剩得，落得。

⓫ 四十三年：作者于宋高宗绍兴三十二年（1162 年），从北方抗金南归，至宋宁宗开禧元年（1205 年），任镇江知府登北固亭写这首词时，前后共四十三年。

⓬ 烽火扬州路：指当年扬州地区，到处都是抗击金兵南侵的战火烽烟。路：宋朝时的行政区划，扬州属淮南东路。

⓭ 可堪：表面意为可以忍受得了，实则为“岂堪”“那堪”，即怎能忍受得了。堪：忍受。

⓮ 佛（bì）狸祠：拓跋焘小名佛狸。元嘉二十七年（450 年），拓跋焘曾反击刘宋，两个月的时间里，兵锋南下，五路远征军分道并进，从黄河北岸一路穿插到长江北岸。在长江北岸瓜步山建立行宫，即后来的佛狸祠。

⓯ 一片神鸦社鼓：此句意思是当地老百姓只把佛狸祠当作供奉神祇的地方，而不知道它过去曾是异族皇帝的行宫。神鸦：指在庙里吃祭品的乌鸦。社鼓：祭祀时的鼓声。

⑯ 廉颇：战国时赵国名将。《史记·廉颇蔺相如列传》记载，廉颇被免职后，跑到魏国，赵王想再用他，派人去看他的身体情况，廉颇的仇人郭开贿赂使者，使者看到廉颇，廉颇为之米饭一斗，肉十斤，被甲上马，以示尚可用。使者回来报告赵王说："廉颇将军虽老，尚善饭，然与臣坐，顷之三遗矢矣。"赵王以为廉颇已老，遂不用。

**评 析：**

本词以"京口北固亭怀古"为题，京口是三国时吴大帝孙权设置的重镇，并一度为都城，也是南朝宋武帝刘裕生长的地方。面对锦绣江山，缅怀历史上的英雄人物，正是像辛弃疾这样的志士登临应有之情，题中应有之义，词正是从这里着笔的。

"千古江山，英雄无觅，孙仲谋处。舞榭歌台，风流总被，雨打风吹去。"作者以"千古江山"起笔，喷薄而出，力沉势雄，既显示出作者非凡的英雄气魄和无比宽广的胸襟，也说明作者写词为文的起因不是囿于一己私利，而是不忍见大好江山沦落异族之手。这就为本词定下了较高的格调。孙仲谋，即三国时代吴国国主孙权，他继承父兄基业，西拒黄祖，北抗曹操，战功赫赫，先建都京口，后迁都建康，称霸江东，是世人公认的一代英雄豪杰。

"斜阳草树，寻常巷陌，人道寄奴曾住，想当年，金戈铁马，气吞万里如虎。"燕、后秦时，刘裕所向披靡，威震四方，有气吞万里之势。而如今，英雄了得的刘裕的居所，也沦落为毫不起眼的"斜阳草树"与"寻常巷陌"，再也不复当年的辉煌与气势了。

在上半阕中，作者由京口这一历史名城联想到与京口有关的历史英雄孙权与刘裕，以此顺势写来，自然流畅，含蓄蕴藉，包括了以下三层意思：

(1) 表达了时光流逝、岁月不居给作者带来的无限怅惘的感受。时间一如滔滔长逝的流水，不仅抹去了历史英雄的丰功伟绩，也卷走了风流人物的风采神韵，当年的英雄留下的也只是荒芜的"斜阳草树"而已。

(2) 由于世无英雄，奸臣当道，皇帝昏庸，致使曾经英雄辈出的锦绣江山痛落敌手，又看不到收复故国的希望。此情此景，无不激起作者心中翻江倒海般的丧权之痛。

(3) 作者把自己怀才不遇、壮志难酬的困顿与历史英雄人物功成名就、名留青史作对比，表达了对英雄们的追慕与缅怀，羡慕他们能够大展才华、建功立业，感叹自己屡被贬谪，遭遇坎坷，抒发了自己怀才而不能施展、有壮志却难以实现的无奈心境。悲凉之感、怅惘之情，溢于言表，为全篇奠定了沉郁苍凉的情感基调。

这三层意思，层层递进，步步深入，感情饱满而真挚，情绪热烈而低沉，完美地勾画了一个急于收复故地却又屡遭排挤的仁人志士的形象。

词的上片借古意抒今情，还比较轩豁呈露，在下片里，作者通过典故揭示的历史意义和对现实的感慨，就更加意深而味隐了。

"元嘉草草"三句，用古事影射现实，尖锐地提出一个历史教训。史称南朝宋文帝刘义隆"自践位以来，有恢复河南之志"。他曾三次北伐，都没有成功，特别是元嘉二十七年（450 年）最后一次，失败得更惨。用兵之前，刘义隆听取彭城太守王玄谟陈北伐之策，非常激动，说："闻玄谟陈说，使人有封狼居胥意。""有封狼居胥意"即有北伐必胜的信心。当时分据在中国北部的北魏，并非无隙可乘；南北军事实力的对比，北方也并不占优势。倘能妥为筹划，虑而后动，是能打胜仗，收复部分失地的。但宋文帝急于事功，轻启兵端。结果不仅没有取得预期的胜利，反而招致北魏拓跋焘大举南侵，弄得满朝文武一蹶不振。这一历史事实，对当时现实所提供的历史鉴戒，是发人深省的。作者援用古事近事影射现实，尖锐地提醒南宋统治者吸取前人和自己的历史教训。从“四十三年，望中犹记，烽火扬州路”开始，词由怀古转入伤今，联系自己，联系当时的抗金形势，抒发感慨。作者回忆四十三年前反抗金人的斗争此起彼伏，如火如荼，自己也在战火弥漫的扬州以北地区参加抗金斗争。后来渡淮南归，原想收复中原，不期南宋朝廷昏聩无能，他英雄无用武之地。如今自己已成了老人，而壮志依然难酬。辛弃疾追思往事，不胜身世之感。

下三句中的“回首”应接上句，由回忆往昔转入写眼前实景。这里值得探讨的是，佛狸是北魏的皇帝，北魏距南宋已有七八百年之久，北方的百姓把佛狸当作神来供奉，辛弃疾看到这个情景，不忍回首当年的“烽火扬州路”。四十三年前，完颜亮发兵南侵，曾以扬州作为渡江基地，而且也曾驻扎在佛狸祠所在的瓜步山上，严督金兵抢渡长江。以古喻今，佛狸很自然地就成了完颜亮的影子。如今“佛狸祠下，一片神鸦社鼓”与“四十三年，烽火扬州路”形成鲜明的对比，当年沦陷区的人民与异族统治者进行不屈不挠的斗争，烽烟四起，但如今已风平浪静，沦陷区的人民已经安于异族的统治，竟至于对异族君主顶礼膜拜，这是痛心的事。不忍回首往事，实际就是不忍目睹眼前的事实。以此正告南宋统治者，收复失土，刻不容缓，如果继续拖延，民心日去，中原就收不回了。

最后作者以廉颇自比，这个典故用得很贴切，内蕴丰富，一是表明决心，和廉颇当年服事赵国一样，自己对朝廷忠心耿耿，只要起用，定会当仁不让，奋勇争先，随时奔赴疆场，抗金杀敌。二是显示能力，自己虽然年老，但仍然和当年廉颇一样，老当益壮，勇武不减当年，可以充任北伐主帅。三是抒写忧虑。廉颇曾为赵国立下赫赫战功，可为奸人所害，离乡背井，虽愿为国效劳，却是报国无门，词人以廉颇自况，忧心自己有可能重蹈覆辙，朝廷弃而不用，用而不信，才能无法施展，壮志不能实现。辛弃疾的忧虑不是空穴来风，果然韩侂胄一伙人不能采纳他的意见，对他疑忌不满，在北伐前夕，以“用人不当”为名免去了他的官职。辛弃疾渴盼为恢复大业出力的愿望又一次落空。

辛弃疾在这首词中用典虽多，但这些典故却用得天衣无缝，恰到好处，它们所起的作用，在语言艺术上的能量，不是直接叙述和描写所能比拟的。所以就这首词而论，用典多并不是缺点，反而体现了辛弃疾在语言艺术上的特殊成就。全词豪壮悲凉，义重情深。词中用典贴切自然，紧扣题旨，增强了作品的说服力和意境美。

## 阅读思考

1. 词的上片写了孙权及刘裕的事迹，词人写这两位英雄人物寄托了什么情怀？
2. “舞榭歌台，风流总被雨打风吹去”这一句有何深刻含意？试结合全词分析。
3. 下阕一开始，作者笔锋一转提到宋文帝刘义隆，有何用意？
4. 作者写“佛狸祠下，一片神鸦社鼓”场景，表达了什么心情？
5. “凭谁问：廉颇老矣，尚能饭否？”折射出作者怎样的心境？

# 第二节　拓展阅读

## 一、秋　兴[1]（其三）

杜甫

### 题解

杜甫（712 年—770 年），字子美，自号少陵野老。祖籍襄阳（今湖北省襄阳市襄州区），自其曾祖时迁居巩县（今河南省巩义西南）。唐代伟大的现实主义诗人，与李白合称“李杜”。为了与另两位诗人李商隐与杜牧（合称“小李杜”）相区别，杜甫与李白又合称“大李杜”，杜甫也常被称为“老杜”。

杜甫对中国古典诗歌的影响非常深远，被后人称为“诗圣”，他的诗被称为“诗史”。《春望》《北征》《三吏》《三别》等名作皆为人所传诵。后世称其杜拾遗、杜工部，也称他杜少陵、杜草堂。乾元二年（759 年）杜甫弃官入川，虽然躲避了战乱，生活相对安定，但仍然心系苍生，胸怀国事。虽然杜甫是个现实主义诗人，但他也有狂放不羁的一面，从其名作《饮中八仙歌》中便不难看出杜甫的豪气干云。杜甫的思想核心是儒家的仁政，他有“致君尧舜上，再使风俗淳”的宏伟抱负。虽然杜甫在世时名声并不显赫，但后来声名远播，对中国文学和日本文学都产生了深远的影响。杜甫约有 1500 首诗歌被保留了下来，大多集于《杜工部集》。

《秋兴八首》是大历元年（766 年）秋杜甫在夔州时所作的一组七言律诗，因是因秋而感发所作的诗，故曰“秋兴”。杜甫自弃官，至当时已历七载，战乱频仍，人无定所，当此秋风萧瑟之时，不免触景生情。持续八年的“安史之乱”，至广德元年（763 年）始告结束，而吐蕃、回纥乘虚而入，藩镇拥兵割据，战乱时起，唐王朝难以复兴了。此时，严武去世，杜甫在成都生活失去凭依，遂沿江东下，滞留夔州。杜甫晚年多病，知交零落，壮志难酬，在非常寂寞抑郁的心境下创作了这组诗。

其中第三首写晨曦中的夔府，是第二首的延伸。诗人日日独坐江楼，秋气清明，江色宁静，而这种宁静给作者带来的却是烦扰不安。面临种种矛盾，深深感叹自己一生的事与愿违。

千家山郭静朝晖，日日江楼坐翠微[2]。
信宿[3]渔人还泛泛，清秋燕子故飞飞。
匡衡抗疏功名薄[4]，刘向[5]传经心事违。
同学少年多不贱，五陵衣马自轻肥[6]。

（选自《全唐诗》，中华书局，2018 年）

---

[1] 秋兴（xìng）：因感秋而寄兴。

❷ 翠微：青山。

❸ 信宿：再宿。

❹ 匡衡：字稚圭，汉朝人。抗疏：指臣子对君命或廷议有所抵制，上疏极谏。

❺ 刘向：字子政，汉朝经学家。

❻ 轻肥：即轻裘肥马。《论语·雍也》："赤之适齐也，乘肥马，衣轻裘。"

**评 析：**

这首诗可分两部分。第一部分是前两联。主要是描写夔州府早晨的景观。第一联"千家山郭静朝晖，日日江楼坐翠微"两句，写每当清早夔州府的千门万户还在紧闭之时，诗人就照例坐在江畔山上的小楼中，沐浴着清晨的阳光。第二联写诗人清晨楼上所见的情景：连日不归的渔人还在江上随波逐流，本该南飞的秋雁似乎故意在诗人面前飞来飞去。仇兆鳌注曰："渔人、燕子，即所见以况己之淹留。"（《杜诗详注》），说得极是。本来渔人、燕子只是寻常所见的事物，可是在淹留他乡的诗人看来，两者触动了他的归念，转而觉得渔人、燕子如此是出于有意的。王国维在《人间词话》里说："有我之境，以我观物，故物皆著我之色彩。"移过来评此两句，倒也十分精当。

第二部分紧承第二联，主要抒写自己的感慨。第三联的两句，诗人由渔人、燕子勾起故国之思，接着回忆起自己一生的失意：在他任左拾遗时，因抗旨上疏救房琯，而获罪遭贬，这是自己政治上的失意；自己家传儒学，不能以此自立，儿辈因战乱也失学了，这是在著文传名上的失意。尾联两句写作者不遇的愤慨：当年与他一起在长安的同学辈，虽然没有为民的志向，也没有什么文才，却一个个高官厚禄。这两句与三联两句对比，形成了明显的反差，对那些只贪图个人功名富贵的达官贵人进行了辛辣讽刺。作者在这里用了一个很有力量的词"自"，活画出汲汲名利者的丑恶嘴脸，含有强烈的不平和愤慨。顾宸《杜诗注解》中引李梦沙语："四句合看，总见公一肚皮不合时宜处。言同学少年，既非抗疏之匡衡，又非传经之刘向，志趣寄托，与公绝不相同，彼所谓富贵赫奕，自鸣其不贱者，不过五陵衣马自轻肥而已。极意数落语，却只好叹羡；乃见少陵立言蕴藉之妙。"可谓极得杜甫诗意。

**阅读思考**

1. 为了抒写诗人的心境，这首诗的颈联和尾联各使用了什么表现手法？

2. 尾联借"同学少年"表达了诗人独到的思想感情，这与《沁园春·长沙》中的"同学少年"有何不同？请结合诗歌作简要分析。

# 二、扶风豪士歌

李白

## 题解

李白（701 年—762 年），字太白，号青莲居士。是继屈原之后最具个性特色、最伟大的浪漫主义诗人。有“诗仙”之美誉，与杜甫并称“李杜”。其诗以抒情为主，既善于表现蔑视权贵的傲岸精神，表达对人民疾苦的同情，又善于通过描绘自然景色，表达对祖国山河的热爱，诗风雄奇豪放，想象丰富，语言流转自然，音律和谐多变。李白善于将从民间文艺和神话传说中吸取的素材，构成其诗特有的瑰玮绚烂的色彩，李白的诗达到了盛唐诗歌艺术的巅峰。李白存世诗文千余篇，有《李太白集》30 卷。

《扶风豪士歌》是一首反映安史之乱的政治抒情诗。李白以时事发端，用许国明志结束，表示对安禄山反叛的切齿痛恨，抒发他关心国家命运，同情人民苦难，愿为平叛效力的强烈感情。

洛阳三月飞胡沙[1]，洛阳城中人怨嗟。
天津流水波赤血[2]，白骨相撑如乱麻[3]。
我亦东奔向吴国，浮云四塞道路赊[4]。
东方日出啼早鸦，城门人开扫落花。
梧桐杨柳拂金井[5]，来醉扶风豪士家。
扶风豪士天下奇，意气相倾山可移。
作人[6]不倚将军势，饮酒岂顾尚书期。
雕盘绮食会众客，吴歌赵舞香风吹。
原尝春陵[7]六国时，开心写意君所知。
堂中各有三千士，明日报恩知是谁?
抚长剑，一扬眉，[8]清水白石何离离。
脱吾帽，向君笑；饮君酒，为君吟。
张良未逐赤松去，桥边黄石知我心。[9]

（选自《全唐诗》，中华书局，2018 年）

---

[1] 飞胡沙：指洛阳陷入安禄山叛军之手。胡沙：胡尘，指安禄山叛军。

[2] 天津：桥名。天津桥，在县北四里。隋大业元年初造此桥，以架洛水，田入缆维舟，皆以铁锁钩连之。南北夹路，对起四楼，其楼为日月表胜之象。然洛水溢，浮桥坏，贞观十四年更令石工累方石为脚。《尔雅》“箕、斗之？为天汉之津”，故取名。故治在今洛阳西南洛水上。波赤血：流水为血色染红，谓胡兵杀人之多。

[3] “白骨”句：谓尸首遍地之意。天宝十四年（755 年）十二月，安禄山攻陷洛阳，杀人如麻，骸骨成堆。

4 道路赊（shē）：道路长远。赊：远。

5 金井：井口有金属之饰者。

6 作人：为人。辛延年《羽林郎》："昔有霍家奴，姓冯名子都。依倚将军势，调笑酒家胡。"此句反其意而用之，谓扶风豪士为人不倚仗权势。

7 原尝春陵：指战国时四公子，即赵国的平原君、齐国的孟尝君、楚国的春申君、魏国的信陵君。

8 "抚长剑"二句：咏自己才能非同一般。《孟子·梁惠王下》："夫抚剑疾视曰，彼恶敢当我哉?"

9 "张良"二句：据《史记·留侯世家》，张良怀抱着向强秦复仇的志向，在沂水桥上遇见黄石公，接受了《太公兵法》一编。后来，他辅佐汉高祖刘邦，立下了不朽之功。天下大定后，他不贪恋富贵，自请引退，跟着赤松子去学仙。这里作者以张良自比，暗示自己的才智和抱负。

**评 析：**

唐天宝十四年（755年）十一月，蓄谋已久，兼领平卢、范阳、河东三镇节度使的安禄山，发动所有部兵及同罗、奚、契丹共十五万众，反于范阳。此时正在江南游历的李白，闻乱，一面请来访的门人武谔代他去山东接子女南下，一面亲自往宋城（今河南商丘）接妻子宗氏。第二年春，李白携宗氏南下至安徽当涂，再由当涂到达宣城。三月间到了江苏溧阳，李白受到一位"扶风豪士"的款待，《扶风豪士歌》便是在作客时即席赋成的。

"洛阳三月飞胡沙，洛阳城中人怨嗟。天津流水波赤血，白骨相撑如乱麻。"开头四句直写洛阳失陷后生灵涂炭，人们辗转于水深火热中的情形。这与暮春三月，江南"东方日出啼早鸦，城门人开扫落花。梧桐杨柳拂金井"的一派和平安闲景象形成鲜明的对比。沦陷的洛阳胡尘飞扬、天昏地暗，"飞胡沙"三字与"啼早鸦""扫落花""梧桐杨柳拂金井"形成强烈对照。"飞胡沙"三字也写出了叛军横行霸道的嚣张气焰。"怨嗟"是沦陷区人们的痛苦呻吟。天津指洛水上的天津桥，在洛阳西南。"天津流水"两句是说，陈尸遍野、白骨累累，滚滚的洛水都被鲜血染红了。天宝十四年（755年）年底，洛阳失陷，次年（756年）正月，安禄山便在洛阳自称"大燕皇帝"，洛阳成了叛军的政治、军事指挥中心，这里的情景实际上是华北整个沦陷区受叛军蹂躏的写照。"我亦东奔向吴国，浮云四塞道路赊。"这两句是说自己将向东南奔亡，但道路艰阻、十分遥远，暗示报国无门的迷惘心情。其实，李白是想有所作为的，他在《猛虎行》一诗中有句："有策不敢犯龙鳞，窜身南国避胡尘。"此前他曾北上到幽州考察，看到了安禄山蠢蠢欲动，这次去宋城接宗氏，一路所见所闻，都可能使他萌发西往长安献"策"的念头，但他"不敢犯龙颜"，玄宗荒淫昏愦，不采纳忠言，许多名将的进言都听不得，何况是李白这样的文人？而且长安被逐的耻辱尚记忆犹新，李白的"不敢"是有理由的。从《猛虎行》等诗可以证实，李白对国家、对人民的前途命运并非漠不关心。

从"东方日出啼早鸦"到"吴歌赵舞香风吹"十句，前四句写江南景色，赞美环境；继四句称颂主人的豪迈好客；后二句写酒筵歌舞之盛。"将军势"出于辛延年诗："昔有霍家奴，姓冯名子都。依倚将军势，调笑酒家胡。""尚书期"见《汉书·陈遵传》，说陈遵嗜酒，常常宾客满座，为了不让客人走掉，每每把客人的车辖卸下来丢到井里。一次某部刺史乘陈大醉时，对陈母故作与尚书有期会，让她开后门走脱。李白用这两个典故说明"豪士"之"奇"，与自己意气相投。以上十句，结构上从沉重的战祸描写兜转，以欢快之笔大段铺陈饮宴场景，初读似上下不连，细味之后这正是李白诗歌浪漫主义的一个特点，时间、地点、场景、气氛的突然转换、跳宕，开辟出明媚华美的新境界，给读者以奇妙的回味余地。“原尝春陵六国时”以下转入述怀。六国即战国的齐、楚、燕、韩、赵、魏。原，赵国平原君；尝，齐国孟尝君；春，楚国春申君；陵，魏国信陵君。他们四人各养了几千门客，这些门客中有许多重义气、轻生死的辅佐人才，李白诗歌曾经热情地赞颂过他们中的若干人。“原尝春陵六国时，开心写意君所知。堂中各有三千士，明日报恩知是谁?”意思是：战国时的四君子养的许多壮士，都凭借自身的才智建立了奇勋，名垂千古。我今天受了你的“开心写意”的招待，明日也要效法他们，成就一番事业来报答你。“明日报恩知是谁”一句相当自负，用反问语气引起下文，自明心迹。“抚长剑，一扬眉，清水白石何离离！脱吾帽，向君笑；饮君酒，为君吟。张良未逐赤松去，桥边黄石知我心。”南朝江晖诗《雨雪曲》有句：“恐君不见信，抚剑一扬眉”；古乐府《艳歌行》有句：“语卿且勿盼，水清石自见。”“离离”形容水的清晰。李白化用前人诗句，一方面表现在酒宴上与“豪士”脱帽畅饮，共吐肺腑的欢悦情状，神采飞动、天真烂漫，活现出诗人的豪爽性格；一方面表现自己为“清水白石”，光明磊落，并以张良的事迹自比。最后这二句是说：我想学习张良那样辅佐君王，成就大业，但我的志向未能实践，功业无成，怎能引退呢？我的苦心黄石公该是理解的呀！在这里，李白以黄石公借指“扶风豪士”，对主人的殷勤款待、倾心相见或曾鼓励他建功立业的话，作披肝沥胆的自我表白。“张良未遂赤松去，桥边黄石知我心”两句说明，李白反对分裂，热爱和平，反对战乱的拳拳之心未减，“东奔向吴国”只是暂时的避乱，而不是避世。战乱当头，诗人正等着朝廷的召唤。看到了诗人追求的政治理想以及不畏暂时困难的乐观主义精神。全诗写战祸、写避乱、写历史、写人物，叙事言志，无不栩栩如生，流动跳宕，神采飞扬，恣意挥洒，极大地表现了伟大诗人李白的郁勃情致和峻茂才思。

**阅读思考**

1. 本诗表达了作者怎样的思想感情?
2. 李白的浪漫主义风格在本诗中是如何体现的？请结合具体诗句说明。

## 三、鸟鸣涧[1]

王维

### 题解

王维（701年？—761年），唐朝河东蒲州（今山西省蒲州镇）人，先世为祁（今山西省祁县）人，唐朝著名诗人、画家，字摩诘，号摩诘居士。开元十九年（731年），王维状元及第。历官右拾遗、监察御史、河西节度使判官。唐玄宗天宝年间，王维拜吏部郎中、给事中。安禄山攻陷长安时，王维被迫受伪职。长安收复后，被责授太子中允。唐肃宗乾元年间任尚书右丞，故世称王右丞。

王维参禅悟理，学庄信道，精通诗、书、画、音乐等，以诗名盛于开元、天宝间，尤长五言，多咏山水田园，与孟浩然合称"王孟"，有"诗佛"之称。书画特臻其妙，后人推其为南宗山水画之祖。苏轼评价其作品："味摩诘之诗，诗中有画；观摩诘之画，画中有诗。"存诗400余首，代表诗作有《相思》《山居秋暝》等。著作有《王右丞集》《画学秘诀》。

《鸟鸣涧》是王维题友人皇甫岳所居诗《皇甫岳云溪杂题五首》的第一首。诗人以娴熟精炼的笔法，重点描绘了皇甫岳别墅中的景色，展现了一幅幽静恬人的春山月夜的图画。王维在这首诗中运用动与静对立统一的辩证法，巧妙地赋静态的场景以动态，以动显静，使诗的艺术画面达到"意境两浑"的极致。

人闲桂花落❷，夜静春山空❸。
月出惊山鸟❹，时鸣❺春涧中。

（选自《全唐诗》，中华书局，2018年）

---

❶ 鸟鸣涧：鸟儿在山涧中鸣叫。

❷ 人闲：指没有人事活动相扰。闲：安静、悠闲，含有人声寂静的意思。桂花：此指木樨，有春花、秋花等不同品种，这里写的是春天开花的一种。

❸ 春山：春日的山。亦指春日山中。空：空寂、空空荡荡，空虚。这是形容山中寂静，无声，好像空无所有。

❹ 月出：月亮升起。惊：惊动，扰乱。山鸟：山中的鸟。

❺ 时鸣：偶尔（时而）啼叫。时：时而，偶尔。

**评析：**

"人闲桂花落，夜静春山空"，表现的是别墅的环境寂无人声，桂花的开放与凋谢也无声无息。四周的"人闲""夜静"，令人产生了"山空"的错觉，为了取得静中有动、以动写静的艺术效果，诗人还精心捕捉了"花落"这一动态，用以反衬春山寂然若虚的空旷，映衬出春山之幽静。

"月出惊山鸟，时鸣春涧中"，化静为动，写一轮明月破云而出，将皎洁的月光洒进山间，使已疲劳入梦的山鸟陡然惊醒，在惺忪蒙眬中误以为天色将晓，于是便疑惑地不时向友邻发出阵阵问讯的鸣叫。这里，诗人抓住春山"月出"和空谷"鸟鸣"两个富有特征的动态进行描写，寓动于静、寓声于静，以动态、音响显静，在动与静的对立统一中，让读者从空谷鸟鸣中聆听静的"声音"，从疏淡的笔墨中体味"鸟鸣山更幽"的诗情画意，从而将有些抑郁的寂寥感转化为一种富有情趣的幽雅静谧的美感。

王维是我国"盛唐""山水田园诗派"最杰出的代表之一，他的山水诗之所以能彪炳千古，除其具有"诗中有画"的艺术特色之外，还在于他精心创造的"诗中画"的独具鲜明强烈的动态性和悦耳爽心的音乐美，且能把音响与形象浑然天成地融为一体，达到"诗中画"所要求的最高境界。

阅读思考

1. 诗人描写了哪些景物？创设了怎样的意境？
2. 请简要分析这首诗所使用的表现手法。

## 四、卜算子[1]·咏梅

陆游

**题解**

陆游（1125年—1210年），字务观，号放翁，越州山阴（今浙江省绍兴市）人，尚书右丞陆佃之孙，南宋诗人。陆游生逢北宋灭亡之际，宋高宗时，参加礼部考试，因受宰臣秦桧排斥而仕途不畅。孝宗时赐进士出身。中年入蜀，投身军旅生活。嘉泰二年（1202年），宋宁宗诏陆游入京，主持编修孝宗、光宗《两朝实录》和《三朝史》，官至宝章阁待制。晚年退居家乡。创作诗歌今存九千多首，内容极为丰富。著有《剑南诗稿》《渭南文集》《南唐书》《老学庵笔记》等。

本篇是陆游一首咏梅的词，其实也是陆游自己的咏怀之作。陆游一生酷爱梅花，写有大量歌咏梅花的诗，以歌颂梅花傲霜雪，凌寒风，不畏强暴，不羡富贵的高贵品格。陆游塑造的梅花形象，有他自身的影子，如他在《梅花绝句》里写的："何方可化身千亿，一树梅花一放翁。"这首《卜算子》，也是明写梅花，暗写抱负。

驿外断桥边[2]，寂寞开无主[3]。已是黄昏独自愁，更著[4]风和雨。
无意苦争春[5]，一任群芳妒[6]。零落成泥碾作尘[7]，只有香如故[8]。

（选自《全宋词》，中华书局，2011年）

---

[1] 卜算子：词牌名，又名《百尺楼》《眉峰碧》《楚天遥》，双调四十四字，上下片各两仄韵。
[2] 驿（yì）外：指荒僻、冷清之地。驿：驿站，供驿马或官吏中途休息的专用建筑。断桥：残破的桥。一说"断"通"簖"，簖桥乃是古时在为拦河捕鱼蟹而设簖之处所建之桥。
[3] 无主：自生自灭，无人照管和玩赏。
[4] 更：又，再。著（zhuó）：同"着"，遭受，承受。
[5] 苦：尽力，竭力。争春：与百花争奇斗艳。
[6] 一任：全任，完全听凭。群芳：群花，这里借指苟且偷安的主和派。
[7] 碾（niǎn）：轧烂，压碎。作尘：化作灰土。
[8] 香如故：香气依旧存在。故：指花开时。

**评析：**

这首词上片首二句说梅花开在驿外野地，不在金屋玉堂，不属达官贵人所有。后二句说梅花的遭遇：它在凄风苦雨摧残中开放，它植根的地方，是荒凉的驿亭外面，断桥旁边。驿亭是古代传递公文的人和行旅中途歇息的处所。下片写梅花的品格：它不与群芳争春，任群芳猜忌、任百花嫉妒，也无意与它们争春斗艳，即使凋零飘落，成泥成尘，依旧保持着清香。如果结合诗人一生累遭投降派的打击而壮志不衰的情形来体会，真是“一树梅花一放翁”了。陆游的一生仕途坎坷：早年参加考试被荐送第一，为秦桧所嫉；孝宗时又被龙大渊、曾觌一群小人排挤；在四川王炎幕府时要经略中原，又见扼于统治集团，不得遂其志；晚年赞成韩侂胄北伐，韩侂胄失败后被诬陷。我们读他这首词，联系他的政治遭遇，可以看出此词是他身世的缩影。词中所写的梅花是他高洁的品格的化身。

陆游一生主张坚决抗金、收复中原，因此为统治集团中求和派所压制。创作本词时，陆游正处在人生的低谷，主战派被排挤压迫，士气低落，这首咏梅词，其实也是陆游自己的咏怀之作。词的全篇紧扣一个“愁”字，表面上表现梅花的寂寞与无人问津，实际上渗透的是作者本身的孤独。词的下阕写梅花的遭遇，其实是作者自写被排挤的政治遭遇。最后一句写出了梅花的孤芳自赏，表现了陆游不与邪恶势力同流合污的品格。

阅读思考

1. 词的上阕通过描写梅花所处的环境，创设了一种怎样的氛围？
2. 这首词虽在咏梅，可作者意在言外，作者的言外之意是什么？
3. 请简要分析这首词在表现手法上的特点。

## 五、渔家傲[1]·天接云涛连晓雾

李清照

题解

李清照（1084年—约1151年），号易安居士，齐州章丘（今山东省济南市章丘区南北）人。宋代女词人，婉约词派代表，有“千古第一才女”之称。

李清照出身于书香门第，早期生活优裕，其父李格非藏书甚富，她小时候是在良好的家庭环境中打下的文学基础。李清照出嫁后与夫赵明诚共同致力于书画金石的搜集整理。金兵入侵中原时，李清照流寓南方，境遇孤苦。李清照所作的词，前期多写其悠闲生活，后期多悲叹身世，情调感伤。形式上，李清照善用白描手法，自辟途径，语言清丽。论词强调协律，崇尚典雅，提出词“别是一家”之说，反对以作诗文之法作词。李清照能诗，留存不多，部分篇章感时咏史，情辞慷慨，与其词风不同。有《易安居士文集》《易安词》，已散佚。后人有《漱玉词》辑本。今有《李清照集校注》。

天接云涛连晓雾，星河欲转[2]千帆舞。仿佛梦魂归帝所[3]。闻天语[4]，殷勤[5]问我归何处。

我报路长嗟日暮[6]，学诗谩有惊人句[7]。九万里风鹏[8]正举。风休住，蓬舟吹取三山去[9]！

（选自《漱玉词》，江苏凤凰文艺出版社，2019年）

❶ 渔家傲：词牌名。双调六十二字。

❷ 星河：银河。转：《历代诗余》作“曙”。

❸ 帝所：天帝居住的地方。

❹ 天语：天帝的话语。

❺ 殷勤：关心地。

❻ 我报路长嗟（jiē）日暮：路长，隐括屈原《离骚》，“路曼曼其修远兮，吾将上下而求索”之意。日暮：隐括屈原《离骚》，“欲少留此灵琐兮，日忽忽其将暮”之意。嗟：慨叹。

❼ 学诗谩有惊人句：隐括杜甫诗句“语不惊人死不休”。谩有：空有。

❽ 九万里：《庄子·逍遥游》中说大鹏乘风飞上九万里高空。鹏：古代神话传说中的大鸟。

❾ 蓬舟：像蓬蒿被风吹转的船。古人以蓬根被风吹飞，喻飞动。吹取：吹得。三山：《史记·封禅书》记载，渤海中有蓬莱、方丈、瀛洲三座仙山，相传为仙人所居住，可以望见，但乘船前往，临近时就被风吹开，终无人能到。蓬莱，又称蓬壶。

**评 析：**

这首《渔家傲》形象奇幻，意境缥缈，富有浓郁的浪漫气息。词人以丰富的想象力，描绘出瑰丽多彩、非同凡响的艺术境界。在《渔家傲》这首词中，李清照描绘了一幅大海图景，表现了词人对自由的向往和对理想的追求。词中的“天接云涛连晓雾，星河欲转千帆舞”形象地描绘了海上的晨雾和繁星点点的景象，突出了大海的广阔和壮丽。而“仿佛梦魂归帝所，闻天语，殷勤问我归何处”表现了词人对天界的向往，透露出她对现实的不满和无奈。

在这首词中，李清照还表达了自己对现实的感慨和不满。她曾在《上枢密韩肖胄诗》中写道：“欲将血泪寄山河，去洒东山一抔土。”可以看出她对民族命运的关切和忧虑。而在这首《渔家傲》中，她通过描绘大海的壮丽景象来表达自己心中的激情和豪迈。她用“九万里风鹏正举，风休住，蓬舟吹取三山去”来表达自己不畏艰险、勇往直前的决心和勇气。

总的来说，《渔家傲》这首词充满了李清照对自由的向往和对理想的追求。她通过丰富的想象力和独特的艺术表现手法，将现实与理想相结合，创作出了一首充满激情和浪漫气息的优秀词作。

## 阅读思考

1. 词人着力描写梦境的作用是什么？

2. 本词被誉为“无一毫粉钗气”，请结合词中的语句，简析本词意境和风格上的特色。

3. “我报路长嗟日暮，学诗谩有惊人句”中“嗟”“谩”二字值得品味，请根据这两个字的意蕴，说说这两句表达了词人怎样的思想感情。

# 第四章　元明清文学

## 第一节　文本精读

### 一、长亭送别

王实甫

题解

《长亭送别》选自元代杂剧《西厢记》第四本第三折。《西厢记》全名《崔莺莺待月西厢记》，又称《王西厢》《北西厢》，元王实甫著，是王实甫戏曲创作最突出的代表，大约写于元贞、大德年间(1297 年—1307 年)。该剧取材于唐代元稹的《会真记》和金代董解元的《西厢记诸宫调》。全剧讲述了书生张生（名珙，字君瑞）与相国女儿崔莺莺在侍女红娘的帮助下，冲破孙飞虎、崔母、郑恒等人的重重阻挠，终成眷属的故事。《西厢记》突破了元杂剧每剧四折一楔子的体例，用五本二十一折连演出一个完整的故事。该剧情节引人入胜，形象鲜明生动，文辞优美生动，流传甚广，对后世影响巨大。

作者王实甫（1260 年—1336 年)，名德信，大都（今北京）人。元代著名杂剧作家，与关汉卿、白朴、马致远齐名。其作品在全面继承唐诗宋词精美的语言艺术的基础上，又吸收了元代民间生动活泼的口头语言，王实甫创造了文采璀璨的元曲词汇，成为中国戏曲史上“文采派”的杰出代表。王实甫著有杂剧十四种，现存《西厢记》《丽春堂》《破窑记》三种。

（夫人、长老上云[1]）今日送张生赴京，十里长亭[2]安排下筵席。我和长老先行，不见张生、小姐来到。(旦、末、红[3]同上)（旦云）今日送张生上朝取应，早是离人伤感，况值那暮秋天气，好烦恼人也呵！悲欢聚散一杯酒，南北东西万里程。

【正宫】　【端正好】[4]碧云天，黄花地，[5]西风紧，北雁南飞。晓来谁染霜林醉？总是离人泪[6]。

【滚绣球】　恨相见得迟，怨归去得疾。柳丝长玉骢难系，[7]恨不倩疏林挂住斜晖。[8]马儿迍迍[9]的行，车儿快快的随，却告了相思回避，破题儿又早别离[10]。听得一声“去也”，松了金钏[11]；遥望见十里长亭，减了玉肌。此恨[12]谁知？

（红云）姐姐今日怎么不打扮？（旦云）你那知我的心里呵！

【叨叨令】　见安排著[13]车儿、马儿，不由人熬熬煎煎的气；有甚么心情花儿、靥儿[14]，打扮的娇娇滴滴的媚；准备著被儿、枕儿，则索[15]昏昏沉沉的睡；从今后衫儿、袖儿，都揾[16]做重重叠叠的泪。兀的不闷杀人也么哥[17]，兀的不闷杀人也么哥！久已后书儿、信儿，索与我恓恓惶惶[18]的寄。

（做到见夫人科[19]）（夫人云）张生和长老坐，小姐这壁[20]坐，红娘将酒来。张生，你向前来，是自家亲眷，不要回避。俺今日将莺莺与你，到京师休辱末了俺孩儿，挣揣[21]一个状元回来者。（末云）小生托夫人余荫[22]，凭著胸中之才，视官如拾芥[23]耳。（洁[24]云）夫人主见不差，张生不是落后的人。（把酒了，坐）（旦长吁科）

【脱布衫】下西风黄叶纷飞，染寒烟衰草萋迷[25]。酒席上斜签著坐的[26]，蹙愁眉死临侵地[27]。

【小梁州】我见他阁泪汪汪不敢垂[28]，恐怕人知；猛然见了把头低，长吁气，推整素罗衣。[29]

【幺篇】虽然久后成佳配，奈时间[30]怎不悲啼。意似痴，心如醉，[31]昨宵今日，清减[32]了小腰围。

（夫人云）小姐把盏者[33]。（红递酒，旦把盏长吁科，云）请吃酒。

【上小楼】合欢未已，离愁相继。想着俺前暮私情，昨夜成亲，今日别离。我谂知[34]这几日相思滋味，却元来[35]此别离情更增十倍。

【幺篇】年少呵轻远别，情薄呵易弃掷[36]。全不想腿儿相挨，脸儿相偎，手儿相携。你与俺崔相国做女婿，妻荣夫贵，[37]但得一个并头莲[38]，煞强如[39]状元及第。

（夫人云）红娘把盏者。（红把酒科）（旦唱）

【满庭芳】供食太急，须臾对面，顷刻别离。若不是酒席间子母每当回避，有心待与他举案齐眉[40]。虽然是厮守得一时半刻，也合著[41]俺夫妻每共桌而食。眼底空留意，[42]寻思起就里[43]，险化做望夫石[44]。

（红云）姐姐不曾吃早饭，饮一口儿汤水。（旦云）红娘，甚么汤水咽得下。

【快活三】将来的酒共食，尝著似土和泥；假若便是土和泥，也有些土气息，泥滋味。

【朝天子】暖溶溶玉醅[45]，白泠泠[46]似水，多半是相思泪[47]。眼面前茶饭怕不待要[48]吃，恨塞满愁肠胃。蜗角虚名，蝇头微利，[49]拆鸳鸯在两下里。一个这壁，一个那壁，一递一声[50]长吁气。

（夫人云）辆[51]起车儿，俺先回去，小姐随后和红娘来。（下）（末辞洁科）（洁云）此一行别无话儿，贫僧准备买登科录[52]看，做亲的茶饭，少不得贫僧的。先生在意[53]，鞍马上保重者。从今经忏无心礼，专听春雷第一声。[54]（下）（旦唱）

【四边静】霎时间杯盘狼籍，车儿投东，马儿向西。两意徘徊，落日山横翠。知他今宵宿在那里？有梦也难寻觅。

张生，此一行得官不得官，疾便回来。（末云）小生这一去白夺一个状元，正是：青霄有路[55]终须到，金榜无名誓不归。（旦云）君行别无所赠，口占一绝，为君送行：弃掷今何在，当时且自亲。还将旧来意，怜取眼前人。[56]（末云）小姐之意差矣，张珙更敢怜谁？谨赓[57]一绝，以剖寸心：人生长远别，孰与最关亲？不遇知音者，谁怜长叹人？（旦唱）

【耍孩儿】淋漓襟袖啼红泪[58]，比司马青衫更湿。[59]伯劳东去燕西飞，[60]未登程先问归期。虽然眼底人千里，且尽生前酒一杯。未饮心先醉，[61]眼中流血，心内成灰。

【五煞[62]】到京师服水土，趁程途节饮食，[63]顺时自保揣身体。[64]荒村雨露宜眠早，野店风霜要起迟。鞍马秋风[65]里，最难调护，最要扶持[66]。

【四煞】这忧愁诉与谁？相思只自知，老天不管人憔悴。泪添九曲黄河溢，恨压三峰华岳低[67]。到晚来闷把西楼倚，见了些夕阳古道，衰柳长堤。

【三煞】 笑吟吟一处来，哭啼啼独自归。归家若到罗帏里，昨宵个绣衾[68]香暖留春住，今夜个翠被生寒有梦知。留恋你别无意，见据鞍[69]上马，阁不住泪眼愁眉。

（末云）有甚言语，嘱付小生咱？（旦唱）

【二煞】 你休忧文齐福不齐[70]，我则怕你停妻再娶妻[71]。休要一春鱼雁无消息[72]，我这里青鸾[73]有信频须寄，你却休金榜无名誓不归。此一节君须记：若见了那异乡花草，再休似此处栖迟[74]。

（末云）再谁似小姐，小生又生此念？（旦唱）

【一煞】 青山隔送行，疏林不做美，淡烟暮霭[75]相遮蔽。夕阳古道无人语，禾黍秋风听马嘶。我为甚么懒上车儿内？来时甚急，去后何迟[76]？

（红云）夫人去好一会，姐姐，咱家去。（旦唱）

【收尾】 四围山色中，一鞭残照里。遍人间烦恼填胸臆，量这些大小车儿[77]如何载得起？

（旦、红下）（末云）仆童，赶早行一程儿，早寻个宿处。泪随流水急，愁逐野云飞[78]。（下）

（选自《西厢记》，中华书局，2016 年）

---

❶ 夫人：指崔莺莺的母亲。长老：寺院主持僧的通称，这里指普救寺的法本和尚。云：说，这里是夫人在说话。

❷ 长亭：古时在城外路旁每隔十里设立的亭子，供行人休息或饯别亲友。

❸ 旦、末、红：旦、末均为元杂剧中的行当名，旦由女性扮演，末由男性扮演，在本剧中旦指崔莺莺，末指张生。红指莺莺丫鬟红娘。

❹ 正宫、端正好："正宫"为元曲中的宫调名，"端正好"为曲牌名，下"滚绣球""叨叨令""脱布衫"等皆为曲牌名。

❺ "碧云天"二句：化用范仲淹《苏幕遮》词，"碧云天，黄叶地，秋色连波，波上寒烟翠。"黄花：指菊花，菊花在秋天开放。

❻ "晓来"二句：意谓是离人带血的泪，把深秋早晨的枫林染红了。霜林醉：深秋的枫林经霜变红，就像人喝醉酒脸上泛出红晕一样。

❼ "柳丝"句：柳丝虽长却系不住玉骢，犹言情虽长却留不住张生。玉骢（cōng）：马名，一种青白色的骏马。此指张生赴试所乘之马。古人有折柳送别之习惯，故多借柳写离别之情。

❽ "倩（qìng）疏林"句：请树木挂住太阳，不要落下，欲使时间停止之意。倩：请，央求，请人代己做事之意。晖：阳光。

❾ 迍（zhūn）迍：行动缓慢，留连不进的样子。

❿ 却：犹恰。破题儿：开始，起头。唐宋人在诗赋起首点破题意，称为破题，后引申为事情的开端。

⓫ 钏（chuàn）：古代称臂环为钏，今谓之手镯。

⓬ 恨：遗憾，与今天"仇恨""怨恨"的"恨"相别。

⓭ 著：同"着"。下文同。

⓮ 花儿、靥（yè）儿：即花钿。靥儿：原指脸颊上的酒窝，这里指面颊上的装饰品。

⓯ 索：须，当。

⓰ 揾（wèn）：擦。

⓱ 兀（wù）的不：怎的不。也么哥：元曲中常用的句尾助词，没有实在意义。

⓲ 恓（xī）恓惶惶：急忙、迫切，这里指及时。

⓳ 科：科介，戏剧中演员的动作。

⑳ 这壁：这里。
㉑ 争揣：努力争取。
㉒ 托夫人余荫：即托夫人的福。余荫：指树木枝叶广大的庇荫，比喻前辈惠及子孙的恩泽。
㉓ 视官如拾芥：把取得官职看得像从地上拾取一棵草那样容易。
㉔ 洁：元代民间称和尚为洁郎，简称“洁”，这里指法本和尚。
㉕ 萋迷：凄凉迷离。萋：同“凄”。
㉖ 斜签著坐的：指张生。古代晚辈在长者面前斜侧着身子坐，以示恭敬。签：插。
㉗ 蹙：皱缩，这里指皱眉。死临侵地：死气沉沉的样子。
㉘ 阁泪汪汪不敢垂：语出北宋夏竦《鹧鸪天》词，“尊前只恐伤郎意，阁泪汪汪不敢垂”。阁：同“搁”，这里是“噙”的意思。此句意为强忍泪水而不敢任其流出。
㉙ 推整素罗衣：装作整理衣裳。推：借口，这里有“假装”的意思。素罗衣：素色的绸衣。
㉚ 时间：目下，眼前。
㉛ 意似痴，心如醉：《乐府新声》无名氏《骂玉郎带感皇恩采茶歌》：“心似烧，意似痴，情如醉。”
㉜ 清减：指消瘦。
㉝ 把盏：斟酒。者：句尾语气词，这里带有祈使、希望的语气，吩咐莺莺为张生斟酒。
㉞ 谂（shěn）知：深切体会，深知。
㉟ 元来：原来。
㊱ 弃掷：本指抛弃，此指撇下莺莺而远离。
㊲ 妻荣夫贵：反用当时成语“夫荣妻贵”，意思是张生做了崔相国的女婿，因为妻子的荣耀，自然也尊贵起来。
㊳ 并头莲：即并蒂莲，比喻男女相爱，不能分离。
㊴ 煞强如：远胜过。煞：表示极度。
㊵ 举案齐眉：东汉梁鸿的妻子孟光给丈夫上饭时，总是把端饭的托盘高举到眉前以示恭敬。后人用来形容夫妻相敬相爱。
㊶ 也合著：也算是。
㊷ 眼底空留意：因母亲在座，崔莺莺有所避忌，不得与张生同桌共食以诉衷曲，只能以眉眼传情表达心意。
㊸ 就里：其中的实际情况。
㊹ 望夫石：古代神话，有一妇人天天到山上望着、等着丈夫回来，后来变成了石头。
㊺ 玉醅（pēi）：美酒。
㊻ 白泠（líng）泠：清淡。
㊼ 相思泪：此句化用范仲淹《苏遮幕》词，“酒入愁肠，化作相思泪。”
㊽ 怕不待要：难道不想、何尝不想之意。
㊾ 蜗角虚名，蝇头微利：语出自苏轼《满庭芳》词，“蜗角虚名，蝇头微利，算来著甚干忙”，比喻微不足道的名和利。“蜗角”“蝇头”都是形容极小。《庄子·则阳》：“有国于蜗之左角者，曰蛮氏；国于蜗之右角者，曰触氏，争地而战，伏尸百万。”
㊿ 一递一声：你一声我一声，连续不断。“一递一”后接一个名词或量词，表示动作轮流交替地进行。
51 辆：作动词，驾好，套好。
52 登科录：科举考试中发布的录取名册。
53 在意：小心，注意。

54 “从今”两句：从今后无心拜佛念经，专等你考中状元的捷报。经：指佛经。忏：指佛教善男信女忏悔罪过的文书。礼：顶礼，这里指诵习。春雷第一声：指考中状元的捷报。杂剧中，演员下场前往往先吟两句诗。此二句和下文“泪随流水急，愁逐野云飞”，即属此种情况。

55 青霄有路：即跻身青云之路。

56 口占一绝：随口作成一首绝句。下面绝句见唐朝元稹《会真记》。《西厢记》是由《会真记》改写而成，《会真记》里张生另娶，莺莺别嫁之后，莺莺谢绝张生见面要求时作了这首诗，意思是抛弃我的人现在在何处？想当初对我是那么亲热，现在又用原来对我的情意，去爱怜眼前的人。在这里，莺莺借此提醒张生不要移情别恋。

57 赓：续作，酬和。

58 红泪：据东晋王嘉《拾遗记》载，三国时薛灵芸被选入宫时，泣别父母，以玉壶承泪，壶映出红色。及至京师，壶中泪凝如血。后人遂称女子的眼泪为红泪。

59 比司马青衫更湿：语出白居易《琵琶行》，“座中泣下谁最多，江州司马青衫湿。”

60 伯劳东去燕西飞：化用乐府《东飞伯劳歌》，“东飞伯劳西飞燕，黄姑织女时相见”，比喻情人的离别。伯劳：一种鸟，夏至始鸣。黄姑：即牵牛星。

61 未饮心先醉：语出唐刘禹锡《酬令狐相公杏园花下饮有怀见寄》，“未饮心先醉，临风思倍多。”

62 五煞：包括后面的四煞、三煞、二煞、一煞、收尾，表示该套曲子将要结束了，煞是收尾的意思。

63 趁程途节饮食：路途中要节制饮食。趁程途：赶路。趁：赶。

64 顺时自保揣身体：顺应时节变化，保养好自己的身体。

65 鞍马秋风：指在秋风中远行。

66 扶持：当心，在意。

67 “泪添”二句：用夸张的手法描写泪水之多、愁恨之重。泪多，使黄河满溢泛滥。愁重，压低了西岳华山的三座高峰。这两句可能是化用了宋末元初李钰《题汪水云湖山类稿》诗：“泪添东海水，愁压北邙低。”九曲黄河：黄河在积石山到龙门一段多弯曲，故称“九曲黄河”。华岳三峰：陕西境内的西岳华山的主峰顶部分为三座高峰，西为莲花峰，东为朝阳峰，南为落雁峰，世称华岳三峰。

68 绣衾（qīn）：锦绣丝被。

69 据鞍：跨鞍。

70 文齐福不齐：当时成语，有文才而没有福气，指落第。

71 停妻再娶妻：当时成语，意思是抛弃前妻另外再娶。

72 一春鱼雁无消息：长久没有音讯。一春：一个春季或一年，这里泛指时间很长。鱼雁：指书信。汉乐府《饮马长城窟行》：“呼儿烹鲤鱼，中有尺素书。”《汉书·苏武传》：“教使者谓单于，言天子射上林中，得雁，足有系帛书。”

73 青鸾：古代神话传说中能报信的鸟。据说汉武帝时，西王母降临，先派青鸾来报信，后世遂以青鸾为信使的代称。

74 栖迟：停息，居留，留恋。

75 暮霭（ǎi）：傍晚的云气。

76 “来时”二句：时与后，都为语气词，相当于“呵”或“啊”。

77 量这些大小车儿：量这样大的小车子。读时应在“大”字下作顿。另解，大小属偏义复词，这里偏指小。

78 “泪随”二句：互文见义，谓睹秋云、见流水都引起对莺莺的思念而愁生泪落。

**评 析：**

《长亭送别》这折戏主要表现一对恋人，张生和崔莺莺，被迫分离时内心的痛苦和怨恨，着重表现崔莺莺经受的三种内心情感纠葛，即离别之苦，无法直接抒发的对张生的爱慕之情，以及对将来可能被抛弃的担心。这折戏在凄凉的气氛和痛苦的内心独白中展现了情与礼的矛盾对立，戏剧冲突在一种独特的形式中巧妙地得到发展。

莺莺的唱词，展现了她既敢于大胆反抗又温顺柔弱的性格特征，同时深刻地揭示了她内心的矛盾，反映了封建社会妇女的地位和命运。一方面，作为一个相国小姐，她的反抗和怨恨表现得含蓄深沉，她既不能有越礼的行为，在与情人离别时因有母亲在身边也不能畅抒情怀，这就显示出她性格中的温顺柔弱；另一方面，她的痛苦中，不仅有离愁别恨，还包含着怕被遗弃的隐忧。

《长亭送别》充分展现出《西厢记》作为一部文采派杂剧代表的艺术特色，即运用诗词意境营造的手法来抒发人物的情感。开头化用范仲淹《苏幕遮》中的词句和意境，运用具有特征性的景物写情，情景交融，构成凄清哀婉的诗歌艺术境界。《滚绣球》一曲则以主观的情感去驱遣客观的景物，既富于诗情画意，又具有强烈的感情色彩，语言亦雅亦俗，既华美典丽又通俗生动。戏文中对夸张、对比、烘托等艺术手法的运用，取得了很好的效果。例如："遍人间烦恼填胸臆，量这些大小车儿如何载得起"是极夸张的句子，揭示出的人物内心的痛苦和怨恨真实动人。而整折戏里，从头到尾处处点染的西风黄叶、衰柳长堤等种种凄清的物象，使整个环境和背景弥着一种悲凉的气氛，与人物的感情心境融为一体，增强了戏剧语言的艺术感染力。

**阅读思考**

1. 《长亭送别》一折反映的戏剧冲突是什么？
2. 崔莺莺对张生的情感表达对我们树立正确的爱情观有什么启示意义？

## 二、俞伯牙摔琴谢知音

冯梦龙

**题解**

本文选自《警世通言》，冯梦龙编著。《警世通言》是一部白话短篇小说集，它与《喻世明言》《醒世恒言》合称"三言"。"三言"每集 40 篇，共 120 篇，主要反映市民阶层的生活状况和思想感情，"极摹人情世态之歧，备写悲欢离合之致"（笑花主人《今古奇观序》）。在艺术上代表了我国古代白话短篇小说的最高成就，是宋、元、明三代最重要的一部白话短篇小说集。与同时代的凌濛初所编著的话本小说集《拍案惊奇》《二刻拍案惊奇》合称"三言二拍"。

冯梦龙（1574 年—1646 年），明代著名的通俗文学家。字犹龙，号墨憨斋主人，别署顾曲散人、龙子犹等。长州（今江苏省苏州市）人，出身书香门第，"才情跌宕"，曾"游戏烟花里"，个性放荡不羁。酷爱李贽之学，再加之熟悉市民生活，这使他成为晚明时期主情、尚真、通俗文学思潮的一代大家。增补《平妖传》为《新平妖传》，改写《列国志传》为《新列国志》；创作改编了传奇剧本十余种，合刊为《憨墨斋定本传奇》。在通俗文学方面最大的成就是编著"三言"。仕途不得意，57 岁时才选为贡生，61 岁时任福建寿宁县知县，为政清省。4 年后职满离任，归隐乡里。曾参与抗清活动，最后忧愤而死。

浪说[1]曾分鲍叔金，谁人辨得伯牙琴！

于今交道奸如鬼，湖海空悬一片心。

古来论交情至厚，莫如管鲍。管是管夷吾，鲍是鲍叔牙。他两个同为商贾，得利均分。时管夷吾多取其利，叔牙不以为贪，知其贫也；后来管夷吾被囚，叔牙脱之，荐为齐相。这样朋友，才是个真正相知。这相知有几样名色：恩德相结者，谓之知己；腹心相照者，谓之知心；声气相求者，谓之知音，总来叫做相知。今日听在下说一桩俞伯牙的故事。列位看官们，要听者，洗耳而听；不要听者，各随尊便。正是：

知音说与知音听，不是知音不与谈。

话说春秋战国时，有一名公，姓俞名瑞，字伯牙，楚国郢都人氏，即今湖广荆州府之地也。那俞伯牙身虽楚人，官星却落于晋国，仕至上大夫之位。因奉晋主之命，来楚国修聘。伯牙讨这个差使，一来是个大才，不辱君命；二来就便省视乡里，一举两得。当时从陆路至于郢都，朝见了楚王，致了晋主之命。楚王设宴款待，十分相敬。那郢都乃是桑梓[2]之地，少不得去看一看坟墓，会一会亲友。然虽如此，各事其主，君命在身，不敢迟留。公事已毕，拜辞楚王。楚王赠以黄金采缎，高车驷马。伯牙离楚一十二年，思想故国江山之胜，欲得恣情观览，要打从水路大宽转[3]而回。乃假奏楚王道：“臣不幸有犬马之疾，不胜车马驰骤[4]，乞假[5]臣舟楫，以便医药。”楚王准奏，命水师拨大船二只，一正一副。正船单坐晋国来使，副船安顿仆从行李。都是兰桡画桨，锦帐高帆，甚是齐整。群臣直送到江头而别。

只因览胜探奇，不顾山遥水远。

伯牙是个风流才子，那江山之胜，正投其怀。张一片风帆，凌千层碧浪，看不尽遥山叠翠，远水澄清。不一日，行至汉阳江口。时当八月十五日中秋之夜，偶然风狂浪涌，大雨如注。舟楫不能前进，泊于山崖之下。不多时，风恬[6]浪静，雨止云开，现出一轮明月。那雨后之月，其光倍常。伯牙在船舱中，独坐无聊，命童子：“焚香炉内，待我抚琴一操，以遣情怀。”童子焚香罢，捧琴囊置于案间。伯牙开囊取琴，调弦转轸，[7]弹出一曲。曲犹未终，指下“刮剌”的一声响，琴弦断了一根。伯牙大惊，叫童子去问船头[8]：“这住船所在是甚么去处？”船头答道：“偶因风雨，停泊于山脚之下，虽然有些草树，并无人家。”伯牙惊讶，想道：“是荒山了。若是城郭村庄，或有聪明好学之人，盗听吾琴，所以琴声忽变，有弦断之异。这荒山下，那得有听琴之人？哦，我知道了，想是有仇家差来刺客；不然，或是贼盗伺候更深，登舟劫我财物。”叫左右：“与我上崖搜检一番。不在柳阴深处，定在芦苇丛中！”

左右领命，唤齐众人，正欲搭跳上崖，忽听岸上有人答应道：“舟中大人，不必见疑。小子并非奸盗之流，乃樵夫也。因打柴归晚，值骤雨狂风，雨具不能遮蔽，潜身岩畔。闻君雅操，少住听琴。”伯牙大笑道：“山中打柴之人，也敢称‘听琴’二字！此言未知真伪，我也不计较了。左右的，叫他去罢。”那人不去，在崖上高声说道：“大人出言谬矣！岂不闻：‘十室之邑，必有忠信。’‘门内有君子，门外君子至。’大人若欺负山野中没有听琴之人，这夜静更深，荒崖下也不该有抚琴之客了。”

伯牙见他出言不俗，或者真是个听琴的，亦未可知。止住左右不要罗唣[9]，走近舱门，回嗔作喜的问道：“崖上那位君子，既是听琴，站立多时，可知道我适才所弹何曲？”那人道：“小子若不知，却也不来听琴了。方才大人所弹，乃孔仲尼叹颜回[10]，谱入琴声。其词云：‘可惜颜回命蚤亡，教人思想鬓如霜。只因陋巷箪瓢乐……’到这一句，就断了琴弦，不曾抚出第四句来，小子也还记得：‘留得贤名万古扬。’”

伯牙闻言大喜道："先生果非俗士，隔崖遥远，难以问答。"命左右："掌跳，看扶手，请那位先生登舟细讲。"左右掌跳，此人上船，果然是个樵夫。头戴箬笠，身披蓑衣，手持尖担，腰插板斧，脚踏芒鞋。手下人那知言谈好歹，见是樵夫，下眼相看："咄！那樵夫下舱去，见我老爷叩头，问你甚么言语，小心答应。官尊着哩！"樵夫却是个有意思的，道："列位不须粗鲁，待我解衣相见。"除了斗笠，头上是青布包巾；脱了蓑衣，身上是蓝布衫儿；搭膊[11]拴腰，露出布裈[12]下截。那时不慌不忙，将蓑衣、斗笠、尖担、板斧，俱安放舱门之外，脱下芒鞋，躧[13]去泥水，重复穿上，步入舱来。官舱内公座上灯烛辉煌，樵夫长揖而不跪，道："大人，施礼了。"俞伯牙是晋国大臣，眼界中那[14]有两接[15]的布衣。下来还礼，恐失了官体，既请下船，又不好叱[16]他回去。伯牙没奈何，微微举手道："贤友免礼罢。"叫童子看坐的。童子取一张杌坐[17]儿置于下席。伯牙全无客礼，把嘴向樵夫一努，道："你且坐了。"你我之称，怠慢可知。那樵夫亦不谦让，俨然[18]坐下。

伯牙见他不告而坐，微有嗔怪之意，因此不问姓名，亦不呼手下人看茶。默坐多时，怪而问之："适才崖上听琴的，就是你么？"樵夫答言："不敢。"伯牙道："我且问你，既来听琴，必知琴之出处。此琴何人所造？抚他有甚好处？"正问之时，船头来禀话："风色顺了，月明如昼，可以开船。"伯牙分付[19]："且慢些！"樵夫道："承大人下问，小子若讲话絮烦，恐担误顺风行舟。"伯牙笑道："惟恐你不知琴理。若讲得有理，就不做官，亦非大事，何况行路之迟速乎！"

樵夫道："既如此，小子方敢僭谈[20]。此琴乃伏羲氏所琢，见五星之精，飞坠梧桐，凤皇来仪。凤乃百鸟之王，非竹实不食，非梧桐不栖，非醴泉不饮。伏羲氏知梧桐乃树中之良材，夺造化之精气，堪为雅乐，令人伐之。其树高三丈三尺，按三十三天之数；截为三段，分天、地、人三才。取上一段叩之，其声太清，以其过轻而废之；取下一段叩之，其声太浊，以其过重而废之；取中一段叩之，其声清浊相济，轻重相兼。送长流水中，浸七十二日，按七十二候之数。取起阴干，选良时吉日，用高手匠人刘子奇制成乐器。此乃瑶池之乐，故名瑶琴。长三尺六寸一分，按周天三百六十一度；前阔八寸，按八节；后阔四寸，按四时；厚二寸，按两仪。有金童头、玉女腰、仙人背、龙池、凤沼、玉轸、金徽。那徽有十二，按十二月；又有一中徽，按闰月。先是五条弦在上，外按五行：金、木、水、火、土；内按五音：宫、商、角、徵、羽。尧舜时操五弦琴，歌《南风》诗，天下大治。后因周文王被囚于羑里[21]，吊子伯邑考，添弦一根，清幽哀怨，谓之文弦。后武王伐纣，前歌后舞，添弦一根，激烈发扬，谓之武弦。先是宫、商、角、徵、羽五弦，后加二弦，称为文武七弦琴。此琴有六忌、七不弹、八绝。何为六忌？一忌大寒，二忌大暑，三忌大风，四忌大雨，五忌迅雷，六忌大雪。何为七不弹？闻丧者不弹，奏乐不弹，事冗不弹，不净身不弹，衣冠不整不弹，不焚香不弹，不遇知音者不弹。何为八绝？总之清奇幽雅，悲壮悠长。此琴抚到尽美尽善之处，啸虎闻而不吼，哀猿听而不啼。乃雅乐之好处也。"

伯牙听见他对答如流，犹恐是记问之学，又想道："就是记问之学，也亏他了。我再试他一试。"此时已不似在先你我之称了，又问道："足下既知乐理，当时孔仲尼鼓琴于室中，颜回自外入，闻琴中有幽沉之声，疑有贪杀之意，怪而问之。仲尼曰：'吾适鼓琴，见猫方捕鼠，欲其得之，又恐其失之。此贪杀之意，遂露于丝桐。'始知圣门音乐之理，入于微妙。假如下官抚琴，心中有所思念，足下能闻而知之否？"樵夫道："《毛诗》云：'他人有心，予忖度之。'[22]大人试抚弄一过，小子任心猜度。若猜不着时，大人休得见罪。"伯牙将断弦重整，沉思半晌，其意在于高山，抚琴一弄。樵夫赞道："美哉洋洋乎！大人之意，在高山也。"伯牙不答。又凝神一会，将琴再鼓，其意在于流水。樵夫又赞道："美哉汤汤乎！志在流水。"只两句，道着了伯牙的心事。伯牙大惊，推琴而起，与子期施宾主之礼，连呼："失敬！失敬！石中有美玉之藏，若以衣貌取人，岂不误了天下贤士！先生高名雅姓？"樵夫欠身而答："小子姓锺，名徽，贱字子期。"伯牙拱手道："是锺子期先生。"子期转问："大人高姓？荣任何所？"伯牙道："下官俞瑞，仕于晋朝，因修聘上国而来。"子期道："原来是伯牙大人。"伯牙推子期坐于客位，自己主席相陪，命童子点茶。茶罢，又命童子取酒共酌。伯牙道："借此攀话，休嫌简亵[23]。"子期称："不敢。"

童子取过瑶琴，二人入席饮酒。伯牙开言又问："先生声口[24]是楚人了，但不知尊居何处？"子期道："离此不远，地名马安山集贤村，便是荒居。"伯牙点头道："好个集贤村。"又问："道艺何为？"子期道："也就是打柴为生。"伯牙微笑道："子期先生，下官也不该僭言，似先生这等抱负，何不求取功名，立身于廊庙，垂名于竹帛？却乃赍[25]志林泉，混迹樵牧，与草木同朽？窃为先生不取也。"子期道："实不相瞒，舍间上有年迈二亲，下无手足相辅。采樵度日，以尽父母之馀年。虽位为三公之尊，不忍易我一日之养也。"伯牙道："如此大孝，一发难得。"

二人杯酒酬酢[26]了一会。子期宠辱无惊，伯牙愈加爱重。又问子期："青春多少？"子期道："虚度二十有七。"伯牙道："下官年长一旬[27]。子期若不见弃，结为兄弟相称，不负知音契友。"子期笑道："大人差矣！大人乃上国名公，锺徽乃穷乡贱子，怎敢仰扳[28]？有辱俯就。"伯牙道："'相识满天下，知心能几人？'下官碌碌风尘，得与高贤结契[29]，实乃生平之万幸。若以富贵贫贱为嫌，觑俞瑞为何等人乎！"遂命童子重添炉火，再爇[30]名香，就船舱中与子期顶礼八拜。伯牙年长为兄，子期为弟。今后兄弟相称，生死不负。拜罢，复命取暖酒再酌。子期让伯牙上坐，伯牙从其言。换了杯箸，子期下席，兄弟相称，彼此谈心叙话。正是：

合意客来心不厌，知音人听话偏长。

谈论正浓，不觉月淡星稀，东方发白。船上水手都起身收拾篷索，整备开船。子期起身告辞，伯牙捧一杯酒递与子期，把子期之手，叹道："贤弟，我与你相见何太迟，相别何太早！"子期闻言，不觉泪珠滴于杯中。子期一饮而尽，斟酒回敬伯牙。二人各有眷恋不舍之意。伯牙道："愚兄余情不尽，意欲曲延贤弟同行数日，未知可否？"子期道："小人非不欲相从，怎奈二亲年老，'父母在，不远游。'"伯牙道："既是二位尊人在堂，回去告过二亲，到晋阳来看愚兄一看，这就是'游必有方'了。"子期道："小弟不敢轻诺而寡信，许了贤兄，就当践约。万一禀命于二亲，二亲不允，使仁兄悬望于数千里之外，小弟之罪更大矣。"伯牙道："贤弟真所谓至诚君子。也罢，明年还是我来看贤弟。"子期道："仁兄明岁何时到此？小弟好伺候尊驾。"伯牙屈指道："昨夜是中秋节，今日天明，是八月十六日了。贤弟，我来仍在仲秋中五六日奉访。若过了中旬，迟到季秋月分，就是爽信，不为君子。"叫童子："分付记室[31]，将锺贤弟所居地名及相会的日期，登写在日记薄上。"子期道："既如此，小弟来年仲秋中五六日，准在江边侍立拱候，不敢有误。天色已明，小弟告辞了。"伯牙道："贤弟且住。"命童子取黄金二笏[32]，不用封帖，双手捧定道："贤弟，些须薄礼，权为二位尊人甘旨[33]之费。斯文骨肉，勿得嫌轻。"子期不敢谦让，即时收下。再拜告别，含泪出舱，取尖担挑了蓑衣、斗笠，插板斧于腰间，掌跳搭扶手上崖。伯牙直送至船头，各各洒泪而别。

不题子期回家之事。再说俞伯牙点鼓开船，一路江山之胜，无心观览，心心念念，只想着知音之人。又行几日，舍舟登岸。经过之地，知是晋国上大夫，不敢轻慢，安排车马相送。直至晋阳，回复了晋主，不在话下。

光阴迅速，过了秋冬，不觉春去夏来。伯牙心怀子期，无日忘之。想着中秋节近，奏过晋主，给假还乡。晋主依允。伯牙收拾行装，仍打大宽转，从水路而行。下船之后，分付水手，但是湾泊所在，就来通报地名。事有偶然，刚刚八月十五夜，水手禀复，此去马安山不远。伯牙依稀还认得去年泊船相会子期之处。分付水手，将船湾泊，水底抛锚，崖边钉橛。其夜晴明，船舱内一线月光，射进朱帘。伯牙命童子将帘卷起，步出舱门，立于船头之上，仰观斗柄，水底天心，万顷茫然，照如白昼。思想去岁与知己相逢，雨止月明。今夜重来，又值良夜。他约定江边相候，如何全无踪影，莫非爽信？又等了一会，想道："我理会得了。江边来往船只颇多。我今日所驾的，不是去年之船了。吾弟急切如何认得？去岁我原为抚琴惊动知音。今夜仍将瑶琴抚弄一曲，吾弟闻之，必来相见。"命童子取琴桌安放船头，焚香设座。伯牙开囊，调弦转轸，才汎音律，商弦中有哀怨之声。伯牙停琴不操："呀！商弦哀声凄切，吾弟必遭忧在家。去岁曾言父母年高，若非父丧，必是母亡。他为人至孝，事有轻重，宁失信于我，不肯失信于亲，所以不来也。来日天明，我亲上崖探望。"叫童子收拾琴桌，下舱就寝。

伯牙一夜不睡，真个巴明不明，盼晓不晓。看看月移帘影，日出山头。伯牙起来梳洗整衣，命童子携琴相随，又取黄金十镒带去："傥[34]吾弟居丧，可为赙礼。"踹跳登崖，行于樵径，约莫十数里，出一谷口，伯牙站住。童子禀道："老爷为何不行？"伯牙道："山分南北，路列东西。从山谷出来，两头都是大路，都去得。知道那一路往集贤村去？等个识路之人，问明了他，方才可行。"伯牙就石上少憩，童儿退立于后。不多时，左手官路上有一老叟，髯垂玉线，发挽银丝，箬冠[35]野服，左手举藤杖，右手携竹篮，徐步而来。伯牙起身整衣，向前施礼。那老者不慌不忙，将右手竹篮轻轻放下，双手举藤杖还礼，道："先生有何见教？"伯牙道："请问两头路，那一条路，往集贤村去的？"老者道："那两头路，就是两个集贤村。左手是上集贤村，右手是下集贤村，通衢三十里官道。先生从谷出来，正当其半，东去十五里，西去也是十五里。不知先生要往那一个集贤村？"

伯牙默默无言，暗想道："吾弟是个聪明人，怎么说话这等糊涂！相会之日，你知道此间有两个集贤村，或上或下，就该说个明白了。"伯牙却才沉吟，那老者道："先生这等吟想，一定那说路的，不曾分上下，总说了个集贤村，教先生没处抓寻了。"伯牙道："便是。"老者道："两个集贤村中，有一二十家庄户，大抵都是隐遁避世之辈。老夫在这山里，多住了几年，正是：'土居三十载，无有不亲人。'这些庄户，不是舍亲，就是敝友。先生到集贤村必是访友，只说先生所访之友，姓甚名谁，老夫就知他住处了。"伯牙道："学生要往锺家庄去。"老者闻"锺家庄"三字，一双昏花眼内，扑簌簌掉下泪来，道："先生别家可去，若说锺家庄，不必去了。"伯牙惊问："却是为何？"老者道："先生到锺家庄，要访何人？"伯牙道："要访子期。"老者闻言，放声大哭道："子期锺徽，乃吾儿也。去年八月十五采樵归晚，遇晋国上大夫俞伯牙先生。讲论之间，意气相投，临行赠黄金二笏，吾儿买书攻读，老拙无才，不曾禁止。旦则采樵负重，暮则诵读辛勤，心力耗废，染成怯疾，数月之间，已亡故了。"

伯牙闻言，五内崩裂，泪如涌泉，大叫一声，傍山崖跌倒，昏绝于地。锺公用手搀扶，回顾小童道："此位先生是谁？"小童低低附耳道："就是俞伯牙老爷。"锺公道："原来是吾儿好友。"扶起伯牙苏醒。伯牙坐于地下，口吐痰涎，双手捶胸，恸哭不已。道："贤弟呵，我昨夜泊舟，还说你爽信，岂知已为泉下之鬼！你有才无寿了！"锺公拭泪相劝。伯牙哭罢起来，重与锺公施礼，不敢呼老丈，称为老伯，以见通家兄弟之音。伯牙道："老伯，令郎还是停柩在家，还是出瘗[36]郊外了？"锺公道："一言难尽！亡儿临终，老夫与拙荆坐于卧榻之前。亡儿遗语嘱付道：'修短由天，儿生前不能尽人子事亲之道，死后乞葬于马安山江边。与晋大夫俞伯牙有约，欲践前言耳。'老夫不负亡儿临终之言。适才先生来的小路之右，一丘新土，即吾儿锺徽之冢。今日是百日之忌，老夫提一陌纸钱，往坟前烧化，何期与先生相遇！”伯牙道：“既如此，奉陪老伯，坟前一拜。”命小童代太公提了竹篮。

锺公策杖引路，伯牙随后，小童跟定，复进谷口。果见一丘新土，在于路左。伯牙整衣下拜：“贤弟在世为人聪明，死后为神灵应。愚兄此一拜，诚永别矣！”拜罢，放声又哭。惊动山前山后、山左山右黎民百姓，不问行的住的、远的近的，闻得朝中大臣来祭锺子期，回绕坟前，争先观看。伯牙却不曾摆得祭礼，无以为情。命童子把瑶琴取出囊来，放于祭石台上，盘膝坐于坟前，挥泪两行，抚琴一操。那些看者，闻琴韵铿锵，鼓掌大笑而散。伯牙问：“老伯，下官抚琴，吊令郎贤弟，悲不能已，众人为何而笑？”锺公道：“乡野之人，不知音律，闻琴声以为取乐之具，故此长笑。”伯牙道：“原来如此。老伯可知所奏何曲？”锺公道：“老夫幼年也颇习。如今年迈，五官半废，模糊不懂久矣。”伯牙道：“这就是下官随心应手一曲短歌，以吊令郎者，口诵于老伯听之。”锺公道：“老夫愿闻。”伯牙诵云：

忆昔去年春，江边曾会君。今日重来访，不见知音人。但见一抔土[37]，惨然伤我心！伤心伤心复伤心，不忍泪珠纷。来欢去何苦，江畔起愁云。子期子期兮，你我千金义，历尽天涯无足语，此曲终兮不复弹，三尺瑶琴为君死！

伯牙于衣袂间取出解手刀，割断琴弦，双手举琴，向祭石台上，用力一摔，摔得玉轸抛残，金徽零乱。锺公大惊，问道：“先生为何摔碎此琴？”伯牙道：

摔碎瑶琴凤尾寒，子期不在对谁弹！
春风满面皆朋友，欲觅知音难上难。

锺公道：“原来如此，可怜！可怜！”伯牙道：“老伯高居，端的在上集贤村，还是下集贤村？”锺公道：“荒居在上集贤村第八家就是。先生如今又问他怎的？”伯牙道：“下官伤感在心，不敢随老伯登堂了。随身带得有黄金二镒，一半代令郎甘旨之奉，一半买几亩祭田，为令郎春秋扫墓之费。待下官回本朝时，上表告归林下。那时却到上集贤村，迎接老伯与老伯母，同到寒家，以尽天年。吾即子期，子期即吾也，老伯勿以下官为外人相嫌。”说罢，命小僮取出黄金，亲手递与锺公，哭拜于地。锺公答拜，盘桓半晌而别。

这回书，题作《俞伯牙摔琴谢知音》。后人有诗赞云：

势利交怀势利心，斯文谁复念知音？
伯牙不作锺期逝，千古令人说破琴。

（选自《三言·警世通言》，中华书局，2022 年）

---

1. 浪说：信口说，妄说。
2. 桑梓：借指故乡。
3. 大宽转：绕路，迂回，兜个大圈子。
4. 驰骤：驰骋，疾奔。
5. 假：借，这里是客套说辞。
6. 恬：安静。
7. 调弦转轸（zhěn）：即调弦定音。琴轸为古琴上调弦的小柱。古琴作为一种传统乐器，在每次弹奏前都需要根据琴曲的不同要求进行调弦定音，一般采用拧动琴轸的方式来调整节音的高低。
8. 船头：船上的头目。

⑨ 罗唣（zào）：纠缠吵闹。
⑩ 孔仲尼：孔子。颜回：孔子的学生。《论语·雍也》中孔子赞叹颜回："贤哉回也！一箪食，一瓢饮，在陋巷，人不堪其忧，回也不改其乐。贤哉，回也!"。
⑪ 搭膊：即褡膊，又称褡裢，布制的长带形的袋，口在当中，可以系在腰间，也可以手提或肩负，里面放置钱物。
⑫ 裈（kūn）：有裆的裤子。
⑬ 躧（xǐ）：同"洗"，这里是控或抖的意思。
⑭ 那：同"哪"。
⑮ 两接：即两截，指穿的衫和裤，这是古时普通人民的服装。
⑯ 叱（chì）：是指大声呵斥的意思。
⑰ 杌（wù）坐：多指矮小的凳子。
⑱ 俨（yǎn）然：严肃庄重的样子，这里是一本正经、煞有介事的样子。
⑲ 分付：同"吩咐"。
⑳ 僭（jiàn）谈：谦词。越过自己的身份来谈论。
㉑ 羑（yǒu）里：古地名，又称羑都，在今河南省安阳市汤阴县北 4. 5 公里的羑里城遗址，为商纣王囚禁周文王的地方。
㉒ "《毛诗》云"三句：《毛诗》指西汉时鲁国毛亨和赵国毛苌所辑和注的古文《诗》，也就是现在流行于世的《诗经》。"他人有心，予忖度之"出自《诗经·小雅·巧言》，意思是指别人有什么心思，能揣测出。
㉓ 简亵（xiè）：怠慢不恭；轻慢。
㉔ 声口：口音。
㉕ 赍（jī）：怀着，抱着。
㉖ 酬酢（zuò）：意思是宾主互相敬酒，后泛指交际应酬。
㉗ 一旬：十岁。
㉘ 仰扳：高攀。指同地位、名望高于自己的人结交。
㉙ 结契：订立契约，意思是交谊深厚。
㉚ 爇（ruò）：烧。
㉛ 记室：从前掌管章表、书记的官，相当于现今秘书一类的人员。
㉜ 笏（hù）：笏是古代人朝见时执在手中的一种仪式用具，这里是指黄金的样式。古代使用黄金的单位称为镒（yì），一镒合二十两（一说二十四两），因铸成笏形，故一镒又称一笏。
㉝ 甘旨：美味的食物，这里指对双亲的奉养。
㉞ 傥：表示假设，相当于"如果"。
㉟ 箬（ruò）冠：用箬竹的篾或叶制成的帽子。箬：竹的一种。
㊱ 出瘗（yì）：埋葬。
㊲ 一抔（póu）土：一捧黄土，指坟墓。唐骆宾王《为徐敬业讨武曌檄》："一抔之土未干，六尺之孤何托?"

**评 析:**

"知音"故事最早记载于《列子·汤问》篇，原文为："伯牙善鼓琴，锺子期善听。伯牙鼓琴，志在高山，锺子期曰：'善哉，峨峨兮若泰山!'志在流水，锺子期曰：'善哉，洋洋兮若江河!'伯牙所念，锺子期必得之。"后《吕氏春秋》亦有记载，且情节类似。而《俞伯牙摔琴谢知音》的"伯牙游历""乘兴抚琴""琴弦忽断""听者对话""结为知音""相约再会""子期先逝""摔琴绝音"等，使故事情节更为曲折生动，体现了说唱文学"无巧不成书"的特点。

作者对本篇中人物形象的塑造也更丰满。小说赞扬的主人公俞伯牙，虽是封建文人，但那种“知音说与知音听，不是知音不与谈”的思想，固然带有士大夫自命清高、鄙视劳动者的成分，但在他身上体现出来的“腹心相照”“声气相求”的友谊观，值得称道。主人公俞伯牙和锺子期两个人物，在相互映照中显现出各自鲜明的性格特征。作品叙述两人结识相交的过程层次分明，人物形象生动。俞伯牙先是“大笑”，对锺子期的“才情”表示怀疑。当锺子期出言不俗，凛然批驳他“出言谬矣”后，俞伯牙“回嗔作喜”，问锺子期弹的曲名。锺回答后，他“大惊，推琴而起连呼失敬”。人物的鲜明性格，在故事情节的层层推进中逐渐凸显。

琴是本篇小说的主要道具。两人因琴相交，俞伯牙摔琴而骤起高潮。琴是全部情节发展的纽结点，对本篇小说结构起到支撑的作用。

本篇小说语言雅洁、飘逸，和描写的情景融为一体，有着较强的表现力。如描写樵夫锺子期，只用了二十字：“头戴箬笠，身披蓑衣，手持尖担，腰插板斧，脚踏芒鞋”，就勾勒出鲜明的形象。

小说通过俞伯牙和锺子期由陌路相逢到结为知交的故事，抨击了“势利交怀势利心”“于今交道奸如鬼”的世态人情，提出了交友的原则——相知，这对我们今天朋友之间的交往，也具有重要的启发意义。

**阅读思考**

1. 你如何看待俞伯牙摔琴谢知音的行为？
2. “琴”在小说中有何具体意义？

## 三、西湖七月半

张岱

**题解**

本文选自《陶庵梦忆》，明张岱著。《陶庵梦忆》共分为八卷，作者通过讲述亲身经历的各种杂事，展现了明代江浙地区的社会生活面貌。《陶庵梦忆》涵盖了茶楼酒肆、说书演戏、斗鸡养鸟、放灯迎神等多种风俗活动，同时对贵族子弟闲情逸致也进行了描写。此外，《陶庵梦忆》中还包含了大量的关于明代日常生活、娱乐、戏曲、古董的记载，此部散文集因此被认为是一部重要的研究明代物质文化的作品。

张岱（1597 年—1689 年），字宗子、又字石公，号陶庵，又号蝶庵，浙江山阴人（今绍兴）人，明末清初文学家。张岱生于官宦之家，早年过的是十分奢华的贵公子生活，但为人淡泊名利，一生未仕。明亡后，已过中年的张岱避居剡溪山中，寄情山水，从事著述，过着“布衣蔬食，常至断炊”的生活。其文学创作以小品见长，晚年的代表作大多记叙山川名胜、人情世态、逸闻琐事，题材广泛。既反映了当时的社会风貌又寄予了身如浮萍的痛苦和悲伤。其作兼取公安、竟陵二家之长而弃其所短，结构精巧，文笔清新，风神绰约，诗意盎然，风格独特。著有《陶庵梦忆》《西湖梦寻》等。

西湖七月半[1]，一无可看，止可看看七月半之人。[2]看七月半之人，以五类看之。[3]其一，楼船[4]箫鼓[5]，峨冠[6]盛筵[7]，灯火优傒[8]，声光相乱[9]，名为看月而实不见月者，看之[10]；其一，亦船亦楼，名娃[11]闺秀[12]，携及童娈[13]，笑啼杂之，环坐露台[14]，左右盼望[15]，身在月下而实不看月者，看之；其一，亦船亦声歌，名妓闲僧，浅斟[16]低唱[17]，弱管轻丝，[18]竹肉[19]相发，亦在月下，亦看月而欲人看其看月者，看之；其一，不舟不车，不衫不帻，[20]酒醉饭饱，呼群三五，[21]跻[22]入人丛，昭庆[23]、断桥[24]，嘄[25]呼嘈杂，装假醉，唱无腔曲[26]，月亦看，看月者亦看，不看月者亦看，而实无一看者，看之；其一，小船轻幌[27]，净几[28]暖炉，茶铛[29]旋[30]煮，素瓷静递，[31]好友佳人，邀月同坐，或匿影[32]树下，或逃嚣里湖，看月而人不见其看月之态，亦不作意[33]看月者，看之。

杭人[34]游湖，巳出酉归[35]，避月如仇。是夕好名，[36]逐队争出，多犒[37]门军[38]酒钱。轿夫擎[39]燎[40]，列俟[41]岸上。一入舟，速[42]舟子[43]急放[44]断桥，赶入胜会。以故二鼓[45]以前，人声鼓吹[46]，如沸如撼，[47]如魇[48]如呓[49]，如聋如哑，[50]大船小船一齐凑岸，一无所见，止见篙[51]击篙，舟触舟，肩摩[52]肩，面看面而已。少刻兴尽，官府席散，皂隶[53]喝道[54]去。轿夫叫船上人，怖以关门，[55]灯笼火把如列星[56]，一一簇拥而去。岸上人亦逐队赶门，渐稀渐薄，顷刻散尽矣。

吾辈始舣[57]舟近岸。断桥石磴[58]始凉，席其上[59]，呼客纵饮[60]。此时月如镜新磨[61]，山复整妆，湖复頮面[62]。向[63]之浅斟低唱者出，匿影树下者亦出。吾辈往通声气[64]，拉与同坐。韵友[65]来，名妓至，杯箸安[66]，竹肉发。月色苍凉，东方将白，客方散去。吾辈纵舟[67]，酣睡于十里荷花之中，香气拍[68]人，清梦甚惬[69]。

（选自《古文鉴赏辞典》，上海辞书出版社，2014 年）

---

1. 西湖：即今杭州西湖。七月半：指农历七月十五日中元节。杭州人形成风俗，这一天盛行到西湖游玩。
2. “止可看”句：谓只可看那些来看七月半景致的人。止：同“只”。
3. 以五类看之：把看七月半的人分作五类来看。
4. 楼船：指考究的有楼的大船。
5. 箫鼓：指吹打音乐。
6. 峨冠：头戴高冠，指士大夫。
7. 盛筵：摆着丰盛的酒筵。
8. 优傒（xī）：优伶和仆役。
9. 乱：混杂。
10. 看之：谓要看这一类人。与下四类叙述末尾的“看之”同。
11. 娃：美女。
12. 闺秀：有才德的女子。
13. 童娈（luán）：容貌美好的家童。
14. 露台：船上露天的平台。
15. 盼望：都是看的意思。
16. 浅斟：慢慢地喝酒。
17. 低唱：轻声地吟唱。
18. 弱管轻丝：即轻柔的管弦音乐。
19. 竹肉：指管乐和歌喉。
20. “不舟”二句：不坐船，不乘车，不穿长衫，不戴头巾，指放荡随便。舟、车、衫、帻（zé）均为名词作动词。帻：头巾。

21 呼群三五：呼唤朋友，三五成群。

22 跻（jī）：通“挤”。

23 昭庆：即昭庆寺，原址在杭州宝石山的东边，南临西湖，现已被毁。

24 断桥：西湖白堤的桥名。

25 噭（jiào）：同“叫”，呼叫。

26 无腔曲：没有腔调的歌曲，形容唱得乱七八糟。

27 幌（huǎng）：窗幔。

28 几：搁置物件的小桌子，这里是摆放茶具的几案。

29 铛（chēng）：温茶、酒的器具。

30 旋（xuàn）：随时，随即。

31 素瓷静递：雅洁的瓷杯无声地传递。素：白。

32 匿影：藏身。

33 作意：故意，作出某种姿态。

34 杭人：杭州人。

35 巳、酉：古时把一天分成十二个时辰，分别以十二地支，即子、丑、寅、卯、辰、巳、午、未、申、酉、戌、亥为名称，每个时辰相当于现在的两个小时。其中子时相当于现在 23 时至次日 1 时，以此类推，巳时为 9 时至 11 时，酉时为 17 时至 19 时。

36 是夕好名：七月十五这天夜晚，人们喜欢这个名目。是：这。名：指“中元节”的名目。

37 犒（kào）：用酒食或财物慰劳。

38 门军：守城门的军士。

39 擎（qíng）：举。

40 燎（liào）：火把。

41 列俟（sì）：排着队等候。

42 速：催促。

43 舟子：船夫。

44 放：开船。

45 二鼓：二更，21 时至 23 时。

46 鼓吹：指鼓、钲、箫、笳等打击乐器、管弦乐器奏出的乐曲。

47 如沸如撼：像水沸腾，像物体摇动，形容喧嚷。

48 魇（yǎn）：梦中惊叫。

49 呓：说梦话。这句指在喧嚷中种种怪声。

50 如聋如哑：指喧闹声震耳欲聋，自己说话别人听不见。

51 篙：用竹竿或杉木做成的撑船的工具。

52 摩：碰，触。

53 皂隶：衙门的差役。

54 喝道：官员出行，衙役在前边吆喝开道。

55 怖以关门：用关城门恐吓。

56 列星：分布在天空的星星。

57 舣（yǐ）：通“移”，移动船使船停靠岸边。

58 石磴（dèng）：石头台阶。
59 席其上：在石磴上摆设酒筵。
60 纵饮：尽情喝。
61 镜新磨：刚磨制成的镜子。古代以铜为镜，磨制而成。
62 颒（huì）面：洗脸。
63 向：方才，先前。
64 往通声气：过去打招呼。
65 韵友：风雅的朋友，诗友。
66 箸（zhù）：筷子。安：放好。
67 纵舟：放开船。
68 拍：扑。
69 惬（qiè）：快意。

**评 析：**

本文是明清小品文的代表。明清小品文短小灵活，简练隽永，具有议论、抒情、叙事多重功能，偏重于即兴抒写零碎的感想、片段的见闻和点滴的体会，是一种轻便自由的文学形式。在内容题材上，明清小品文趋于生活化、个人化，不少作者喜欢在文章中反映自己的日常生活状貌及趣味，所写的作品渗透着明清文人特有的生活情调。

此篇文章是写杭州人于七月半，即农历七月十五日中元节这一天倾城游湖，纵情作乐的情景。文中描绘各色游湖人等，随笔点染，雅俗褒贬，惟妙惟肖，了了分明。透过这幅丰富多彩的江南风俗图画，我们可以感受到作者清雅脱俗的审美情趣和孤高自赏的生活情调。

作者首先刻画了游西湖的五类人，观察细致，描绘生动，各色人等无不跃然纸上，而作者似乎不动声色，五个“看之”，大有冷眼旁观之感，然而他的主观褒贬之情还是可以从笔下的形象中感知的。第一类是附庸风雅的达官贵人；第二类是无意风雅的名门闺秀；第三类人欲显风雅却不免做作；第四类是不知风雅为何物只顾凑热闹的市井之徒；第五类是不欲显其风雅却真正风雅的文人雅士。作者对前两类人显然嗤之以鼻；对第三类有所肯定，也有所讥刺；对第四类虽然不作肯定，却似乎欣赏其放荡中亦有几分天真的性格；对第五类则显然引为同调。五类人，依次写来，如镜头推移，声态各异，境界不同。纷杂的情景再现于笔下，作者并不现身评点，却于客观的画面中分雅俗、寓褒贬，兼有史笔与传神之妙。

接下来写的是杭人游湖的场面，作者直接点出杭人游湖实为好虚名、凑热闹。出则成群结队，湖上人声乐声，闹成一片，舟船相触，摩肩接踵；去则各色人等作鸟兽散，灯笼火把，排列成行，如闪烁的星星在夜幕中移动消失。真是来也匆匆，去也匆匆，简直莫名其妙，名为游湖看月，实与西湖风月毫不相干。这一段插叙，极力摹写俗人看月时热闹纷乱的情景，更重要的是为下文作了铺垫和反衬。

作者着重描写俗人退去之后，“吾辈”雅士游湖的场景。西湖恢复宁静安闲的本貌，一轮圆月，如新磨之镜，清光格外皎洁可爱；湖光山色，如美人重新梳妆打扮，益发显得容光照人。吾辈声气相通，拉来同坐，因有共同雅趣，故相得共赏之乐。雅士们通宵盘桓，兴尽而散，却并不急于回城，而复信舟酣睡，与众人游湖聚散匆匆恰成鲜明对照。“酣睡于十里荷花之中，香气拍人，清梦甚惬”，这个富有诗意的结尾，更显得雅韵流溢，余香沁人。作者的审美情趣自然是高雅脱俗的，但也不免有传统文人的孤高自赏。

此文写人物场景，极纷繁复杂，却又极有条理。写五类人物，作者虽以极简省的三言两语作粗粗勾勒，却能生动传神，惟妙惟肖；写场景，作者善于营造氛围以突出文章主旨，在对俗人与雅士游湖的不同氛围的对比，对不看月者与看月者的描写中，作者的褒贬不言而喻了。作者貌似以平直质朴的笔墨进行叙述，但寓谐于庄，富有调侃意味，时或令人忍俊不禁。

**阅读思考**

1. 作者是如何通过描摹各类游客情态以标举文人清高雅趣的别致立意的?
2. 本文的写作风格有哪些特色?

# 第二节　拓展阅读

## 一、诸葛亮舌战群儒（节选）

罗贯中

**题解**

本文选自《三国演义》第四十三回。《三国演义》，全称《三国志通俗演义》，是罗贯中根据西晋陈寿《三国志》、南朝宋裴松之《三国志注》、元代《三国志平话》和流传在民间的三国故事，综合熔裁，创作而成。《三国演义》是我国第一部章回体小说，也是我国最有代表性的长篇历史演义小说。

罗贯中（约 1330 年—约 1400 年），名本，字贯中，号湖海散人，山西太原人，元末明初小说家。罗贯中是我国章回小说的鼻祖。其主要作品为《三国志通俗演义》《隋唐两朝志传》《残唐五代史演义》《三遂平妖传》。

却说鲁肃、孔明辞了玄德、刘琦[1]，登舟望柴桑[2]郡来。二人在舟中共议，鲁肃谓孔明曰：“先生见孙将军，切不可实言曹操兵多将广。”孔明曰：“不须子敬叮咛，亮自有对答之语。”及船到岸，肃请孔明于馆驿中暂歇，先自往见孙权。权正聚文武于堂上议事，闻鲁肃回，急召入问曰：“子敬往江夏[3]，体探[4]虚实若何?”肃曰：“已知其略，尚容徐禀。”权将曹操檄文[5]示肃曰：“操昨遣使赍[6]文至此，孤先发遣来使，自今会众商议未定。”肃接檄文观看。其略曰：

孤近承帝命，奉词伐罪。[7]旌麾[8]南指，刘琮束手[9]，荆襄[10]之民望风归顺。今统雄兵百万，上将千员，欲与将军会猎[11]于江夏，共伐刘备，同分土地，永结盟好。幸勿观望，速赐回音。

鲁肃看毕曰："主公尊意若何？"权曰："未有定论。"张昭曰："曹操拥百万之众，借天子之名，以征四方，拒之不顺。且主公大势可以拒操者，长江也。今操既得荆州，长江之险，已与我共之矣，势不可敌。以愚之计，不如纳降，为万安之策。"众谋士皆曰："子布之言，正合天意。"孙权沉吟不语。张昭又曰："主公不必多疑，如降操，则东吴民安，江南六郡可保矣。"孙权低头不语。须臾，权起更衣[12]，鲁肃随于权后。权知肃意，乃执肃手而言曰："卿欲如何？"肃曰："恰才众人所言，深误将军。众人皆可降曹操，惟将军不可降曹操。"权曰："何以言之？"肃曰："如肃等降操，当以肃还乡党[13]，累官[14]故不失州郡也；将军降操，欲安所归乎？位不过封侯，车不过一乘，骑不过一匹，从不过数人，岂得南面称孤[15]哉！众人之意，各自为己，不可听也。将军宜早定大计。"权叹曰："诸人议论，大失孤望。子敬开说大计，正与吾见相同，此天以子敬赐我也！但操新得袁绍之众，近又得荆州之兵，恐势大难以抵敌。"肃曰："肃至江夏，引诸葛瑾之弟诸葛亮在此，主公可问之，便知虚实。"权曰："卧龙先生在此乎？"肃曰："现在馆驿中安歇。"权曰："今日天晚，且未相见。来日聚文武于帐下，先教见我江东英俊，然后升堂议事。"

肃领命而去。次日至馆驿中见孔明，又嘱曰："今见我主，切不可言曹操兵多。"孔明笑曰："亮自见机而变，决不有误。"肃乃引孔明至幕下，早见张昭、顾雍等一班文武二十馀人，峨冠博带，[16]整衣端坐。孔明逐一相见，各问姓名。施礼已毕，坐于客位。张昭等见孔明丰神飘洒，器宇轩昂，料道此人必来游说。张昭先以言挑之曰："昭乃江东微末之士[17]，久闻先生高卧隆中，自比管、乐[18]，此语果有之乎？"孔明曰："此亮平生小可[19]之比也。"昭曰："近闻刘豫州三顾先生于草庐之中，幸得先生，以为'如鱼得水'，思欲席卷荆襄。今一旦以属曹操，未审[20]是何主见？"孔明自思张昭乃孙权手下第一个谋士，若不先难倒他，如何说得孙权，遂答曰："吾观取汉上之地，易如反掌。我主刘豫州躬行[21]仁义，不忍夺同宗之基业，故力辞之。刘琮孺子，听信佞言[22]，暗自投降，致使曹操得以猖獗。今我主屯兵江夏，别有良图，非等闲可知也。"昭曰："若此，是先生言行相违也。先生自比管、乐——管仲相桓公，霸诸侯，一匡[23]天下；乐毅扶持微弱之燕，下[24]齐七十余城。此二人者，真济世之才也。先生在草庐之中，但笑傲风月，抱膝危坐。今既从事刘豫州，当为生灵[25]兴利除害，剿灭乱贼。且刘豫州未得先生之前，尚且纵横寰宇，割据城池，今得先生，人皆仰望，虽三尺童蒙，亦谓彪虎生翼，将见汉室复兴，曹氏即灭矣。朝廷旧臣，山林隐士，无不拭目而待，以为拂高天之云翳[26]，仰日月之光辉，拯民于水火之中，措天下于衽席之上[27]，在此时也。何先生自归豫州，曹兵一出，弃甲抛戈，望风而窜；上不能报刘表以安庶民，下不能辅孤子[28]而据疆土；乃弃新野，走樊城，败当阳，奔夏口，无容身之地。是豫州既得先生之后，反不如其初也。管仲、乐毅，果如是乎？愚直[29]之言，幸勿见怪！"孔明听罢，哑然而笑曰："鹏飞万里，其志岂群鸟能识哉？譬如人染沉疴[30]，当先用糜粥以饮之，和药[31]以服之；待其腑脏调和，形体渐安，然后用肉食以补之，猛药以治之，则病根尽去，人得全生也。若不待气脉和缓，便以猛药厚味，欲求安保，诚为难矣。吾主刘豫州，向日[32]军败于汝南，寄迹[33]刘表，兵不满千，将止关、张、赵云而已，此正如病势尫羸[34]已极之时也。新野山僻小县，人民稀少，粮食鲜薄，豫州不过暂借以容身，岂真将坐守于此耶？夫以甲兵不完[35]，城郭不固，军不经练，粮不继日，然而博望烧屯，白河用水，使夏侯惇、曹仁辈心惊胆裂，窃谓管仲、乐毅之用兵，未必过此。至于刘琮降操，豫州实出不知，且又不忍乘乱夺同宗之基业，此真大仁大义也。当阳之败，豫州见有数十万赴义之民[36]，扶老携幼相随，不忍弃之，日行十里，不思进取江陵，甘与同败，此亦大仁大义也。寡不敌众，胜负乃其常事。昔高皇[37]数败于项羽，而垓下一战成功，此非韩信[38]之良谋乎？夫信久事高皇，未尝累胜。盖国家大计，社稷安危，是有主谋[39]。非比夸辩之徒[40]，虚誉欺人：坐议立谈，无人可及；临机应变，百无一能，诚为天下笑耳！”这一篇言语，说得张昭并无一言回答。

座上忽一人抗声问曰：“今曹公兵屯百万，将列千员，龙骧虎视[41]，平吞江夏，公以为何如？”孔明视之，乃虞翻也。孔明曰：“曹操收袁绍蚁聚之兵，劫刘表乌合之众，虽数百万不足惧也。”虞翻冷笑曰：“军败于当阳，计穷于夏口[42]，区区[43]求救于人，而犹言‘不惧’，此真大言欺人也！”孔明曰：“刘豫州以数千仁义之师，安能敌百万残暴之众？退守夏口，所以待时也。今江东兵精粮足，且有长江之险，犹欲使其主屈膝降贼，不顾天下耻笑。由此论之，刘豫州真不惧操贼者矣！”虞翻不能对。

座间又一人问曰：“孔明欲效仪、秦[44]之舌，游说东吴耶？”孔明视之，乃步骘[45]也。孔明曰：“步子山以苏秦张仪为辩士，不知苏秦、张仪亦豪杰也。苏秦佩六国相印，张仪两次相秦，皆有匡扶人国之谋，非比畏强凌弱，惧刀避剑之人也。君等闻曹操虚发诈伪之词，便畏惧请降，敢笑苏秦、张仪乎？”步骘默然无语。

忽一人问曰：“孔明以曹操何如人也？”孔明视其人，乃薛综也。孔明答曰：“曹操乃汉贼也，又何必问？”综曰：“公言差矣。汉传世至今，天数将终。[46]今曹公已有天下三分之二，人皆归心。刘豫州不识天时，强欲与争，正如以卵击石，安得不败乎？”孔明厉声曰：“薛敬文安得出此无父无君之言乎？夫人生天地间，以忠孝为立身之本。公既为汉臣，则见有不臣之人，当誓共戮之，臣之道也。今曹操祖宗叨食汉禄，不思报效，反怀篡逆之心，天下之所共愤，公乃以天数归之，真无父无君之人也！不足与语！请勿复言！”薛综满面羞惭，不能对答。

座上又一人应声问曰：“曹操虽挟天子以令诸侯，犹是相国曹参[47]之后。刘豫州虽云中山靖王苗裔[48]，却无可稽考，眼见只是织席贩屦之夫[49]耳，何足与曹操抗衡哉！”孔明视之，乃陆绩也。孔明笑曰：“公非袁术[50]座间怀桔[51]之陆郎乎？请安坐，听吾一言。曹操既为曹相国之后，则世为汉臣矣。今乃专权肆横，欺凌君父，是不惟无君，亦且蔑祖，不惟汉室之乱臣，亦曹氏之贼子也。刘豫州堂堂帝胄[52]，当今皇帝按谱赐爵，[53]何云‘无可稽考’？且高祖起身亭长，而终有天下；织席贩屦，又何足为辱乎？公小儿之见，不足与高士共语。”陆绩语塞。

座上一人忽曰：“孔明所言，皆强词夺理，均非正论，不必再言。且请问孔明治何经典？”孔明视之，乃严畯[54]也。孔明曰：“寻章摘句，[55]世之腐儒也，何能兴邦立事？且古耕莘伊尹[56]，钓渭子牙，[57]张良、陈平之流，邓禹、耿弇[58]之辈，皆有匡扶宇宙之才，未审其生平治何经典。岂亦效书生，区区[59]于笔砚之间，数黑论黄[60]，舞文弄墨而已乎？”严畯低头丧气而不能对。

忽又一人大声曰：“公好为大言，未必真有实学，恐适为儒者所笑耳。”孔明视其人，乃汝阳程德枢也。孔明答曰：“儒有君子小人之别。君子之儒，忠君爱国，守正恶邪，[61]务使泽及当时[62]，名留后世。若夫小人之儒，惟务雕虫[63]，专工翰墨[64]；青春作赋，皓首穷经；[65]笔下虽有千言，胸中实无一策。且如扬雄[66]以文章名世，而屈身事莽，不免投阁而死，此所谓小人之儒也，虽日赋万言，亦何取哉！”程德枢不能对。众人见孔明对答如流，尽皆失色。

时座上张温、骆统二人，又欲问难。忽一人自外而入，厉声言曰：“孔明乃当世奇才，君等以唇舌相难，非敬客之礼也。曹操大军临境，不思退敌之策，乃徒斗口耶！”众视其人，乃零陵人，姓黄，名盖，字公覆，现为东吴粮官。当时黄盖谓孔明曰：“愚闻多言获利，不如默而无言。何不将金石之论为我主言之，乃与众人辩论也？”孔明曰：“诸君不知世务，互相问难，不容不答耳。”

（选自《三国演义》，人民文学出版社，2019 年）

❶ 鲁肃：字子敬，孙权的重要谋士。孔明：诸葛亮的字，刘备的谋士。玄德：刘备的字。刘琦：刘表的儿子。

❷ 柴桑：古地名，在今江西省九江市境内。

❸ 江夏：古代都名，湖北省荆州市。

❹ 体探：亲自打探。体：亲身。

❺ 檄（xí）文：古代官方用于征召、晓谕、申讨等的文书。

❻ 赍（jī）：怀着，抱着。

❼ 奉词罚罪：奉（皇帝的）命令讨有罪（的人）。

❽ 旄（máo）麾：军旗，这里指军队。

❾ 束手：捆起手来，意思是投降。

❿ 荆襄：古地名。荆：湖北省荆州市。襄：湖北省襄阳市。

⓫ 会猎：一同打猎。这里是会战的委婉说法。

⓬ 更衣：上厕所的委婉说法。

⓭ 当：如果。还乡党：送回乡里。乡党：乡里。

⓮ 累官：逐步升官。累：积累。

⓯ 南面称孤：称帝称王。古代帝王面南而坐，故有此说。

⓰ 峨冠博带：这里指戴着高帽子，束着阔衣带。

⓱ 微末之士：不重要的人士。微末：不重要的，细小的。

⓲ 管、乐（yuè）：指管仲、乐毅。管仲：名夷吾，曾相齐桓公，助其成霸业。乐毅：战国时期燕国名将。

⓳ 小可：平常，简单。

⓴ 审：知道。

㉑ 躬行：亲自实践，身体力行。

㉒ 佞（nìng）言：花言巧语。

㉓ 匡：纠正。

㉔ 下：攻取。

㉕ 生灵：指人民。

㉖ 云翳（yì）：阴暗的云。

㉗ 衽（rèn）席之上：比喻安全舒适的地方。衽、席同义，都是坐卧的铺垫物。

㉘ 孤子：指刘综。

㉙ 愚直：愚笨而耿直，自谦之词。

㉚ 沉疴（kē）：重病。

㉛ 和药：性味平和的药物。

㉜ 向日：当初。

㉝ 寄迹：寄托踪迹，立足安身的意思。

㉞ 尩羸（wāng léi）：瘦瘠，衰弱。

35 甲兵不完：武器装备不全。

36 赴义之民：向往正义的老百姓。

37 高皇：指汉高祖刘邦。

38 韩信：刘邦的重臣、将领。

39 主谋：主见。

40 夸辩之徒：言不符实、喜欢诡辩的人。

41 龙骧（xiāng）虎视：像龙一样高昂着头，像老虎一样注视着猎物。形容人的气概威武，亦比喻雄才大略。

42 夏口：古地名，今湖北省武汉市武昌区。

43 区区：小，少。这里引申为愚，傻。

44 仪、秦：指张仪、苏秦。两人都是战国时以雄辩著称的说客。

45 步骘（zhì）：孙权的主记，字子山。

46 天数将终：命中注定将要完蛋。天数：迷信的人把一切不了解的事、不能抵御的灾难都归于上天安排的命运，并称之为天数。

47 曹参：汉高祖刘邦的重臣。

48 中山靖王苗裔：中山靖王的后代。中山靖王：汉孝景皇帝第七子刘胜的封号。苗裔：后代。

49 织席贩屦（jù）之夫：织草席、卖草鞋的人。《三国演义》第一回“宴桃园豪杰三结义，斩黄巾英雄首立功”中写道：“玄德幼孤，事母至孝；家贫，贩屦织席为业。”陆绩以此讽刺刘备出身低微。

50 袁术：字公路，东汉末年军阀。

51 座间怀桔：陆绩六岁时，曾在袁术座间把三个待客的桔子藏在怀中，临走时不小心掉了出来。袁术问他时，他回答说是要带回去孝敬母亲的，这事被传为美谈。这里诸葛亮以此事来称问陆绩，暗含调侃、揶揄之意。

52 帝胄（zhòu）：古代称帝王或贵族的子孙。

53 按谱赐爵：根据宗谱，赐给爵位。事见《三国演义》第二十回。

54 严畯（jùn）：孙权的骑都尉、从事中郎。

55 寻章摘句：读书时只摘录一些漂亮词句，不深入研究。寻：找。章：篇章。摘：摘录。

56 耕莘（shēn）伊尹：在莘耕田的伊尹。莘：古国名。伊尹：名挚，商汤臣，曾佐商汤伐夏桀。

57 钓渭子牙：在渭水边上垂钓的姜子牙。

58 邓禹、耿弇（yǎn）：两人都是汉光武帝刘秀的功臣。

59 区区：这里指自得的样子。

60 数黑论黄：背后妄加评论，肆意诽谤别人。数：数落。

61 守正恶（wù）邪：坚守正道，厌弃邪恶。

62 泽及当时：当时有好处。泽：恩惠。

63 雕虫：指辞赋的雕词琢句，不切实用，有鄙薄之意。

64 翰墨：笔墨，借指诗文书画之类。

65 皓（hào）首穷经：年老发白之际还在苦苦地钻研经典。皓首：年老白头。穷经：深入研究经籍。

66 杨雄：西汉时辞赋家。在王莽的新朝做过官，曾因犯事害怕受刑而跳楼自杀，几乎摔死。

**评 析：**

在《三国演义》中，诸葛亮的超群智慧、盖世奇才是在纷纭复杂的政治、军事斗争中逐步显现出来的。如果说，“隆中决策”第一次展现了诸葛亮的战略眼光，“火烧博望”第一次展现了诸葛亮的军事艺术的话，那么“舌战群儒”便是第一次展现了诸葛亮的雄辩才能。历史上，诸葛亮确曾出使江东，说动孙权与刘备联盟，共同对抗曹操，但并无诸葛亮与孙权手下的谋士论辩的记载。元代的《三国志平话》虚构了诸葛亮会见孙权时，与张昭等东吴谋士进行战、和之争的情节，他时而高声斥责张昭等人，时而“结袍挽衣”，当众杀死曹操派来的使者，企图迫使孙权与曹操对立，《三国志平话》这一情节中对诸葛亮的描写刚武、急躁且鲁莽，缺乏雍容儒雅的名士风度。《三国演义》对这一情节进行了根本的改造，生动地展现了诸葛亮的雅量高致、从容气度和无碍辩才。

面对张昭对诸葛亮自比管仲乐毅却使刘备“即得先生之后，反不如其初也”的诘难，诸葛亮不急不躁，沉着应战。他以病重之人应当逐步调治做比喻，分析刘备失败的原因，然后以守为攻，反唇讥讽张昭等人是“坐议立谈，无人可及，临机应变，百无一能”，说得张昭“并无一言回答”。虞翻想用曹操的汹汹气势吓倒诸葛亮，没想到诸葛亮丝毫不为所动，以事实说明刘备尽管力量单薄，却并不害怕曹操。随即话锋一转，指出江东兵精粮足，且有长江之险，然而江东却“欲使其主屈膝降贼”，岂不可耻？这有力的对比，使虞翻无话可说。步骘见诸葛亮议论风发，言辞犀利，视之为像苏秦张仪那样的只会摇唇鼓舌的说客，欲以此来贬低诸葛亮。而诸葛亮接过话头，指出苏秦、张仪都堪称豪杰，二人“皆有匡扶人国之谋，非比畏强凌弱，惧刀避剑之人也”。随之又反戈一击：“君等闻曹操虚发诈伪之词，便畏惧请降，敢笑苏秦、张仪乎？”步骘自知理亏，只能“默然无语”。薛综认为汉天数将尽，曹操人心归之，而刘备与曹操争斗为不识时务，诸葛亮抓住对方立论不符合封建道统观念的要害，给予迎头痛击，证明对方真的是“无父无君”，使之狼狈不堪。陆绩吹捧曹操出身名门而刘备出身低微，以此来贬低刘备。诸葛亮抓住陆绩儿时怀橘之事讥讽他的人品，批评陆绩之论为“小儿之见”，使陆绩也为之“语塞”。严畯和程德枢则转移话题，以治经典讥讽孔明没有真才实学。对于这些无关和战大计的问题，诸葛亮也不轻易放过。他指出安邦定国的大贤士建功立业，做利国利民之事，而不是做寻章摘句、舞文弄墨之徒。“笔下虽有千言，胸中实无一策”，实在毫无价值。这番振聋发聩的见解，让严畯、程德枢“低头丧气而不能对”。

在这场唇枪舌剑的论战中，诸葛亮高屋建瓴，洞察全局，对对手的根底了如指掌，因而完全掌握了论辩的主动权，又凭借自身过人的智慧，博闻多识和非凡的外交才能，机智、应变的辩论技巧，逐个击破，使江东儒士“尽皆失色”，取得了出使江东的第一个胜利。

阅读思考

1. 分析诸葛亮与东吴儒士争论的焦点有哪些？
2. 诸葛亮是如何逐一驳倒东吴群儒的围攻的？他分别运用了哪些辩论的方法和技巧？

## 二、游　园

汤显祖

### 题解

《游园》选自《牡丹亭》第十出《惊梦》。《牡丹亭》原名《牡丹亭还魂记》，也称《还魂梦》或《牡丹亭梦》，汤显祖著。该剧讲述了官家千金杜丽娘与梦中书生柳梦梅倾心相爱，竟伤情而死，化为魂魄在现实中寻找爱人，人鬼相恋，最后起死回生，与柳梦梅永结同心的故事。该剧文辞典雅，语言秀丽，是中国戏曲史上杰出的作品之一，与《西厢记》《窦娥冤》《长生殿》（一说《西厢记》《长生殿》《桃花扇》）合称中国四大古典戏剧。

汤显祖（1550 年—1616 年），临川（今江西省抚州市）人，中国明代戏曲家、文学家。字义仍，号海若、若士、清远道人。万历十一年（1583 年）进士，历任南京太常寺博士、礼部主事、遂昌知县等职，万历二十六年（1598 年）辞官隐居故里。戏剧创作力主“意、趣、神、色”兼备，反对为拘守曲律而损害文意。作有传奇《牡丹亭》《邯郸记》《南柯记》《紫钗记》，合称《玉茗堂四梦》，以《牡丹亭》最著名。在戏曲史上，汤显祖和关汉卿、王实甫齐名，在中国乃至世界文学史上都有着重要的地位。

【绕池游】（旦上）梦回莺啭[1]，乱煞年光遍[2]。人立小庭深院。（贴）炷尽沉烟[3]，抛残绣线，[4]恁今春关情似去年[5]？

【乌夜啼】（旦）“晓来望断梅关[6]，宿妆残。（贴）你侧著宜春髻子[7]恰凭阑。（旦）翦不断，理还乱，[8]闷无端[9]。（贴）已分付催花莺燕借春看。[10]”（旦）春香，可曾叫人扫除花径?（贴）分付了。（旦）取镜台[11]衣服来。（贴取镜台衣服上）“云髻罢梳还对镜，罗衣欲换更添香。”[12]镜台衣服在此。

【步步娇】（旦）袅晴丝[13]吹来闲庭院，摇漾春如线。停半晌、整花钿[14]。没揣[15]菱花[16]，偷人半面，迤逗的彩云偏。[17]（行介[18]）步香闺[19]怎便把全身现！（贴）今日穿插的好。

【醉扶归】（旦）你道翠生生出落的裙衫儿茜[20]，艳晶晶花簪八宝填[21]，可知我常一生儿爱好是天然[22]。恰三春好处[23]无人见。不提防沉鱼落雁鸟惊喧，则怕的羞花闭月花愁颤。（贴）早茶时了，请行。（行介）你看：“画廊金粉半零星，池馆苍苔一片青。踏草怕泥新绣袜，惜花疼煞小金铃。[24]”（旦）不到园林，怎知春色如许！

【皂罗袍】原来姹紫嫣红[25]开遍，似这般都付与断井颓垣。良辰美景奈何天，赏心乐事谁家院！[26]恁般景致，我老爷和奶奶再不提起。（合）朝飞暮卷，[27]云霞翠轩；[28]雨丝风片，烟波画船——锦屏人忒看的这韶光贱[29]！（贴）是[30]花都放了，那牡丹还早。

【好姐姐】（旦）遍青山啼红了杜鹃[31]，荼蘼外烟丝醉软[32]。春香呵，牡丹虽好，他春归怎占的先！（贴）成对儿莺燕啊。（合）闲凝眄[33]，生生燕语明如翦[34]，呖呖[35]莺歌溜的圆。（旦）去罢。（贴）这园子委[36]是观之不足也。（旦）提他怎的！（行介）

【隔尾】观之不足由他缱[37]，便赏遍了十二亭台[38]是枉然。倒不如兴尽回家闲过遣[39]。（作到介）（贴）"开我西阁门，展我东阁床。[40]瓶插映山紫[41]，炉添沉水香。"小姐，你歇息片时，俺瞧老夫人去也。（下）

（选自《牡丹亭》，人民文学出版社，2018 年）

---

1. 啭（zhuàn）：婉转动听的鸣叫声。
2. 乱煞：缭乱，即令人眼花缭乱的意思。年光：春光。
3. 炷：燃，烧。沉烟：指沉水香，一种放入香炉的熏香料。
4. 抛残绣线：抛开刺绣所剩丝线。
5. 恁：怎么，为什么。关情：牵动人心的情致，即春情。似：超过，胜过。
6. 梅关：指大庾岭。宋代曾在此设有梅关。位于本剧发生地南安府以南。
7. 宜春髻子：相传古代女子在立春这天，将绸丝剪作燕子状，上贴"宜春"二字，戴在头上。这里指春妆发型。
8. "翦不断"二句：出自南唐后主李煜词《相见欢》，表现心情的烦躁不安。
9. 无端：无故。
10. "已分付"句：莺燕唤来春天，也与春天为伴。现吩咐莺燕稍稍徘徊，把春天多留一会儿，表达惜春的心情。分付：同"吩咐"。
11. 镜台：古代女子的梳妆台。
12. "云髻"二句：出自唐代诗人薛逢的《宫词》，这里是说杜丽娘有意打扮。更添香：再薰一遍香水。
13. 袅（niǎo）：即袅袅，轻柔飘忽的样子。晴丝：即游丝，昆虫所吐的丝缕，春天晴朗天气尤为多见。又有谐音"情思"之意。
14. 花钿（diàn）：头饰。
15. 没揣：没想到，不料想。
16. 菱花：指菱花镜，古代铜镜名。菱花镜多为六角形或背面刻有菱花。
17. "迤（yǐ）逗"句：此句与前面两句连起来，意为杜丽娘不经意间被镜子照见了自己，羞涩地把头发也弄偏了。迤逗：挑逗，招惹。彩云：这里指妆饰美丽的发型。
18. 介：明传奇中表示演员在台上的动作。
19. 步香闺：在闺房里来回走动。
20. 翠生生：色彩鲜丽。出落的：显得，衬托得。茜（qiàn）：茜红色。
21. 艳晶晶：光彩灿烂。花簪八宝填：各种宝石镶嵌的簪子。
22. 爱好是天然：爱美出自天性。
23. 三春好处：即春天的美好景色。三春：春天分为孟春、仲春、季春。此句以美好春光喻指自己的青春美貌。
24. "惜花"句：《开元天宝遗事》云，"天宝初，宁王……至春时，于后园中纫红丝为绳，密缀金铃，系于花梢之上。每有鸟鹊翔集，则令园吏掣铃索以警之。盖惜花之故也。"这里袭用其意，是说因为爱花，频繁扯动丝绳，使小金铃都感到疼痛了。极言惜花心情的深切。
25. 姹（chà）紫嫣红：花色鲜艳明丽之状。

26 “良辰”二句：南朝宋谢灵运《拟魏太子邺中集诗八首》序云，“天下良辰美景，赏心乐事，四者难并。”奈何天：表示无可奈何的极度郁闷的心情。
27 朝飞暮卷：形容轩阁的高旷。语出唐代诗人王勃《滕王阁诗》：“画栋朝飞南浦云，朱帘暮卷西山雨。”这里借用王勃诗意，连同以下三句，多侧面地描写花园景致。
28 云霞翠轩：云霞辉映着华美的轩阁。
29 锦屏人：深居闺房之人。锦屏：闺房中隔离外界的画屏。忒（tè）：太。韶光：美好春光。
30 是：凡是，所有的。
31 啼红了杜鹃：传说中杜鹃昼夜鸣啼而泣血，血变而为花，故称杜鹃花。
32 荼蘼（tú mí）：花的一种，晚春开花。烟丝：柳丝。
33 凝眄（miǎn）：注视。
34 生生：脆生。翦（jiǎn）：同“剪”。这句是以剪刀剪东西时的声音状写燕鸣之声的清脆明快。
35 呖呖：形容黄莺鸣叫之声的圆润婉转。
36 委：确实。
37 缱（qiǎn）：留恋。
38 十二亭台：泛指园中景物。
39 过遣：消磨时光。遣：消遣的意思。
40 “开我西阁门”二句：化用《木兰诗》中的句子。《木兰诗》云：“开我东阁门，坐我西阁床。”
41 映山紫：映山红，杜鹃花的一种。

**评 析：**

《游园》是《牡丹亭》中塑造杜丽娘形象的关键情节，当她来到园中，“姹紫嫣红”的春色唤醒了她内心的青春，表现了她热爱自然、珍惜青春、热烈追求美好爱情的性格特点。

作者在《游园》中细致地刻画了杜丽娘在美好的自然春光的感染下复杂的心理活动。这一部分由七支曲子组成。其中，【绕池游】 写杜丽娘对深闺内院寂寞生活的厌倦，又因春光撩人，对青春向往的心态；【步步娇】 写杜丽娘游园前对镜梳妆时的内心活动；【醉扶归】 写杜丽娘梳妆完毕，春香夸她打扮得好而引出丽娘顾影自怜的神态，以及正值青春却又无人赏识的孤单情怀；【皂罗袍】 唱出了女主人公在春色感召下产生的心灵震颤；【好姐姐】 杜丽娘通过对具体景物的感慨，进一步抒发了哀怨之情；【隔尾】 展现了杜丽娘深深的无奈之情。

【皂罗袍】 是《游园》的核心曲词，描写的是杜丽娘走进花园观赏花园美景后的感受。作者将“姹紫嫣红”的迷人春色与“断井颓垣”的荒废景象形成鲜明的对照，杜丽娘从“姹紫嫣红”中看到了自己青春的生命，而“断井颓垣”又使她百感交集。“断井颓垣”正象征着阴冷的生活环境，如此明媚的春光竟被辜负，自己美丽的青春也只能在深闺中埋没，杜丽娘面对良辰美景，却无赏心乐事，只有寂寞苦闷、无限哀怨。“朝飞暮卷，云霞翠轩，雨丝风片，烟波画船。”杜丽娘从狭小的园内扩展到寥廓的境界，由近观到远眺，这正是女主人公心所向往的广阔天地。最后感叹这“锦屏人忒看的这韶光贱!”这既是春心的萌动，更是追求美好生活和自由人生的觉醒。“锦屏人”是指像杜丽娘那样的深闺中人，以前都不知道春光如此可贵，让它白白地流逝了，这既是自怨自艾，也是杜丽娘对不容许她珍视春光的人们的不满。杜丽娘借此把矛头直指向了父母——封建礼教的代表。杜丽娘通过对春光的欣赏和叹惜，透露了她对爱情的苦闷。作者把抒情、写景和刻画人物心理活动非常巧妙成功地结合起来了。

《游园》细致地将杜丽娘的心理过程一层层剖析分明：杜丽娘清晨醒来的慵懒、想到游园时的愉悦、梳洗打扮迎接春天的急切、观赏自己的娇柔、踏出闺门的激动、处在春景中的骄傲、迈进花园的感叹、看到残垣断壁的感慨、感叹时空的流逝、辜负大好时光的感伤、消磨时光的无奈，作者一步步把杜丽娘的情绪推向高潮。这也预示着《惊梦》的必然性，在现实之中只能含蓄抒发的情感终于在梦中得到酣畅淋漓的表露。

《牡丹亭》突出的艺术成就之一是情景交融，作者对人物心理的描写惟妙惟肖，把人物内心无法外露的情感寄托到景物描写当中。作者紧紧扣住大自然美好春光对杜丽娘心灵的启示和情感的震撼，细致入微地刻画出她的形象，特别是【步步娇】【醉扶归】【皂罗袍】三支曲子，作者通过描写人物观赏景物时的思绪，写出人物对景物的感受，景中情、情中景浑然一体，达到炉火纯青的地步。

### 阅读思考

1. 杜丽娘与崔莺莺的形象有什么不同?
2. 【皂罗袍】曲子广被吟咏，试分析这一曲子妙在何处?

## 三、林黛玉进贾府

曹雪芹

### 题解

红楼梦之以花喻人

《林黛玉进贾府》选自《红楼梦》第三回《贾雨村夤缘复旧职　林黛玉抛父进京都》。《红楼梦》是中国古代章回体长篇小说，其通行本共120回，一般认为前80回是清代作家曹雪芹所著，后40回为高鹗补续。小说以贾、史、王、薛四大家族的兴衰为背景，以大荒山青埂峰下顽石幻化的通灵宝玉的视角，以贾宝玉与林黛玉、薛宝钗的爱情悲剧为主线，描绘了闺阁佳人的人生百态，展现了真正的人性美和悲剧美，是一部从各个角度展现中国古代社会百态的史诗性著作。

曹雪芹（约1715年—约1763年），名霑，字梦阮，号雪芹、芹圃、芹溪。先祖原是汉人，但很早就成了正白旗内务府的“包衣”（满语，奴隶之意），入了满籍。从他曾祖曹玺开始，祖父曹寅、伯父曹颙、父亲曹頫三代世袭江宁织造的官职。在康熙朝，曹家是非常显赫的贵族世家。雍正五年(1727年)，父亲获罪革职，全部家产被查抄，曹家从此败落。曹雪芹晚年为生活所迫，靠卖画度日，终因爱子夭折感伤成疾，年不及五十岁而卒。

且说黛玉自那日弃舟登岸时，便有荣国府打发了轿子并拉行李的车辆久候了。这林黛玉常听得母亲说过，他外祖母家与别家不同。他近日所见的这几个三等仆妇，吃穿用度，已是不凡了，何况今至其家。因此步步留心，时时在意，不肯轻易多说一句话，多行一步路，惟恐被人耻笑了他去。

自上了轿，进入城中，从纱窗向外瞧了一瞧，其街市之繁华，人烟之阜盛[1]，自与别处不同。又行了半日，忽见街北蹲着两个大石狮子，三间兽头大门，门前列坐着十来个华冠丽服之人。正门却不开，只有东西两角门有人出入。正门之上有一匾，匾上大书“敕造[2]宁国府”五个大字。黛玉想道：这必是外祖之长房了。想着，又往西行，不多远，照样也是三间大门，方是荣国府了。却不进正门，只进了西边角门。那轿夫抬进去，走了一射之地[3]，将转弯时，便歇下退出去了。后面的婆子们已都下了轿，赶上前来。另换了三四个衣帽周全十七八岁的小厮上来，复抬起轿子。众婆子步下围随至一垂花门前落下。众小厮退出，众婆子上来打起轿帘，扶黛玉下轿。林黛玉扶着婆子的手，进了垂花门[4]，两边是抄手游廊[5]，当中是穿堂[6]，当地放着一个紫檀架子大理石的大插屏[7]。转过插屏，小小的三间厅，厅后就是后面的正房大院。正面五间上房，皆雕梁画栋，两边穿山游廊[8]厢房，挂着各色鹦鹉、画眉等鸟雀。台矶之上，坐着几个穿红着绿的丫头，一见他们来了，便忙都笑迎上来，说：“刚才老太太还念呢，可巧就来了。”于是三四人争着打起帘笼，一面听得人回话：“林姑娘到了。”

黛玉方进入房时，只见两个人搀着一位鬓发如银的老母迎上来，黛玉便知是他外祖母。方欲拜见时，早被他外祖母一把搂入怀中，心肝儿肉叫着大哭起来。当下地下侍立之人，无不掩面涕泣，黛玉也哭个不住。一时众人慢慢解劝住了，黛玉方拜见了外祖母。——此即冷子兴所云之史氏太君，贾赦贾政之母也。当下贾母一一指与黛玉：“这是你大舅母；这是你二舅母；这是你先珠大哥的媳妇珠大嫂子[9]。”黛玉一一拜见过。贾母又说：“请姑娘们来。今日远客才来，可以不必上学去了。”众人答应了一声，便去了两个。

不一时，只见三个奶嬷嬷并五六个丫鬟，簇拥着三个姊妹来了。第一个肌肤微丰，合中身材，腮凝新荔，鼻腻鹅脂，温柔沉默，观之可亲。第二个削肩细腰，长挑身材，鸭蛋脸面，俊眼修眉，顾盼神飞，文彩精华，见之忘俗。第三个身量未足，形容[10]尚小。其钗环裙袄，三人皆是一样的妆饰。黛玉忙起身迎上来见礼，互相厮认过，大家归了坐。丫鬟们斟上茶来。不过说些黛玉之母如何得病，如何请医服药，如何送死发丧。不免贾母又伤感起来，因说：“我这些儿女，所疼者独有你母，今日一旦先舍我而去，连面也不能一见，今见了你，我怎不伤心！”说着，搂了黛玉在怀，又呜咽起来。众人忙都宽慰解释，方略略止住。

众人见黛玉年貌虽小，其举止言谈不俗，身体面庞虽怯弱不胜，却有一段自然的风流[11]态度[12]，便知他有不足之症[13]。因问：“常服何药，如何不急为疗治？”黛玉道：“我自来是如此，从会吃饮食时便吃药，到今日未断，请了多少名医修方配药，皆不见效。那一年我三岁时，听得说来了一个癞头和尚，说要化我去出家，我父母固是不从。他又说：‘既舍不得他，但只怕他的病一生也不能好的了。若要好时，除非从此以后总不许见哭声；除父母之外，凡有外姓亲友之人，一概不见，方可平安了此一世。’疯疯癫癫，说了这些不经之谈[14]，也没人理他。如今还是吃人参养荣丸。”贾母道：“正好，我这里正配丸药呢。叫他们多配一料就是了。”

一语未了，只听后院中有人笑声，说：“我来迟了，不曾迎接远客！”黛玉纳罕道：“这些人个个皆敛声屏气，恭肃严整如此，这来者系谁，这样放诞[15]无礼？”心下想时，只见一群媳妇丫鬟围拥着一个人从后房门进来。这个人打扮与众姑娘不同，彩绣辉煌，恍若神妃仙子：头上戴着金丝八宝攒珠髻[16]，绾着朝阳五凤挂珠钗[17]；项上带着赤金盘螭璎珞圈[18]；裙边系着豆绿宫绦、双衡比目玫瑰佩[19]；身上穿着缕金百蝶穿花大红洋缎窄褙袄[20]，外罩五彩刻丝石青银鼠褂[21]；下着翡翠撒花洋绉裙[22]。一双丹凤三角眼[23]，两弯柳叶吊梢眉[24]，身量苗条，体格风骚[25]，粉面含春威不露，丹唇未启笑先闻。黛玉连忙起身接见。贾母笑道："你不认得他，他是我们这里有名的一个泼皮破落户儿[26]，南省俗谓作'辣子'，你只叫他'凤辣子'就是了。"黛玉正不知以何称呼，只见众姊妹都忙告诉他道："这是琏嫂子。"黛玉虽不识，也曾听见母亲说过，大舅贾赦之子贾琏，娶的就是二舅母王氏之内侄女，自幼假充男儿教养的，学名王熙凤。黛玉忙陪笑见礼，以"嫂"呼之。这熙凤携着黛玉的手，上下细细打谅[27]了一回，仍送至贾母身边坐下，因笑道："天下真有这样标致的人物，我今儿才算见了！况且这通身的气派，竟不像老祖宗的外孙女儿，竟是个嫡亲的孙女，怨不得老祖宗天天口头心头一时不忘。只可怜我这妹妹这样命苦，怎么姑妈偏就去世了！"说着，便用帕试泪。贾母笑道："我才好了，你倒来招我。你妹妹远路才来，身子又弱，也才劝住了，快再休提前话。"这熙凤听了，忙转悲为喜道："正是呢！我一见了妹妹，一心都在他身上了，又是喜欢，又是伤心，竟忘记了老祖宗。该打，该打！"又忙携黛玉之手，问；"妹妹几岁了？可也上过学？现吃什么药？在这里不要想家，想要什么吃的、什么玩的，只管告诉我；丫头老婆们不好了，也只管告诉我。"一面又问婆子们："林姑娘的行李东西可搬进来了？带了几个人来？你们赶早打扫两间下房，让他们去歇歇。"

说话时，已摆了茶果上来。熙凤亲为捧茶捧果。又见二舅母问他："月钱[28]放过了不曾？"熙凤道："月钱已放完了。才刚带着人到后楼上找缎子，找了这半日，也并没有见昨日太太说的那样的，想是太太记错了？"王夫人道："有没有，什么要紧。"因又说道："该随手拿出两个来给你这妹妹去裁衣裳的，等晚上想着叫人再去拿罢，可别忘了。"熙凤道："这倒是我先料着了，知道妹妹不过这两日到的，我已预备下了，等太太回去过了目好送来。"王夫人一笑，点头不语。

当下茶果已撤，贾母命两个老嬷嬷带了黛玉去见两个母舅。时贾赦之妻邢氏忙亦起身，笑回道："我带了外甥女过去，倒也便宜[29]。"贾母笑道："正是呢，你也去罢，不必过来了。"邢夫人答应了一声"是"字，遂带了黛玉与王夫人作辞，大家送至穿堂前。出了垂花门，早有众小厮们拉过一辆翠幄青绸车[30]，邢夫人携了黛玉，坐在上面，众婆子们放下车帘，方命小厮们抬起，拉至宽处，方驾上驯骡，亦出了西角门，往东过荣府正门，便入一黑油大门中，至仪门[31]前方下来。众小厮退出，方打起车帘，邢夫人搀着黛玉的手，进入院中。黛玉度其房屋院宇，必是荣府中花园隔断过来的。进入三层仪门，果见正房厢庑[32]游廊，悉皆小巧别致，不似方才那边轩峻壮丽；且院中随处之树木山石皆在。一时进入正室，早有许多盛妆丽服之姬妾丫鬟迎着，邢夫人让黛玉坐了，一面命人到外面书房去请贾赦。一时人来回话说："老爷说了：'连日身上不好，见了姑娘彼此倒伤心，暂且不忍相见。劝姑娘不要伤心想家，跟着老太太和舅母，即同家里一样。姊妹们虽拙，大家一处伴着，亦可以解些烦闷。或有委屈之处，只管说得，不要外道才是。'"黛玉忙站起来，一一听了。再坐一刻，便告辞。邢夫人苦留吃过晚饭去，黛玉笑回道："舅母爱惜赐饭，原不应辞，只是还要过去拜见二舅舅，恐领了赐去不恭，异日再领，未为不可。望舅母容谅。"邢夫人听说，笑道："这倒是了。"遂令两三个嬷嬷用方才的车好生送了姑娘过去。于是黛玉告辞。邢夫人送至仪门前，又嘱咐了众人几句，眼看着车去了方回来。

一时黛玉进了荣府，下了车。众嬷嬷引着，便往东转弯，穿过一个东西的穿堂，向南大厅之后，仪门内大院落，上面五间大正房，两边厢房鹿顶耳房钻山，[33]四通八达，轩昂壮丽，比贾母处不同。黛玉便知这方是正经正内室，一条大甬路，直接出大门的。进入堂屋中，抬头迎面先看见一个赤金九龙青地大匾，匾上写着斗大的三个大字，是"荣禧堂"，后有一行小字："某年月日，书赐荣国公贾源[34]"，又有"万几宸翰之宝"[35]。大紫檀雕螭案上，设着三尺来高青绿古铜鼎，悬着待漏随朝墨龙大画[36]，一边是金蜼彝[37]，一边是玻璃𥫗[38]。地下两溜十六张楠木交椅，又有一副对联，乃乌木联牌，镶着錾银[39]的字迹，道是：

座上珠玑昭日月，堂前黼黻焕烟霞。[40]

下面一行小字，道是：“同乡世教弟勋袭东安郡王穆莳拜手书”。

原来王夫人时常居坐宴息，亦不在这正室，只在这正室东边的三间耳房内。于是老嬷嬷引黛玉进东房门来。临窗大炕上铺着猩红洋罽[41]，正面设着大红金钱蟒靠背，石青金钱蟒引枕[42]，秋香色[43]金钱蟒大条褥。两边设一对梅花式洋漆小几。左边几上文王鼎匙箸香盒[44]；右边几上汝窑美人觚[45]——觚内插着时鲜花卉，并茗碗痰盒等物。地下面西一溜四张椅上，都搭着银红撒花椅搭[46]，底下四副脚踏。椅之两边，也有一对高几，几上茗碗瓶花俱备。其余陈设，自不必细说。老嬷嬷们让黛玉炕上坐，炕沿上却有两个锦褥对设，黛玉度其位次，便不上炕，只向东边椅子上坐了。本房内的丫鬟忙捧上茶来。黛玉一面吃茶，一面打谅这些丫鬟们，妆饰衣裙，举止行动，果亦与别家不同。

茶未吃了，只见一个穿红绫袄青缎掐牙[47]背心的丫鬟走来笑说道：“太太说，请林姑娘到那边坐罢。”老嬷嬷听了，于是又引黛玉出来，到了东廊三间小正房内。正房炕上横设一张炕桌，桌上磊着[48]书籍茶具，靠东壁面西设着半旧的青缎背引枕。王夫人却坐在西边下首，亦是半旧的青缎靠背坐褥。见黛玉来了，便往东让。黛玉心中料定这是贾政之位。因见挨炕一溜三张椅子上，也搭着半旧的弹墨椅袱[49]，黛玉便向椅上坐了。王夫人再四携他上炕，他方挨王夫人坐了。王夫人因说：“你舅舅今日斋戒去了，再见罢。只是有一句话嘱咐你：你三个姊妹倒都极好，以后一处念书认字学针线，或是偶一顽笑，都有尽让的。但我不放心的最是一件：我有一个孽根祸胎，是家里的‘混世魔王’，今日因庙里还愿去了，尚未回来，晚间你看见便知了。你只以后不要睬他，你这些姊妹都不敢沾惹他的。”

黛玉亦常听得母亲说过，二舅母生的有个表兄，乃衔玉而诞，顽劣异常，极恶读书，最喜在内帏[50]厮混；外祖母又极溺爱，无人敢管。今见王夫人如此说，便知说的是这表兄了。因陪笑道：“舅母说的，可是衔玉所生的这位哥哥？在家时亦曾听见母亲常说，这位哥哥比我大一岁，小名就唤宝玉，虽极憨顽，说在姊妹情中极好的。况我来了，自然只和姊妹同处，兄弟们自是别院另室的，岂得去沾惹之理？”王夫人笑道：“你不知道原故：他与别人不同，自幼因老太太疼爱，原系同姊妹们一处娇养惯了的。若姊妹们有日不理他，他倒还安静些，纵然他没趣，不过出了二门，背地里拿着他两个小幺[51]儿出气，咕唧一会子就完了。若这一日姊妹们和他多说一句话，他心里一乐，便生出多少事来。所以嘱咐你别睬他。他嘴里一时甜言蜜语，一时有天无日，一时又疯疯傻傻，只休信他。”

黛玉一一的都答应着。只见一个丫鬟来回：“老太太那里传晚饭了。”王夫人忙携黛玉从后房门由后廊往西，出了角门，是一条南北宽夹道。南边是倒座[52]三间小小的抱厦厅[53]，北边立着一个粉油大影壁，后有一半大门，小小一所房室。王夫人笑指向黛玉道：“这是你凤姐姐的屋子，回来你好往这里找他来，少什么东西，你只管和他说就是了。”这院门上也有四五个才总角[54]的小厮，都垂手侍立。王夫人遂携黛玉穿过一个东西穿堂，便是贾母的后院了。于是，进入后房门，已有多人在此伺候，见王夫人来了，方安设桌椅。贾珠之妻李氏捧饭，熙凤安箸，王夫人进羹。贾母正面榻上独坐，两边四张空椅，熙凤忙拉了黛玉在左边第一张椅上坐了，黛玉十分推让。贾母笑道：“你舅母你嫂子们不在这里吃饭。你是客，原应如此坐的。”黛玉方告了座，坐了。贾母命王夫人坐了。迎春姊妹三个告了座方上来。迎春便坐右手第一，探春左第二，惜春右第二。旁边丫鬟执着拂尘[55]、漱盂、巾帕。李、凤二人立于案旁布让[56]。外间伺候之媳妇丫鬟虽多，却连一声咳嗽不闻。寂然饭毕，各有丫鬟用小茶盘捧上茶来。当日林如海教女以惜福养身，云饭后务待饭粒咽尽，过一时再吃茶，方不伤脾胃。今黛玉见了这里许多事情不合家中之式，不得不随的，少不得一一改过来，因而接了茶。早见人又捧过漱盂来，黛玉也照样漱了口。盥手毕，又捧上茶来，这方是吃的茶。贾母便说："你们去罢，让我们自在说话儿。"王夫人听了，忙起身，又说了两句闲话，方引凤、李二人去了。贾母因问黛玉念何书。黛玉道："只刚念了《四书》。"黛玉又问姊妹们读何书。贾母道："读的是什么书，不过是认得两个字，不是睁眼的瞎子罢了！"

一语未了，只听外面一阵脚步响，丫鬟进来笑道："宝玉来了！"黛玉心中正疑惑着："这个宝玉，不知是怎生个惫懒[57]人物，懵懂顽童？"——倒不见那蠢物也罢了。[58]心中想着，忽见丫鬟话未报完，已进来了一位年轻的公子：头上戴着束发嵌宝紫金冠[59]，齐眉勒着二龙抢珠金抹额[60]，穿一件二色金百蝶穿花大红箭袖[61]，束着五彩丝攒花结长穗宫绦[62]，外罩石青起花八团倭缎排穗褂[63]，登着青缎粉底小朝靴[64]。面若中秋之月，色如春晓之花，鬓若刀裁，眉如墨画，面如桃瓣，目若秋波。虽怒时而若笑，即瞋视而有情。项上金螭璎珞，又有一根五色丝绦，系着一块美玉。黛玉一见，便吃一大惊，心下想道："好生奇怪，倒像在那里见过一般，何等眼熟到如此！"只见这宝玉向贾母请了安[65]，贾母便命："去见你娘来。"宝玉即转身去了。一时回来，再看已换了冠带：头上周围一转的短发，都结成小辫，红丝结束，共攒至顶中胎发，总编一根大辫，黑亮如漆，从顶至梢，一串四颗大珠，用金八宝坠角[66]；身上穿着银红撒花半旧大袄，仍旧带着项圈、宝玉、寄名锁[67]、护身符[68]等物；下面半露松花撒花绫裤腿，锦边弹墨袜，厚底大红鞋。越显得面如敷粉，唇若施脂；转盼多情，语言常笑。天然一段风骚，全在眉梢；平生万种情思，悉堆眼角。看其外貌最是极好，却难知其底细。后人有《西江月》[69]二词，批宝玉极恰，其词曰：

无故寻愁觅恨，有时似傻如狂。纵然生得好皮囊[70]，腹内原来草莽。潦倒不通世务，愚顽怕读文章。行为偏僻[71]性乖张[72]，那管世人诽谤！

富贵不知乐业，贫穷难耐凄凉。可怜辜负好韶光，[73]于国于家无望。天下无能第一，古今不肖无双。寄言纨袴与膏粱，莫效此儿形状！[74]

贾母因笑道："外客未见，就脱了衣裳，还不去见你妹妹！"宝玉早已看见多了一个姊妹，便料定是林姑妈之女，忙来作揖。厮见毕归坐，细看形容，与众各别：两弯似蹙非蹙罥烟眉[75]，一双似喜非喜含情目。态生两靥之愁，娇袭一身之病。[76]泪光点点，娇喘微微。闲静时如姣花照水，行动处似弱柳扶风。心较比干多一窍，病如西子胜三分。[77]宝玉看罢，因笑道："这个妹妹我曾见过的。"贾母笑道："可又是胡说，你又何曾见过他？"宝玉笑道："虽然未曾见过他，然我看着面善，心里就算是旧相识，今日只作远别重逢，亦未为不可。"贾母笑道："更好，更好，若如此，更相和睦了。"宝玉便走近黛玉身边坐下，又细细打量一番，因问："妹妹可曾读书？"黛玉道："不曾读，只上了一年学，些须[78]认得几个字。"宝玉又道："妹妹尊名是那两个字？"黛玉便说了名。宝玉又问表字。黛玉道："无字。"宝玉笑道："我送妹妹一妙字，莫若'颦颦'二字极妙。"探春便问何出。宝玉道："《古今人物通考》[79]上说：'西方有石名黛，可代画眉之墨。'况这林妹妹眉尖若蹙，用取这两个字，岂不两妙！"探春笑道："只恐又是你的杜撰。"宝玉笑道："除《四书》外，杜撰的太多，偏只我是杜撰不成？"又问黛玉："可也有玉没有？"众人不解其语，黛玉便忖度着因他有玉，故问我有也无，因答道："我没有那个。想来那玉是一件罕物，岂能人人有的。"宝玉听了，登时发作起痴狂病来，摘下那玉，就狠命摔去，骂道："什么罕物，连人之高低不择，还说'通灵'不

‘通灵’呢！我也不要这劳什子了！”吓的众人一拥争去拾玉。贾母急的搂了宝玉道：“孽障！你生气，要打骂人容易，何苦摔那命根子！”宝玉满面泪痕泣道：“家里姐姐妹妹都没有，单我有，我说没趣；如今来了这么一个神仙似的妹妹也没有，可知这不是个好东西。”贾母忙哄他道：“你这妹妹原有这个来的，因你姑妈去世时，舍不得你妹妹，无法处，遂将他的玉带了去了：一则全殉葬之礼，尽你妹妹之孝心；二则你姑妈之灵，亦可权作见了女儿之意。因此他只说没有这个，不便自己夸张之意。你如今怎比得他？还不好生慎重带上，仔细[80]你娘知道了。”说着，便向丫鬟手中接来，亲与他带上。宝玉听如此说，想一想大有情理，也就不生别论了。

当下，奶娘来请问黛玉之房舍。贾母说：“今将宝玉挪出来，同我在套间[81]暖阁儿[82]里，把你林姑娘暂安置碧纱橱[83]里。等过了残冬，春天再与他们收拾房屋，另作一番安置罢。”宝玉道：“好祖宗，我就在碧纱厨外的床上很妥当，何必又出来闹的老祖宗不得安静。”贾母想了一想说：“也罢了。”每人一个奶娘并一个丫头照管，余者在外间上夜听唤。一面早有熙凤命人送了一顶藕合色花帐，并几件锦被缎褥之类。

黛玉只带了两个人来：一个是自幼奶娘王嬷嬷，一个是十岁的小丫头，亦是自幼随身的，名唤作雪雁。贾母见雪雁甚小，一团孩气，王嬷嬷又极老，料黛玉皆不遂心省力的，便将自己身边的一个二等丫头，名唤鹦哥者与了黛玉。外亦如迎春等例，每人除自幼乳母外，另有四个教引嬷嬷[84]，除贴身掌管钗钏盥沐两个丫鬟外，另有五六个洒扫房屋来往使役的小丫鬟。当下，王嬷嬷与鹦哥陪侍黛玉在碧纱橱内。宝玉之乳母李嬷嬷，并大丫鬟名唤袭人者，陪侍在外面大床上。

（选自《红楼梦》，人民文学出版社，2022 年）

---

❶ 阜盛：兴盛。

❷ 敕（chì）造：奉皇帝之命建造。敕：本来是通用于长官对下属，长辈对晚辈的用语，南北朝以后作为皇帝发布诏令的专称。

❸ 一射之地：就是一箭之地，大约 150 步。

❹ 垂花门：旧式住宅在二门的上头修建像房屋顶样的盖，四角有下垂的短柱，柱端雕花彩绘，这种门叫垂花门。

❺ 抄手游廊：院门内两侧环抱的走廊。

❻ 穿堂：宅院中，坐落在前后两个院落之间可以穿行的厅堂。

❼ 大插屏：放在穿堂中的大屏风，除做装饰外，还可以遮蔽视线，以免进入穿堂就直见正房。

❽ 穿山游廊：从山墙开门接起的游廊。山：指房子两侧的墙，形状如山，俗称山墙。

❾ 先珠大哥的媳妇珠大嫂子：指贾政已去世的儿子贾珠之妻李纨。先：对去世者的尊称。

❿ 形容：形体容貌。

⓫ 风流：风韵。

⓬ 态度：言谈举止所表现的神态。

⓭ 不足之症：中医的病症名，指由身体虚弱引起的病症，如脾胃虚弱，叫中气不足；气血虚弱，叫正气不足。

⓮ 不经之谈：荒诞的、没有根据的话。

⓯ 放诞：行为放纵，不守规矩。

⓰ 金丝八宝攒珠髻：用金丝穿绕珍珠并镶嵌八宝制成的珠花的发髻。攒：凑聚。用金丝或银丝把珍珠穿扭成各种花样叫“攒珠花”。

⓱ 朝阳五凤挂珠钗：一种长钗，钗上分出五股，每股一只凤凰，口衔一串珍珠。

⑱ 螭（chī）：古代传说中无角的龙。璎珞：连缀起来的珠玉。圈：项圈。

⑲ 衡：佩玉上部的小横杠，用以系饰物。比目玫瑰佩：用玫瑰色的玉片雕琢成的双鱼形的玉佩。

⑳ 缕金百蝶穿花大红洋缎窄裉（kèn）袄：指在大红洋缎的衣面上用金线绣成百蝶穿花图案的紧身袄。裉：同"裉"。

㉑ 五彩刻丝石青银鼠褂：石青色的衣面上有彩色刻丝，衣里是银鼠皮的褂子。刻丝：在丝织品上用丝平织成的图案，与凸出的绣花不同。

㉒ 翡翠：翠绿色。撒花：在绸缎上用散碎小花点组成的花样或图案。

㉓ 丹凤三角眼：俗称丹凤眼，眼角向上微翘。

㉔ 柳叶吊梢眉：形容眉梢斜飞入鬓的样子。

㉕ 风骚：这里指姿容俏丽。

㉖ 泼皮破落户儿：原指没有正当生活来源的无赖，这里形容凤姐的泼辣，是戏谑的称呼。

㉗ 打谅：同"打量"。

㉘ 月钱：旧时富户大家每月按等级发给家中人等的零用钱。

㉙ 便（biàn）宜：这里是方便的意思。

㉚ 翠幄（wò）青绸车：用粗厚的绿色绸类作车帐，用青色绸作车帘的车桥。

㉛ 仪门：明清两代将官署大门之内的门称为仪门。一说，官署的旁门也可称为仪门。

㉜ 庑（wǔ）：正房对面和两侧的小屋子。

㉝ 两边厢房鹿顶耳房钻山：两边的厢房用钻山的方式与鹿顶的耳房相连接。鹿顶：单独用时指平屋顶。耳房：连接正房两侧的小房子。钻山：指山墙上开门或者开洞，与相邻的房子或者游廊相接。

㉞ 贾源：贾代善之父，贾赦、贾政、贾敏的祖父，贾琏、贾宝玉、贾环等的曾祖父。贾源因功受封荣国公，和其兄宁国公贾演共同开创了贾府的百年基业。

㉟ 万几宸（chén）翰之宝：这是皇帝印章上的文字。万几：同"万机"，就是万事，形容皇帝政务繁多，日理万机。宸翰：皇帝的笔迹。宸：北宸，即北极星，代指皇帝。翰：墨迹，书法。宝：皇帝的印玺。

㊱ 待漏：封建时代大臣要在五更前到朝房里等待上朝的时刻。漏：铜壶滴漏，古代计时器，代指时间。随朝：按照大臣的班列朝见皇帝。墨龙大画：巨龙在云雾海潮中隐现的大幅水墨画，旧时以龙象征皇帝，画中之"潮"与朝见的"朝"谐音，隐喻朝见君王。

㊲ 金蜼彝（wěi yí）：原为有蜼形图案的青铜祭器，后作贵重陈设品。蜼：一种长尾猿。彝：古代青铜器中礼器的通称。

㊳ 盒（hǎi）：一种盛酒器。

㊴ 錾（zàn）银：一种银雕工艺。錾：雕刻。

㊵ 座上珠玑昭日月，堂前黼黻（fǔ fú）焕烟霞：形容座中人和堂上客的衣饰华贵，佩戴的珠玉如日月般光彩照人，衣服的图饰如烟霞般绚丽夺目。珠玑：珍珠。黼黻：古代衣服边上有规律的"黑白""黑青"相间的花纹，多指官服。

㊶ 罽（jì）：毛织的毯子。

㊷ 引枕：坐时搭扶胳膊的一种圆墩形的倚枕。

㊸ 秋香色：淡黄绿色。

㊹ 文王鼎：指周朝的传国国鼎，这里说的是小型仿古香炉，内烧粉状檀香之类的香料。匙箸（zhù）：拨弄香灰的用具。香盒：盛香料的盒子。

㊺ 汝窑美人觚（gū）：宋代汝州（今河南省汝州市）窑烧制的一种仿古瓷器。觚：古代一种盛酒的器具，长身细腰，形如美人。

㊻ 椅搭：搭在椅上的一种长方形的绣花绸缎饰物。
㊼ 掐牙：锦缎双叠成细条，嵌在衣服或者背心的夹边上，仅露少许，作为装饰。
㊽ 磊着：层叠地放着。
㊾ 弹墨：以纸剪镂空图案覆于织品上，用墨色或者其他颜色弹或喷成各种图案花样。椅袱：用棉，缎之类做成的椅套。
㊿ 内帏：内室，古时女子的居处。帏：幕帐。
(51) 小幺（yāo）儿：身边使唤的小仆人。幺：幼小。
(52) 倒座：与正房相对的坐南朝北的房子。
(53) 抱厦厅：回绕堂屋后面的侧室。
(54) 总角：把头发扎成髻，这是形容年纪小。
(55) 拂尘：一种拂拭尘土或者驱赶蝇蚊的用具，形如马尾，后有持柄，俗称“蝇甩子”。
(56) 布让：宴席间向客人敬菜，劝餐。
(57) 惫懒：涎皮赖脸的意思。
(58) 倒不见那蠢物也罢了：据俞平伯《脂砚斋红楼梦辑评》引言，这一句可能是混入正文的批语。
(59) 嵌宝紫金冠：把头发束扎在顶部的一种鬏冠，上面插戴各种饰物或者镶嵌珠玉。
(60) 二龙抢珠金抹额：装饰着二龙抢珠图案的金抹额。抹额：围扎在额前，用以压发，束额的饰带。
(61) 二色金百蝶穿大红箭袖：用两色金线绣成的百蝶穿花图案的大红窄袖衣服。箭袖：原为便于射箭穿的窄袖衣服，这里指男子穿的一种服饰。
(62) 五彩丝攒花结：用五彩丝攒聚成花朵的结子，指绦（tāo）带上的装饰花样。长穗宫绦：指系在腰间的绦带。长穗：是绦带端部下垂的穗子。
(63) 团：圆形团花。倭（wō）缎：又称东洋缎。排穗：排缀在衣服下面边缘的彩穗。
(64) 青缎粉底小朝靴：指黑色缎面，白色厚底，半高筒的靴子。青缎：黑色的缎子。朝靴：古代百官穿的“乌皮履”。
(65) 请了安：即问安。清代的请安礼节是，在口称“请某人安”的同时，男子打千，女子双手扶左膝，右腿微屈，往下蹲身。
(66) 坠角：置于朝珠房帐等下端起下垂作用的小饰品，这里指辫子梢部所坠的饰物。
(67) 寄名锁：旧时怕幼儿夭亡，给寺院或者道观一定财物，让幼儿当“寄名”弟子，并在幼儿的项下系的小金锁。
(68) 护身符：从道观领来一种符箓，认为把它戴在身上，可以避祸免灾。
(69) 《西江月》：词牌名，这两首词用似贬实褒的手法揭示了贾宝玉的性格。
(70) 皮囊：指人的躯体。
(71) 偏僻：偏激，不端正。
(72) 乖张：偏执，不驯顺，与众不同。
(73) 可怜辜负好韶光：可惜白白浪费了大好时光。可怜：这里是可惜的意思。辜负：本意是违背，这里有浪费的意思。
(74) “寄言”二句：赠言公子一句话，别学这孩子的坏样子。寄言：赠言。膏粱：肥肉精米，这里借指富贵子弟。
(75) 罥（juàn）烟眉：形容眉毛像一抹轻烟。
(76) “态生”二句：妩媚的风韵生于含愁的面容，病弱娇美胜过西施。态：情态，风韵。靥（yē）：面颊上的酒窝。袭：承继，由……而来。

77 “心较”二句：意思是说，林黛玉聪明颖悟，病弱娇美胜过西施。比干：商（殷）朝王的叔父。《史记·殷本纪》载：“王淫乱，比干曰：‘为人臣者，不得不以死争。’迺（乃）强谏纣。纣怒曰：‘吾闻圣人心有七窍。’剖比干，观其心。”古人认为心窍越多越有智慧。

78 些须：稍许，稍微。

79 《古今人物通考》：从下文来看，可能是宝玉杜撰的。

80 仔细：小心。

81 套间：与正房相连的两侧房间。

82 暖阁儿：在套间内再隔成小的房间，内设炕褥，两边安有隔扇，上有一横眉，形成床帐的样子，称暖阁。

83 碧纱橱：也称隔扇门，格门，用以隔断房间，中间两扇可以开关。格门上部分的格心多灯笼框式样，灯笼心上常糊以纸，纸上画花或题字；宫殿或富贵人家常在格心处安装玻璃或糊各色纱，所以叫“碧纱橱”。“碧纱橱里”，是指以碧纱橱隔开的里间。

84 教引嬷嬷（mó mo）：清代皇子一出生，就有保姆，乳母各八人；断乳后，增“谙达”（满语，伙伴，朋友的意思，这里指陪伴并有教导责任的人），“凡饮食、言语、行步、礼节皆教之”（见《清稗类钞》）。贵族家庭的“教引嬷嬷”，职务与皇宫的“谙达”近似。

**评 析：**

本文通过林黛玉的眼睛概览贾府，让读者对贾府有了第一次的认识。书中重要人物大部分都在这一场出现，出场人物众多且个性鲜明，头绪纷繁但线索清晰，环境勾勒与人物塑造手法运用炉火纯青，给读者以极高的艺术享受。

作者对本文环境的描写突出表现为对贾府的由外到内。先以金陵城“街市之繁华，人烟之阜盛，自与别处不同”的繁盛景象来衬托贾府荣华富贵的气概神韵，宁国府“两个大石狮子，三间兽头大门”和“敕造”大匾映入眼帘，可见贾氏荣宁二府之气势恢宏、与皇亲权贵的关系密切，烘托出贾家显赫的地位。后又通过黛玉拜见贾母与舅母，以移步换景之所见，自然流畅地展现了贾府建筑布局及其风格讲究，显示出其贵族气派。尤其是“荣禧堂”和耳房内匾额摆设的独特，充分表明了贾府尊贵奢侈的生活。

贾府主要人物这一节虽是第一次登场，但对他们的形象塑造却给读者留下极深刻的印象，其中对王熙凤、贾宝玉和初来乍到的林黛玉的刻画最为重要。

王熙凤的出场颇具特色，给人留下深刻印象，与他人不同。凤姐出场是未见其人，先闻其声，在满室都恭听老祖宗说话之际，王熙凤肆无忌惮地笑谑登场，连邢夫人、王夫人等长辈都不敢开口的肃静场合，凤姐却敢如此放肆，贾母竟还开起玩笑来，显示了她在贾府中身份、地位的特殊；刚见到黛玉时的那一番话，既赞美了林黛玉，又奉承了贾母，更拉近了林黛玉与贾母的关系，展现出她善于察言观色、机变逢迎的性格；回禀王夫人的话表现出她果断能干的才能，也彰显了她作为贾府大管家的身份。

贾宝玉作为全书核心人物，并非直接登场，而是先以王夫人的嘱咐和黛玉从母亲那儿听说的大致印象入笔，对人物形象进行了充分的铺垫，先抑后扬，让读者对贾宝玉的初始印象并不那么美好。当贾宝玉真正登场后，作者先从服饰和容貌进行刻画，使读者发现原来贾宝玉英俊多情，甚至生得有几分女子相貌，其装束也极其艳丽，映衬出贾宝玉“转盼多情”和“万种情思”，表现出他柔美的气质和多情的性格，也显示出其特殊的地位。他一见黛玉，就奇言怪行，说“这个妹妹我曾见过的”，又给林妹妹送字，又指责自古以来人们杜撰的东西太多，当他得知林妹妹没有玉时，大怒，言众姐妹都没有玉，偏他有这劳什子，“登时发作起痴狂病来”，摘下玉狠命摔去。其偏执乖张的性格在此体现得淋漓尽致。

作者对林黛玉的刻画，着重突出她超凡脱俗的内在气质。文中三次描写林黛玉的肖像，分别借众人、凤姐、宝玉之目，真切深刻地展现出黛玉的美貌多情、忧郁善感、体弱多病和气质不俗。而黛玉前后的举止言谈的变化也巧妙地表现了她的心理和性格：未到贾府时，她就心里暗暗叮嘱自己“步步留心，时时在意，不肯轻易多说一句话，多行一步路”；邢夫人留她吃饭时，她考虑到对二舅舅也得恭敬拜见，便得体地婉拒了邢夫人的盛情；拜见王夫人时，黛玉又能分清尊卑之别，主动辞让座位；饭后贾府饮茶、漱口等与林家不同的习惯，黛玉模仿着“一一改过来”；贾母起初问林黛玉读何书，她回答读了“四书”，可是当听贾母说贾氏三春读书其实只是“认得几个字罢了”后，回答贾宝玉“妹妹可曾读书”的问题时便改口自谦道：“些许认得几个字”。种种表现，无不显示出林黛玉细心、多虑、自尊的性格特点。

小说中的人物：扁形人物和圆形人物

曹雪芹笔下的贾府，始终让读者跟随着黛玉去走、去看，线索清楚，层次分明。在精心安排的笔墨下，《林黛玉进贾府》一文着墨浓淡相宜，行文详略得当，重点突出，可谓是匠心独具。

## 阅读思考

1. 本文在刻画人物方面分别用了什么方法？
2. 结合《红楼梦》原著谈谈本文在全书中的特殊意义。

# 第五章　近现代文学

## 第一节　文本精读

梁启超人物述评

### 一、少年中国说[1]（节选）

题解

梁启超（1873 年—1929 年），字卓如，号任公，广东新会（今广东省江门市新会区）人；中国近代思想家、政治家、教育家、史学家、文学家，维新运动领袖，著名报人、学者；1895 年（光绪二十一年）随康有为发动“公车上书”；曾在上海主编《时务报》、编辑《西政丛书》，宣传维新变法；戊戌变法失败后逃亡日本；创办《清议报》《新民丛报》，组织新闻社，宣传君主立宪；1913 年回国后曾任袁世凯政府司法总长，段祺瑞政府财政总长；在新文化运动中，倡导诗界、小说界改革，开白话文风气之先；晚年在清华学校（今清华大学）讲学，生平著述颇丰，编有《饮冰室合集》，本文即节选自《饮冰室合集》。

日本人之称我中国也，一则曰老大帝国，再则曰老大帝国。是语也，盖袭译欧西人[2]之言也。呜呼！我中国其果老大矣乎？梁启超曰：恶[3]！是何言！是何言！吾心目中有一少年中国在！

欲言国之老少，请先言人之老少。老年人常思既往，少年人常思将来。惟思既往也，故生留恋心；惟思将来也，故生希望心。惟留恋也，故保守；惟希望也，故进取。惟保守也，故永旧；惟进取也，故日新。惟思既往也，事事皆其所已经者，故惟知照例；惟思将来也，事事皆其所未经者，故常敢破格。老年人常多忧虑，少年人常好行乐。惟多忧也，故灰心；惟行乐也，故盛气。惟灰心也，故怯懦；惟盛气也，故豪壮。惟怯懦也，故苟且；惟豪壮也，故冒险。惟苟且也，故能灭世界；惟冒险也，故能造世界。老年人常厌事，少年人常喜事。惟厌事也，故常觉一切事无可为者；惟好事也，故常觉一切事无不可为者。老年人如夕照，少年人如朝阳；老年人如瘠牛，少年人如乳虎。老年人如僧，少年人如侠。老年人如字典，少年人如戏文。老年人如鸦片烟，少年人如泼兰地酒。老年人如别行星之陨石，少年人如大洋海之珊瑚岛。老年人如埃及沙漠之金字塔，少年人如西比利亚之铁路；老年人如秋后之柳，少年人如春前之草。老年人如死海之潴为泽[4]，少年人如长江之初发源。此老年与少年性格不同之大略也。梁启超曰：人固有之，国亦宜然。

梁启超曰：伤哉，老大也！浔阳江头琵琶妇，当明月绕船，枫叶瑟瑟，衾寒于铁，似梦非梦之时，追想洛阳尘中春花秋月之佳趣[5]。西宫南内，白发宫娥，一灯如穗，三五对坐，谈开元、天宝间遗事，谱《霓裳羽衣曲》。[6]青门种瓜人[7]，左对孺人，顾弄孺子，忆侯门似海珠履杂遝之盛事。拿破仑之流于厄蔑[8]，阿剌飞[9]之幽于锡兰，与三两监守吏，或过访之好事者，道当年短刀匹马驰骋中原，席卷欧洲，血战海楼，一声叱咤，万国震恐之丰功伟烈，初而拍案，继而抚髀[10]，终而揽镜。呜呼，面皴齿尽，白发盈把，颓然老矣！若是者，舍幽郁之外无心事，舍悲惨之外无天地，舍颓唐之外无日月，舍叹息之外无音声，舍待死之外无事业。美人豪杰且然，而况寻常碌碌者耶？生平亲友，皆在墟墓；起居饮食，待命于人。今日且过，遑知他日？今年且过，遑恤明年？普天下灰心短气之事，未有甚于老大者。于此人也，而欲望以拏云[11]之手段，回天之事功，挟山超海[12]之意气，能乎不能？

呜呼！我中国其果老大矣乎？立乎今日以指畴昔，唐虞三代，若何之郅治[13]；秦皇汉武，若何之雄杰；汉唐来之文学，若何之隆盛；康乾间之武功，若何之烜赫[14]。历史家所铺叙，词章家所讴歌，何一非我国民少年时代良辰美景、赏心乐事之陈迹哉！而今颓然老矣！昨日割五城，明日割十城，处处雀鼠尽，夜夜鸡犬惊。十八省之土地财产，已为人怀中之肉；四百兆之父兄子弟，已为人注籍之奴[15]，岂所谓“老大嫁作商人妇”[16]者耶？呜呼！凭君莫话当年事，憔悴韶光不忍看！楚囚相对[17]，岌岌顾影，人命危浅，朝不虑夕。国为待死之国，一国之民为待死之民。万事付之奈何，一切凭人作弄，亦何足怪！

梁启超曰：我中国其果老大矣乎？是今日全地球之一大问题也。如其老大也，则是中国为过去之国，即地球上昔本有此国，而今渐澌灭[18]，他日之命运殆将尽也。如其非老大也，则是中国为未来之国，即地球上昔未现此国，而今渐发达，他日之前程且方长也。欲断今日之中国为老大耶？为少年耶？则不可不先明“国”字之意义。夫国也者，何物也？有土地，有人民，以居于其土地之人民，而治其所居之土地之事，自制法律而自守之；有主权，有服从，人人皆主权者，人人皆服从者。夫如是，斯谓之完全成立之国，地球上之有完全成立之国也，自百年以来也。完全成立者，壮年之事也。未能完全成立而渐进于完全成立者，少年之事也。故吾得一言以断之曰：欧洲列邦在今日为壮年国，而我中国在今日为少年国。

……

梁启超曰：造成今日之老大中国者，则中国老朽之冤业也。制出将来之少年中国者，则中国少年之责任也。彼老朽者何足道，彼与此世界作别之日不远矣，而我少年乃新来而与世界为缘。如僦屋[19]者然，彼明日将迁居他方，而我今日始入此室处。将迁居者，不爱护其窗栊，不洁治其庭庑[20]，俗人恒情，亦何足怪！若我少年者，前程浩浩，后顾茫茫。中国而为牛为马为奴为隶，则烹脔[21]鞭棰之惨酷，惟我少年当之。中国如称霸宇内，主盟地球，则指挥顾盼之尊荣，惟我少年享之。于彼气息奄奄，与鬼为邻者何与焉？彼而漠然置之，犹可言也。我而漠然置之，不可言也。使举国之少年而果为少年也，则吾中国为未来之国，其进步未可量也。使举国之少年而亦为老大也，则吾中国为过去之国，其澌亡可翘足[22]而待也。故今日之责任，不在他人，而全在我少年。少年智则国智，少年富则国富，少年强则国强，少年独立则国独立，少年自由则国自由，少年进步则国进步，少年胜于欧洲，则国胜于欧洲，少年雄于地球，则国雄于地球。红日初升，其道大光。河出伏流，一泻汪洋。潜龙腾渊，鳞爪飞扬。乳虎啸谷，百兽震惶。鹰隼试翼，风尘吸张。奇花初胎，矞矞皇皇[22]。干将发硎，有作其芒。[23]天戴其苍，地履其黄。纵有千古，横有八荒。前途似海，来日方长。美哉我少年中国，与天不老！壮哉我中国少年，与国无疆！

（选自《饮冰室合集》，中华书局，1989 年）

① 本文创作于戊戌变法失败后的1900年，文章从驳斥日本和西方列强污蔑我国为“老大帝国”入手，说明中国是一个正在成长的少年中国。
② 欧西人：泛指西方英、法、美等国的人。
③ 恶（wū）：表示感叹的助词，犹“唉”，这里有反对的意思。
④ 死海：西南亚著名咸水湖，在约旦和巴勒斯坦之间的西亚裂谷中。湖水含盐度为300～322克/升，水生植物及鱼类不生，故名死海。潴（zhū）：聚积的水流。
⑤ 浔阳江：长江流经今江西省九江市的一段。白居易作《琵琶行》，叙述长安歌女，年老色衰，嫁作浔阳江上商人妇，追怀往事，不胜飘零之感。诗云“浔阳江头夜送客，枫叶荻花秋瑟瑟”，又“去时江口守空船，绕船月明江水寒”。本文说洛阳，系作者误记。
⑥ 西宫南内：唐时太极宫，一称西宫、西内；兴庆宫在东内之南，一称南内。白居易《长恨歌》，“西宫南内多秋草”。白发宫娥：元稹《行宫》诗云，“白头宫女在，闲坐说玄宗”。开元、天宝：唐玄宗的年号。《霓裳羽衣曲》：本名《婆罗门》，出自印度，开元中传入中国。白居易有《霓裳羽衣曲舞》。
⑦ 青门：长安东最南头的霸城门，其门色青，故称青门。种瓜人：指邵平，在秦末为东陵侯，秦亡后，在长安东门外种瓜为生。
⑧ 厄蔑：厄尔巴岛的音译，在意大利半岛和法国科西嘉岛之间。1814年拿破仑被流放于此。
⑨ 阿剌飞：指埃及民族解放运动领袖阿拉比，曾率众推翻英、法殖民统治。1882年，英国侵略军进攻埃及，阿拉比领导军队抗击，战败被流放于锡兰。
⑩ 髀（bì）：大腿。
⑪ 拏云：犹言追风逐月，比喻雄心大志。李贺《致酒行》诗云：“少年心事当拏云”。拏：即“拿”，捉持。
⑫ 挟山超海：喻英雄壮举。
⑬ 郅（zhì）治：至治，把国家治理得太平强盛。郅：通“至”，极，大。
⑭ 煊赫：声势很盛的样子。
⑮ 注籍之奴：记载在名册上的奴隶。这里指失去自由的人。
⑯ 老大嫁作商人妇：出自白居易的《琵琶行》。
⑰ 楚囚相对：遇到强敌，窘迫无计。《资治通鉴·晋纪》载，晋元帝时，国家动乱，中州人士纷纷避乱江左。每至闲暇日，过江诸名士相邀新亭宴饮。周颐叹曰：“风景不殊，举目有江河之异。”皆相视流涕，唯王导愀然变色曰：“当共戮力王室，克复神州，何至作楚囚相对泣邪？”
⑱ 澌（sī）灭：消灭、灭亡。澌：尽。
⑲ 僦（jiù）屋：租赁房屋。
⑳ 庭庑（wǔ）：庭院走廊。
㉑ 脔（luán）：切成小块的肉，这里用作动词，宰割之意。
㉒ 翘足：举足。比喻容易、快速。
㉓ 矞（yù）矞皇皇：光明盛大的样子。
㉔ 干将发硎（xíng），有作其芒：意思是宝剑刚磨出来，锋刃大放光芒。干将：剑名。春秋时，吴人干将擅铸剑，因以之为名，这里指宝剑。发硎：意思就是刀刃新磨。硎：磨刀石。

**评 析：**

《少年中国说》是梁启超的代表作之一，写于戊戌变法失败后的1900年。当时，清朝处于被列强瓜分的惨境，国家命运岌岌可危。当时年仅27岁的梁启超在文中揭露了当权者的昏庸误国，激励青年发愤图强、变革现实，表现了他诚挚热烈、乐观进取的爱国主义思想。梁启超站在资产阶级改良主义的立场上，

《少年中国说》赏析

对当时腐朽的官僚政治提出批评，表现出他对祖国繁荣富强的希冀和积极进取的精神。

本文在写作风格上很有特色。梁启超对自己的写作风格曾做过这样的评价：“启超夙不喜桐城派古文，幼年学文，学晚汉、魏、晋，颇尚矜炼。至是自解放，务为平易畅达，时杂以俚语、韵语及外国语法；纵笔所至不检束。学者竞效之，号新文体……然其文条理明晰，笔锋常带情感，对于读者，别有一种魔力焉。”（《清代学术概论》）《少年中国说》是体现他这种“新文体”（报章体）特色的典型作品。

首先，这篇文章自由运用语言，“纵笔所至不检束”，长短交替的句式、韵散结合的文风，尤其是新词汇、新意象的大量引入或创造，无疑是对中国古代散文使用的词法、句法系统进行了颠覆。

其次，这篇文章务求说得详尽，不嫌反复强调。如第二段写老年人和少年人种种不同性格的对比、推论，极尽铺排，充分显示出其作品在这方面的特色。

最后，这篇文章感情充沛，“别有一种魔力”。梁启超说，他写的文章“笔锋常带情感”。本文便是这样。为了表达自己奔放的思想感情，他运用了大量的排比、对偶、反复、重叠的修辞手法，文章酣畅淋漓，热情洋溢，如第二段运用重叠排比层层推进的手法，从正反两个方面加以反复阐发；又如结尾部分也是用重叠、反复、排比、对偶的写法，在对称中富有变化，在整齐中饱含气势。

**阅读思考**

1. 结合本文，谈谈政论文写作中议论、抒情与说理是如何有机结合的。
2. 谈谈本文最后一段的修辞手法，并背诵。

## 二、狂人日记[1]

鲁迅

**题解**

鲁迅（1881 年—1936 年），原名周树人，字豫山，后改字豫才，浙江绍兴人；著名文学家、思想家、革命家，新文化运动的重要参与者，中国现代文学的奠基人之一。鲁迅一生在文学创作、文学批评、思想研究、文学史研究、翻译、美术理论引进、基础科学介绍和古籍校勘与研究等多个领域具有重大贡献。他对五四运动以后的中国社会思想文化发展具有重大影响，蜚声世界文坛，尤其对韩国、日本思想文化领域有极其重要的影响，被誉为“二十世纪东亚文化地图上占最大领土的作家”。毛泽东曾评价：“鲁迅的方向，就是中华民族新文化的方向。”

《狂人日记》是鲁迅创作的首部短篇白话文日记体小说，也是中国首部现代白话小说。该文首发于 1918 年 5 月 15 日 4 卷 5 号的《新青年》月刊，后收入《呐喊》集，编入《鲁迅全集》。本篇小说通过被迫害者“狂人”的形象以及“狂人”的自述式的描写，揭示了封建礼教的“吃人”本质，表现了作者对以封建礼教为主体的中国封建文化的反抗；也表现了作者深刻的忏悔意识。作者站在革命的立场上对中国的文化进行了深刻的反思，同时对中国的，甚至是人类的前途表达了深切的担忧。

某君昆仲，今隐其名，皆余昔日在中学时良友；分隔多年，消息渐阙。日前偶闻其一大病；适归故乡，迂道往访，则仅晤一人，言病者其弟也。劳君远道来视，然已早愈，赴某地候补[2]矣。因大笑，出示日记二册，谓可见当日病状，不妨献诸旧友。持归阅一过，知所患盖“迫害狂”之类。语颇错杂无伦次，又多荒唐之言；亦不著月日，惟墨色字体不一，知非一时所书。间亦有略具联络者，今撮录一篇，以供医家研究。记中语误，一字不易；惟人名虽皆村人，不为世间所知，无关大体，然亦悉易去。至于书名，则本人愈后所题，不复改也。七年四月二日识。

（一）

今天晚上，很好的月光。

我不见他，已是三十多年；今天见了，精神分外爽快。才知道以前的三十多年，全是发昏；然而须十分小心。不然，那赵家的狗，何以看我两眼呢?

我怕得有理。

（二）

今天全没月光，我知道不妙。早上小心出门，赵贵翁的眼色便怪：似乎怕我，似乎想害我。还有七八个人，交头接耳的议论我，又怕我看见。一路上的人，都是如此。其中最凶的一个人，张着嘴，对我笑了一笑；我便从头直冷到脚跟，晓得他们布置，都已妥当了。

我可不怕，仍旧走我的路。前面一伙小孩子，也在那里议论我；眼色也同赵贵翁一样，脸色也都铁青。我想我同小孩子有什么仇，他也这样。忍不住大声说，“你告诉我！”他们可就跑了。

我想：我同赵贵翁有什么仇，同路上的人又有什么仇；只有廿年以前，把古久先生的陈年流水簿子[3]，踹了一脚，古久先生很不高兴。赵贵翁虽然不认识他，一定也听到风声，代抱不平；约定路上的人，同我作冤对。但是小孩子呢？那时候，他们还没有出世，何以今天也睁着怪眼睛，似乎怕我，似乎想害我。这真教我怕，教我纳罕而且伤心。

我明白了。这是他们娘老子教的！

（三）

晚上总是睡不着。凡事须得研究，才会明白。

他们——也有给知县打枷过的，也有给绅士掌过嘴的，也有衙役占了他妻子的，也有老子娘被债主逼死的；他们那时候的脸色，全没有昨天这么怕，也没有这么凶。

最奇怪的是昨天街上的那个女人，打他儿子，嘴里说道，“老子呀！我要咬你几口才出气！”他眼睛却看着我。我出了一惊，遮掩不住；那青面獠牙的一伙人，便都哄笑起来。陈老五赶上前，硬把我拖回家中了。

拖我回家，家里的人都装作不认识我；他们的脸色，也全同别人一样。进了书房，便反扣上门，宛然是关了一只鸡鸭。这一件事，越教我猜不出底细。

前几天，狼子村的佃户来告荒，对我大哥说，他们村里的一个大恶人，给大家打死了；几个人便挖出他的心肝来，用油煎炒了吃，可以壮壮胆子。我插了一句嘴，佃户和大哥便都看我几眼。今天才晓得他们的眼光，全同外面的那伙人一模一样。

想起来，我从顶上直冷到脚跟。

他们会吃人，就未必不会吃我。

你看那女人“咬你几口”的话，和一伙青面獠牙人的笑，和前天佃户的话，明明是暗号。我看出他话中全是毒，笑中全是刀。他们的牙齿，全是白厉厉的排着，这就是吃人的家伙。

照我自己想，虽然不是恶人，自从踹了古家的簿子，可就难说了。他们似乎别有心思，我全猜不出。况且他们一翻脸，便说人是恶人。我还记得大哥教我做论，无论怎样好人，翻他几句，他便打上几个圈；原谅坏人几句，他便说“翻天妙手，与众不同”。我那里猜得到他们的心思，究竟怎样；况且是要吃的时候。

凡事总须研究，才会明白。古来时常吃人，我也还记得，可是不甚清楚。我翻开历史一查，这历史没有年代，歪歪斜斜的每页上都写着“仁义道德”几个字。我横竖睡不着，仔细看了半夜，才从字缝里看出字来，满本都写着两个字是“吃人”！

书上写着这许多字，佃户说了这许多话，却都笑吟吟的睁着怪眼看我。

我也是人，他们想要吃我了！

（四）

早上，我静坐了一会。陈老五送进饭来，一碗菜，一碗蒸鱼；这鱼的眼睛，白而且硬，张着嘴，同那一伙想吃人的人一样。吃了几筷，滑溜溜的不知是鱼是人，便把他兜肚连肠的吐出。

我说，“老五，对大哥说，我闷得慌，想到园里走走。”老五不答应，走了；停一会，可就来开了门。

我也不动，研究他们如何摆布我；知道他们一定不肯放松。果然！我大哥引了一个老头子，慢慢走来；他满眼凶光，怕我看出，只是低头向着地，从眼镜横边暗暗看我。大哥说，“今天你仿佛很好。”我说，“是的。”大哥说，“今天请何先生来，给你诊一诊。”我说，“可以！”其实我岂不知道这老头子是刽子手扮的！无非借了看脉这名目，揣一揣肥瘠：因这功劳，也分一片肉吃。我也不怕；虽然不吃人，胆子却比他们还壮。伸出两个拳头，看他如何下手。老头子坐着，闭了眼睛，摸了好一会，呆了好一会；便张开他鬼眼睛说，“不要乱想。静静的养几天，就好了。”

不要乱想，静静的养！养肥了，他们是自然可以多吃；我有什么好处，怎么会“好了”？他们这群人，又想吃人，又是鬼鬼祟祟，想法子遮掩，不敢直捷下手，真要令我笑死。我忍不住，便放声大笑起来，十分快活。自己晓得这笑声里面，有的是义勇和正气。老头子和大哥，都失了色，被我这勇气正气镇压住了。

但是我有勇气，他们便越想吃我，沾光一点这勇气。老头子跨出门，走不多远，便低声对大哥说道，“赶紧吃罢！”大哥点点头。原来也有你！这一件大发见，虽似意外，也在意中：合伙吃我的人，便是我的哥哥！

吃人的是我哥哥！

我是吃人的人的兄弟！

我自己被人吃了，可仍然是吃人的人的兄弟！

（五）

这几天是退一步想：假使那老头子不是刽子手扮的，真是医生，也仍然是吃人的人。他们的祖师李时珍做的“本草什么”[4]上，明明写着人肉可以煎吃；他还能说自己不吃人么？

至于我家大哥，也毫不冤枉他。他对我讲书的时候，亲口说过可以“易子而食”[5]；又一回偶然议论起一个不好的人，他便说不但该杀，还当“食肉寝皮”[6]。我那时年纪还小，心跳了好半天。前天狼子村佃户来说吃心肝的事，他也毫不奇怪，不住的点头。可见心思是同从前一样狠。既然可以“易子而食”，便什么都易得，什么人都吃得。我从前单听他讲道理，也胡涂过去；现在晓得他讲道理的时候，不但唇边还抹着人油，而且心里满装着吃人的意思。

（六）

黑漆漆的，不知是日是夜。赵家的狗又叫起来了。

狮子似的凶心，兔子的怯弱，狐狸的狡猾，……

（七）

我晓得他们的方法，直捷杀了，是不肯的，而且也不敢，怕有祸祟。所以他们大家连络，布满了罗网，逼我自戕。试看前几天街上男女的样子，和这几天我大哥的作为，便足可悟出八九分了。最好是解下腰带，挂在梁上，自己紧紧勒死；他们没有杀人的罪名，又偿了心愿，自然都欢天喜地的发出一种呜呜咽咽的笑声。否则惊吓忧愁死了，虽则略瘦，也还可以首肯几下。

他们是只会吃死肉的！——记得什么书上说，有一种东西，叫“海乙那”[7]的，眼光和样子都很难看；时常吃死肉，连极大的骨头，都细细嚼烂，咽下肚子去，想起来也教人害怕。“海乙那”是狼的亲眷，狼是狗的本家。前天赵家的狗，看我几眼，可见他也同谋，早已接洽。老头子眼看着地，岂能瞒得我过。

最可怜的是我的大哥，他也是人，何以毫不害怕；而且合伙吃我呢？还是历来惯了，不以为非呢？还是丧了良心，明知故犯呢？

我诅咒吃人的人，先从他起头；要劝转吃人的人，也先从他下手。

（八）

其实这种道理，到了现在，他们也该早已懂得，……

忽然来了一个人；年纪不过二十左右，相貌是不很看得清楚，满面笑容，对了我点头，他的笑也不像真笑。我便问他，“吃人的事，对么？”他仍然笑着说，“不是荒年，怎么会吃人。”我立刻就晓得，他也是一伙，喜欢吃人的；便自勇气百倍，偏要问他。

“对么？”

“这等事问他什么。你真会……说笑话。……今天天气很好。”

天气是好，月色也很亮了。可是我要问你，“对么？”

他不以为然了。含含胡胡的答道，“不……”

“不对？他们何以竟吃？！”

“没有的事……”

“没有的事？狼子村现吃；还有书上都写着，通红斩新！”

他便变了脸，铁一般青。睁着眼说，“有许有的，这是从来如此……”

“从来如此，便对么？”

“我不同你讲这些道理；总之你不该说，你说便是你错！”

我直跳起来，张开眼，这人便不见了。全身出了一大片汗。他的年纪，比我大哥小得远，居然也是一伙；这一定是他娘老子先教的。还怕已经教给他儿子了；所以连小孩子，也都恶狠狠的看我。

（九）

自己想吃人，又怕被别人吃了，都用着疑心极深的眼光，面面相觑。……

去了这心思，放心做事走路吃饭睡觉，何等舒服。这只是一条门槛，一个关头。他们可是父子兄弟夫妇朋友师生仇敌和各不相识的人，都结成一伙，互相劝勉，互相牵掣，死也不肯跨过这一步。

（十）

大清早，去寻我大哥；他立在堂门外看天，我便走到他背后，拦住门，格外沉静，格外和气的对他说，“大哥，我有话告诉你。”

“你说就是。”他赶紧回过脸来，点点头。

“我只有几句话，可是说不出来。大哥，大约当初野蛮的人，都吃过一点人。后来因为心思不同，有的不吃人了，一味要好，便变了人，变了真的人。有的却还吃，——也同虫子一样，有的变了鱼鸟猴子，一直变到人。有的不要好，至今还是虫子。这吃人的人比不吃人的人，何等惭愧。怕比虫子的惭愧猴子，还差得很远很远。

“易牙[8]蒸了他儿子，给桀纣吃，还是一直从前的事。谁晓得从盘古开辟天地以后，一直吃到易牙的儿子；从易牙的儿子，一直吃到徐锡林[9]；从徐锡林，又一直吃到狼子村捉住的人。去年城里杀了犯人，还有一个生痨病的人，用馒头蘸血舐。

“他们要吃我，你一个人，原也无法可想；然而又何必去入伙。吃人的人，什么事做不出；他们会吃我，也会吃你，一伙里面，也会自吃。但只要转一步，只要立刻改了，也就是人人太平。虽然从来如此，我们今天也可以格外要好，说是不能！大哥，我相信你能说，前天佃户要减租，你说过不能。”

当初，他还只是冷笑，随后眼光便凶狠起来，一到说破他们的隐情，那就满脸都变成青色了。大门外立着一伙人，赵贵翁和他的狗，也在里面，都探头探脑的挨进来。有的是看不出面貌，似乎用布蒙着；有的是仍旧青面獠牙，抿着嘴笑。我认识他们是一伙，都是吃人的人。可是也晓得他们心思很不一样，一种是以为从来如此，应该吃的；一种是知道不该吃，可是仍然要吃，又怕别人说破他，所以听了我的话，越发气愤不过，可是抿着嘴冷笑。

这时候，大哥也忽然显出凶相，高声喝道，

“都出去！疯子有什么好看！”

这时候，我又懂得一件他们的巧妙了。他们岂但不肯改，而且早已布置；预备下一个疯子的名目罩上我。将来吃了，不但太平无事，怕还会有人见情。佃户说的大家吃了一个恶人，正是这方法。这是他们的老谱！

陈老五也气愤愤的直走进来。如何按得住我的口，我偏要对这伙人说，

“你们可以改了，从真心改起！要晓得将来容不得吃人的人，活在世上。

“你们要不改，自己也会吃尽。即使生得多，也会给真的人除灭了，同猎人打完狼子一样！——同虫子一样！”

那一伙人，都被陈老五赶走了。大哥也不知那里去了。陈老五劝我回屋子里去。屋里面全是黑沉沉的。横梁和椽子都在头上发抖；抖了一会，就大起来，堆在我身上。

万分沉重，动弹不得；他的意思是要我死。我晓得他的沉重是假的，便挣扎出来，出了一身汗。可是偏要说，

"你们立刻改了，从真心改起！你们要晓得将来是容不得吃人的人，……"

（十一）

太阳也不出，门也不开，日日是两顿饭。

我捏起筷子，便想起我大哥；晓得妹子死掉的缘故，也全在他。那时我妹子才五岁，可爱可怜的样子，还在眼前。母亲哭个不住，他却劝母亲不要哭；大约因为自己吃了，哭起来不免有点过意不去。如果还能过意不去，……

妹子是被大哥吃了，母亲知道没有，我可不得而知。

母亲想也知道；不过哭的时候，却并没有说明，大约也以为应当的了。记得我四五岁时，坐在堂前乘凉，大哥说爷娘生病，做儿子的须割下一片肉来，煮熟了请他吃[10]，才算好人；母亲也没有说不行。一片吃得，整个的自然也吃得。但是那天的哭法，现在想起来，实在还教人伤心，这真是奇极的事！

（十二）

不能想了。

四千年来时时吃人的地方，今天才明白，我也在其中混了多年；大哥正管着家务，妹子恰恰死了，他未必不和在饭菜里，暗暗给我们吃。

我未必无意之中，不吃了我妹子的几片肉，现在也轮到我自己，……

有了四千年吃人履历的我，当初虽然不知道，现在明白，难见真的人！

（十三）

没有吃过人的孩子，或者还有？

救救孩子……

一九一八年四月

（选自《鲁迅全集》第一卷，人民文学出版社，2013 年）

---

❶ 本篇最初发表于 1918 年 5 月《新青年》第 4 卷第 5 号。作者首次使用了"鲁迅"这一笔名。它是我国现代文学史上第一篇猛烈抨击"吃人"的封建礼教的小说。作者除在《呐喊自序》中提及创作它的缘由外，又在《〈中国新文学大系〉小说二集序》中指出它"意在暴露家族制度和礼教的弊害"。

❷ 候补：清代官制，通过科举或捐纳等途径取得官衔，是只有官衔而没有实际职务的中下级官员，由吏部抽签分发到某部或某省，听候委用，称为候补。

❸ 古久先生的陈年流水簿子：比喻我国封建制度统治的长久历史。流水簿子原是旧时商店每天记载金钱或货物出入的、不分类别的旧式账簿。

❹ "本草什么"：指《本草纲目》，明代医学家李时珍（1518 年—1593 年）的药物学著作，共 52 卷。该书曾经提到唐代陈藏器《本草拾遗》中以人肉医治痨病的记载，并提出了异议。这里说李时珍的书"明明写着人肉可以煎吃"，应为"狂人"的"记中语误"。

❺ "易子而食"：交换孩子，杀食以充饥。事见《左传·宣公十五年》，是宋将华元对楚将子反叙说宋国都城被楚军围困时的惨状："敝邑易子而食，析骸而爨"。后常将"易子而食"用以形容大灾之年久受围困时人们在死亡线上挣扎的惨象。

❻ "食肉寝皮"：语出《左传·襄公二十一年》，晋国州绰对齐庄公说："臣为隶新，然二子者，譬如禽兽，臣食其肉而寝处其皮矣。""二子"指齐国的殖绰和郭最，他们曾被州绰俘虏过。意思是割他的肉吃，剥他的皮睡，形容对敌人的深仇大恨。

⑦ “海乙那”：英语“Hyena”的音译，即鬣狗（又名土狼），一种食肉兽，常跟在狮虎等猛兽之后，以它们吃剩的兽类残尸为食。

⑧ 易牙：春秋时齐国人，善于调味。《管子·小称》语：“夫易牙以调和事公（指齐桓公），公曰：‘惟蒸婴儿之未尝’，于是蒸其首子而献之公。”桀、纣各为我国夏朝和商朝的最后一代君主，易牙和他们不是同时代人。这里说的“易牙蒸了他的儿子，给桀纣吃”，也是“狂人”“语颇错杂无伦次”的表现。

⑨ 徐锡林：隐指徐锡麟（1873 年—1907 年），字伯荪，浙江绍兴人，清末革命团体光复会的重要成员。1907 年与秋瑾准备在浙、皖两省同时起义，7 月 6 日他以安徽巡警处会办兼巡警学堂监督的身份为掩护，趁学堂举行毕业典礼之际刺杀安徽巡抚恩铭，率领学生攻占军械局，弹尽被捕，当日惨遭杀害，心肝被恩铭的卫队挖出炒食。

⑩ 煮熟了请他吃：指“割股疗亲”，即割取自己的股肉煎药，以医治父母的重病。这封建礼教提倡的所谓“孝道”，实际上是一种愚孝行为。

**评 析：**

鲁迅的《狂人日记》是中国现代文学史上第一篇白话小说，它标志着“五四”新文学创作的开始。它因“表现的深切和格式的特别”，一经问世就引起了巨大的反响。吴虞曾发表了《吃人与礼教》一文表示响应：“我觉得他这日记把吃人的内容和仁义道德的表面，看得清清楚楚。那些戴着礼教假面具吃人的滑头伎俩，都被他把黑幕揭破了。”

《狂人日记》通过对一个被迫害者“狂人”的精神状态和心理活动的描写，揭露了从社会到家庭的“吃人”现象，抨击了封建家族制度和礼教的“吃人”本质，表现了人的觉醒意识。

在思想上，《狂人日记》是中国“五四”新文学的一篇总序，体现了文学上的彻底反封建的总体倾向。《狂人日记》对封建制度和礼教的揭露与批判是多层次的。作品首先揭示了“狂人”周围的环境：人们对“狂人”的围观、注视、议论，赵贵翁奇怪的眼色，小孩子们铁青的脸，路上行人交头接耳的议论，一伙青面獠牙人的笑，以及赵家的狗叫，这一切构成了一个充满杀机的生存空间。接着，作品通过“狂人”的联想，把“狂人”所处的环境扩展到广大的社会：狼子村的佃户告荒时讲的挖人心肝煎炒了吃，去年城里杀了犯人时还有痨病患者用馒头蘸血舐，等等，这些构成吃人的社会罗网。“狂人”又从历史上“易子而食”“食肉寝皮”的记述联想开去，引出了一惊人的发现：“我翻开历史一查，这历史没有年代，歪歪斜斜的每页上都写着‘仁义道德’几个字。我横竖睡不着，仔细看了半夜、才从字缝里看出字来，满本都写着两个字‘吃人’!”这个发现把历史和现实中具体的肉体上的吃人，上升到更深的“仁义道德”等纲常名教“吃人”的层次。在此基础上，作品还通过“狂人”的自省，把封建纲常名教“吃人”的含义引向深广。“四千年来时时吃人的地方，今天才明白，我也在其中混了多年”“我未必无意之中，不吃了我妹子的几片肉”，“狂人”也被纲常名教毒害而成了吃人者。尤其是“狂人”所说的“有了四千年吃人履历”的“我”，显然不仅是“狂人”自身，而且是代指处于宗法制度和封建礼教之下的“中国人”，这无疑是说，纲常名教害了所有的中国人。作品由此完成了对封建礼教吃人本质的最深层次的揭露和批判。

《狂人日记》在表现“礼教吃人”的同时，还表现了强烈的反抗和变革的精神。“狂人”

面对因循数千年之久的传统思想，大胆地提出了“从来如此，便对么”的质疑，这集中体现了大胆怀疑和否定旧文化的“五四”时代精神。“狂人”还面对面地向食人者发出了警告：“要晓得将来容不得吃人的人，活在世上。”他渴望不再吃人的更高级的“真人”出现，这表现了一种改变旧世界、创造新世界的朦胧理想。最后，“狂人”期望未来，寄希望于下一代，发出了“救救孩子”的呼喊，这更是一种抗争封建主义的号召，同时也向世人昭示了一条变革社会的途径。

**阅读思考**

1. 分析“狂人”的形象及其意义。

2. 结尾处，“狂人”发出了一声震彻心扉的呐喊：“救救孩子……”这句话可以怎样理解呢?

3. 小说中有不少“语颇错杂无伦次”处，试举两例说明这些“荒唐之言”蕴含着哪些丰富的潜台词。

徐志摩的康桥情结

## 三、再别康桥

徐志摩

**题解**

徐志摩（1896 年—1931 年），名章垿，初字槱森，后改字志摩，浙江海宁人，中国现代诗人、作家、散文家、“新月派”代表诗人。中学毕业后，先后就读于上海沪江大学、天津北洋大学和北京大学。1918 年赴美国学习银行学。1921 年赴英国剑桥大学留学。深受西方教育的熏陶及欧美浪漫主义和唯美派诗人的影响。1921 年开始创作新诗，回国后在报刊上发表大量诗文。1923 年，成立新月社，加入文学研究会。1926 年在北京主编《晨报》副刊《诗镌》，与闻一多、朱湘等人开展新诗格律化运动。1930 年任中华文化基金委员会委员，同年冬到北京大学与北京女子师范大学任教。1931 年年初创办《诗刊》季刊，被推选为国际笔会中国分会理事。1931 年 11 月 19 日，由南京乘飞机到北平，因遇雾在济南附近触山，坠机身亡。

徐志摩著有诗集《志摩的诗》《翡冷翠的一夜》《猛虎集》《云游》，散文集《落叶》《巴黎的鳞爪》《自剖》《秋》，小说集《轮盘》，戏剧《卞昆冈》（与陆小曼合写），日记《爱眉小札》《志摩日记》，译著《曼殊斐尔小说集》等。其诗字句清新，韵律谐和，比喻新奇，想象丰富，意境优美，神思飘逸，富于变化，并追求艺术形式的整饬、华美，具有鲜明的艺术个性。他的散文自成一格，其中《自剖》《想飞》《我所知道的康桥》《翡冷翠山居闲话》等都是传世的名篇。

《再别康桥》是徐志摩最著名的诗篇之一，表达了诗人故地重游时眷恋、珍惜而略带忧郁的情感。

轻轻的我走了，
正如我轻轻的来；
我轻轻的招手，
作别西天的云彩。

那河畔的金柳，
是夕阳中的新娘；
波光里的艳影，
在我的心头荡漾。

软泥上的青荇[1]，
油油的在水底招摇[2]；
在康河的柔波里，
我甘心做一条水草！

那榆荫下的一潭[3]，
不是清泉，是天上虹；
揉碎在浮藻间，
沉淀着彩虹似的梦。

寻梦？撑一支长篙[4]，
向青草更青处漫溯[5]；
满载一船星辉，
在星辉斑斓里放歌。

但我不能放歌，
悄悄是别离的笙箫；
夏虫也为我沉默，
沉默是今晚的康桥！

悄悄的我走了，
正如我悄悄的来；
我挥一挥衣袖，
不带走一片云彩。

（选自《徐志摩全集》，中央编译出版社，2013 年）

---

❶ 青荇（xìng）：荇菜，多年生草本植物，叶子略呈圆形，浮在水面，根生在水底，花黄色。
❷ 招摇：这里有“逍遥”之意。
❸ 潭：此指拜伦潭，为纪念在此游玩的诗人拜伦而得名。
❹ 篙（gāo）：用竹竿或杉木等制成的撑船工具。
❺ 溯（sù）：逆着水流的方向走。

**评 析：**

本诗写于1928年11月6日，初载于1928年12月10日《新月》月刊第1卷第10号。《再别康桥》中的“康桥”指英国著名的剑桥大学，1920年—1922年诗人曾到此游学，1922年8月启程回国时曾作《康桥，再会吧》。1928年秋，诗人再次到英国访问，旧地重游时写下了这首诗，因而此诗题为“再别”。“康桥”是徐志摩一生的转折点，徐志摩曾说：“我的眼是康桥教我睁开的，我的求知欲是康桥给我拨动的，我的自我意识是康桥给我胚胎的。”他对康桥有着独特的情感，在这里他找到了精神的依恋，形成了他崇尚自然、美与和谐的人生哲学，康桥成了诗人的精神故乡。

《再别康桥》是徐志摩诗歌创作中最为优美、最有名的诗篇。诗作描绘了康桥之美，抒发了对康桥无限眷恋与依依惜别的情感，展示了诗人内心的幻灭和悲伤的情怀。

徐志摩是新月派诗人中把闻一多“三美”诗歌理论通过艺术实践具体化，并且成就最为突出的一位诗人。《再别康桥》体现的“三美”是：

1. 绘画美。诗人用抒情的笔调描绘了康桥的自然美景，美景描述中又突出康桥作为世界著名大学自然美景的人文特色，徜徉其中流连忘返的诗人与诗中所描绘的景观融为一体，犹如中国的写意画，意境优美。画面真实而有意境，景中有情，情中有景，细致入微地表现了诗人对康桥的留恋，对往昔生活的怀念，对眼前离愁无可奈何的矛盾、伤感和惆怅。

2. 建筑美。整首诗分七小节，每节四行，每节句式、字数大致相等，既有自由诗的灵活，又有格律诗的整齐，错落有致，两者相互融合，使整首诗自由但不散漫，不失现代感又具有格律形式美。

3. 音乐美。《再别康桥》是一首优美的抒情诗，宛如一曲动听的轻音乐。本诗的语言优美洗练，舒缓有致，富有节奏感和旋律美。全诗七节，每节押韵，节节换韵，抑扬顿挫，诗意从音节的波动中自然流出。“轻轻的我走了，正如我轻轻的来；我轻轻的招手，作别西天的云彩。”文字重叠、复沓，形成一种回环的美。这类诗句充分表达了诗人缠绵悱恻、回肠荡气的细腻情感。“轻轻”“悄悄”，以轻盈的节奏蕴蓄了缱绻的感情，并增强了语言的音乐性。“那榆荫下的一潭，不是清泉，是天上虹”“寻梦？撑一支长篙，向青草更青处漫溯”等诗句，于整齐中生变化，舒缓、洒脱、灵动，错落有致，变幻多姿。第七节和第一节句式相似，遥相呼应，这样全诗把性灵、意象和旋律感不可分割地统一起来，显示了作者新诗艺术的成熟。

这首诗打动了无数的读者，人们在诗歌朗诵会、晚会和离别的宴会上总喜欢吟诵它，因为它用清丽的语言和悦耳的音节表达出带有普遍意义的情感：离愁别绪。忧郁是人类高贵、圣洁的情感，也是诗歌的灵魂，离别时的忧郁是最能勾起读者遐思的。人们在吟诵徐志摩这首诗的时候，会想起无数美好的时光，会禁不住泪流满面。这就是《再别康桥》的魅力所在。

《再别康桥》作品赏析

阅读思考

1. 这首诗是如何表现“新月派”诗歌创作理论的?
2. 本诗的开头和结尾呼应，有什么样的审美作用?
3. 在理解本诗思想内容的基础上，做《再别康桥》朗诵练习。

## 四、雷　雨（节选）

曹禺

题解

曹禺（1910 年—1996 年），原名万家宝，字小石，小名添甲，祖籍湖北潜江，出生于天津，中国杰出的现代话剧剧作家。1926 年发表小说《今宵酒醒何处》始用的笔名曹禺。曹禺从小喜爱文学和戏剧，早在南开中学读书时就是南开新剧团的骨干。曹禺在 1933 年清华大学毕业的同年完成代表作《雷雨》，之后又发表了《日出》(1936)、《原野》(1937)、《北京人》(1941) 等重要作品。曹禺作为中国新文化运动的开拓者之一，与鲁迅、郭沫若、茅盾、巴金、老舍齐名。曹禺的出现，标志着中国现代话剧的成熟，是中国话剧里程碑式的人物。

四幕话剧《雷雨》是曹禺的戏剧处女作，也是代表作，是一部杰出的现实主义剧作。该剧在中国现代话剧史上具有极其重要的意义，曹禺先生也因此被誉为“东方的莎士比亚”。它的出现，标志着中国现代话剧的成熟。全剧有明暗两条线索：明线是周朴园与蘩漪的矛盾，表现封建势力对自由爱情的禁；暗线写周朴园与周萍的矛盾，表现阶级对立和压迫者与被压迫者之间的斗争。

第二幕

……

周蘩漪　回来，（周萍停步）我请你略微坐一坐。

周　萍　什么事?

周蘩漪　（阴沉地）有话说。

周　萍　（看出她的神色）你像是有很重要的话跟我谈似的。

周蘩漪　嗯。

周　萍　说吧。

周蘩漪　我希望你明白方才的情形。这不是一天的事情。

周　萍　（躲避地）父亲一向是那样，他说一句就是一句的。

周蘩漪　可是人家说一句，我就要听一句，那是违背我的本性的。

周　萍　我明白你。（强笑）那么你顶好不听他的话就得了。

周蘩漪　萍，我盼望你还是从前那样诚恳的人。顶好不要学着现在一般青年人玩世不恭的态度。你知道我没有你在我面前，这样，我已经很苦了。

周　萍　所以我就要走了。不要叫我们见着，互相提醒我们最后悔的事情。

周蘩漪　我不后悔，我向来做事没有后悔过。

周　萍　（不得已地）我想，我很明白地对你说表示过。这些日子我没有见你，我想你很明白。

周蘩漪　很明白。

周　萍　那么，我是个最糊涂，最不明白的人。我后悔，我认为我生平做错一件大事。我对不起自己，对不起弟弟，更对不起父亲。

周蘩漪　（低沉地）但是你最对不起的人有一个，你反而轻轻地忘了。

周　萍　我最对不起的人，自然也有，但是我不必同你说。

周蘩漪　（冷笑）那不是她！你最对不起的是我，是你曾引诱过的后母！

周　萍　（有些怕她）你疯了。

周蘩漪　你欠了我一笔债，你对我负着责任；你不能看见了新的世界，就一个人跑。

周　萍　我认为你用的这些字眼，简直可怕。这种字句不是在父亲这样——这样体面的家庭里说的。

周蘩漪　（气极）父亲，父亲，你撇开你的父亲吧！体面？你也说体面？（冷笑）我在这样的体面家庭已经十八年啦。周家家庭里做出的罪恶，我听过，我见过，我做过。我始终不是你们周家的人。我做的事，我自己负责任。不像你们祖父，叔祖，同你们的好父亲，偷偷做出许多可怕的事情，祸移到别人身上，外面还是一副道德面孔，慈善家，社会上的好人物。

周　萍　蘩漪，大家庭自然免不了不良分子，不过我们这一支，除了我，……

周蘩漪　都一样，你父亲是第一个伪君子，他从前就引诱过一个良家的姑娘。

周　萍　你不要乱说话。

周蘩漪　萍，你再听清楚点，你就是你父亲的私生子！

周　萍　（惊异而无主地）你瞎说，你有什么证据？

周　萍　请你问你的体面父亲，这是他十五年前喝醉了的时候告诉我的。（指桌上相片）你就是这年轻的姑娘生的小孩。她因为你父亲又不要她，就自己投河死了。

周　萍　你，你，你简直……好，好，（强笑）我都承认。你预备怎么样？你要跟我说什么？

周蘩漪　你父亲对不起我，他用同样手段把我骗到你们家来，我逃不开，生了冲儿。十几年来像刚才一样的凶横，把我渐渐地磨成了石头样的死人。你突然从家乡出来，是你把我引到一条母亲不像母亲，情妇不像情妇的路上去。是你引诱的我！

周　萍　引诱！我请你不要用这两个字好不好？你知道当时的情形怎么样？

周蘩漪　你忘记了在这屋子里，半夜，我哭的时候，你叹息着说的话么？你说你恨你的父亲，你说过，你愿他死，就是犯了灭伦的罪也干。

周　萍　你忘了。那是我年青，我的热叫我说出来这样糊涂的话。

周蘩漪　你忘了，我虽然只比你大几岁，那时，我总还是你的母亲，你知道你不该对我说这种话么？

周　萍　哦——（叹了一口气）总之，你不该嫁到周家来，周家的空气满是罪恶。

周蘩漪　对了，罪恶，罪恶。你的祖宗就不曾清白过，你们家里永远是不干净。

周　萍　年青人一时糊涂，做错了的事，你就不肯原谅么？（苦恼地皱着眉）

周蘩漪　这不是原谅不原谅的问题，我已经预备好棺材，安安静静地等死，一个人偏把我救活了又不理我，撇得我枯死，慢慢地渴死。让你说，我该怎么办？

周　萍　那，那我也不知道，你来说吧！

周蘩漪　（一字一字地）我希望你不要走。

周　萍　怎么，你要我陪着你，在这样的家庭，每天想着过去的罪恶，这样活活地闷死么？

周蘩漪　你既然知道这家庭可以闷死人，你怎么肯一个人走，把我放在家里？

周　萍　你没有权利说这种话，你是冲弟弟的母亲。

周蘩漪　我不是！我不是！自从我把我的性命、名誉，交给你，我什么都不顾了。我不是他的母亲。不是，不是，我也不是周朴园的妻子。

周　萍　（冷冷地）如果你以为你不是父亲的妻子，我自己还承认我是我父亲的儿子。

周蘩漪　（不曾想到他会说这一句话，呆了一下）哦，你是你的父亲的儿子。——这些月，你特别不来看我，是怕你的父亲？

周　萍　也可以说是怕他，才这样的吧。

周蘩漪　你这一次到矿上去，也是学着你父亲的英雄榜样，把一个真正明白你，爱你的人丢开不管么？

周　萍　这么解释也未尝不可。

周蘩漪　（冷冷地）这么说，你到底是你父亲的儿子。（笑）父亲的儿子？（狂笑）父亲的儿子？（狂笑，忽然冷静严厉地）哼，都是些没有用，胆小怕事，不值得人为他牺牲的东西！我恨着我早没有知道你！

周　萍　那么你现在知道了！我对不起你，我已经同你详细解释过，我厌恶这种不自然的关系。我告诉你，我厌恶。我负起我的责任，我承认我那时的错，然而叫我犯了那样的错，你也不能完全没有责任。你是我认为最聪明，最能了解人的女子。所以我想，你最后会原谅我。我的态度，你现在骂我玩世不恭也好，不负责任也好。我告诉你。我盼望这一次的谈话是我们最末一次谈话了。（走向饭厅门）

周蘩漪　（沉重的语气）站着。（周萍立住）我希望你明白我刚才说的话，我不是请求你。我盼望你用你的心，想一想，过去我们在这屋子说的，（停，难过）许多，许多的话。一个女子，你记着，不能受两代的欺侮，你可以想一想。

周　萍　我已经想得很透彻，我自己这些天的痛苦，我想你不是不知道。好，请你让我走吧。

［周萍由饭厅下，周蘩漪的眼泪一颗颗地流在腮上，她走到镜前，照着自己苍白的有皱纹的脸，便嘤嘤地扑在镜台上哭起来。］

……

（选自《曹禺戏剧集》，时代文艺出版社，2009 年）

**评析：**

《雷雨》是曹禺的第一部戏剧作品，也是中国话剧史上第一部成熟的优秀话剧。无论是从故事层面、戏剧效果，还是作品揭示的人生哲理，《雷雨》都是一部精彩之作。这部作品营造了一个令人压抑的氛围，每一个人物都因为无法忍受这窒息的生活而寻求精神的自由宣泄，然而仿佛是宿命的安排，他们的挣扎在必将要来的毁灭面前是那样的苍白无力。在周朴园的冷漠面前，蘩漪拼命追逐着周萍的温情；在乱伦的恋情带来的心灵忏悔面前，周萍希望在充满青春活力的四凤身上找到生命的激情；天真烂漫、受过新思想启蒙的周冲也希望借助与四凤的爱情实现自己的个性张扬……然而，命运就是这样一个折磨人的东西：已经有了越轨行为的四凤和周萍竟是同母异父的兄妹；死里逃生、过去的伤口还在隐隐作痛的周萍又走进了周公馆；作为矿工代表与周朴园作对的鲁大海竟是周朴园的亲生儿子。

人物之间的关系交错扭结，在一环扣一环的戏剧冲突中，作者用他那高超的技巧将戏剧推向高潮，并在一个雷雨的傍晚戛然收篇，完美地展示了作品中人物的生存挣扎与不可避免地走向毁灭的悲剧命运。

《雷雨》的戏剧性强，它不是渐次地展示剧情，而是在后果的猝然爆发中交代复杂的前因的。这一系列事实与真相的猝然揭露，使剧情跌宕起伏，形成了一种紧张强烈的戏剧情境，起到了震撼人心的效果。同时，作品还运用悬念、伏笔等艺术技巧，增强了结构的完整性及剧情衔接的紧密性。《雷雨》精彩的戏剧语言，给人耳目一新的感觉，虽然全篇几乎都是通常的口语，却极具感染力。作者不用那些华丽的辞藻，却能让读者感到他的作品中蕴含的丰富的潜台词，语言富于抒情性，每个人物说话的口气、身份、性格、分寸都刻画得细致入微。总之，本部作品用扣人心弦的情节，简洁含蓄的语言，各具个性的人物，极为丰富的潜台词和人物在悲剧命运面前的无效抗争而具有震撼人心的力量。

**阅读思考**

1. 请结合对剧本主题的理解，谈谈以“雷雨”为题的作用?

2. 长期以来，评论界认为《雷雨》中最具雷雨性格的人物是蘩漪。说说你的看法，并说出理由。

3. 试从主题、题材以及结构等方面比较分析曹禺的剧本《雷雨》《日出》和《北京人》。

# 第二节　拓展阅读

## 一、故乡的野菜

周作人

**题解**

周作人（1885 年—1967 年），现代散文家，浙江绍兴人，原名櫆寿，字启明。1901 年入南京水师学堂学习，1906 年赴日本留学，1911 年夏回国后先后任浙江省教育司视学新兴教育会会长，1917 年任北京大学文科教授。周作人是新文化运动的重要代表人物。曾参与发起文学研究会，是《新青年》的主要撰稿人之一，他在新文学理论的倡导及创作实践两个方面都产生了深远的影响。抗日战争时期，曾出任汪精卫政权华北政务委员会常务委员兼教育总督督办等职，抗日战争胜利后以叛国罪入狱，1949 年 1 月保释。中华人民共和国成立后，主要从事日本、希腊文学的翻译工作。

周作人一生著作丰富，主要有散文集《自己的园地》《雨天的书》《泽泻集》《谈龙集》《谈虎集》等，论文集《艺术与生活》《中国新文学的源流》等，回忆录《知堂回想录》，作为现代文学史上较有影响的散文家，他最早引入了“美文”概念，提倡叙事抒情散文，对中国现代散文的发展起了积极作用。他追求知识、哲理、趣味的统一，文章风格冲淡平和，闲适清雅，对现代散文有着深刻的影响。

我的故乡不止一个，凡我住过的地方都是故乡。故乡对于我并没有什么特别的情分，只因钓于斯游于斯的关系，朝夕会面，遂成相识，正如乡村里的邻舍一样，虽然不是亲属，别后有时也要想念到他。我在浙东住过十几年，南京东京都住过六年，这都是我的故乡，现在住在北京，于是北京就成了我的家乡了。

日前我的妻往西单市场买菜回来，说起有荠菜在那里卖着，我便想起浙东的事来。荠菜是浙东人春天常吃的野菜，乡间不必说，就是城里只要有后园的人家都可以随时采食，妇女小儿各拿一把剪刀一只“苗篮”，蹲在地上搜寻，是一种有趣味的游戏的工作。那时小孩们唱道：“荠菜马兰头，姊姊嫁在后门头。”后来马兰头有乡人拿来进城售卖了，但荠菜还是一种野菜，须得自家去采。关于荠菜向来颇有风雅的传说，不过这似乎以吴地为主。《西湖游览志》云：“三月三日男女皆戴荠菜花。谚云：三春戴荠花，桃李羞繁华。”顾禄的《清嘉录》上亦说：“荠菜花俗呼野菜花，因谚有三月三蚂蚁上灶山之语，三日人家皆以野菜花置灶陉上，以厌虫蚁。侵晨村童叫卖不绝。或妇女簪髻上以祈清目，俗号眼亮花。”但浙东人却不很理会这些事情，只是挑来做菜或炒年糕吃罢了。

黄花麦果通称鼠曲草，系菊科植物，叶小微圆互生，表面有白毛，花黄色，簇生梢头。春天采嫩叶，捣烂去汁，和粉作糕，称黄花麦果糕。小孩们有歌赞美之云：

黄花麦果韧结结，
关得大门自要吃，
半块拿弗出，一块自要吃。

清明前后扫墓时，有些人家——大约是保存古风的人家——用黄花麦果作供，但不作饼状，做成小颗如指顶大，或细条如小指，以五六个作一攒，名曰茧果，不知是什么意思，或因蚕上山时设祭，也用这种食品，故有是称，亦未可知。自从十二三岁时外出不参与外祖家扫墓以后，不复见过茧果，近来住在北京，也不再见黄花麦果的影子了。日本称作“御形”，与荠菜同为春天的七草之一，也采来做点心用，状如艾饺，名曰“草饼”，春分前后多食之，在北京也有，但是吃去总是日本风味，不复是儿时的黄花麦果糕了。

扫墓时候所常吃的还有一种野菜，俗名草紫，通称紫云英。农人在收获后，播种田内，用作肥料，是一种很被贱视的植物，但采取嫩茎瀹食，味颇鲜美，似豌豆苗。花紫红色，数十亩接连不断，一片锦绣，如铺着华美的地毯，非常好看，而且花朵状若蝴蝶，又如鸡雏，尤为小孩所喜，间有白花的花，相传可以治痢，很是珍重，但不易得。日本《俳句大辞典》云：“此草与蒲公英同是习见的东西，从幼年时代便已熟识。在女人里边，不曾采过紫云英的人，恐未必有罢。”中国古来没有花环，但紫云英的花球却是小孩常玩的东西，这一层我还替那些小人们欣幸的。浙东扫墓用鼓吹，所以少年常随了乐音去看“上坟船里的姣姣”；没有钱的人家虽没有鼓吹，但船头上篷窗下总露出些紫云英和杜鹃的花束，这也就是上坟船的确实的证据了。

十三年二月

（选自《泽泻集》，上海三联书店，2019 年）

**评析：**

周作人曾这样分析自己：“我的心里是有‘两个鬼’潜伏着的，即所谓绅士鬼与流氓鬼，我曾经说过，‘以开店而论，我这店是两个鬼品开的，而其股份与生意的分配，究绅士鬼还只居其小部分’，所以去和道地的绅士们周旋，也仍旧是合不来的”。（《知堂回想录》）周作人一生的创作及思想发展也应和着作者的这一自白。就散文作品而论，我们可以发现两个截然不同气质的周作人：一个是脾气偏执的人写出的充满浮躁凌厉之气的作品，这些作品中弥漫的是“梦想家与传道者的气味”；一个是“理性通达”的人写出的极具平淡自然之态的作品，这些作品中流露出的是“喝清茶”“谈闲话”的雅兴。

本文显然是属于后一类风格的作品，写作此文时，五四时代的激情已渐渐远去，随之而来的是苦闷与消沉，作者渴望的不再是“腐心桐选诛邪鬼，切齿纲伦打毒蛇”（钱玄同《和岂明五十秩自寿诗原韵》），而是“在江村小屋里，靠着玻璃窗，烘着白炭火钵，喝清茶，同友人谈闲话”（《雨天的书》自序一）。从表面看来，作者只是在本文中淡淡地追忆着过去的乡村生活，但这种散漫的对日常生活的追忆与过去火热的斗争生活构成了鲜明的对比，表现出作者消极、逃避的情绪，预示着作者不愿再做大时代的“弄潮儿”，而是追求一种平淡自然的隐者生活。作品的开始作者这样写道：“故乡对于我并没有什么特别的情分，只因钓于斯游于斯的关系，朝夕会面，遂成相识，正如乡村里的邻舍一样”，这与我们对故乡情的一般理解相去甚远，但如果你真的认为周作人对故乡很淡漠的话，那你就错了。当你读完全文，看到作者那样忘情地娓娓叙述着浙东农村的荠菜、黄花麦果、草紫的时候，你就会体会出作者心中的那种浓得化不开的乡思乡情；同时，对作者来说，故乡的野菜还不仅仅是浓郁的乡情的体现，它还蕴含着作者对清淡而甘香的生活境界的大追求！

对趣味的追求是周作人散文的一大特点，他说：“我很看重趣味，以为这是美也是善”，因为“平常没有人对于生活不取有一种特殊的态度，或淡泊若不经意，或琐琐多所取舍，虽其趋向不同，却各自成为一种趣味”，这种趣味是指“自然大方的风度，并不是要禁忌什么字句，或者装出乡绅的架子”。因而周作人的散文并不回避俗事，相反，化大俗为大雅是周作人散文的一大特色。《故乡的野菜》中所写的荠菜、黄花麦果、草紫都是乡间习见的野物，但作者却将这大俗之事写得津津有味，兴味盎然，如写草紫：“农人在收获后，播种田内，用作肥料，是一种很被贱视的植物，但采取嫩茎瀹食，味颇鲜美，似豌豆苗。花紫红色，数十亩接连不断，一片锦绣，如铺着华美的地毯，非常好看，而且花朵状若蝴蝶，又如鸡雏，尤为小孩所喜。”

作品的文笔恬淡自然，侃侃而谈，似乎是二三朋友围炉闲坐，促膝闲谈，形成了一种独特的舒徐自如的“闲谈体”。他对故乡的回忆是从日常生活引出的，先写“日前我的妻往西单市场买菜回来，说起有荠菜在那里卖着，我便想起浙东的事来”接着由此铺展开来，由荠菜到黄花麦果，由黄花麦果写到清明扫墓，再由清明扫墓联想到扫墓时常吃的草紫，环环相扣，衔接自然。

博识是《故乡的野菜》的另一特色。作品虽然写的是司空见惯的野菜，但作者常常在不经意的描述中引经据典，旁征博引，如写到荠菜时引述《西湖游览志》《清嘉录》中的相关知识，在写草紫时引证《日本俳句辞典》中的话，都显示着作者的博学，却不会让读者感到作者是卖弄学识，而是不经意间的自然流露，这正应了赵景深的那句话“看了他（周作人）的小品，仿佛看见一个博学的老前辈在那儿对你温煦地微笑。”

阅读思考

1. 举例分析这篇散文从哪些方面体现了周作人散文的创作风格和理论。
2. 品味作者通过哪些艺术手法描写家乡的野菜。

## 二、为奴隶的母亲（节选）

柔石

题解

柔石（1902 年—1931 年），原名赵平复，浙江宁海人。著名作家、翻译家、革命家，中国共产党党员，左联五烈士之一。1917 年柔石考入台州省立第六中学，1918 年夏转入杭州省立第一师范学校就读。1919 年五四运动爆发后，接受新文化、新思想影响，1924 年返回家乡附近的慈溪县普迪小学教书。第一次大革命失败后仍回中学任教。1928 年 4 月因学校被解散出走上海。

1929 年，柔石撰写的长篇小说《旧时代之死》，经鲁迅推荐出版。从此，柔石在鲁迅的关怀指导下积极从事文学创作，先后写出长篇小说《二月》、短篇小说《为奴隶的母亲》等优秀的革命现实主义作品。1929 年 1 月经鲁迅介绍任《语丝》编辑，1930 年春他积极参与发起成立上海自由大同盟和左翼作家联盟，5 月加入中国共产党。1931 年 1 月 17 日在上海东方饭店开会时被国民党当局逮捕，2 月 7 日在龙华英勇就义。

两村的相隔有三十里路，可是轿夫的第二次将轿子放下肩，就到了。春天的细雨，从轿子底布篷里飘进，吹湿了她底衣衫。一个脸孔肥肥的，两眼很有心计的约摸五十四五岁的老妇人来迎她，她想：这当然是大娘了。可是只向她满面羞涩地看一看，并没有叫。她很亲昵似地将她牵上阶沿，一个长长的瘦瘦的而面孔圆细的男子就从房里走出来。他向新来的少妇，仔细地瞧了瞧，堆出满脸的笑容来，向她问：

“这么早就到了么？可是打湿你底衣裳了。”

而那位老妇人，却简直没有顾到他底说话，也向她问：

“还有什么在轿里么？”

“没有什么了。”少妇答。

几位邻舍的妇人站在大门外，探头张望的；可是她们走进屋里面了。

她自己也不知道这究竟为什么，她底心老是挂念着她底旧的家，掉不下她的春宝。这是真实而明显的，她应庆祝这将开始的三年的生活——这个家庭，和她所典给他的丈夫，都比曾经过去的要好，秀才确是一个温良和善的人，讲话是那么地低声，连大娘，实在也是一个出乎意料之外的妇人，她底态度之殷勤，和滔滔的一席话：说她和她丈夫底过去的生活之经过，从美满而漂亮的结婚生活起，一直到现在，中间的三十年。她曾做过一次的产，十五六年以前，养下一个男孩子，据她说，是一个极美丽又极聪明的婴儿，可是不到十个月，竟患天花死去了。这样，以后就没有养过第二个。在她底意思中，似乎——似乎——早就叫她底丈夫娶一房妾，可是他，不知是爱她呢，还是没有相当的人——这一层她并没有说清楚。于是，就一直到现在。这样，竟说得这个具着朴素的心地的她，一时酸，一会苦，一时甜上心头，一时又咸的压下去了。最后这个老妇人并将她底希望也向她说出来了。她底脸是娇红地，可是老妇人说：

“你是养过三四孩子的女人了，当然，你是知道什么的，你一定知道的还比我多。”

这样，她说着走开了。

当晚，秀才也将家里底种种情形告诉她，实际，不过是向她夸耀或求媚罢了。她坐在一张橱子旁边，这样的红的木橱，是她旧的家所没有的，她眼睛白晃晃地瞧着它。秀才也就坐在橱子底面前来，问她：

“你叫什么名字呢？”

她没有答，也并不笑，站起来，走在床底前面，秀才也跟到床底旁边，更笑地问她：

“怕羞么？哈，你想你底丈夫么？哈，哈，现在我是你底丈夫了。”声音是轻轻的，又用手去牵着她底袖子。“不要愁罢！你也想你底孩子的，是不是？不过——”

他没有说完，却又哈的笑了一声，他自己脱去他外面的长衫了。

她可以听见房外的大娘底声音在高声地骂着什么人，她一时听不出在骂谁，骂烧饭的女仆，又好像骂她自己，可是因为她底怨恨，仿佛又是为她而发的。秀才在床上叫道：

“睡罢，她常是这么噜噜苏苏的。她以前很爱那个长工，因为长工要和烧饭的黄妈多说话，她却常要骂黄妈的。”

日子是一天天地过去了。旧的家，渐渐地在她底脑子里疏远了，而眼前，却一步步地亲近她使她熟悉。虽则，春宝底哭声有时竟在她耳朵边响，梦中，她也几次地遇到过他了。可是梦是一个比一个缥渺，眼前的事务是一天比一天繁多。她知道这个老妇人是猜忌多心的，外表虽则对她还算大方，可是她底嫉妒的心是和侦探一样，监视着秀才对她的一举一动。有时，秀才从外面回来，先遇见了她而同她说话，老妇人就疑心有什么特别的东西买给她了，非在当晚，将秀才叫到她自己底房内去，狠狠地训斥一番不可。“你给狐狸迷着了么？”“你应该称一称你自己底老骨头是多少重！”像这样的话，她耳闻到不止一次了。这样以后，她望见秀才从外面回来而旁边没有她坐着的时候，就非得急忙避开不可。即使她在旁边，有时也该让开些，但这种动作，她要做的非常自然，而且不能让旁人看出，否则，她又要向她发怒，说是她有意要在旁人的前面暴露她大娘底丑恶。而且以后，竟将家里的许多杂务都堆积在她底身上，同一个女仆那么样。她还算是聪明的，有时老妇人底换下来的衣服放着，她也给她拿去洗了，虽然她说：

“我底衣服怎么要你洗呢？就是你自己底衣服，也可叫黄妈洗的。”可是接着说：

“妹妹呀，你最好到猪栏里去看一看，那两只猪为什么这样喁喁叫的，或者因为没有吃饱罢，黄妈总是不肯给它们吃饱的。”

八个月了，那年冬天，她底胃却起了变化：老是不想吃饭，想吃新鲜的面，番薯等。但番薯或面吃了两餐，又不想吃，又想吃馄饨，多吃又要呕。而且还想吃南瓜和梅子——这是六月里的东西，真稀奇，向那里去找呢？秀才是知道在这个变化中所带来的预告了。他镇日地笑微微，能找到的东西，总忙着给她找来。他亲身给她到街上去买橘子，又托便人买了金柑来。他在廊沿下走来走去，口里念念有词的，不知说什么。他看她和黄妈磨过年的粉，但还没有磨了三升，就向她叫：“歇一歇罢，长工也好磨的，年糕是人人要吃的。”

有时在夜里，人家谈着话，他却独自拿了一盏灯，在灯下，读起《诗经》来了：

“关关雎鸠，在河之洲。窈窕淑女，君子好逑——”

这时长工向他问：

“先生，你又不去考举人，还读它做什么呢？”

他却摸一摸没有胡子的口边，怡悦地说道：

“是呀，你也知道人生底快乐么？所谓：‘洞房花烛夜，金榜挂名时’你也知道这两句话底意思么？这是人生底最快乐的两件事呀！可是我对于这两件事都过去了，我却还有比这两件更快乐的事呢！”

这样，除出他底两个妻以外，其余的人们都大笑了。

这些事，在老妇人眼睛里是看得非常气恼了。她起初闻到她底受孕也欢喜，以后看见秀才的这样奉承她，她却怨恨她自己肚子底不会还债了。有一次，次年三月了，这妇人因为身体感觉不舒服，头有些痛，睡了三天。秀才呢，也愿她歇息歇息，更不时地问她要什么，而老妇人却着实地发怒了。她说她装娇，噜噜苏苏地也说了三天。她先是恶意地讥嘲她：说是一到秀才底家里就高贵起来了，什么腰酸呀，头痛呀，姨太太的架子也都摆出来了；以前在自己底家里，她不相信她有这样的娇养，恐怕竟和街头的母狗一样，肚子里有着一肚皮的小狗，临产了，还要到处地奔求着食物。现在呢，因为“老东西”——这是秀才的妻叫秀才的名字——趋奉了她，就装着娇滴滴的样子了。

“儿子，”她有一次在厨房里对黄妈说，“谁没有养过呀？我也曾怀过十个月的孕，不相信有这么的难受。而且，此刻的儿子，还在‘阎罗王的簿里’，谁保的定生出来不是一只癞蛤蟆呢？也等到真的‘鸟儿’从洞里钻出来看见了，才可在我底面前显威风，摆架子，此刻，不过是一块血的猫头鹰，就这么的装腔，也显得太早一点！”

当晚这妇人没有吃晚饭，这时她已经睡了，听了这一番婉转的冷嘲与热骂，她呜呜咽咽地低声哭泣了。秀才也带衣服坐在床上，听到浑身透着冷汗，发起抖来。他很想扣好衣服，重新走起来，去打她一顿，抓住她底头发狠狠地打她一顿，泄泄他一肚皮的气。但不知怎样，似乎没有力量，连指也颤动，臂也酸软了，一边轻轻地叹息着说：

“唉，一向实在太对她好了。结婚了三十年，没有打过她一掌，简直连指甲都没有弹到她底皮肤上过，所以今日，竟和娘娘一般地难惹了。”

同时，他爬过到床底那端，她底身边，向她耳语说：

“不要哭罢，不要哭罢，随她吠去好了！她是阉过的母鸡，看见别人的孵卵是难受的。假如你这一次真能养出一男孩子来，我当送你两样宝贝——我有一只青玉的戒指，我有一只白玉的……”

他没有说完，可是他忍不住听下门外的他底大妻底喋喋的讥笑声音，他急忙地脱去了衣服，将头钻进被窝里去，凑向她底胸腔，一边说：

“我有白玉的……”

肚子一天天地膨胀的如斗那么大，老妇人终究也将产婆雇定了，而且在别人的面前，竟拿起花布来做婴儿用的衣服。酷热的暑天到了尽头，旧历的六月，他们在希望的眼中过去。秋开始，凉风也拂拂地在乡镇上吹送。于是有一天，这全家的人们都到了希望的最高潮，屋里底空气完全地骚动起来。秀才底心更是异常地紧张，他在天井上不断地排徊，手里捧着一本历书，好似要读它背诵那么地念去——“戊辰”“甲戌”“壬寅之年”，老是反复地轻轻的说着。有时他底焦急的眼光向一间关了窗的房子望去——在这间房子内是有产母底低声呻吟的声音；有时他向天上望一望被云笼罩着的太阳，于是又走向房门口，向站在房门内的黄妈问：

“此刻如何？”

黄妈不住地点着头不做声响，一息，答：

“快下来了，快下来了。”

于是他又捧了那本历书，在廊下徘徊起来。

这样的情形，一直继续到黄昏底青烟在地面起来，灯火一盏盏的如春天的野花般在屋内开起，婴儿才落地了，是一个男的。婴儿底声音很重地在屋内叫，秀才却坐在屋角里，几乎快乐到流出泪来了。全家的人都没有心思吃晚饭，在平淡的晚餐席上，秀才的大妻向用人们说道：

“暂时瞒一瞒罢，给小猫头避避晦气；假如别人问起，也答养一个女的好了。”

他们都微笑地点点头。

一个月以后，婴儿底白嫩的小脸孔，已在秋天的阳光里照耀了。这个少妇给他哺着奶，邻舍的妇人围着他们瞧，有的称赞婴儿底鼻子好，有的称赞婴儿底口子好，有的称赞婴儿底两耳好；更有的称赞婴儿底母亲，也比以前好，白而且壮了。老妇人却和老祖母那么地吩咐着，保护着，这时开始说：

“够了，不要弄他哭了。”

关于孩子底名字，秀才是煞费苦心地想着，但总想不出一个相当的字来。据老妇人底意见，还是从“长命富贵”或“福禄寿喜”里拣一个字，最好还是“寿”字或与“寿”同意义的字，如“其颐”“彭祖”等。但秀才不同意，以为太通俗，人云亦云的名字。于是翻开了《易经》《书经》，向这里面找，但找了半月，一月，还没有恰贴的字。在他底意思：以为在这个名字内，一边要祝福孩子，一边要包含他底老而得子底蕴义，所以竟不容易找。这一天，他一边抱着三个月的婴儿，一边又向书里找名字，戴着一副眼镜，将书递到灯底旁边去。婴儿底母亲呆呆地坐在房内底一边，不知思想着什么，却忽然开口说：

“我想，还是叫他‘秋宝’罢。”屋内的人们底几对眼睛都转向她，注意地静听着：“他不是生在秋天吗？秋天的宝贝——还是叫他‘秋宝’罢。”

秀才立刻接着说道：

“是呀，我真极费心思了。我年过半百，实在到了人生的秋期；孩子也正养在秋天；‘秋’是万物成熟的季节，秋宝，实在是很好的名字呀！而且《书经》里没有么？‘乃亦有秋’，我真乃亦有‘秋’！”

接着，又称赞了一通婴儿底母亲：说是呆读书实在无用，聪明是天生的。这些话，说的这妇人连坐着都觉得局促不安，垂下头，苦笑地又含泪地想：

“我不过因春宝想到了。”

秋宝是天天成长的非常可爱地离不开他底母亲了。他有出奇的大的眼睛，对陌生人是不倦地注视地瞧着，但对他底母亲，却远远地一眼就知道了。他整天地抓住了他底母亲，虽则秀才是比她还爱他，但不喜欢父亲；秀才底大妻呢，表面也爱他，似爱她自己亲生的儿子一样，但在婴儿底大眼睛里，却看她似陌生人，也用奇怪的不倦的视法。可是他的执住他底母亲愈紧，而他底母亲离开这家的日子也愈近了。春天底口子咬住了冬天底尾巴；而夏天底脚又常是紧随着在春天底身后的；这样，谁都将孩子底母亲底三年快到的问题横放在心头上。

秀才呢，因为爱子的关系，首先向他底大妻提出来了：他愿意再拿出一百元钱，将她永远买下来。可是他底大妻底回答是：

“你要买她，那先给我药死罢！”

秀才听到这句话，气的只向鼻孔放出气，许久没有说；以后，他反儿做着笑脸地：

“你想想孩子没有娘……”

老妇人也尖利地冷笑地说：

“我不好算是他底娘么？”

在孩子底母亲的心呢，却正矛盾这两种的冲突了：一边，她底脑里老是有“三年”这两个字，三年是容易过去的，于是她底生活便变做在秀才家里底用人似的了。而且想象中的春宝，也同眼前的秋宝一样活泼可爱，她既舍不得秋宝，怎么就能舍得掉春宝呢？可是另一面边，她实在愿意永远在这新的家里住下去，她想，春宝的爸爸不是一个长寿的人，他底病一定是在三五年之内要将他带走到不可知的异国里去的，于是，她便要求她底第二个丈夫，将春宝也领过来，这样，春宝也在她底眼前。

有时，她倦坐在房外的沿廊下，初夏的阳光，异常地能令人昏朦地起幻想，秋宝睡在她底怀里，含着她底乳，可是她觉得仿佛春宝同时也站在她底旁边，她伸出手去也想将春宝抱近来，她还要对他们兄弟两人说几句话，可是身边是空空的。

在身边的较远的门口，却站着这位脸孔慈善而眼睛凶毒的老妇人，目光注视着她。这样，她也恍恍惚惚地敏悟：“还是早些脱离开罢，她简直探子一样地监视着我了。”可是忽然怀内的孩子一叫，她却又什么也没有的只剩着眼前的事实来支配她了。

（原载于《萌芽》第1卷第3期，1930年）

**评 析：**

《为奴隶的母亲》以民国初年浙东农村为背景讲述了一个悲剧故事。丈夫染上赌博、酗酒等恶习，儿子春宝又久病不愈，无奈之下，丈夫以100块大洋将自己的妻子——春宝娘，出典给渴望能生一个儿子的老秀才。三年中，春宝娘给老秀才生下儿子秋宝，秀才大妻不容春宝娘的存在，三年期满后，春宝娘不得不离开秋宝回家。当她回到依然难改恶习的丈夫身边时，春宝娘却发现自己的儿子春宝已经不认得她了……

小说按照生活的本来面目去刻画人物形象。皮贩的凶狠、痛苦，春宝娘的勤劳善良、忍辱负重，秀才的伪善、温情，大妻的嫉妒专横，都写得合情合理。比如，皮贩曾用沸水溺死女婴，又让妻子出典，是其凶狠、残忍的表现。但当他要向妻子说明原委时，又羞愧、悔恨地低着头说不出来。作者用白描的手法，描写出一个性格扭曲的被压迫者的形象。对秀才的描写，作者既着眼于他是一个地主，又没有忽视他是被典者春宝娘的临时丈夫。这样一种双重身份，决定了秀才没有虐待春宝娘，有时还向春宝娘献媚；当春宝娘为他生了儿子时，他更是欣喜若狂。对大妻的描写，作者主要是通过描写大妻外在的语言行动，来显示她的心理和性格。这个地主管家婆，专横刻薄，尖牙利齿，同时也会因自己生不出孩子而产生苦恼和矛盾。她对春宝娘是嫉妒多于友善，微笑中藏着刻毒。

春宝娘勤劳朴实，善良安分，对生活的要求低微，但灾难和打击却不放过她。她离开春宝到秀才家做生育的工具，处处受到大妻的监视和辱骂。当她可以回家与春宝团聚时，春宝已不认识自己的娘了。母爱是妇女的天性和权利，但“为奴隶的母亲”却被折伤了天性，被剥夺了权利。

### 阅读思考

1. 《为奴隶的母亲》的艺术特色是什么？试举例说明。
2. 试比较鲁迅的小说《祝福》中祥林嫂与春宝娘的悲剧命运。

## 三、怀李叔同先生[1]

丰子恺

### 题解

丰子恺（1898 年—1975 年），原名丰润、丰仁，生于浙江省崇德县石门湾（今浙江省嘉兴市桐乡市石门镇石门湾），中国现代书画家、文学家、散文家、翻译家、漫画家，被誉为“现代中国最艺术的艺术家”“中国现代漫画的鼻祖”。

1914 年丰子恺入浙江省第一师范学校师从李叔同学习音乐和绘画。1924 年在上海创办立达中学。1925 年成立立达学会，参加者有茅盾、陈望道、叶圣陶、郑振铎、胡愈之等人。1929 年被开明书店聘为编辑。1931 年，他的第一本散文集《缘缘堂随笔》由开明书店出版。中华人民共和国成立后曾任中国美术家协会主席、上海中国画院院长、上海对外文化协会副会长等职。著作有《子恺漫画》《子恺画集》《西洋美术史》《缘缘堂随笔》《子恺小品集》等。

距今二十九年前，我十七岁的时候，最初在杭州的浙江省立第一师范学校里见到李叔同先生，即后来的弘一法师。那时我是预科生，他是我们的音乐教师。

我们上他的音乐课时，有一种特殊的感觉：严肃。摇过预备铃，我们走向音乐教室，推进门去，先吃一惊：李先生早已端坐在讲台上。以为先生总要迟到而嘴里随便唱着、喊着，或笑着、骂着而推进门去的同学，吃惊更是不小。他们的唱声、喊声、笑声、骂声以门槛为界限而忽然消灭。

接着是低着头、红着脸，去端坐在自己的位子里。端坐在自己的位子里偷偷地仰起头来看看，看见李先生的高高的瘦削的上半身穿着整洁的黑布马褂，露出在讲桌上，宽广得可以走马的前额，细长的凤眼，隆正的鼻梁，形成威严的表情。扁平而阔的嘴唇两端常有深窝，显示和蔼的表情。这副相貌，用“温而厉”三个字来描写，大概差不多了。讲桌上放着点名簿、讲义，以及他的教课笔记簿、粉笔。钢琴衣解开着，琴盖开着，谱表摆着，琴头上又放着一只时表，闪闪的金光直射到我们的眼中。黑板（是上下两块可以推动的）上早已清楚地写好本课内所应写的东西（两块都写好，上块盖着下块，用下块时把上块推开）。在这样布置的讲台上，李先生端坐着。坐到上课铃响出（后来我们知道他这脾气，上音乐课必早到。故上课铃响时，同学早已到齐），他站起身来，深深地一鞠躬，课就开始了。这样地上课，空气严肃得很。

有一个人上音乐课时不唱歌而看别的书，有一个人上音乐时吐痰在地板上，以为李先生不看见的，其实他都知道。但他不立刻责备，等到下课后，他用很轻而严肃的声音郑重地说：“某某等一等出去。”于是这位某某同学只得站着。等到别的同学都出去了，他又用轻而严肃的声音向这某某同学和气地说：“下次上课时不要看别的书。”或者：“下次痰不要吐在地板上。”说过之后他微微一鞠躬，表示“你出去罢”。出来的人大都脸上发红。又有一次下音乐课，最后出的人无心把门一拉，碰得太重，发出很大的声音。他走了数十步之后，李先生走出门来，满面和气地叫他转来。等他到了，李先生又叫他进教室来。进了教室，李先生用很轻而严肃的声音向他和气地说：“下次走出教室，轻轻地关门。”就对他一鞠躬，送他出门，自己轻轻地把门关了。

最不易忘却的，是有一次上弹琴课的时候。我们是师范生，每人都要学弹琴，全校有五六十架风琴及两架钢琴。风琴每室两架，给学生练习用；钢琴一架放在唱歌教室里，一架放在弹琴教室里。上弹琴课时，十数人为一组，环立在琴旁，看李先生范奏。有一次正在范奏的时候，有一个同学放一个屁，没有声音，却是很臭。钢琴及李先生十数同学全部沉浸在亚莫尼亚气体中。同学大都掩鼻或发出讨厌的声音。李先生眉头一皱，管自弹琴（我想他一定屏息着）。弹到后来，亚莫尼亚气散光了，他的眉头方才舒展。教完以后，下课铃响了。李先生立起来一鞠躬，表示散课。散课以后，同学还未出门，李先生又郑重地宣告：“大家等一等去，还有一句话。”大家又肃立了。李先生又用很轻而严肃的声音和气地说：“以后放屁，到门外去，不要放在室内。”接着又一鞠躬，表示叫我们出去。同学都忍着笑，一出门来，大家快跑，跑到远处去大笑一顿。

李先生用这样的态度来教我们音乐，因此我们上音乐课时，觉得比上其他一切课更严肃。同时对于音乐教师李叔同先生，比对其他教师更敬仰。那时的学校，首重的是所谓“英、国、算”即英文、国文和算学。在别的学校里，这三门功课的教师最有权威，而在我们这师范学校里，音乐教师最有权威，因为他是李叔同先生的缘故。

李叔同先生为什么能有这种权威呢？不仅为了他学问好，不仅为了他音乐好，主要的还是为了他态度认真。李先生一生的最大特点是“认真”。他对于一件事，不做则已，要做就非做得彻底不可。

他出身于富裕之家，他的父亲是天津有名的银行家。他是第五位姨太太所生。他父亲生他时，年已七十二岁。他坠地后就遭父丧，又逢家庭之变，青年时就陪了他的生母南迁上海。在上海南洋公学读书奉母时，他是一个翩翩公子。当时上海文坛有著名的沪学会，李先生应沪学会征文，名字屡列第一。从此他就为沪上名人所器重，而交游日广，终以“才子”驰名于当时的上海。所以后来他母亲死了，他赴日本留学的时候，作一首《金缕曲》，词曰：“披发佯狂走。莽中原，暮鸦啼彻，几株衰柳。破碎河山谁收拾，零落西风依旧。便惹得离人消瘦。行矣临流重太息，说相思刻骨双红豆。愁黯黯，浓于酒。漾情不断淞波溜。恨年年絮飘萍泊，遮难回首。二十文章惊海内，毕竟空谈何有！听匣底底苍龙狂吼。长夜西风眠不得，度群生那惜心肝剖。是祖国，忍孤负？”读这首词，可想见他当时豪气满胸，爱国热情炽盛。他出家时把过去的照片统统送我，我曾在照片中看见过当时在上海的他：丝绒碗帽，正中缀一方白玉，曲襟背心，花缎袍子，后面挂着胖辫子，底下缎带扎脚管，双梁厚底鞋子，头抬得很高，英俊之气，流露于眉目间。真是当时上海一等的翩翩公子。这是最初表示他的特性：凡事认真。他立意要做翩翩公子，就彻底地做一个翩翩公子。

后来他到日本，看见明治维新的文化，就渴慕西洋文明。他立刻放弃了翩翩公子的态度，改做一个留学生。他入东京美术学校，同时又入音乐学校。这些学校都是模仿西洋的，所教的都是西洋画和西洋音乐。李先生在南洋公学时英文学得很好；到了日本，就买了许多西洋文学书。他出家时曾送我一部残缺的原本《莎士比亚全集》，他对我说：“这书我从前细读过，有许多笔记在上面，虽然不全，也是纪念物。”由此可想见他在日本时，对于西洋艺术全面进攻，绘画音乐、文学、戏剧都研究。后来他在日本创办春柳剧社，纠集留学同志，共演当时西洋著名的悲剧《茶花女》（小仲马著）。他自己把腰束小，扮作茶花女，粉墨登场。这照片，他出家时也送给我，一向归我保藏；直到抗战时为兵火所毁。现在我还记得这照片：卷发，白的上衣，白的长裙拖着地面，腰身小到一把，两手举起托着后头，头向右歪侧，眉峰紧蹙，眼波斜睇，正是茶花女自伤命薄的神情。另外还有许多演剧的照片，不可胜记。这春柳剧社后来迁回中国，李先生就脱出，由另一班人去办，便是中国最初的话剧社。由此可以想见，李先生在日本时，是彻头彻尾的一个留学生。我见过他当时的照片：高帽子、硬领、硬袖、燕尾服、史的克、尖头皮鞋，加之长身、高鼻，没有脚的眼镜夹在鼻梁上，竟活像一个西洋人。这是第二次表示他的特性：凡事认真。学一样，像一样。要做留学生，就彻底地做一个留学生。

他回国后，在上海太平洋报社当编辑。不久，就被南京高等师范请去教图画、音乐。后来又应杭州师范之聘，同时兼任两个学校的课，每月中半个月住南京，半个月住杭州。两校都请助教，他不在时由助教代课。我就是杭州师范的学生。这时候，李先生已由留学生变为“教师”，这一变，变得真彻底：漂亮的洋装不穿了，却换上灰色粗布袍子、黑布马褂、布底鞋子。金丝边眼镜也换了黑的钢丝边眼镜。他是一个修养很深的美术家，所以对于仪表很讲究。虽然布衣，却很称身，常常整洁。他穿布衣，全无穷相，而另具一种朴素的美。你可想见，他是扮过茶花女的，身材生得非常窈窕。穿了布衣，仍是一个美男子。“淡妆浓抹总相宜”，这诗句原是描写西子的，但拿来形容我们的李先生的仪表，也很适用。今人侈谈“生活艺术化”，大都好奇立异，非艺术的。李先生的服装，才真可称为生活的艺术化。他一时代的服装，表出着一时代的思想与生活。各时代的思想与生活判然不同，各时代的服装也判然不同。布衣布鞋的李先生，与洋装时代的李先生、曲襟背心时代的李先生，判若三人。这是第三次表示他的特性：认真。

我二年级时，图画归李先生教。他教我们木炭石膏模型写生。同学一向描惯临画，起初无从着手。四十余人中，竟没有一个人描得像样的。后来他范画给我们看。画毕把范画揭在黑板上。同学们大都看着黑板临摹。只有我和少数同学，依他的方法从石膏模型写生。我对于写生，从这时候开始发生兴味。我到此时，恍然大悟：那些粉本原是别人看了实物而写生出来的。我们也应该直接从实物写生入手，何必临摹他人，依样画葫芦呢？于是我的画进步起来。此后李先生与我接近的机会更多。因为我常去请他教画，又教日本文。以后的李先生的生活，我所知道的较为详细。他本来常读性理的书，后来忽然信了道教，案头常常放着道藏[2]。那时我还是一个毛头青年，谈不到宗教。李先生除绘事外，并不对我谈道。但我发见他的生活日渐收敛起来，仿佛一个人就要动身赴远方时的模样。他常把自己不用的东西送给我。他的朋友日本画家大野隆德、河合新藏、三宅克己等到西湖来写生时，他带了我去请他们吃一次饭，以后就把这些日本人交给我，叫我引导他们（我当时已能讲普通应酬的日本话）。他自已就关起房门来研究道学。有一天，他决定入大慈山去断食，我有课事，不能陪去，由校工闻玉陪去。数月之后，我去望他。见他躺在床上，面容消瘦，但精神很好，对我讲话，同平时差不多。他断食共十七日，由闻玉扶起来，摄一个影，影片上端由闻玉题字："李息翁先生断食后之像，侍子闻玉题。"这照片后来制成明信片分送朋友。像的下面用铅字排印着："某年月日，入大慈山断食十七日，身心灵化，欢乐康强——欣欣道人记。"李先生这时候已由"教师"一变而为"道人"了。学道就断食十七日，也是他凡事"认真"的表示。

但他学道的时候很短。断食以后，不久他就学佛。他自已对我说，他的学佛是受马一浮先生指示的。出家前数日，他同我到西湖玉泉去看一位程中和先生。这程先生原来是当军人的，现在退伍，住在玉泉，正想出家为僧。李先生同他谈得很久。此后不久，我陪大野隆德到玉泉去投宿，看见一个和尚坐着，正是这位程先生。我想称他"程先生"，觉得不合。想称他法师，又不知道他的法名（后来知道是弘伞）。一时周章得很。我回去对李先生讲了，李先生告诉我，不久也要出家为僧，就做弘伞的师弟。我愕然不知所对。过了几天，他果然辞职，要去出家。出家的前晚，他叫我和同学叶天瑞、李增庸三人到他的房间里，把房间里所有的东西送给我们三人。第二天，我们三人送他到虎跑。我们回来分得了他的"遗产"，再去望他时，他已光着头皮，穿着僧衣，俨然一位清癯的法师了。我从此改口，称他为"法师"。法师的僧腊二十四年。这二十四年中，我颠沛流离，他一贯到底，而且修行功愈进愈深。当初修净土宗，后来又修律宗。律宗是讲究戒律的。一举一动，都有规律，严肃认真之极。这是佛门中最难修的一宗。数百年来，传统断绝，直到弘一法师方才复兴，所以佛门中称他为"重兴南山律宗第十一代祖师"。他的生活非常认真。举一例说：有一次我寄一卷宣纸去，请弘一法师写佛号。宣纸多了些，他就来信问我，余多的宣纸如何处置？又有一次，我寄回件邮票去，多了几分。他把多的几分寄还我。以后我寄纸或邮票，就预先声明：余多的送与法师。有一次他到我家。我请他藤椅子里坐。他把藤椅子轻轻摇动，然后慢慢地坐下去。起先我不敢问。后来看他每次都如此，我就启问。法师回答我说："这椅子里头，两根藤之间，也许有小虫伏着。突然坐下去，要把它们压死，所以先摇动一下，慢慢地坐下去，好让它们走避。"读者听到这话，也许要笑。但这正是做人极度认真的表示。

如上所述，弘一法师由翩翩公子一变而为留学生，又变而为教师，三变而为道人，四变而为和尚。每做一种人，都做得十分像样。好比全能的优伶：起青衣像个青衣，起老生像个老生，起大面又像个大面[3]……都是"认真"的缘故。

现在弘一法师在福建泉州圆寂了。噩耗传到贵州遵义的时候，我正在束装，将迁居重庆。我发愿到重庆后替法师画像一百帧，分送各地信善，刻石供养。现在画像已经如愿了。我和李先生在世间的师弟尘缘已经结束，然而他的遗训——认真——永远铭刻在我心头。

一九四三年四月，弘一法师圆寂后一百六十七日，作于四川五通桥客寓

---

[1] 李叔同（1880年—1942年），著名音乐家，美术教育家，书法家，戏剧活动家。中国话剧的开拓者之一。原名文涛，又名岸，字息霜，号叔同，别署甚多。祖籍浙江平湖。生于天津的一个进士、盐商家庭。少年时已擅长吟诗作画，写字刻印。1901年就读于上海公学。1905至1910年间，在日本东

京上野专门美术学校学习西洋画和音乐。与曾孝谷、欧阳予倩等在日本创立了我国最早的话剧演出团体“春柳社”，在话剧《茶花女》《黑奴吁天录》中扮演主要角色。1918 年到杭州虎跑寺出家，法名音，号弘一。1942 年病逝于福建泉州开元寺。他是近现代史上一位不可多得的艺术全才，在书画、诗文、戏剧、音乐、艺术、金石、教育各个领域都有极深的造诣。代表作《南山律在家备览》《清凉歌集》《送别》《西湖》《春景》等。所作乐歌后来大部分收入丰子恺所编的《李叔同歌曲集》。

❷ 道藏：道教书籍的总称，包括周秦以下道家子书及六朝以来道教经典。

❸ 大面：传统戏曲角色行当，京剧和某些地方戏中“净”的别称，俗称“大花脸”。多扮演净行中的正面人物。大面的脸谱有红、黑、紫、蓝、粉色等。

**评 析：**

在本篇文章中，作者以一件件平平常常的事，来抒发对老师最真挚的情感。文章语言平实，主题鲜明，细节描写突出，作者通过一些普通的事件表现出人物丰富细腻的内心世界。

作者首先回忆了李叔同先生在杭州的浙江省立第一师范学校授课的情景，从上课前的准备，吐痰、关门等一些日常的小事中折射出李叔同先生对自己工作的“认真”，因此在学校中受到所有学生的敬仰。这种敬仰不是学生对严厉老师的那种敬畏，而是因为李叔同先生对学生和蔼却又威严，严肃却又亲切，所以能得到学生发自内心的敬佩。文章后半部分追溯了李叔同先生的生平。在作者眼中，李叔同先生的认真表现在他对自己人生中的每一步都会认真地对待尽职尽责，做到最好：他在少年时是一个富家公子，风度翩翩，其“才子”之名响彻当时的上海；其后，他东渡日本求学，由于仰慕西洋文明，遂开始学习西洋画和西洋音乐，对西洋艺术的要领悉心掌握，“竟活像一个西洋人”，最终在绘画、音乐、文学、戏剧方面都有很高的造诣；回国做教师后，他布衣布鞋，为人师表，用自己的修养潜移默化地影响着学生们，其中就有丰子恺；后来，他下定决心，出家学道，断食十七天，坚持学佛二十四载，这种一以贯之的坚韧毅力，处处表现出他的“认真”。他的人生是“认真”的一生。

本文作者丰子恺站在学生的角度，去回顾李叔同先生的经历和思想，并且试图触摸他深不可测的内心世界。在和李先生交往过程中，李叔同先生“温而厉”且极其“认真”的个性，给作者留下了深刻的印象，也给我们展现出了一个立体的、丰满的、感性的、真实的李叔同先生。

**阅读思考**

1. 文章第一段对李叔同先生的外貌描写有哪些？体现了他什么性格特征？
2. 同样作为老师，你觉得李叔同先生和别的老师最大的区别是什么？
3. 文中李叔同先生的“认真”体现在哪几个方面？

# 四、茶　馆（节选）

老舍

## 题解

老舍（1899 年—1966 年），原名舒庆春，字舍予，笔名老舍。老舍生于北京，是新中国第一位获得“人民艺术家”称号的作家。老舍代表作有长篇小说《老张的哲学》《骆驼祥子》《四世同堂》《猫城记》《牛天赐传》，短篇小说《赶集》，话剧《茶馆》等。老舍的文学语言通俗简易、朴实无华、幽默诙谐、具有较强的北京韵味。

《茶馆》是创作于 1957 年的话剧，剧作展示了戊戌变法、军阀混战和中华人民共和国成立前夕三个时代近半个世纪的社会风云变化。老舍通过一个叫裕泰的茶馆揭示了近半个世纪中国社会的黑暗腐败、光怪陆离，以及在这个社会中的芸芸众生。

第二幕

人物：王淑芬、报童、康顺子、李三、常四爷、康大力、王利发、松二爷、老林、难民数人、宋恩子、老陈、巡警、吴祥子、崔久峰、押大令的兵七人、公寓住客二三人、军官、唐铁嘴、刘麻子、大兵三五人

时间：与前幕相隔十余年，现在是袁世凯死后，帝国主义指使中国军阀进行割据，时时发动内战的时候。初夏，上午。

地点：同前幕。

〔幕启：北京城内的大茶馆已先后相继关了门。“裕泰”是硕果仅存的一家了，可是为避免被淘汰，它已改变了样子与作风。现在，它的前部仍然卖茶，后部却改成了公寓。前部只卖茶和瓜子什么的；“烂肉面”等等已成为历史名词。厨房挪到后边去，专包公寓住客的伙食。茶座也大加改良：一律是小桌与藤椅，桌上铺着浅绿桌布。墙上的“醉八仙”大画，连财神龛，均已撤去，代以时装美人——外国香烟公司的广告画。“莫谈国事”的纸条可是保存了下来，而且字写的更大。王利发真像个“圣之时者也”，不但没使“裕泰”灭亡，而且使它有了新的发展。

〔因为修理门面，茶馆停了几天营业，预备明天开张。王淑芬正和李三忙着布置，把桌椅移了又移，摆了又摆，以期尽善尽美。

〔王淑芬梳时行的圆髻，而李三却还带着小辫儿。

〔二三学生由后面来，与他们打招呼，出去。

王淑芬（看李三的辫子碍事）三爷，咱们的茶馆改了良，你的小辫儿也该剪了吧？

李　三　改良！改良！越改越凉，冰凉！

王淑芬　也不能那么说！三爷你看，听说西直门的德泰，北新桥的广泰，鼓楼前的天泰，这些大茶馆全先后脚儿关了门！只有咱们裕泰还开着，为什么？不是因为拴子的爸爸懂得改良吗？

李　三　哼！皇上没啦，总算大改良吧？可是改来改去，袁世凯还是要作皇上。袁世凯死后，天下大乱，今儿个打炮，明儿个关城，改良？哼！我还留着我的小辫儿，万一把皇上改回来呢！

王淑芬　别顽固啦，三爷！人家给咱们改了民国，咱们还能不随着走吗？你看，咱们这么一收拾，不比以前干净，好看？专招待文明人，不更体面？可是，你要还带着小辫儿，看着多么不顺眼哪！

李　三　太太，你觉得不顺眼，我还不顺心呢！

王淑芬　哟，你不顺心？怎么？

李　三　你还不明白？前面茶馆，后面公寓，全仗着掌柜的跟我两个人，无论怎么说，也忙不过来呀！

王淑芬　前面的事归他，后面的事不是还有我帮助你吗？

李　三　就算有你帮助，打扫二十来间屋子，侍候二十多人的伙食，还要沏茶灌水，买东西送信，问问你自己，受得了受不了！

王淑芬　三爷，你说的对！可是呀，这兵荒马乱的年月，能有个事儿作也就得念佛！咱们都得忍着点！

李　三　我干不了！天天睡四五个钟头的觉，谁也不是铁打的！

王淑芬　唉！三爷，这年月谁也舒服不了！你等着，大拴子暑假就高小毕业，二拴子也快长起来，他们一有用处，咱们可就清闲点啦。从老王掌柜在世的时候，你就帮助我们，老朋友，老伙计啦！

〔王利发老气横秋地从后面进来。

李　三　老伙计？二十多年了，他们可给我长过工钱？什么都改良，为什么工钱不跟着改良呢？

王利发　哟！你这是什么话呀？咱们的买卖要是越作越好，我能不给你长工钱吗？得了，明天咱们开张，取个吉利，先别吵嘴，就这么办吧！ All right？[1]

李　三　就怎么办啦？不改我的良，我干不下去啦！

〔后面叫李三！李三！

王利发　崔先生叫，你快去！咱们的事，有工夫再细研究！

李　三　哼！

王淑芬　我说，昨天就关了城门，今儿个还说不定关不关，三爷，这里的事交给掌柜的，你去买点菜吧！别的不说，咸菜总得买下点呀！

〔后面又叫李三！李三！

李　三　对，后边叫，前边催，把我劈成两半儿好不好！（忿忿地往后走）

王利发　拴子的妈，他岁数大了点，你可得……

王淑芬　他抱怨了大半天了！可是抱怨的对！当着他，我不便直说；对你，我可得说实话：咱们得添人！

王利发　添人得给工钱，咱们赚得出来吗？我要是会干别的，可是还开茶馆，我是孙子！

〔远处隐隐有炮声。

王利发　听听，又他妈的开炮了！你闹，闹！明天开得了张才怪！这是怎么说的！

王淑芬　明白人别说胡涂话，开炮是我闹的？

王利发　别再瞎扯，干活儿去！嘿！

王淑芬　早晚不是累死，就得叫炮轰死，我看透了！（慢慢地往后边走）

王利发（温和了些）拴子的妈，甭害怕，开过多少回炮，一回也没打死咱们，北京城是宝地！

王淑芬　心哪，老跳到嗓子眼里，宝地！我给三爷拿菜钱去。（下）

〔一群男女难民在门外央告。

难　民　掌柜的，行行好，可怜可怜吧！

王利发　走吧，我这儿不打发，还没开张！

难　民　可怜可怜吧！我们都是逃难的！

王利发　别耽误工夫！我自己还顾不了自己呢！

〔巡警上。

巡　警　走！滚！快着！

〔难民散去。

王利发　怎样啊？六爷！又打得紧吗？

巡　警　紧！紧得厉害！仗打得不紧，怎能够有这么多难民呢！上面交派下来，你出八十斤大饼，十二点交齐！城里的兵带着干粮，才能出去打仗啊！

王利发　您圣明，我这儿现在光包后面的伙食，不再卖饭，也还没开张，别说八十斤大饼，一斤也交不出啊！

巡　警　你有你的理由，我有我的命令，你瞧着办吧！（要走）

王利发　您等等！我这儿千真万确还没开张，这您知道！开张以后，还得多麻烦您呢！得啦，您买包茶叶喝吧！（递钞票）您多给美言几句，我感恩不尽！

巡　警（接票子）我给你说说看，行不行可不保准！

〔三五个大兵，军装破烂，都背着枪，闯进门口。

巡　警　老总们，我这儿正查户口呢，这儿还没开张！

大　兵　屌！

巡　警　王掌柜，孝敬老总们点茶钱，请他们到别处喝去吧！

王利发　老总们，实在对不起，还没开张，要不然，诸位住在这儿，一定欢迎！（递钞票给巡警）

巡　警（转递给兵们）得啦，老总们多原谅，他实在没法招待诸位！

大　兵　屌！谁要钞票？要现大洋！

王利发　老总们，让我哪儿找现洋去呢？

大　兵　屌！揍他个小舅子！

巡　警　快！再添点！

王利发（掏）老总们，我要是还有一块，请把房子烧了！（递钞票）

大　兵　屌！（接钱下）

巡　警　得，我给你挡住了一场大锅！他们一进来呀，你就全完，连一个茶碗也剩不下！

王利发　我永远忘不了您这点好处！

巡　警　可是为这点功劳，你不得另有份意思吗？

王利发　对！您圣明，我胡涂！可是，您搜我吧，真一个铜子儿也没有啦！（掀起褂子，让他搜）您搜！您搜！

巡　警　我干不过你！明天见，明天还不定是风是雨呢！（下）

王利发　您慢走！（看巡警走去，跺脚）他妈的！打仗，打仗！今天打，明天打，老打！打他妈的什么呢？

〔唐铁嘴进来，还是那么瘦，那么脏，可是穿着绸子夹袍。

唐铁嘴　王掌柜！我来给你道喜！

王利发（还生着气）哟！唐先生？我可不再白送茶喝！（打量，有了笑容）你混的不错呀！穿上绸子啦！

唐铁嘴　比从前好了一点！我感谢这个年月！

王利发　这个年月还值得感谢！听着有点不搭调！

唐铁嘴　年头越乱，我的生意越好！这年月，谁活着谁死都碰运气，怎能不多算算命、相相面呢？你说对不对？

王利发　Yes，[2] 也有这么一说！

唐铁嘴　听说后面改了公寓，租给我一间屋子，好不好？

王利发　唐先生，你那点嗜好，在我这儿恐怕……

唐铁嘴　我已经不吃大烟了！

王利发　真的？你可真要发财了！

唐铁嘴　我改抽"白面儿"啦。（指墙上的香烟广告）你看，哈德门烟是又长又松，（掏出烟来表演）一顿就空出一大块，正好放"白面儿"。大英帝国的烟，日本的"白面儿"，两大强国侍候着我一个人，这点福气还小吗？

王利发　福气不小！不小！可是，我这儿已经住满了人，什么时候有了空房，我准给你留着！

唐铁嘴　你呀，看不起我，怕我给不了房租！

王利发　没有的事！都是久在街面上混的人，谁能看不起谁呢？这是知心话吧？

唐铁嘴　你的嘴呀比我的还花哨！

王利发　我可不光耍嘴皮子，我的心放得正！这十多年了，你白喝过我多少碗茶？你自己算算！你现在混的不错，你想着还我茶钱没有？

唐铁嘴　赶明儿我一总还给你，那一共才有几个钱呢！（搭讪着往外走）

〔街上卖报的喊叫："长辛店大战的新闻，买报瞧，瞧长辛店大战的新闻！"

〔报童向内探头。

报　童　掌柜的，长辛店大战的新闻，来一张瞧瞧？

王利发　有不打仗的新闻没有？

报　童　也许有，您自己找！

王利发　走！不瞧！

报　童　掌柜的，你不瞧也照样打仗！（对唐铁嘴）先生，您照顾照顾？

唐铁嘴　我不像他（指王利发），我最关心国事！（拿了一张报，没给钱即走）

〔报童追唐铁嘴下。

王利发（自言自语）长辛店！长辛店！离这里不远啦！（喊）三爷，三爷！你倒是抓早儿买点菜去呀，待一会儿准关城门，就什么也买不到啦！嘿！（听后面没人应声，含怒往后跑）

〔常四爷提着一串腌萝卜，两只鸡，走进来。

常四爷　王掌柜！

王利发　谁？哟，四爷！您干什么哪？

常四爷　我卖菜呢！自食其力，不含糊！今儿个城外头乱乱哄哄，买不到菜；东抓西抓，抓到这么两只鸡，几斤老腌萝卜。听说你明天开张，也许用的着，特意给你送来了！

王利发　我谢谢您！我这儿正没有辙呢！

常四爷（四下里看）好啊！好啊！收拾得好啊！大茶馆全关了，就是你有心路，能随机应变地改良！

王利发　别夸奖我啦！我尽力而为，可就怕天下老这么乱七八糟！

常四爷　像我这样的人算是坐不起这样的茶馆喽！

〔松二爷走进来，穿的很寒酸，可是还提着鸟笼。

松二爷　王掌柜！听说明天开张，我来道喜！（看见常四爷）哎哟！四爷，可想死我喽！

常四爷　二哥！你好哇？

王利发　都坐下吧！

松二爷　王掌柜，你好？太太好？少爷好？生意好？

王利发（一劲儿说）好！托福！（提起鸡与咸菜）四爷，多少钱？

常四爷　瞧着给，该给多少给多少！

王利发　对！我给你们弄壶茶来！（提物到后面去）

松二爷　四爷，你，你怎么样啊？

常四爷　卖青菜哪！铁杆庄稼没有啦，还不卖膀子力气吗？二爷，您怎么样啊？

松二爷　怎么样？我想大哭一场！看见我这身衣裳没有？我还像个人吗？

常四爷　二哥，您能写能算，难道找不到点事儿作？

松二爷　嗻，谁愿意瞪着眼挨饿呢！可是，谁要咱们旗人呢！想起来呀，大清国不一定好啊，可是到了民国，我挨了饿！

王利发（端着一壶茶回来。给常四爷钱）不知道您花了多少，我就给这么点吧！

常四爷（接钱，没看，揣在怀里）没关系！

王利发　二爷，（指鸟笼）还是黄鸟吧？哨的怎样？

松二爷　嗻，还是黄鸟！我饿着，也不能叫鸟饿着！（有了点精神）你看看，看看，（打开罩子）多么体面！一看见它呀，我就舍不得死啦！

王利发　松二爷，不准说死！有那么一天，您还会走一步好运！

常四爷　二哥，走！找个地方喝两盅儿去！一醉解千愁！王掌柜，我可就不让你啦，没有那么多的钱！

王利发　我也分不开身，就不陪了！

〔常四爷、松二爷正往外走，宋恩子和吴祥子进来。他们俩仍穿灰色大衫，但袖口瘦了，而且罩上青布马褂。

松二爷（看清楚是他们，不由地上前请安）原来是你们二位爷！

〔王利发似乎受了松二爷的感染，也请安，弄得二人愣住了。

宋恩子　这是怎么啦？民国好几年了，怎么还请安？你们不会鞠躬吗？

松二爷　我看见您二位的灰大褂呀，就想起了前清的事儿！不能不请安！

王利发　我也那样！我觉得请安比鞠躬更过瘾！

吴祥子　哈哈哈哈！松二爷，你们的铁杆庄稼不行了，我们的灰色大褂反倒成了铁杆庄稼，哈哈哈！（看见常四爷）这不是常四爷吗？

常四爷　是呀，您的眼力不错！戊戌年我就在这儿说了句"大清国要完"，叫您二位给抓了走，坐了一年多的牢！

宋恩子　您的记性可也不错！混的还好吧？

常四爷　托福！从牢里出来，不久就赶上庚子年；扶清灭洋，我当了义和团，跟洋人打了几仗！闹来闹去，大清国到底是亡了，该亡！我是旗人，可是我得说公道话！现在，每天起五更弄一挑子青菜，绕到十点来钟就卖光。凭力气挣饭吃，我的身上更有劲了！什么时候洋人敢再动兵，我姓常的还准备跟他们打打呢！我是旗人，旗人也是中国人哪！您二位怎么样？

吴祥子　瞎混呗！有皇上的时候，我们给皇上效力，有袁大总统的时候，我们给袁大总统效力；现而今，宋恩子，该怎么说啦？

宋恩子　谁给饭吃，咱们给谁效力！

常四爷　要是洋人给饭吃呢？

松二爷　四爷，咱们走吧！

吴祥子　告诉你，常四爷，要我们效力的都仗着洋人撑腰！没有洋枪洋炮，怎能够打起仗来呢？

松二爷　您说的对！嗻！四爷，走吧！

常四爷　再见吧，二位，盼着你们快快升官发财！（同松二爷下）

宋恩子　这小子！

王利发（倒茶）常四爷老是那么又倔又硬，别计较他！（让茶）二位喝碗吧，刚沏好的。

宋恩子　后面住着的都是什么人？

王利发　多半是大学生，还有几位熟人。我有登记簿子，随时报告给"巡警阁子"。我拿来，二位看看？

吴祥子　我们不看簿子，看人！

王利发　您甭看，准保都是靠得住的人！

宋恩子　你为什么爱租学生们呢？学生不是什么老实家伙呀！

王利发　这年月，作官的今天上任，明天撤职，作买卖的今天开市，明天关门，都不可靠！只有学生有钱，能够按月交房租，没钱的就上不了大学啊！您看，是这么一笔账不是？

宋恩子　都叫你咂摸透了！你想的对！现在，连我们也欠饷啊！

吴祥子　是呀，所以非天天拿人不可，好得点津贴！

宋恩子　就仗着有错拿，没错放的，拿住人就有津贴！走吧，到后边看看去！

吴祥子　走！

王利发　二位，二位！您放心，准保没错儿！

宋恩子　不看，拿不到人，谁给我们津贴呢？

吴祥子　王掌柜不愿意咱们看，王掌柜必会给咱们想办法！咱们得给王掌柜留个面子！对吧？王掌柜！

王利发　我……

宋恩子　我出个不很高明的主意：干脆来个包月，每月一号，按阳历算，你把那点……

吴祥子　那点意思！

宋恩子　对，那点意思送到，你省事，我们也省事！

王利发　那点意思得多少呢？

吴祥子　多年的交情，你看着办！你聪明，还能把那点意思闹成不好意思吗？

李　三　（提着菜筐由后面出来）喝，二位爷！（请安）今儿个又得关城门吧！（没等回答，往外走）

〔二三学生匆匆地回来。

学　生　三爷，先别出去，街上抓伕呢！（往后面走去）

李　三（还往外走）抓去也好，在哪儿也是当苦力！

〔刘麻子丢了魂似的跑来，和李三碰了个满怀。

李　三　怎么回事呀？吓掉了魂儿啦！

刘麻子（喘着）别，别，别出去！我差点叫他们抓了去！

王利发　三爷，等一等吧！

李　三　午饭怎么开呢？

王利发　跟大家说一声，中午咸菜饭，没别的办法！晚上吃那两只鸡！

李　三　好吧！（往回走）

刘麻子　我的妈呀，吓死我啦！

宋恩子　你活着，也不过多买卖几个大姑娘！

刘麻子　有人卖，有人买，我不过在中间帮帮忙，能怪我吗？（把桌上的三个茶杯的茶先后喝净）

吴祥子　我可是告诉你，我们哥儿们从前清起就专办革命党，不大爱管贩卖人口，拐带妇女什么的臭事。可是你要叫我们碰见，我们也不再睁一眼闭一眼！还有，像你这样的人，弄进去，准锁在尿桶上！

刘麻子　二位爷，别那么说呀！我不是也快挨饿了吗？您看，以前，我走八旗老爷们、宫里太监们的门子。这么一革命啊，可苦了我啦！现在，人家总长次长，团长师长，要娶姨太太讲究要唱落子的坤角，戏班里的女名角，一花就三千五千现大洋！我干瞧着，摸不着门！我那点芝麻粒大的生意算得了什么呢？

宋恩子　你呀，非锁在尿桶上，不会说好的！

刘麻子　得啦，今天我孝敬不了二位，改天我必有一份儿人心！

吴祥子　你今天就有买卖，要不然，兵荒马乱的，你不会出来！

刘麻子　没有！没有！

宋恩子　你嘴里半句实话也没有！不对我们说真话，没有你的好处！王掌柜，我们出去绕绕；下月一号，按阳历算，别忘了！

王利发　我忘了姓什么，也忘不了您二位这回事！

吴祥子　一言为定啦！（同宋恩子下）

王利发　刘爷，茶喝够了吧？该出去活动活动！

刘麻子　你忙你的，我在这儿等两个朋友。

王利发　咱们可把话说开了，从今以后，你不能再在这儿作你的生意，这儿现在改了良，文明啦！

〔康顺子提着个小包，带着康大力，往里边探头。

康大力　是这里吗？

康顺子　地方对呀，怎么改了样儿？（进来，细看，看见了刘麻子）大力，进来，是这儿！

康大力　找对啦？妈！

康顺子　没错儿！有他在这儿，不会错！

王利发　您找谁？

康顺子（不语，直奔过刘麻子去）刘麻子，你还认识我吗？（要打，但是伸不出手去，一劲地颤抖）你，你，你个……（要骂，也感到困难）

刘麻子　你这个娘儿们，无缘无故地跟我捣什么乱呢？

康顺子（挣扎）无缘无故？你，你看看我是谁？一个男子汉，干什么吃不了饭，偏干伤天害理的事！呸！呸！

王利发　这位大嫂，有话好好说！

康顺子　你是掌柜的？你忘了吗？十几年前，有个娶媳妇的太监？

王利发　您，您就是庞太监的那个……

康顺子　都是他（指刘麻子）作的好事，我今天跟他算算账！（又要打，仍未成功）

刘麻子（躲）你敢！你敢！我好男不跟女斗！（随说随往后退）我，我找人来帮我说说理！（撒腿往后面跑）

王利发（对康顺子）大嫂，你坐下，有话慢慢说！庞太监呢？

康顺子（坐下喘气）死啦。叫他的侄子们给饿死的。一改民国呀，他还有钱，可没了势力，所以侄子们敢欺负他。他一死，他的侄子们把我们轰出来了，连一床被子都没给我们！

王利发　这，这是……？

康顺子　我的儿子！

王利发　您的……？

康顺子　也是买来的，给太监当儿子。

康大力　妈！你爸爸当初就在这儿卖了你的？

康顺子　对了，乖！就是这儿，一进这儿的门，我就晕过去了，我永远忘不了这个地方！

康大力　我可不记得我爸爸在哪里卖了我的！

康顺子　那时候，你不是才一岁吗？妈妈把你养大了的，你跟妈妈一条心，对不对？乖！

康大力　那个老东西，掐你，拧你，咬你，还用烟签子扎我！他们人多，咱们打不过他们！要不是你，妈，我准叫他们给打死了！

康顺子　对！他们人多，咱们又太老实！你看，看见刘麻子，我想咬他几口，可是，可是，连一个嘴巴也没打上，我伸不出手去！

康大力　妈，等我长大了，我帮助你打！我不知道亲妈妈是谁，你就是我的亲妈妈！

康顺子　好！好！咱们永远在一块儿，我去挣钱，你去念书！（稍愣了一会儿）掌柜的，当初我在这儿叫人买了去，咱们总算有缘，你能不能帮帮忙，给我找点事作？我饿死不要紧，可不能饿死这个无倚无靠的好孩子！

〔王淑芬出来，立在后边听着。

王利发　你会干什么呢？

康顺子　洗洗涮涮、缝缝补补、作家常饭，都会！我是乡下人，我能吃苦，只要不再作太监的老婆，什么苦处都是甜的！

王利发　要多少钱呢？

康顺子　有三顿饭吃，有个地方睡觉，够大力上学的，就行！

王利发　好吧，我慢慢给你打听着！你看，十多年前那回事，我到今天还没忘，想起来心里就不痛快！

康顺子　可是，现在我们母子上哪儿去呢？

王利发　回乡下找你的老父亲去！

康顺子　他？他是活是死，我不知道。就是活着，我也不能去找他！他对不起女儿，女儿也不必再叫他爸爸！

王利发　马上就找事，可不大容易！

王淑芬（过来）她能洗能作，又不多要钱，我留下她了！

王利发　你？

王淑芬　难道我不是内掌柜的？难道我跟李三爷就该累死？

康顺子　掌柜的，试试我！看我不行，您说话，我走！

王淑芬　大嫂，跟我来！

康顺子　当初我是在这儿卖出去的，现在就拿这儿当作娘家吧！大力，来吧！

康大力　掌柜的，你要不打我呀，我会帮助妈妈干活儿！（同王淑芬、康顺子下）

王利发　好家伙，一添就是两张嘴！太监取消了，可把太监的家眷交到这里来了！

李　三（掩护着刘麻子出来）快走吧！（回去）

王利发　就走吧，还等着真挨两个脆的吗？

刘麻子　我不是说过了吗，等两个朋友？

王利发　你呀，叫我说什么才好呢！

刘麻子　有什么法子呢！隔行如隔山，你老得开茶馆，我老得干我这一行！到什么时候，我也得干我这一行！

〔老林和老陈满面笑容地走进来。

刘麻子（二人都比他年轻，他却称呼他们哥哥）林大哥，陈二哥！（看王利发不满意，赶紧说）王掌柜，这儿现在没有人，我借个光，下不为例！

王利发　她（指后边）可是还在这儿呢！

刘麻子　不要紧了，她不会打人！就是真打，他们二位也会帮助我！

王利发　你呀！哼！（到后边去）

刘麻子　坐下吧，谈谈！

老　林　你说吧！老二！

老　陈　你说吧！哥！

刘麻子　谁说不一样啊！

老　陈　你说吧，你是大哥！

老　林　那个，你看，我们俩是把兄弟！

老　陈　对！把兄弟，两个人穿一条裤子的交情！

老　林　他有几块现大洋！

刘麻子　现大洋？

老　陈　林大哥也有几块现大洋！

刘麻子　一共多少块呢？说个数目！

老　林　那，还不能告诉你咧！

老　陈　事儿能办才说咧！

刘麻子　有现大洋，没有办不了的事！

老　林／老　陈　真的？

刘麻子　说假话是孙子！

老　林　那么，你说吧，老二！

老　陈　还是你说，哥！

老　林　你看，我们是两个人吧？

刘麻子　嗯！

老　陈　两个人穿一条裤子的交情吧？

刘麻子　嗯！

老　林　没人耻笑我们的交情吧？

刘麻子　交情嘛，没人耻笑！

老　陈　也没人耻笑三个人的交情吧？

刘麻子　三个人？都是谁？

老　林　还有个娘儿们!

刘麻子　嗯! 嗯! 嗯! 我明白了! 可是不好办，我没办过! 你看，平常都说小两口儿，哪有小三口儿的呢!

老　林　不好办?

刘麻子　太不好办啦!

老　林（问老陈）你看呢?

老　陈　还能白拉倒吗?

老　林　不能拉倒! 当了十几年兵，连半个媳妇都娶不上! 他妈的!

刘麻子　不能拉倒，咱们再想想! 你们到底一共有多少块现大洋?

〔王利发和崔久峰由后面慢慢走来。刘麻子等停止谈话。

王利发　崔先生，昨天秦二爷派人来请您，您怎么不去呢? 您这么有学问，上知天文，下知地理，又作过国会议员，可是住在我这里，天天念经；干吗不出去作点事呢? 您这样的好人，应当出去作官! 有您这样的清官，我们小民才能过太平日子!

崔久峰　惭愧! 惭愧! 作过国会议员，那真是造孽呀! 革命有什么用呢，不过自误误人而已! 唉! 现在我只能修持，忏悔!

王利发　您看秦二爷，他又办工厂，又忙着开银号!

崔久峰　办了工厂、银号又怎么样呢? 他说实业救国，他救了谁? 救了他自己，他越来越有钱了! 可是他那点事业，哼，外国人伸出一个小指头，就把他推倒在地，再也起不来!

王利发　您别这么说呀! 难道咱们就一点盼望也没有了吗?

崔久峰　难说! 很难说! 你看，今天王大帅打李大帅，明天赵大帅又打王大帅。是谁叫他们打的?

王利发　谁? 哪个混蛋?

崔久峰　洋人!

王利发　洋人? 我不能明白!

崔久峰　慢慢地你就明白了。有那么一天，你我都得作亡国奴! 我干过革命，我的话不是随便说的!

王利发　那么，您就不想想主意，卖卖力气，别叫大家作亡国奴?

崔久峰　我年轻的时候，以天下为己任，的确那么想过! 现在，我可看透了，中国非亡不可!

王利发　那也得死马当活马治呀!

崔久峰　死马当活马治? 那是妄想! 死马不能再活，活马可早晚得死! 好啦，我到弘济寺去，秦二爷再派人来找我，你就说，我只会念经，不会干别的!（下）

〔宋恩子、吴祥子又回来了。

王利发　二位! 有什么消息没有?

〔宋恩子、吴祥子不语，坐在靠近门口的地方，看着刘麻子等。

〔刘麻子不知如何是好，低下头去。

〔老陈、老林也不知如何是好，相视无言。

〔静默了有一分钟。

老　陈　哥，走吧?

老　林　走!

宋恩子　等等!(立起来，挡住路)

老　陈　怎么啦?

吴祥子(也立起)你说怎么啦?

〔四人呆呆相视一会儿。

宋恩子　乖乖地跟我们走!

老　林　上哪儿?

吴祥子　逃兵，是吧?有些块现大洋，想在北京藏起来，是吧?有钱就藏起来，没钱就当土匪，是吧?

老　陈　你管得着吗?我一个人揍你这样的八个。(要打)

宋恩子　你?可惜你把枪卖了，是吧?没有枪的干不过有枪的，是吧?(拍了拍身上的枪)我一个人揍你这样的八个!

老　林　都是弟兄，何必呢?都是弟兄!

吴祥子　对啦!坐下谈谈吧!你们是要命呢?还是要现大洋?

老　陈　我们那点钱来的不容易!谁发饷，我们给谁打仗，我们打过多少次仗啊!

宋恩子　逃兵的罪过，你们可也不是不知道!

老　林　咱们讲讲吧，谁叫咱们是弟兄呢!

吴祥子　这象句自己人的话!谈谈吧!

王利发(在门口)诸位，大令过来了!

老陈/老林　啊!(惊惶失措，要往里边跑)

宋恩子　别动!君子一言:把现大洋分给我们一半，保你们俩没事!咱们是自己人!

老陈/老林　就那么办!自己人!

〔“大令”进来:二捧刀——刀缠红布——背枪者前导，手捧令箭的在中，四持黑红棍者在后。军官在最后押队。

吴祥子(和宋恩子、老林、老陈一齐立正，从帽中取出证章，军官看)报告官长，我们正在这儿盘查一个逃兵。

军　官　就是他吗?(指刘麻子)

吴祥子　(指刘麻子)就是他!

军　官　绑!

刘麻子　(喊)老爷!我不是!不是!

军　官　绑!(同下)

吴祥子　(对宋恩子)到后面抓两个学生。

宋恩子　走!(同往后疾走)

——幕落

(选自《茶馆》，人民文学出版社，2018 年)

---

❶ “All right”在这里是“好吧”的意思。

❷ “Yes”即“对”的意思。

**评 析：**

《茶馆》是20世纪中国戏剧的经典之作。作品以老北京裕泰茶馆为舞台，用茶馆里各色人物个人生活的变化，来展示清末到民国半个多世纪中国社会的沧桑变化。作者通过描写富含 北京风俗特点的日常生活，展现了市井百态，写出了旧时代的社会风貌，堪称当代话剧的典范。

全剧分三幕，分别截取了旧中国三个时代的横断面，描绘了半殖民地半封建社会黑暗的现状。本文选取的是该剧的第二幕。本文通过众多角色的对话自然形成的戏剧冲突，来展现人物与时代的矛盾，有条不紊，张弛有致。

学习《茶馆》时，要感受和理解剧本所呈现的历史感；品味剧中“响嘣儿脆”的“京味儿”语言，体会人物语言切合身份、性格与情境的特点，欣赏面貌各异的人物形象；注意把握剧本独特的结构特征和主要的表现手法，加深对当代话剧的了解。

## 阅读思考

1. 舞台说明是剧本语言不可或缺的组成部分，请结合文本举例说明舞台说明的不同作用。
2. 请结合选文内容及《茶馆》整部剧的内容，谈谈老舍创作《茶馆》的现实意义。

# 第六章　外国文学

## 第一节　文本精读

### 一、哈姆雷特（节选）

威廉·莎士比亚

题解

威廉·莎士比亚（William Shakespeare，1564 年—1616 年），英国文艺复兴时期剧作家、诗人。被誉为“人类文学奥林匹斯山上的宙斯”。

莎士比亚是一位多产作家，传世作品主要包括 37 部戏剧、154 首十四行诗、2 首长叙事诗。莎士比亚的创作生涯大致可以分为三个时期：第一时期（1590 年—1600 年）的作品以诗歌、历史剧和喜剧为主，诗歌方面创作了两部长诗和一部十四行诗集，历史剧代表作品是《查理二世》《亨利四世》和《亨利五世》，喜剧以《仲夏夜之梦》《威尼斯商人》和《第十二夜》最为著名，这一阶段的创作基调是乐观和激昂，反映了当时英国社会的繁荣富强和对生活的积极态度；第二时期（1601 年—1607 年）的作品以悲剧为主，四大悲剧《哈姆雷特》《奥赛罗》《李尔王》和《麦克白》，是这一时期的代表作，这一时期的基调是沉郁和悲怆，展现了莎士比亚对人性和社会现实的深刻洞察；第三时期（1608 年—1612 年）的作品多为传奇剧，代表作是《辛白林》《冬天的故事》和《暴风雨》，这个时期的基调转向清新和俊秀，具有强烈的幻想和浪漫色彩。

《哈姆雷特》是莎士比亚悲剧的代表作。它讲述的是丹麦王子哈姆雷特得知叔父克劳狄斯谋害国王篡夺王位骗娶其母的真相后，立志为父复仇的故事。本文节选的是《哈姆雷特》的第三幕第一场，为弄清真相，哈姆雷特装疯卖傻，而克劳狄斯设下圈套，让哈姆雷特的情人奥菲利娅去试探他，这里的哈姆雷特陷入了现实与理想这对矛盾体引起的思想危机之中。

第三幕

第一场　城堡中一室

国王、王后、波洛涅斯、奥菲利娅、罗森格兰兹及吉尔登斯吞上。

国王　你们不能用迂回婉转的方法，探出他为什么这样神魂颠倒，让紊乱而危险的疯狂困扰他的安静的生活吗？

罗森格兰兹　他承认他自己有些神经迷惘，可是绝口不肯说为了什么缘故。

吉尔登斯吞　他也不肯虚心接受我们的探问；当我们想要引导他吐露他自己的一些真相的时候，他总是用假作痴呆的神气故意回避。

王后　他对待你们还客气吗？

罗森格兰兹　很有礼貌。

吉尔登斯吞　可是不大自然。

罗森格兰兹　他很吝惜自己的话，可是我们问他话的时候，他回答起来却是毫无拘束。

王后　你们有没有劝诱他找些什么消遣？

罗森格兰兹　娘娘，我们来的时候，刚巧有一班戏子也要到这儿来，给我们赶上了；我们把这消息告诉了他，他听了好像很高兴。现在他们已经到了宫里，我想他已经吩咐他们今晚为他演出了。

波洛涅斯　一点儿不错。他还叫我来请两位陛下同去看看他们演得怎样哩。

国王　那好极了。我非常高兴听见他在这方面感到兴趣。请你们两位还要更进一步鼓起他的兴味，把他的心思移转到这种娱乐上面。

罗森格兰兹　是，陛下。（罗森格兰兹、吉尔登斯吞同下）

国王　亲爱的乔特鲁德，你也暂时离开我们；因为我们已经暗中差人去唤哈姆雷特到这儿来，让他和奥菲利娅见见面，就像他们偶然相遇一般。她的父亲跟我两人将要权充一下密探，躲在可以看见他们，却不能被他们看见的地方，注意他们会面的情形，从他的行为上判断他的疯病究竟是不是因为恋爱上的苦闷。

王后　我愿意服从您的意旨。奥菲利娅，但愿你的美貌果然是哈姆雷特疯狂的原因；更愿你的美德能够帮助他恢复原状，使你们两人都能安享尊荣。

奥菲利娅　娘娘，但愿如此。（王后下）

波洛涅斯　奥菲利娅，你在这儿走走。陛下，我们就去躲起来吧。（向奥菲利娅）你拿这本书去读，他看见你这样用功，就不会疑心你为什么一个人在这儿了。人们往往用至诚的外表和虔敬的行动，掩饰一颗魔鬼般的心，这样的例子是太多了。

国王　（旁白）啊，这句话是太真实了！它在我的良心上抽了多么重的一鞭！涂脂抹粉的娼妇的脸，还不及掩藏在虚伪的言辞后面的我的行为更丑恶。难堪的重负啊！

波洛涅斯　我听见他来了。我们退下去吧，陛下。（国王及波洛涅斯下）

哈姆雷特上。

哈姆雷特　生存还是毁灭，这是一个值得考虑的问题。默然忍受命运的暴虐的毒箭，或是挺身反抗人世的无涯的苦难，在斗争中扫除这一切，这两种行为，哪一种更高贵？死了，睡着了，什么都完了；要是在这一种睡眠之中，我们心头的创痛，以及其他无数血肉之躯所不能避免的打击，都可以从此消失，那正是我们求之不得的结局。死了，睡着了，睡着了也许还会做梦；嗯，阻碍就在这儿；因为当我们摆脱了这一具朽腐的皮囊以后，在那死的睡眠里，究竟将要做些什么梦，那不能不使我们踌躇顾虑。人们甘心久困于患难之中，也就是为了这个缘故；谁愿意忍受人世的鞭挞和讥嘲、压迫者的凌辱、傲慢者的冷眼、被轻蔑的爱情的惨痛、法律的迁延、官吏的横暴和费尽辛勤所换来的小人的鄙视，要是他只要用一柄小小的刀子，就可以清算他自己的一生？谁愿意负着这样的重担，在烦劳的生命的压迫下呻吟流汗，倘不是因为惧怕不可知的死后，惧怕那从来不曾有一个旅人回来过的神秘之国，是它迷惑了我们的意志，使我们宁愿忍受目前的折磨，不敢向我们所不知道的痛苦飞去？这样，重重的顾虑使我们全变成了懦夫，决心的赤热的光彩，被审慎的思维盖上了一层灰色，伟大的事业在这一种考虑之下，也会逆流而退，失去了行动的意义。且慢！美丽的奥菲利娅！——女神，在你的祈祷之中，不要忘记替我忏悔我的罪孽。

奥菲利娅　我的好殿下，您这许多天来贵体安好吗？

哈姆雷特　谢谢你，很好，很好，很好。

奥菲利娅　殿下，我有几件您送给我的纪念品，我早就想把它们还给您，请您现在收回去吧。

哈姆雷特　不，我不要，我从来没有给你什么东西。

奥菲利娅　殿下，我记得很清楚您把它们送给了我，那时候您还向我说了许多甜言蜜语，使这些东西格外显得贵重；现在它们的芳香已经消散，请您拿回去吧，因为在有骨气的人看来，送礼的人要是变了心，礼物虽贵，也会失去了价值。拿去吧，殿下。

哈姆雷特　哈哈！你贞洁吗？

奥菲利娅　殿下！

哈姆雷特　你美丽吗？

奥菲利娅　殿下是什么意思？

哈姆雷特　要是你既贞洁又美丽，那么你的贞洁应该断绝跟你的美丽来往。

奥菲利娅　殿下，难道美丽除了贞洁以外，还有什么更好的伴侣吗？

哈姆雷特　嗯，真的。因为美丽可以使贞洁变成淫荡，贞洁却未必能使美丽受它自己的感化。这句话从前像是怪诞之谈，可是现在时间已经把它证实了。我的确曾经爱过你。

奥菲利娅　真的，殿下，您曾经使我相信您爱我。

哈姆雷特　你当初就不应该相信我，因为美德不能熏陶我们罪恶的本性；我没有爱过你。

奥菲利娅　那么我真是受了骗了。

哈姆雷特　出家去吧。为什么你要生一群罪人出来呢？我自己还不算是一个顶坏的人；可是我可以指出我的许多过失，一个人有了那些过失，他的母亲还是不要生下他来的好。我很骄傲，有仇必报，富于野心，我的罪恶是那么多，连我的思想也容纳不下，我的想象也不能给它们形象，甚至于我都没有充分的时间可以把它们实行出来。像我这样的家伙，匍匐于天地之间，有什么用处呢？我们都是些十足的坏人，一个也不要相信我们。出家去吧。你的父亲呢？

奥菲利娅　在家里，殿下。

哈姆雷特　把他关起来，让他只好在家里发发傻劲。再会！

奥菲利娅　哎哟，天哪！救救他！

哈姆雷特　要是你一定要嫁人，我就把这一个诅咒送给你做嫁奁：尽管你像冰一样坚贞，像雪一样纯洁，你还是逃不过谗人的诽谤。出家去吧，去；再会！或者要是你必须嫁人的话，就嫁给一个傻瓜吧；因为聪明人都明白你们会叫他们变成怎样的怪物。出家去吧，去，越快越好。再会！

奥菲利娅　天上的神明啊，让他清醒过来吧！

哈姆雷特　我也知道你们会怎样涂脂抹粉；上天给了你们一张脸，你们又替自己另外造了一张。你们烟视媚行，淫声浪气，替上天造下的生物乱取名字，卖弄你们不懂事的风骚。算了吧，我再也不敢领教了；它已经使我发了狂。我说，我们以后再不要结什么婚了；已经结过婚的，除了一个人以外，都可以让他们活下去；没有结婚的不准再结婚，出家去吧，去。（下）

奥菲利娅　啊，一颗多么高贵的心是这样陨落了！朝臣的眼睛、学者的辩舌、军人的利剑、国家所瞩望的一朵娇花；时流的明镜、人伦的雅范、举世瞩目的中心，这样无可挽回地陨落了！我是一切妇女中间最伤心而不幸的，我曾经从他音乐一般的盟誓中吮吸芬芳的甘蜜，现在却眼看着他的高贵无上的理智，像一串美妙的银铃失去了谐和的音调，无比的青春美貌，在疯狂中凋谢！啊！我好苦，谁料过去的繁华，变作今朝的泥土！

国王及波洛涅斯重上。

国王 恋爱！他的精神错乱不像是为了恋爱；他说的话虽然有些颠倒，也不像是疯狂。他有些什么心事盘踞在他的灵魂里，我怕它也许会产生危险的结果。为了防止万一，我已经当机立断，决定了一个办法：他必须立刻到英国去，向他们追索延宕未纳的贡物；也许他到海外各国游历一趟以后，时时变换的环境，可以替他排解去这一桩使他神思恍惚的心事。你看怎么样？

波洛涅斯 那很好；可是我相信他的烦闷的根本原因，还是为了恋爱上的失意。啊，奥菲利娅！你不用告诉我们哈姆雷特殿下说些什么话，我们全都听见了。陛下，照您的意思办吧。可是您要是认为可以的话，不妨在戏剧终场以后，让他的母后独自一人跟他在一起，恳求他向她吐露他的心事。她必须很坦白地跟他谈谈，我就找一个所在听他们说些什么。要是她也探听不出他的秘密来，您就叫他到英国去，或者凭着您的高见，把他关禁在一个适当的地方。

国王 就这样吧。大人物的疯狂是不能听其自然的。（同下）

（选自《哈姆雷特》，译林出版社，2018 年）

**评 析：**

莎士比亚的杰作《哈姆雷特》是一部深受世界各地读者喜爱的经典悲剧。在这部作品中，莎士比亚巧妙地将复杂的情节、鲜活的人物、深刻的悲剧意义以及卓越的艺术手法相融合，使其成为一部无与伦比的文学佳作。

剧里的丹麦，指的正是十七世纪初的英国。主人公哈姆雷特是文艺复兴时期人文主义者的典型形象。他出身王室，却在当时新文化中心的德国威登堡大学接受了人文主义教育。他是一个人文主义青年王子的形象，按照奥菲利娅对他的描述，他是“朝臣的眼睛、学者的辩舌、军人的利剑、国家所瞩望的一朵娇花；时流的明镜、人伦的雅范、举世瞩目的中心。”这样的一个可爱的王子，自然会得到民众的拥戴，这点连他的敌人也不得不承认。

哈姆雷特是一个深受群众爱戴的王子，又“明明有理由、有决心、有力量、有方法”去报仇，去把混乱的局势整顿好。但是，由于他所生活的时代是一个被封建势力掌控的时代，他的敌人又是一个无比奸诈、善于笼络臣下的国王；而他自己，一个资产阶级人文主义者，既不相信暴力，也不相信群众，当不满的人民已经被雷欧提斯煽动起来反抗暴君的时候，哈姆雷特却始终认为这是一件只能由他一个人来完成的艰巨任务，甚至只把复仇计划告诉霍拉旭一个人。他孤军奋战，终于抱恨死去。他的悲剧是一个人文主义者的悲剧，也是时代的悲剧。

《哈姆雷特》是莎士比亚在文学艺术上成熟的标志。首先，《哈姆雷特》中三条情节线交织在一起。本部戏剧以哈姆雷特为父复仇为主线，以雷欧提斯和福丁布拉斯为副线，三条线相互联系，又彼此衬托。其次，《哈姆雷特》所描绘的生活面很广阔，从宫闱到家庭，从深闺到墓地，从军士守卫到民众造反等场景。在描写生活时，莎士比亚常常突破古典戏剧的清规戒律，把喜剧因素和悲剧因素结合在一起，如在奥菲利娅落水淹死的悲惨场面之后，紧接着是掘坟墓者插科打诨的场景。这种“崇高和卑下、可怕和可笑、英雄和丑角的奇妙的混合”，正是马克思和恩格斯所称道的莎士比亚悲剧的“特点之一”。再其次，莎士比亚是语言的大师，他的语言丰富且形象，莎士比亚善于运用比喻、隐喻等形象化的语言。他的戏剧主要用无韵诗体写成，又结合了散文、有韵诗句和抒情歌谣等，不同的文体在剧中起着不同的作用。莎士比亚按照人物的身份与处境的不同而使用不同的语言，文雅或粗俗，哲理或抒情，都是为了更有助于表现人物。克劳狄斯与波洛涅斯，雷欧提斯与奥斯里克，王后与奥菲利娅，哈姆雷特与霍拉旭，所用的语言都各如其人。同是一个哈姆雷特，装疯时的语言与平时的也各不同。除此之外，莎士比亚在《哈姆雷特》中还充分利用“独白”这一传统手法，来揭示主人公的内心活动，使得人物的性格更加深刻和丰富。全剧中主人公的重要独白共有六次之多，有的戏剧性强，有的富于哲理，都有助于展现人物的性格。

阅读思考

1. 根据“生存还是毁灭”这段独白，分析哈姆雷特的内心世界和性格特点。

2. 课外阅读《罗密欧与朱丽叶》，思考其主题，并将罗密欧与朱丽叶的爱情同哈姆雷特与奥菲利娅的爱情加以比较。

说说戏剧那些事

## 二、变形记（节选）

弗兰兹·卡夫卡

### 题解

弗兰兹·卡夫卡（Franz Kafka，1883 年—1924 年），奥地利作家，以其独特的写作风格和深刻的人性洞察，被誉为西方现代主义文学的先驱。主要作品有小说《审判》《城堡》《变形记》等。

卡夫卡作为现代主义小说的鼻祖，《变形记》是其短篇小说的代表作。小说通过旅行推销员格里高尔变成大甲虫的荒诞故事，反映了资本主义社会中的“异化”现象：在现代资本主义的社会里，首先是劳动对劳动者身心的“异化”，人的本质被物化，成为一种赚钱的工具；其次是人与人之间关系的“异化”，金钱关系取代了一切；最后是人的自我“异化”，精神危机重重。在这样的社会里人们找不到“异化”的根源，更找不到根除的途径。

一

一天早晨，格里高尔·萨姆沙从不安的睡梦中醒来，发现自己躺在床上变成了一只巨大的甲虫。他仰卧着，那坚硬得像铁甲一般的背贴着床，他稍稍抬了抬头，便看见自己那穹顶似的棕色肚子分成了好多块弧形的硬片，被子几乎盖不住肚子尖，都快滑下来了。比起偌大的身躯来，他那许多只腿真是细得可怜，都在他眼前无可奈何地舞动着。

“我出了什么事啦？”他想。这可不是梦。他的房间，虽是嫌小了些，的确是普普通通人住的房间，仍然安静地躺在四堵熟悉的墙壁当中。在摊放着打开的衣料样品——萨姆沙是个旅行推销员——的桌子上面，还是挂着那幅画，这是他最近从一本画报上剪下来装在漂亮的金色镜框里的。画的是一位戴皮帽子围皮围巾的贵妇人，她挺直身子坐着，把一只套没了整个前臂的厚重的皮手筒递给看画的人。

格里高尔的眼睛接着又朝窗口望去，天空很阴暗——可以听到雨点敲打在窗槛上的声音——他的心情也变得忧郁了。“要是再睡一会儿，把这一切晦气事统统忘掉那该多好。”他想。但是完全办不到，平时他习惯于向右边睡，可是在目前的情况下，再也不能采取那样的姿态了。无论怎样用力向右转，他仍旧滚了回来，肚子朝天。他试了至少一百次，还闭上眼睛免得看到那些拼命挣扎的腿，到后来他的腰部感到一种从未体味过的隐痛，才不得不罢休。

“啊，天哪，”他想，“我怎么单单挑上这么一个累人的差使呢！长年累月到处奔波，比坐办公室辛苦多了。再加上还有经常出门的烦恼，担心各次火车的倒换，不定时而且低劣的饮食，而萍水相逢的人也总是些泛泛之交，不可能有深厚的交情，永远不会变成知己朋友。让这一切都见鬼去吧！”他觉得肚子上有点儿痒，就慢慢地挪动身子，靠近床头，好让自己头抬起来更容易些；他看清了发痒的地方，那儿布满着白色的小斑点，他不明白这是怎么回事，想用一条腿去搔一搔，可是马上又缩了回来，因为这一碰使他浑身起了一阵寒战。

他又滑下来恢复到原来的姿势。“起床这么早，”他想，“会使人变傻的。人是需要睡觉的。别的推销员生活得像贵妇人。比如，我有一天上午赶回旅馆登记取回订货单时，别的人才坐下来吃早餐。我若是跟我的老板也来这一手，准定当场就给开除。也许开除了倒更好一些，谁说得准呢。如果不是为了父母亲而总是谨小慎微，我早就辞职不干了，我早就会跑到老板面前，把肚子里的气出个痛快。那个家伙准会从写字桌后面直蹦起来！他的工作方式也真奇怪，总是那样居高临下坐在桌子上面对职员发号施令，再加上他的耳朵又偏偏重听，大家不得不走到他跟前去。但是事情也未必毫无转机；只要等我攒够了钱还清了父母欠他的债——也许还得五六年——可是我一定能做到。到那时我就会时来运转了。不过眼下我还是起床为妙，因为火车五点钟就要开了。”

他看了看柜子上滴滴嗒嗒响着的闹钟。天哪！他想到。已经六点半了，而时针还在悠悠然向前移动，连六点半也过了，马上就要七点差一刻了。闹钟难道没有响过吗？从床上可以看到闹钟明明是拨到四点钟的；显然它已经响过了。是的，不过在那震耳欲聋的响声里，难道真的能安宁地睡着吗？嗯，他睡得并不安宁，可是却正说明他还是睡得不坏。那么他现在该干什么呢？下一班车七点钟开；要搭这一班车他得发疯似的赶才行，可是他的样品都还没有包好，他也觉得自己的精神不甚佳。而且即使他赶上这班车，还是逃不过上司的一顿申斥，因为公司的听差一定是在等候五点钟那班火车，这时早已回去报告他没有赶上了。那听差是老板的心腹，既无骨气又愚蠢不堪。那么，说自己病了行不行呢？不过这将是最最不愉快的事，而且也显得很可疑，因为他服务五年以来没有害过一次病。老板一定会亲自带了医药顾问一起来，一定会责怪他的父母怎么养出这样懒惰的儿子，他还会引证医药顾问的话，粗暴地把所有的理由都驳掉，在那个大夫看来，世界上除了健康之至的假病号，再也没有第二种人了。再说今天这种情况，大夫的话是不是真的不对呢？格里高尔觉得身体挺不错，只除了有些困乏，这在如此长久的一次睡眠以后实在有些多余，另外，他甚至觉得特别饿。

这一切都飞快地在他脑子里闪过，他还是没有下决心起床——闹钟敲六点三刻了——这时，他床头后面的门上传来了轻轻的一下叩门声。“格里高尔，”一个声音说，——这是他母亲的声音——“已经七点差一刻了。你不是还要赶火车吗？”好温和的声音！格里高尔听到自己的回答声时不免大吃一惊。没错，这分明是他自己的声音，可是却有另一种可怕的叽叽喳喳的尖叫声同时发了出来，仿佛是伴音似的，使他的话只有最初几个字才是清清楚楚的，接着马上就受到了干扰，弄得意义含混，使人家说不上到底听清楚没有。格里高尔本想回答得详细些，好把一切解释清楚，可是在这样的情形下他只得简单地说：“是的，是的，谢谢你，妈妈，我这会儿正在起床呢。”隔着木门，外面一定听不到格里高尔声音的变化，因为他母亲听到这些话也满意了，就拖着步子走了开去。然而这场简短的对话使家里人都知道格里高尔还在屋子里，这是出乎他们意料之外的，于是在侧边的一扇门上立刻就响起了他父亲的叩门声，很轻，不过用的却是拳头。“格里高尔，格里高尔，”他喊到，“你怎么啦？”过了一小会儿他又用更低沉的声音催促道：“格里高尔！格里高尔！”在另一侧的门上他的妹妹也用轻轻的悲哀的声音问：“格里高尔，你不舒服吗？要不要什么东西？”他同时回答了他们两个人：“我马上就好了。”他把声音发得更清晰，说完一个字过一会儿才说另一个字，竭力使他的声音显得正常。于是他父亲走回去吃他的早饭了，他妹妹却低声地说：“格里高尔，开开门吧，求求你。”可是他并不想开门，所以暗自庆幸自己由于时常旅行，他养成了晚上锁住所有门的习惯。即使回到家里也是这样。

首先他要静悄悄地不受打扰地起床，穿好衣服，最要紧的是吃饱早饭，再考虑下一步该怎么办，因为他非常明白，躺在床上瞎想一气是想不出什么名堂来的。他还记得过去也许是因为睡觉姿势不好，躺在床上时往往会觉得这儿那儿隐隐作痛，及至起来，就知道纯属心理作用，所以他殷切地盼望今天早晨的幻觉会逐渐消逝。他也深信，他之所以变声音不是因为别的而仅仅是重感冒的症兆，这是旅行推销员的职业病。

要掀掉被子很容易，他只需把身子稍稍一抬被子就自己滑下来了。可是下一个动作就非常之困难，特别是因为他的身子宽得出奇。他得要有手和胳臂才能让自己坐起来；可是他有的只是无数细小的腿，它们一刻不停地向四面八方挥动，而他自己却完全无法控制。他想屈起其中的一条腿，可是他偏偏伸得笔直；等他终于让它听从自己的指挥时，所有别的腿却莫名其妙地乱动不已。“总是呆在床上有什么意思呢。”格里高尔自言自语地说。

他想，下身先下去一定可以使自己离床，可是他还没有见过自己的下身，脑子里根本没有概念，不知道要移动下身真是难上加难，挪动起来是那样的迟缓；所以到最后，他烦死了，就用尽全力鲁莽地把身子一甩，不料方向算错，重重地撞在床脚上，一阵彻骨的痛楚使他明白，如今他身上最敏感的地方也许正是他的下身。

于是他就打算先让上身离床，他小心翼翼地把头部一点点挪向床沿。这却毫不困难，他的身躯虽然又宽又大，也终于跟着头部移动了。可是，等到头部终于悬在床边上，他又害怕起来，不敢再前进了，因为，老实说，如果他就这样让自己掉下去，不摔坏脑袋才怪呢。他现在最要紧的是保持清醒，特别是现在；他宁愿继续待在床上。

可是重复了几遍同样的努力以后，他深深地叹了一口气，还是恢复了原来的姿势躺着，一面瞧他那些细腿在难以置信地更疯狂地挣扎；格里高尔不知道如何才能摆脱这种荒唐的混乱处境，他就再一次告诉自己，待在床上是不行的，最最合理的做法还是冒一切危险来实现离床这个极渺茫的希望。可是同时他也没有忘记提醒自己，冷静地，极其冷静地考虑到最最微小的可能性还是比不顾一切地蛮干强得多。这时际，他竭力集中眼光望向窗外，可是不幸得很，早晨的浓雾把狭街对面的房子也都裹上了，看来天气一时不会好转，这就使他更加得不到鼓励和安慰。“已经七点钟了，”闹钟再度敲响时，他对自己说，“已经七点钟了，可是雾还这么重。”有片刻工夫，他静静地躺着，轻轻地呼吸着，仿佛这样一养神什么都会恢复正常似的。

可是接着他又对自己说：“七点一刻前我无论如何非得离开床不可。到那时一定会有人从公司里来找我，因为不到七点公司就开门了。”于是他开始有节奏地来回晃动自己的整个身子，想把自己甩出床去。倘若他这样翻下床去，可以昂起脑袋，头部不至于受伤。他的背似乎很硬，看来跌在地毯上并不打紧。他最担心的还是自己控制不了的巨大响声，这声音一定会在所有的房间里引起焦虑，即使不是恐惧。可是，他还是得冒这个险。

当他已经半个身子探到床外的时候——这个新方法与其说是苦事，不如说是游戏，因为他只需来回晃动，逐渐挪过去就行了——他忽然想起如果有人帮忙，这件事该是多么简单。两个身强力壮的人——他想到了他的父亲和那个使女——就足够了；他们只需把胳臂伸到他那圆鼓鼓的背后，抬他下床，放下他们的负担，然后耐心地等他在地板上翻过身来就行了，一碰到地板他的腿自然会发挥作用的。那么，姑且不管所有的门都是锁着的，他是否真的应该叫人帮忙呢？尽管处境非常困难，想到这一层，他却禁不住透出一丝微笑。

他使劲地摇动着，身子已经探出不少，快要失去平衡了，他非得鼓足勇气采取决定性的步骤了，因为再过五分钟就是七点一刻——正在这时，前门的门铃响了起来。“是公司里派什么人来了。”他这么想，身子就随之而发僵，可是那些细小的腿却动弹得更快了。一时之间周围一片静默。“他们不愿开门。”格里高尔怀着不合常情的希望自言自语道。可是使女当然还是跟往常一样踏着沉重的步子去开门了。格里高尔听到客人的第一声招呼就马上知道这是谁——是秘书主任亲自出马了。真不知自己生就什么命，竟落到给这样一家公司当差，只要有一点小小的差错，马上就会招来最大的怀疑！在这一个所有的职员全是无赖的公司里，岂不是只有他一个人忠心耿耿吗？他早晨只占用公司两三个小时，不是就给良心折磨得几乎要发疯，真的下不了床吗？如果确有必要来打听他出了什么事，派个学徒来不也够了吗——难道秘书主任非得亲自出马，以便向全家人，完全无辜的一家人表示，这个可疑的情况只有他自己那样的内行来调查才行吗？与其说格里高尔下了决心，倒不如说他因为想到这些事非常激动，因而用尽全力把自己甩出了床外。砰的一声很响，但总算没有响得吓人。地毯把他坠落的声音减弱了几分，他的背也不如他所想象的那么毫无弹性，所以声音很闷，不惊动人。只是他不够小心，头翘得不够高，还是在地板上撞了一下；他扭了扭脑袋，痛苦而愤懑地把头挨在地板上磨蹭着。

“那里有什么东西掉下来了。”秘书主任在左面房间里说。格里高尔试图设想，今天他身上发生的事有一天也让秘书主任碰上了；谁也不敢担保不会出这样的事。可是仿佛给他的设想一个粗暴的回答似的，秘书主任在隔壁的房间里坚定地走了几步，他那漆皮鞋子发出了吱嘎吱嘎的声音。从右面的房间里，他妹妹用耳语向他通报消息：“格里高尔，秘书主任来了。”“我知道了。”格里高尔低声嘟哝道；但是没有勇气提高嗓门让妹妹听到他的声音。

“格里高尔，”这时候，父亲在左边房间里说话了，“秘书主任来了，他要知道为什么你没能赶上早晨的火车。我们也不知道怎么跟他说。另外，他还要亲自和你谈话。所以，请你开门吧。他度量大，对你房间里的凌乱不会见怪的。”“早上好，萨姆沙先生。”与此同时，秘书主任和蔼地招呼道。“他不舒服呢，”母亲对客人说，这时他父亲继续隔着门在说话，“他不舒服，先生，相信我吧。他还能为了什么原因误车呢！这孩子只知道操心公事。他晚上从来不出去，连我瞧着都要生气了；这几天来他没有出差，可他天天晚上都守在家里。他只是安安静静地坐在桌子旁边，看看报，或是把火车时刻表翻来覆去地看。他唯一的消遣就是做木工活儿。比如说，他花了两三个晚上刻了一个小镜框；您看到它那么漂亮一定会感到惊奇；这镜框挂在他房间里；再过一分钟等格里高尔打开门您就会看到了。您的光临真叫我高兴，先生；我们怎么也没法使他开门；他真是固执；我敢说他一定是病了，虽然他早晨硬说没病。”——“我马上来了，”格里高尔慢吞吞地小心翼翼地说，可是却寸步也没有移动，生怕漏过他们谈话中的每一个字。“我也想不出有什么别的原因，太太，”秘书主任说，“我希望不是什么大病。虽然另一方面我不得不说，不知该算福气还是晦气，我们这些做买卖的往往就得不把这些小毛病当作一回事，因为买卖嘛总是要做的。”——“喂，秘书主任现在能进来了吗？”格里高尔的父亲不耐烦地问，又敲起门来了。“不行。”格里高尔回答。这声拒绝以后，在左面房间里是一阵令人痛苦的寂静；右面房间里他妹妹啜泣起来了。

他妹妹为什么不和别的人在一起呢？她也许是刚刚起床，还没有穿衣服吧。那么，她为什么哭呢？是因为他不起床让秘书主任进来吗，是因为他有丢掉差使的危险吗，是因为老板又要开口向他的父母讨还旧债吗？这些显然都是眼前不用担心的事情。格里高尔仍旧在家里，丝毫没有弃家出走的念头。的确，他现在暂时还躺在地毯上，知道他的处境的人当然不会盼望他让秘书主任走进来。可是这点小小的失礼以后尽可以用几句漂亮的辞令解释过去，格里高尔不见得马上就给辞退。格里高尔觉得，就目前来说，他们与其对他抹鼻子流泪苦苦哀求，还不如别打扰他的好。可是，当然啦，他们的不明情况使他们大惑不解，也说明了他们为什么有这样的举动。

“萨姆沙先生，”秘书主任现在提高了嗓门说，“您这是怎么回事？您这样把自己关在房间里，光是回答‘是’和‘不是’，毫无必要地引起您父母极大的忧虑，又极严重地疏忽了——这我只不过顺便提一句——疏忽了公事方面的职责。我现在以您父母和您经理的名义和您说话，我正式要求您立刻给我一个明确的解释。我真没想到，我真没想到。我原来还认为您是个安分守己、稳妥可靠的人，可您现在却突然决心想让自己丢丑。经理今天早晨还对我暗示您不露面的原因可能是什么——他提到了最近交给您管的现款——我还几乎要以自己的名誉向他担保这根本不可能呢。可是现在我才知道您真是执拗得可以，从现在起，我丝毫也不想袒护您了。您在公司里的地位并不是那么稳固的。这些话我本来想私下里对您说的，可是既然您这样白白糟蹋我的时间，我就不懂为什么您的父母不应该听到这些话了。近来您的工作叫人很不满意；当然，目前买卖并不是旺季，这我们也承认，可是一年里整整一个季度一点儿买卖也不做，这是不行的，萨姆沙先生，这是完全不应该的。”

“可是，先生，”格里高尔喊道，他控制不住了，激动得忘记了一切，“我这会儿正要来开门。一点儿小小的不舒服，一阵头晕使我起不了床。我现在还躺在床上呢。不过我已经好了。我现在正要下床。再等我一两分钟吧！我不像自己所想的那样健康。不过我已经好了，真的。这种小毛病难道就能打垮我不成！我昨天晚上还好好儿的，这我父亲母亲也可以告诉您，不，应该说我昨天晚上就感觉到了一些预兆。我的样子想必已经不对劲了。您要问为什么我不向办公室报告！可是人总以为一点点不舒服一定能顶过去，用不着请假在家休息。哦，先生，别伤我父母的心吧！您刚才怪罪于我的事都是没有根据的；从来没有谁这样说过我。也许您还没有看到我最近兜来的订单吧。至少，我还能赶上八点钟的火车呢，休息了这几个钟点我已经好多了。千万不要因为我而把您耽搁在这儿，先生；我马上就会开始工作的，这有劳您转告经理，在他面前还得请您多替我美言几句呢！”

格里高尔一口气说着，自己也搞不清楚自己说了些什么，也许是因为有了床上的那些锻炼，格里高尔没费多大气力就来到柜子旁边，打算依靠柜子使自己直立起来。他的确是想开门，的确是想出去和秘书主任谈话的；他很想知道，大家这么坚持以后，看到了他又会说些什么。要是他们都大吃一惊，那么责任就再也不在他身上，他可以得到安静了。如果他们完全不在意，那么他也根本不必不安，只要真的赶紧上车站去搭八点钟的车就行了。起先，他好几次从光滑的柜面上滑下来，可是最后，在一使劲之后，他终于站直了；现在他也不管下身疼得像火烧一般了。接着他让自己靠向附近一张椅子的背部，用他那些细小的腿抓住了椅背的边。这使他得以控制自己的身体，他不再说话，因为这时候他听见秘书主任又开口了。

“你们听得懂哪个字吗？”秘书主任问，“他不见得在开我们的玩笑吧？”“哦，天哪，”他母亲声泪俱下地喊道，“也许他病害得不轻，倒是我们在折磨他呢。葛蕾特！葛蕾特！”接着她嚷道。“什么事，妈妈？”他妹妹打那一边的房间里喊道。她们就这样隔着格里高尔的房间对嚷起来。“你得马上去请医生。格里高尔病了。去请医生，快点儿。你没听见他说话的声音吗？”“这不是人的声音。”秘书主任说，跟母亲的尖叫声一比他的嗓音显得格外低沉。“安娜！安娜！”他父亲从客厅向厨房里喊道，一面还拍着手，“马上去找个锁匠来！”于是两个姑娘奔跑得裙子飕飕响地穿过了客厅——他妹妹怎能这么快就穿好衣服的呢？——接着又猛然大开了前门，没有听见门重新关上的声音；她们显然听任它洞开着，什么人家出了不幸的事情就总是这样。

格里高尔现在倒镇静多了。显然，他发出来的声音人家再也听不懂了，虽然他自己听来很清楚，甚至比以前更清楚，这也许是因为他的耳朵变得能适应这种声音了。不过至少现在大家相信他有什么地方不太妙，都准备来帮助他了。这些初步措施将带来的积极效果使他感到安慰。他觉得自己又重新进入人类的圈子，对大夫和锁匠都寄予了莫大的希望，却没有怎样分清两者之间的区别。为了使自己在即将到来的重要谈话中声音尽可能清晰些，他稍微嗽了嗽嗓子，他当然尽量压低声音，因为就连他自己听起来，这声音也不像人的咳嗽。这时候，隔壁房间里一片寂静。也许他的父母正陪了秘书主任坐在桌旁，在低声商谈，也许他们都靠在门上细细谛听呢。

格里高尔慢慢地把椅子推向门边，接着便放开椅子，抓住了门来支撑自己——他那些细腿的脚底上倒是颇有黏性的——他在门上靠了一会儿，喘过一口气来。接着他开始用嘴巴来转动插在锁孔里的钥匙。不幸的是，他并没有什么牙齿——他得用什么来咬住钥匙呢？——不过他的下颚倒好像非常结实；靠着这下颚总算转动了钥匙，他准是不小心弄伤了什么地方，因为有一股棕色的液体从他嘴里流出来，淌过钥匙，滴到地上。“你们听，”门后的秘书主任说，“他在转动钥匙了。”这对格里高尔是个很大的鼓励；不过他们应该都来给他打气，他的父亲母亲都应该喊：“加油，格里高尔。”他们应该大声喊道：“坚持下去，咬紧钥匙！”他相信他们都在全神贯注地关心自己的努力，就集中全力死命咬住钥匙。钥匙需要转动时，他便用嘴巴衔着它，自己也绕着锁孔转了一圈，好把钥匙扭过去，或者不如说，用全身的重量使它转动。终于屈服的锁发出响亮的咔嗒一声，使格里高尔大为高兴。他深深地舒了一口气，对自己说：“这样一来我就不用锁匠了。”接着就把头搁在门柄上，想把门整个打开。

门是向他自己这边拉的，所以虽然已经打开，人家还是瞧不见他。他得慢慢地从对开的那半扇门后面把身子挪出来，而且得非常小心，以免背脊直挺挺地跌倒在房间里。他正在困难地挪动自己，顾不上做任何观察，却听到秘书主任“哦！”的一声大叫——发出来的声音像一股猛风——现在他可以看见那个人了，他站得靠近门口，一只手遮在张大的嘴上，慢慢地往后退去，仿佛有什么无形的强大压力在驱逐他似的。格里高尔的母亲——虽然秘书主任在场，她的头发仍然没有梳好，还是乱七八糟地竖着——她先是双手合掌瞧瞧他父亲，接着向格里高尔走了两步，随即倒在地上，裙子摊了开来，脸垂到胸前，完全看不见了。他父亲握紧拳头，一副恶狠狠的样子，仿佛要把格里高尔打回到房间里去，接着他又犹豫不定地向起坐室扫了一眼，然后把双手遮住眼睛，哭泣起来，连他那宽阔的胸膛都在起伏不定。

格里高尔没有接着往起坐室走去，却靠在那半扇关紧的门的后面，所以他只有半个身子露在外面，还侧着探在外面的头去看别人。这时候天更亮了，可以清清楚楚地看到街对面一幢长得没有尽头的深灰色的建筑——这是一所医院——上面惹眼地开着一排排呆板的窗子；雨还在下，不过已成为一滴滴看得清的大颗粒了。大大小小的早餐盆碟摆了一桌子，对于格里高尔的父亲，早餐是一天里最重要的一顿饭，他一边看各式各样的报纸，一边吃，要吃上好几个钟头，在格里高尔正对面的墙上挂着一幅他服兵役时的照片，当时他是少尉，他的手按在剑上，脸上挂着无忧无虑的笑容，分明要人家尊敬他的军人风度和制服。前厅的门开着，大门也开着，可以一直看到住宅前的院子和最下面的几级楼梯。

“好吧，”格里高尔说，他完全明白自己是唯一多少保持着镇静的人，“我立刻穿上衣服，等包好样品就动身，您是否还容许我去呢？您瞧，先生，我并不是冥顽不化的人，我很愿意工作；出差是很辛苦的，但我不出差就活不下去。您上哪儿去，先生？去办公室？是吗？我这些情形您能如实地反映上去吗？人总有暂时不能胜任工作的时候，不过这时正需要想起他过去的成绩。而且还要想到以后他又恢复了工作能力的时候，他一定会干得更勤恳更用心。我一心想忠诚地为老板做事，这您也很清楚。何况，我还要供养我的父母和妹妹。我现在景况十分困难，不过我会重新挣脱出来的。请您千万不要火上加油。在公司里请一定帮我说几句好话。旅行推销员在公司里不讨人喜欢，这我知道。大家以为他们赚的是大钱，过的是逍遥自在的日子。这种成见也犯不着特地去纠正。可是您呢，先生，比公司里所有的人看得都全面，是的，让我私下里告诉您，您比老板本人还全面，他是东家，当然可以凭自己的好恶随便不喜欢哪个职员。您知道得最清楚，旅行推销员几乎长年不在办公室，他们自然很容易成为闲话、怪罪和飞短流长的目标。可他自己却几乎完全不知道，所以防不胜防。直待他精疲力竭地转完一个圈子回到家里，这才亲身体验到连原因都无法找寻的恶果落到了自己身上。先生，先生，您不能不说我一句好话就走啊，请表明您觉得我至少还有几分是对的呀！”

可是格里高尔才说头几个字，秘书主任就已经踉跄倒退，只是张着嘴唇，侧过颤抖的肩膀直勾勾地瞪着他。格里高尔说话时，他片刻也没有站定，却偷偷地向门口踅去，眼睛始终盯紧了格里高尔，只是每次只移动一寸，仿佛存在某项不准离开房间的禁令一般。好不容易退入了前厅，他最后一步跨出起坐室时动作好猛，真像是他的脚跟刚给火烧着了。他一到前厅就伸出右手向楼梯跑去，好似那边有什么神秘的救星在等待他。

格里高尔明白，如果要保住他在公司里的职位，不想砸掉饭碗，那就决不能让秘书主任抱着这样的心情回去。他的父母对这一点不太了然；多年以来，他们已经深信格里高尔在这家公司里要待上一辈子的，再说，他们的心里已经完全放在当前的不幸事件上，根本无法考虑将来的事。可是格里高尔却考虑到了。一定得留住秘书主任，安慰他，劝告他，最后还要说服他；格里高尔和他一家人的前途全系在这上面呢！只要妹妹在场就好了！她很聪明；当格里高尔还安静地仰在床上的时候她就已经哭了。总是那么偏袒女性的秘书主任一定会乖乖地听她的话；她会关上大门，在前厅里把他说得不再惧怕。可是她偏偏不在。格里高尔只得自己来应付当前的局面。他没有想到自己的身体究竟有什么活动能力，也没有想一想他的话人家仍旧很可能听不懂，而且简直根本听不懂，就放开了那扇门，挤过门口，迈步向秘书主任走去，而后者正可笑地用两只手抱住楼梯的栏杆；格里高尔刚要摸索可以支撑的东西，忽然轻轻喊了一声，身子趴了下来，他那许多只腿着了地。还没等全部落地，他的身子已经获得了安稳的感觉，从早晨以来，这还是第一次；他脚底下现在是结结实实的地板了；他高兴地注意到，他的腿完全听从指挥；它们甚至努力地把他朝他心里所想的任何方向带去；他简直要相信，他所有的痛苦总解脱的时候终于快来了。可是就在这一刹那间，当他摇摇摆摆一心想动弹的时候，当他离开母亲不远，躺在她对面地板上的时候，本来似乎已经完全瘫痪的母亲，这时却霍地跳了起来，伸直两臂，张开了所有的手指，喊道："救命啊，老天爷，救命啊！"一面又低下头来，仿佛想把格里高尔看得更清楚些，同时又偏偏身不由己地一直往后退，根本没顾到她后面有张摆满了食物的桌子；她撞上桌子，又糊里糊涂倏地坐了上去，似乎全然没有注意她旁边那把大咖啡壶已经打翻，咖啡也汩汩地流到了地毯上。

"妈妈，妈妈。"格里高尔低声地说道，抬起头来看着她。这时候已经完全把秘书主任撇在脑后；他的嘴却忍不住咂巴起来，因为他看到了淌出来的咖啡。这使他母亲再一次尖叫起来。她从桌子旁边逃开，倒在急忙来扶她的父亲的怀抱里。可是格里高尔现在顾不得他的父母；秘书主任已经在走下楼梯了，他的下巴探在栏杆上扭过头来最后回顾了一眼。格里高尔急走几步，想尽可能追上他；可是秘书主任一定是看出了他的意图，因为他往下蹦了几级，随即消失了；可是还在不断地叫嚷，"噢！"回声传遍了整个楼梯。不幸得很，秘书主任的逃走仿佛使一直比较镇定的父亲也慌乱万分，因为他非但自己不去追赶那人，或者至少别去阻拦格里高尔去追逐，反而右手操起秘书主任连同帽子和大衣一起留在一张椅子上的手杖，左手从桌子上抓起一张大报纸，一面顿脚，一面挥动手杖和报纸，要把格里高尔赶回到房间里去。格里高尔的请求全然无效，事实上别人根本不理解；不管他怎样谦恭地低下头去，他父亲反而把脚顿得更响。另一边，他母亲不顾天气寒冷，打开了一扇窗子，双手掩住脸，尽量把身子往外探。一阵劲风从街上刮到楼梯，窗帘掀了起来，桌上的报纸吹得拍嗒拍嗒乱响，有几张吹落在地板上。格里高尔的父亲无情地把他往后赶，一面嘘嘘叫着，简直像个野人。

可是格里高尔还不熟悉怎么往后退，所以走得很慢。如果有机会掉过头，他能很快回进房间的，但是他怕转身的迟缓会使他父亲更加生气，他父亲手中的手杖随时会照准他的背上或头上给以狠狠的一击的，到后来，他竟不知怎么办才好，因为他绝望地注意到，倒退着走连方向都掌握不了；因此，他一面始终不安地侧过头瞅着父亲，一面开始掉转身子，他想尽量快些，事实上却非常迂缓。也许父亲发现了他的良好意图，因此并不干涉他，只是在他挪动时远远地用手杖尖拨拨他。只要父亲不再发出那种无法忍受的嘘嘘声就好了。这简直要使格里高尔发狂。他已经完全转过去了，只是因为给嘘声弄得心烦意乱，甚至转得过了头。最后他总算对准了门口，可是他的身体又偏巧宽得过不去。但是在目前精神状态下的父亲，当然不会想到去打开另外半扇门好让格里高尔得以通过。他父亲脑子里只有一件事，尽快把格里高尔赶回房间。让格里高尔直立起来，侧身进入房间，就要做许多麻烦的准备，父亲是绝不会答应的。他现在发出的声音更加响亮，他拼命催促格里高尔往前走，好像他前面没有什么障碍似的；格里高尔听到他后面响着的声音不再像是父亲一个人的了；现在更不是闹着玩的了，所以格里高尔不顾一切狠命向门口挤去。他身子的一边拱了起来，倾斜地卡在门口，腰部挤伤了，在洁白的门上留下了可憎的斑点，不一会儿他就给夹住了，不管怎么挣扎，还是丝毫动弹不得，他一边的腿在空中颤抖地舞动，另一边的腿却在地上给压得十分疼痛——这时，他父亲从后面使劲地推了他一把，实际上这倒是支援，使他一直跌进了房间中央，汩汩地流着血。在他后面，门砰的一声用手杖关上了，屋子里终于恢复了寂静。

（节选自《外国文学》，重庆出版社，2014 年）

**评 析：**

《变形记》把现实主义表现手法置于荒诞的框架之中，把现实与非现实、合理与荒诞、常人与非人并列在一起，淡化了时间、地点和社会背景，是运用现代派文学表现手法的开山之作。

《变形记》的故事情节是离奇的，离奇之处就在于主人公的“变形”。主人公格里高尔·萨姆莎是一家公司的旅行推销员，每天为了维持家人的生计辛苦奔波，唯恐失去自己的工作。然而一天早晨他发现自己居然变成了一只大甲虫。开始，母亲和妹妹还对发生在他身上这突如其来的灾难感到十分同情。但久而久之，家人对他的同情渐渐变为了恐慌、厌恶甚至是憎恨，盼着他能够早日淡出他们的生活。终于，在一天夜里，格里高尔怀着对家人的温柔和爱意，孤独地离开了人世。格里高尔死后，家人如释重负，都为此而感到庆幸。于是他们出外郊游，准备开始新的生活。《变形记》由此画上了看似“圆满”的句号。

《变形记》包含了深层寓意和许多哲理，主要表现为异化主题，向读者展示了资本主义社会里人的异化。格里高尔变形前的生活是很艰辛的，长年累月地在外推销产品，常常受到老板的申斥，又怕被解聘，同事说长道短，在这样的环境中是活得很累的。残酷的现实将他这种受压抑受欺侮的最起码的生存资格也剥夺了，他异化成了一只不能自食其力，喜欢吃“一半腐烂的蔬菜”“剩下的肉骨头”和“变稠的白酱油”等食物的大甲虫。尽管他曾经“竭尽全力”地攒钱，让全家人过着“甜蜜温暖”的日子，但他变形后最终还是被亲人唾弃，成了一具“又干又瘪”的尸体。格里高尔的人性被扭曲、人格被分裂，完全感觉不到自我的存在，在世界上多生存一天就多忍受一天的痛苦，他至死也摆脱不了一股无法抵御的异化力量的笼罩。在资本主义社会的现实生活中，人自然异化成了“非人”，成了身不由己的物（如甲虫等），也成了物的“奴隶”。小说鲜明地展示了资本主义社会现代人的共同命运，即无法摆脱蒙受异化之苦和丧失自我的悲哀与寻找“自我”的徒劳挣扎。主人公异化的过程，异化的特点，又是资本主义社会中的普遍现象，这是《变形记》蕴含的深层寓意。

## 阅读思考

1. 分析小说主人公格里高尔的人际关系。
2. 分析作品中极度夸张以及怪诞离奇的表现手法。

# 三、西风颂

珀西·比希·雪莱

## 题解

珀西·比西·雪莱（Percy Bysshe Shelley，1792 年—1822 年），英国最具才华的抒情诗人之一。他是柏拉图主义者，是伟大的理想主义者。其诗节奏明朗，蓬勃向上，风格自由不羁。雪莱的作品大多表以反抗暴政、追求自由、建立新秩序为主题，他写的抒情诗中大多是爱情诗，他对色彩、声音、节奏及韵律都有精确的把握，这些都受到人们的称颂。

《西风颂》是雪莱“三大颂”中的一首，写于 1819 年。当时，欧洲各国的工人运动和革命运动风起云涌，雪莱为之鼓舞、为之振奋，胸中沸腾着炽热的革命激情。这首诗可以说是诗人“骄傲、轻捷而不驯的灵魂”的自白，是时代精神的写照。诗人凭借自己的诗才，借助自然的精灵让自己的生命与鼓荡的西风相呼应，用气势恢宏的篇章唱出了生命的旋律和心灵的狂舞。

**1**

哦，狂暴的西风，秋之生命的呼吸！
你无形，但枯死的落叶被你横扫，
有如鬼魅碰到了巫师，纷纷逃避：
黄的，黑的，灰的，红得像患肺痨，
呵，重染疫疠[1]的一群：西风呵，是你
以车驾把有翼的种子催送到
黑暗的冬床上，它们就躺在那里，
像是墓中的死穴，冰冷，深藏，低贱，
直等到春天，你碧空的姊妹吹起
她的喇叭，在沉睡的大地上响遍，
（唤出嫩芽，像羊群一样，觅食空中）
将色和香充满了山峰和平原。
不羁的精灵呵，你无处不远行；
破坏者兼保护者：听吧，你且聆听！

**2**

没入你的急流，当高空一片混乱，
流云象大地的枯叶一样被撕扯
脱离天空和海洋的纠缠的枝干。
成为雨和电的使者：它们飘落
在你的磅礴之气的蔚蓝的波面，

有如狂女的飘扬的头发在闪烁，
从天穹的最遥远而模糊的边沿
直抵九霄的中天，到处都在摇曳
欲来雷雨的卷发，对濒死的一年
你唱出了葬歌，而这密集的黑夜
将成为它广大墓陵的一座圆顶，
里面正有你的万钧之力的凝结；
那是你的浑然之气，从它会迸涌
黑色的雨，冰雹和火焰：哦，你听！

**3**

是你，你将蓝色的地中海唤醒，
而它曾经昏睡了一整个夏天，
被澄澈水流的回旋催眠入梦，
就在巴亚海湾的一个浮石岛边，
它梦见了古老的宫殿和楼阁
在水天辉映的波影里抖颤，
而且都生满青苔、开满花朵，
那芬芳真迷人欲醉！呵，为了给你
让一条路，大西洋的汹涌的浪波
把自己向两边劈开，而深在渊底
那海洋中的花草和泥污的森林
虽然枝叶扶疏，却没有精力；
听到你的声音，它们已吓得发青：
一边颤栗，一边自动萎缩：哦，你听！

**4**

哎，假如我是一片枯叶被你浮起，
假如我是能和你飞跑的云雾，
是一个波浪，和你的威力同喘息，
假如我分有你的脉搏，仅仅不如
你那么自由，哦，无法约束的生命！
假如我能像在少年时，凌风而舞
便成了你的伴侣，悠游天空
（因为呵，那时候，要想追你上云霄，
似乎并非梦幻），我就不致像如今
这样焦躁地要和你争相祈祷。
哦，举起我吧，当我是水波、树叶、浮云！

我跌在生活底荆棘上，我流血了！
这被岁月的重轭[2]所制服的生命
原是和你一样：骄傲、轻捷而不驯。

**5**

把我当作你的竖琴吧，有如树林：
尽管我的叶落了，那有什么关系！
你巨大的合奏所振起的乐音
将染有树林和我的深邃的秋意：
虽忧伤而甜蜜。呵，但愿你给予我
狂暴的精神！奋勇者呵，让我们合一！
请把我枯死的思想向世界吹落，
让它像枯叶一样促成新的生命！
哦，请听从这一篇符咒似的诗歌，
就把我的话语，像是灰烬和火星
从还未熄灭的炉火向人间播散！
让预言的喇叭通过我的嘴唇
把昏睡的大地唤醒吧！西风呵，
如果冬天来了，春天还会远吗？

（选自《雪莱抒情诗选》，查良铮译，人民文学出版社，1993 年）

---

❶ 疠（lì）：瘟疫。
❷ 轭（è）：牛马等拉东西时架在脖子上的器具。

**评 析：**

《西风颂》是欧洲诗歌史上的艺术珍品。全诗共五节，由五首十四行诗组成。从形式上看，五个小节格律完整，可以独立成篇。从内容来看，它们又融为一体，贯穿着一个中心思想。第一节描写西风扫除林中残叶，吹送生命的种子。第二节描写西风搅动天上的浓云密雾，呼唤着暴雨雷电的到来。第三节描写西风掀起大海的汹涌波涛，摧毁海底花树。三节诗三个意境，诗人想象的翅膀飞翔在树林、天空和大海之间，飞翔在现实和理想之间，形象鲜明，想象丰富，但中心思想只有一个，就是歌唱西风扫除腐朽、鼓舞新生的强大威力。从第四节开始，由写景转向抒情，由描写西风的气势转向直抒诗人的胸臆，抒发诗人对西风的热爱和向往，使本节诗达到情景交融的境界，而主旨仍然是歌唱西风。因此，结构严谨，层次清晰，主题集中，是《西风颂》一个突出的艺术特点。

《西风颂》采用的是象征手法，诗人用优美而蓬勃的想象写出了西风的形象。雪莱把主观思想情感与自然景物完美结合起来，歌唱西风，同时也在歌唱席卷整个欧洲的革命风暴。他歌唱西风以摧枯拉朽的巨大力量扫除破败的残叶，搅动着“浓云密雾”，唤醒沉睡的浩瀚大海，把一丛丛躲藏在海底深处的海树海花，吓得“瑟瑟地发抖，纷纷凋谢”。他歌的唱革命运动正以排山倒海之势、雷霆万钧之力，横扫着旧世界的一切黑暗反动势力。这正是当时欧洲革命形势的生动写照。诗人看到了革命一方面在扫除腐朽，无情地摧毁旧世界；另一方面又在“鼓舞新生”，积极地创建着美好的新世界。他在歌唱西风的同时，也是在激励和鞭策自己。雪莱是一个热情的浪漫主义诗人，同时又是一个勇敢的革命战士，他以诗歌武器，积极投身革命运动，他经受过失败和挫折，但始终保持着高昂的战斗精神。

阅读思考

1. 《西风颂》作为一篇著名的政治抒情诗，诗中的“西风”象征着什么？“把昏睡的大地唤醒吧！西风呵，如果冬天来了，春天还会远吗？”这句诗对你有什么启发？

2. 请对《西风颂》的浪漫主义色彩做分析。

## 四、从罗丹得到的启示

斯蒂芬·茨威格

题解

斯蒂芬·茨威格（Stefan Zweig，1881 年—1942 年），奥地利著名作家、小说家、传记作家、诗人，剧作家。代表作品包括《一个陌生女人的来信》《象棋的故事》《伟大的悲剧》《异端的权利》等。

茨威格的《从罗丹得到的启示》是一篇难得的散文精品。文章记叙了作者年轻时游历巴黎的一段经历：自己的文章得到了好评，但觉得还能写得更好，只是还“不能断定那症结的所在”。这时，作者有幸结识了罗丹，从他身上得到了宝贵的启示，“参悟到一切艺术与伟业的奥妙——专心，完成或大或小的事业的全力集中，把易于弛散的意志贯注在一件事情上的本领”，这是干好一切事业的普遍规律。作品借艺术家的生活轶事来表现人生哲理和艺术真谛，用艺术的慧眼和独到的思想对所写的内容进行哲理的升华。

我那时大约二十五岁，在巴黎研究与写作。许多人都已称赞我发表过的文章，有些我自己也喜欢。但是，我心里深深感到我还能写得更好，虽然我不能断定那症结的所在。

于是，一个伟大的人给了我一个伟大的启示。那件仿佛微乎其微的事，竟成为我一生的关键。

有一晚，在比利时名作家魏尔哈仑家里，一位年长的画家慨叹着雕塑美术的衰落。我年轻而好饶舌，热炽地反对他的意见。“就在这城里，”我说，“不是住着一个与米开朗琪罗媲美的雕刻家吗？罗丹的《沉思者》《巴尔扎克》，不是同他用以雕塑他们的大理石一样永垂不朽吗？”

当我倾吐完了的时候，魏尔哈仑高兴地指指我的背。“我明天要去看罗丹，”他说，“来，一块儿去吧。凡像你这样称赞他的人都该去会他。”

我充满了喜悦，但第二天魏尔哈仑把我带到雕刻家那里的时候，我一句话也说不出。在老朋友畅谈之际，我觉得我似乎是一个多余的不速之客。

但是，最伟大的人是最亲切的。我们告别时，罗丹转向了我。“我想你也许愿意看看我的雕刻，”他说，“我这里简直什么也没有。可是礼拜天，你到麦东来同我一块吃饭吧。”

在罗丹朴素的别墅里，我们在一张小桌前坐下吃便饭。不久，他温和的眼睛发出的激励的凝视，他本身的淳朴，宽释了我的不安。

在他的工作室，有着大窗户的简朴的屋子，有完成的雕像，许许多多小塑样—— 一只胳膊，一只手，有的只是一只手指或者指节；他已动工而搁下的雕像，堆着草图的桌子，一生不断的追求与劳作的地方。

罗丹罩上了粗布工作衫，因而好像就变成了一个工人。他在一个台架前停下。“这是我的近作，”他说，把湿布揭开，现出一座女正身像。“这已完工了。”我想。

他退后一步，仔细看着，这身材魁梧、阔肩、白髯的老人。

但是在审视片刻之后，他低语了一句：“就在这肩上线条还是太粗。对不起……”他拿起刮刀、木刀片轻轻滑过软和的黏土，给肌肉一种更柔美的光泽。他健壮的手动起来了；他的眼睛闪耀着。“还有那里……还有那里……”他又修改了一下，他走回去。他把台架转过来，含糊地吐着奇异的喉音。时而，他的眼睛高兴得发亮；时而，他的双眉苦恼地蹙着。他捏好小块的黏土，粘在像身上，刮开一些。

这样过了半点钟，一点钟……他没有再向我说过一句话。他忘掉了一切，除了他要创造的更崇高的形体的意象。他专注于他的工作，犹如在创世的太初的上帝。

最后，带着舒叹，他扔下刮刀，像一个男子把披肩披到他情人肩上那种温存关怀般地把湿布蒙上女正身像，于是，他又转身要走，那身材魁梧的老人。

在他快走到门口之前，他看见了我。他凝视着，就在那时他才记起，他显然对他的失礼而惊惶。“对不起，先生，我完全把你忘记了，可是你知道……”我握着他的手，感谢地紧握着。也许他已领悟我所感受到的，因为在我们走出屋子时他微笑了，用手抚着我的肩头。

在麦东那天下午，我学得的比在学校所有的时间都多。从此，我知道凡人类的工作必须怎样做，假如那是好而又值得的。

再没有什么像亲见一个人全然忘记时间、地方与世界那样使我感动。那时，我参悟到一切艺术与伟业的奥妙——专心，完成或大或小的事业的全力集中，把易于弛散的意志贯注在一件事情上的本领。

于是，我察觉我至今在我自己的工作上所缺少的是什么——那能使人除了追求完整的意志而外把一切都忘掉的热忱，一个人一定要能够把他自己完全沉浸在他的工作里。没有——我现在才知道——别的秘诀。

（选自《外国散文百年精华鉴赏》，上海科学技术文献出版社，2008 年）

**评 析：**

茨威格为我们刻画了一位艺术家的形象：罗丹为修理一尊已经完成了的雕塑作品，竟把特意邀请来的客人忘在了一边。作者选取了具有典型意义的事件表现罗丹工作专心致志、精益求精、浑然忘我的精神，这个最能充分反映人物精神品质的事件，犹如雕刻作品时一道透着人物特征的有力刀痕，重重地印刻在人物形象上面。

除了选用典型事例外，作者还通过神态、动作、语言等描写，着力刻画人物形象。例如，“时而，他的眼睛高兴得发亮；时而，他的双眉苦恼地蹙着”，生动具体地说明罗丹在修改作品时全身心地投入到艺术创作中，为成功而兴奋，为没有达到理想境界而苦恼。“像一个男子把披肩披到他情人肩上那种温存关怀般地把湿布蒙上女正身像”，形象地写出了雕塑家对作品的极其珍视、爱护，对艺术的热爱、深情。特别是罗丹完成雕像后走到门口时，“他看见了我。他凝视着”，凝视了一会儿，才记起是自己的客人，于是为自己的失礼而惊惶；在走出屋子时，他“微笑”了。这一系列举止、神态的描写，使罗丹这位工作专心致志、待人平易谦和的艺术家形象栩栩如生。

**阅读思考**

1. 文章的第一部分有何作用?
2. 仔细品味文章中人物的神态、动作、语言等方面的描写。

# 第二节　拓展阅读

## 一、我究竟怎样爱你（葡萄牙人十四行诗之四十三）

伊丽莎白·芭蕾特·勃朗宁

**题解**

伊丽莎白·芭蕾特·勃朗宁（Elizabeth Barrett Browning，1806 年—1861 年），又被称为勃朗宁夫人，十九世纪英国著名女诗人，勃朗宁夫人热衷于为自由疾呼，代表作为《孩子的哭声》。

《葡萄牙人十四行诗》1850 年出版，共四十四首，是英国文学史上的珍品诗集，是勃朗宁夫人和罗伯特·勃朗宁爱情生活的真实写照，由于作者曾对一位葡萄牙古典诗人十分敬佩，她的丈夫给她起了“小葡萄牙人”的昵称，这部爱情诗集也因此得名。勃朗宁夫人最初开始写十四行组诗，大概是在她答应了罗伯特·勃朗宁的求婚以后那一段时期，诗中表达了她对罗伯特·勃朗宁深深的爱意。

我究竟怎样爱你？让我细数端详。
我爱你直到我灵魂所及的深度、
广度和高度，我在视力不及之处
摸索着存在的极致和美的理想。
我爱你像最朴素的日常需要一样，
就像不自觉地需要阳光和蜡烛。
我自由地爱你，像人们选择正义之路，
我纯洁地爱你，像人们躲避称赞颂扬。
我爱你用的是我在昔日的悲痛里
用过的那种激情，以及童年的忠诚。
我爱你用的爱，我本以为早已失去，
与我失去的圣徒一同；我爱你用笑容、
眼泪、呼吸和生命！只要上帝允许，
在死后我爱你将只会更加深情。

（选自《世界在门外闪光：英国维多利亚时代诗选·上卷》，湖南文艺出版社，2015 年）

**评 析：**

勃朗宁夫人所处的维多利亚时期，是英国资本主义强盛繁荣的时期，更是一个充满动荡、矛盾、斗争、怀疑、思考、痛苦、不安和焦虑的时期，当时热情似火的浪漫主义文艺思潮已走向衰落，取而代之的是冷静客观的批判现实主义思潮，反映了新时期人的困惑和痛苦。在这样的背景下，勃朗宁夫人的《葡萄牙人十四行诗》却以崇高的情操、活跃的想象、清丽的笔调抒写着纯情的诗章，不能不说是浪漫主义在 19 世纪中叶的一个美丽的回声，而这个回声在当时和后来一直受到的欢迎，这表明浪漫主义作为一种思潮虽然已经一去不复返了，但作为一种理想和热情却永远是人类精神的一个重要方面。

勃朗宁夫人这组情诗最突出的特征，可用一个字来概括：“纯”。从力度上讲，这组诗的基调是柔和缠绵的；从深度上讲，虽然这组诗的思想智慧并无特别的闪光之处，但其纯洁无瑕的真挚感情却使一般的儿女情长散发出理想主义的光泽。正如女诗人在这首诗中所吟：“我爱你直到我灵魂所及的深度、广度和高度，我在视力不及之处摸索着存在的极致和美的理想”——这个灵魂的所有时间、空间都在追索着生命的极致；“我爱你像最朴素的日常需要一样，就像不自觉地需要阳光和蜡烛。我自由地爱你，像人们选择正义之路，我纯洁地爱你，像人们躲避称赞颂扬。”——这种爱出自生命的本能，出自对美的追求，她摒弃任何功利企图和庸俗肤浅，她不能容忍半点杂质；“我爱你用的是我在昔日的悲痛里用过的那种激情，以及童年的忠诚。”——无望的病人和天真的儿童在倾注自己全部的心思和感情时，是毫无保留，也毫不犹豫的。即便如此，女诗人对自己已经做的和将要奉献的仍不满足，“只要上帝允许，在死后我爱你将只会更加深情”。这种至诚至爱的纯情并不是每一个人想有就可以拥有的，勃朗宁夫人的特殊经历正如她在给勃朗宁的信中所说的："我是乡间长大的，没有社交的机会；我的心完全沉浸在书本和诗歌中，我的经验局限在出神幻想的境界里。我的情怀无所寄托，总是沉沉地向地面倒垂，就像一株未经修剪的忍冬藤一样……"

这种与世隔绝造成的"浅陋无知"对勃朗宁夫人的诗艺来说，无疑是一个可怕的致命伤，但在另一个层次上，又使她具有充分的内心生活与丰富的自我分析和自我认识，以及对社会人生幻想式的揣测和对外界生活纯真的向往。这样，独特的个人生活小背景代替了她难以接触的社会大背景。在一个充满怀疑和痛苦的时代，生活却赐给她一个不必怀疑的，充满乐观情绪、理想色彩，富有活力又对她情深似海的情人罗伯特·勃朗宁。于是，勃朗宁夫人的爱情虽在近四十岁时才姗姗来迟，但被唤醒的姑娘却如十五岁的少女纯情如水，她那二十多年的卧床困病反过来只不过更衬托了爱情的惊喜和幸福，她这时候唱出的情歌将少女的贞洁与妇女的意趣联成一体，将单纯的歌词与丰富的旋律糅在一起，宛如来自仙界的神女的歌声，动人心魄。在现实生活里，像勃朗宁夫人这样奇特的经历是极其稀有的，而她将这奇迹中的亲身感受和体验，借助高雅的文学修养和聪灵的诗歌才华写成了纯情组诗，使其像世界宝库中的一颗稀世珍宝一样，令人注目和赞叹。

### 阅读思考

1. 诗中运用了哪些意象，其象征意义分别是什么？
2. 在中国的古典诗歌里，你能否找到相同主题的诗歌？请加以比较。

## 二、二十年后

欧·亨利

### 题解

欧·亨利（O. Henry，1862 年—1910 年），美国短篇小说家、美国现代短篇小说创始人，其主要作品有《麦琪的礼物》《警察与赞美诗》《最后一片叶子》和《二十年后》等。欧·亨利与契诃夫、莫泊桑并列世界三大短篇小说巨匠，曾被誉为"曼哈顿桂冠散文作家"和"美国现代短篇小说之父"，他的作品有"美国生活的百科全书"之誉。

《二十年后》这篇小说讲述的是两个美国青年——鲍勃和吉米·威尔斯，他们是一对非常要好的朋友，当鲍勃要到西部去创业时，他们相约 20 年后在纽约"大乔"布雷迪饭馆相会。然而当在西部闯荡了 20 年并且正受芝加哥方缉捕的鲍勃赶到纽约来赴约时，在纽约已当了巡警的吉米以出人意料的手段逮捕了鲍勃。该小说通过这两个青年 20 年后重逢之际发生的意外变化，反映了美国 19 世纪后半期到第一次世界大战前美国社会生活各方面的深刻变迁。

巡逻的警察昂首阔步地走在大街上。他的昂首阔步是出于习惯，不是故意做作，因为街上没有旁观者。现在是晚上，不到十点钟，但是一阵阵带着雨意的寒风吹得街上几乎阒无一人。

他把手中的警棍挥舞出各种复杂的花样，一面巡逻，一面试试沿街的大门是不是锁好，不时还警惕地朝平静的马路望上一眼。这个警察身材高大，走路稍稍有点摇摆，是治安守护人的极好写照。附近一带的居民早睡早起。偶尔可以看到一家雪茄烟铺或者一家通宵快餐店还有灯火；大多数商家早已打烊。

巡逻到街区一半时，警察突然放慢了脚步。有个男子靠在一家熄了灯的五金店门口，嘴上叼着一支没有点燃的雪茄。警察走近时，那人马上开口了。

“没事儿，警官，”他让人安心地说，“我在等一个朋友。二十年前定下的约会。你听了也许觉得有点好笑，可不是吗？如果你想搞清楚，我可以解释一下。二十来年前，这家店铺所在的地方是个餐馆——‘大乔’布雷迪的餐馆。”

“五年前还在，”警察说，“后来就推倒翻建了。”

门口的男人划了一根火柴，点燃雪茄。火光照亮了一张苍白的方下巴的脸，他的目光锐利，右眉旁边有一道白色的小伤疤。他的领带别针镶了一颗硕大的钻石，很刺眼。

“二十年前的今晚，”那人说，“我在这里的‘大乔’布雷迪餐馆和杰米·韦尔斯一起吃饭，杰米是我最好的朋友，世上最好的人。他和我像两兄弟似的一起在纽约长大。当时我十八岁，杰米二十。第二天，我准备去西部闯荡一番。你简直没法劝说杰米离开纽约；他认为世上惟有纽约最好。于是我们那晚约定，二十年后的同一天、同一时间再在老地方见面，不管我们那时的境况如何，不管要从多远的地方赶来。我们估计二十年后我们各自的命运都应该定了型，都应该有所作为。”

“听来很有意思，”警察说，“虽然我觉得约会的时间长了一些。你离开以后，有没有你朋友的音讯？”

“有一段时间，我们互通音讯，”那人说，“可是一两年后失去了联系。你知道西部是个大地方，我东跑西颠忙得很。但我敢肯定，杰米只要在世一定会来和我见面，他是世上最忠诚、最靠得住的老朋友。他不会忘记的。今晚我站在这个门口，如果我的老伙伴也来，那我千里迢迢跑一趟也不冤枉。”等候朋友的那人掏出一块表盖镶着小粒钻石的漂亮的怀表。

“十点差三分，”他宣布说，“当初我们在这家餐馆门口分手的时候是十点整。”

“你在西部混得不错吧。”警察问道。

“那还用说！杰米能做到我的一半就好了，他虽然是个好人，但太老实。我不得不同最精明的人竞争才攒到现有的这些钱财。人在纽约会养成惰性。到了西部非精明不可。”

警察挥动着棍子，走了一两步。

“我得走了。希望你的朋友能来赴约。到了点如果还不来，你是不是就不等了？”

“当然不会！”那人说，“我至少再等他半小时。杰米还活在世上的话，半小时内准能来。再见啦，警官。”

“晚安，先生。”警察说着继续往前巡逻，一路检查门锁。

这时下起了牛毛细雨，风也开始刮个不停。路上少数几个行人翻起外衣领子，双手插在口袋里，默默地、凄凉地快步走着。五金店门口那个赶了一千英里路来同年轻时期的朋友会面的人抽着雪茄，等待那个玄乎得有点荒谬的约会。

他等了二十分钟左右，对面来了一个穿长大衣、领子翻起遮到耳朵那儿的高大的人，匆匆穿过马路，笔直走向等候的人。

“是你吗，鲍勃？”来人没把握地发问。

“是你吗，杰米·韦尔斯？”门口的人嚷了起来。

“哎呀呀！”来人也喊出声，双手握住对方的手，“真是鲍勃，一点不错。我相信只要你还活着，一定能在这里见到你。好啊，好啊！——二十年可不短。老餐馆已经拆了，鲍勃；我希望它还在，我们又可以在这里吃顿饭。西部对你怎么样，老伙伴？”

“好极了；西部给了我所要的一切。杰米，你的变化真大。我没想到你居然会比以前高出两三英寸。”

“哦，我二十岁后又长高一点。”

“你在纽约混得不错吧，杰米？”

“马马虎虎。我在市政部门有份工作。来吧，鲍勃；我们去我熟悉的一个地方，好好叙叙旧。”

两个男人手挽手走去。西部来的人为自己的成功得意洋洋，开始介绍他的经历。另一个人把大衣捂得严严的，听得有滋有味。

街角有一家药铺，灯光明亮。两人到了明处，不约而同地看看对方的脸。

西部来的人突然站停，抽出手臂。

“你不是杰米·韦尔斯，”他厉声说，“二十年固然很长，但不至于让一个人笔直的鼻子变塌吧。”

“有时候二十年能让一个好人变成坏人，”高个子说，“你在十分钟前已经被捕了，‘纨绔’鲍勃。芝加哥警方估计你可能路过我们这儿，来电报说想同你聊聊。放聪明些，别乱动。这就对了。我们去警察局前，我这里有一张别人托我转交的便条。你可以在橱窗灯光下看看。是巡警韦尔斯给你的。”

西部来的人打开交给他的便条。刚看的时候，他的手很稳，看完后却发抖了。便条相当短。

*鲍勃：*

*我准时到了约定的地点。你划火柴点雪茄时，我发现你正是芝加哥通缉的人。我自己下不了手，便找了一个便衣代劳。*

*杰米*

（选自《欧·亨利短篇小说集》，上海三联书店出版，2010 年）

**评 析：**

《二十年后》虽然简短，情节也不是很复杂，但有很多人性的冲突反映在小说里。这些冲突有真与伪的冲突，有善与恶的冲突，有情感与理智的冲突。

在小说中，杰米·威尔斯与鲍勃体现出真与伪的冲突。鲍勃是为了赴二十年前之约而来，虽然没直接告诉杰米他的身份，但自始至终看到的是一个很“真”的鲍勃。相比之下，杰米则伪装了他的身份，将一种“假”呈现给鲍勃。从这个角度上看，反面人物鲍勃是“真”的代言，他身上展示着“真”的力量。

当杰米认识到自己的好友鲍勃就是被警方通缉的那个人时，这种理智与情感的冲突在他内心争斗着，是为正义抓捕，还是为友情放他一马。最后，杰米还是兼顾了他的职责与对鲍勃的友情，没有亲自逮捕他，而是让另外一个警察实施了逮捕。这种理智与灵感的冲突给读者留下了更深刻的思索。这篇短小精悍的小说留给读者的不仅是对欧·亨利创作才华的钦佩，更是对小说反映出的人性冲突的思考。无论是形式还是内容，《二十年后》都为读者带来深层的审美享受。

《二十年后》把警察与罪犯这一对最不可调和的矛盾摆到人与人之间最纯洁、最亲近的自然情感面前，把正面人物警察的心理活动推向两极，使之在情与理之间，产生最大限度的感情落差，使读者不仅在故事的高潮部分体会到警察深陷职业操守与私人情感的抉择深渊，同时那种翻江倒海的内心冲突与挣扎，也从人物跌宕多态的情感冲突中获得美的艺术享受。

在该故事的展开中，作者对故事主人公的描写最为精到的地方是，没有任何褒贬，只是客观、从容的陈述，留给读者思辨的空间。幽默的笔触、戏剧性的情节和出人意料的结局都带给读者一丝淡淡的感伤和温暖的感动。

**阅读思考**

1. 为什么说杰米·威尔斯不动声色地抓捕了二十年前的好友鲍勃，既在意料之外，又在情理之中？
2. 故事结尾便条上的内容体现了作者对故事叙述的创新，说说你对此的见解。

## 三、舞会之后

列夫·尼古拉耶维奇·托尔斯泰

**题解**

列夫·尼古拉耶维奇·托尔斯泰（Лев Николаевич Толстой，1828 年—1910 年），19 世纪中期俄国剧作家、诗人，代表作有《战争与和平》《安娜·卡列尼娜》《复活》等。

托尔斯泰是俄国一位伟大的批判现实主义作家，被列宁称为“俄国革命的镜子”。和鲁迅一样，他手上的那支笔就像一把锋利的剑，能洞穿一切。《舞会之后》是他的中短篇小说代表作之一。这篇小说以主人公伊凡在舞会上的恋爱故事为线索，通过对舞会上和舞会后两个截然不同的场面描写，深刻抨击了沙皇专制制度的虚伪、野蛮和黑暗，愤怒控诉了沙俄军官对士兵的残忍和暴虐。

“你们说，一个人本身不可能了解什么是好，什么是坏，问题全在环境，是环境坑害人。我却认为问题全在偶然事件。就拿我自己来说吧……”

我们谈到，为了使个人变得完善，首先必须改变人们的生活条件，接着，人人尊敬的伊凡·瓦西里耶维奇就这样说起来了。其实，谁也没有说过人自身不可能了解什么是好，什么是坏，只是伊凡·瓦西里耶维奇有个习惯，总爱解释他自己在谈话中产生的想法，然后为了证实这些想法，讲起他生活里的插曲来。他时常把促使他讲述的原因忘得一干二净，只管全神贯注地讲下去，而且讲得很诚恳、很真实。

现在他也是这样做的。

“拿我自己来说吧。我的整个生活成为这样而不是那样，并不是由于环境，完全是由于别的原因。”

“到底由于什么呢？”我们问道。

“这可说来话长了。要讲老半天，你们才会明白。”

“您就讲一讲吧。”

伊凡 · 瓦西里耶维奇沉思了一下，又摇摇头。

“是啊，”他说，“我的整个生活在一个夜晚，或者不如说，在一个早晨，就起了变化。”

“到底是怎么回事啊？”

“是这么回事：当时我正在热烈地恋爱。我恋爱过多次，可是这一次我爱得最热烈。事情早过去了，她的女儿们都已经出嫁了。她叫 Б，是的，瓦莲卡 · Б”伊凡 · 瓦西里耶维奇说出她的姓氏，“她到了五十岁还是一位出色的美人。在年轻的时候，十八岁的时候，她简直能叫人入迷：修长、苗条、优雅、庄严——正是庄严。她总是把身子挺得笔直，仿佛她非这样不可似的，同时又微微仰起她的头，这配上她的美丽的容貌和修长的身材——虽然她并不丰满，甚至可以说是清瘦，——就使她显出一种威仪万千的气概，要不是她的嘴边、她的迷人的明亮的眼睛里以及她那可爱的年轻的全身有那么一抹亲切的、永远愉快的微笑，人家便不敢接近她了。”

“伊凡 · 瓦西里耶维奇多么会渲染！”

“但是无论怎么渲染，也没法渲染得使你们能够明白她是怎样一个女人。不过问题不在这里。我要讲的事情出在四十年代。那时候我是一所外省大学的学生。我不知道这是好事还是坏事，那时我们大学里没有任何小组[1]，也不谈任何理论，我们只是年轻，照青年时代特有的方式过生活，除了学习，就是玩乐，我是一个很愉快活泼的小伙子，而且家境又富裕。我有一匹剽悍的溜蹄马，我常常陪小姐们上山去滑雪（溜冰还没有流行），跟同学们饮酒作乐（当时我们只喝香槟，没有钱就什么也不喝，可不像现在这样改喝伏特加）。但是我的主要乐趣是参加晚会和舞会。我跳舞跳得很好，人也不算丑陋。”

“得啦，不必太谦虚，”一位交谈的女伴插嘴道，“我们不是见过您一张旧式的银板照片吗？你不但不算丑陋，还是一个美男子哩。”

“美男子就美男子吧，反正问题不在这里。问题是，正当我狂热地爱恋她的期间，我在谢肉节的最后一天参加了本省贵族长家的舞会，他是一位忠厚长者，豪富好客的侍从官。他的太太接待了我，她也像他一样忠厚，穿着一件深咖啡色的丝绒长衫，戴着一条钻石头饰，她袒露着衰老可是丰腴白皙的肩膀和胸脯，好像伊丽莎白 · 彼得罗夫娜[2]的画像上面的那样。这次舞会好极了：设有乐队楼厢的富丽的舞厅，属于爱好音乐的地主之家的、当时有名的农奴乐师，丰美的菜肴，喝不尽的香槟。我虽然也喜欢香槟，但并没有喝，因为不用喝酒我就醉了，陶醉在爱情中了，不过我跳舞却跳得精疲力竭——又跳卡德里尔舞，又跳华尔兹舞，又跳波尔卡舞，自然是尽可能跟瓦莲卡跳。她身穿白衣，束着粉红腰带，一双白羊皮手套差点儿齐到她的纤瘦的、尖尖的肘部，脚上是白净的缎鞋。玛祖卡舞开始的时候，有人抢掉了我的机会：她刚一进门，讨厌透顶的工程师阿尼西莫夫——我直到现在还不能原谅他——就邀请了她，我因为上理发店去买手套，来晚了一步。所以我跳玛祖卡舞的女伴不是瓦莲卡，而是一位德国小姐，从前我也曾稍稍向她献过殷勤。可是这天晚上我对她恐怕很不礼貌，既没有跟她说话，也没有望她一眼，我只看见那个穿白衣服、束粉红腰带的修长苗条的身影，只看见她的红润、有酒窝的面孔和亲切可爱的眼睛。不光是我，大家都望着她，欣赏她，男人欣赏她，女人也欣赏她，显然她盖过了她们所有的人。不能不欣赏她啊。”

“照规矩可以说，我并不是她跳玛祖卡舞的舞伴，而实际上，我几乎一直都在跟她跳。她大大方方地穿过整个舞厅，径直向我走来，我不待邀请，就连忙站了起来，她微微一笑，酬答我的机灵。当我们被领到她的跟前而她没有猜出我的代号[3]时，她只好把手伸给别人，耸耸她的纤瘦的肩膀，向我微笑，表示惋惜和安慰。当大家在玛祖卡舞中变出花样，插进华尔兹的时候，我跟她跳了很久的华尔兹，她尽管不断地喘息，还是微笑着对我说：‘再来一次。’于是我再一次又一次地跳着华尔兹，甚至感觉不到自己还有一个沉甸甸的肉体。”

“咦，怎么会感觉不到呢？我想，您搂着她的腰部的时候，不但能够清楚地感觉到自己的肉体，还能感觉到她的哩。”一个男客人说。

伊凡·瓦西里耶维奇突然涨红了脸，几乎是气冲冲地叫喊道：

“是的，你们现代的青年就是这样。你们眼里只有肉体。在我们那个时代可不同。我爱得越强烈，就越是不注意她的肉体。你们现在只看到腿子、脚踝和别的什么，你们恨不得把所爱的女人脱个精光，而在我看来，正像阿尔封斯·卡尔[4]——他是一位好作家——说的：我的恋爱对象永远穿着一身铜打的衣服。我们不是把人脱个精光，而是要设法遮盖他的赤裸的身体，像挪亚的好儿子一样。得了吧，反正你们不会了解……”

“不要听他的。后来呢？”我们中间的一个问道。

“好吧。我就这样一直跟她跳，简直没有注意时光是怎么过去的。乐师们早已累得要命——你们知道，舞会快结束时总是这样，翻来覆去地演奏玛祖卡舞曲，老先生和老太太们已经从客厅里的牌桌旁边站起来，等待吃晚饭，仆人拿着东西，更频繁地来回奔走着。这时是两点多钟，必须利用最后几分钟，我再一次选定了她，我们已经沿着舞厅跳到一百次了。”

“‘晚饭以后还跟我跳卡德里尔舞吗？’我领着她入席的时候问她。”

“‘当然，只要家里人不把我带走。’她微笑着说。”

“‘我不让带走。’我说。”

“‘扇子可要还给我。’她说。”

“‘舍不得还。’我说，同时递给她那把不大值钱的白扇子。”

“‘那就送您这个吧，您不必舍不得了。’说着，她从扇子上撕下一小片羽毛给我。”

“我接过羽毛，只能用眼神表示我的全部喜悦和感激。我不但愉快和满意，甚至感到幸福、陶然，我善良，我不是原来的我，而是一个不知有恶、只能行善的超凡脱俗的人了。我把那片羽毛藏进手套中，呆呆地站在那里，再也离不开她。”

“‘您看，他们在请爸爸跳舞。’她一面对我说道，一面指着她的身材魁梧端正、戴着银色肩章的上校父亲，他正跟女主人和其他的太太们站在门口。”

“‘瓦莲卡，过来。’我们听见戴着钻石头饰、生有伊丽莎白式肩膀的女主人的响亮的声音。”

“瓦莲卡往门口走去，我跟在她后边。”

“‘我亲爱的，劝您父亲跟您跳一跳吧。喂，彼得 · 符拉季斯拉维奇，请。’女主人对上校说。”

“瓦莲卡的父亲是一个很漂亮的老人，长得端正、魁梧，神采奕奕。他的脸色红润，留着两撇雪白的尼古拉一世式的蜷曲的唇髭和同样雪白的、跟唇髭连成一片的络腮胡子，两鬓的头发向前梳着，他那明亮的眼睛里和嘴唇上，也像他女儿一样，露出亲切快乐的微笑。他生成一副堂堂的仪表，宽阔的胸脯照军人的派头高挺着，胸前挂了几枚勋章，此外他还有一副健壮的肩膀和两条匀称的长腿。他是一位具有尼古拉一世风采的宿将型的军事长官。”

“我们走近门口的时候，上校推辞说，他对于跳舞早已荒疏，不过他还是笑眯眯地把手伸到左边，从刀剑带上取下佩剑，交给一个殷勤的青年，右手戴上麂皮手套，‘一切都要合乎规矩。’他含笑说，然后抓住女儿的一只手，微微转过身来，等待着拍子。”

“等到玛祖卡舞曲开始的时候，他灵敏地踏着一只脚，伸出另一只脚，于是他的魁梧肥硕的身体就一会儿文静从容地，一会儿带着靴底踏地声和两脚相碰声，啪哒啪哒地、猛烈地沿着舞厅转动起来了。瓦莲卡的优美的身子在他的左右翩然飘舞，她及时地缩短或者放长她那穿着白缎鞋的小脚的步子，灵巧得叫人难以察觉。全厅都在注视这对舞伴的每个动作。我却不仅欣赏他们，而且受了深深的感动。格外使我感动的是他那被裤脚带[5]箍得紧紧的靴子，那是一双上好的小牛皮靴，但不是时兴的尖头靴，而是老式的、没有后跟的方头靴。这双靴子分明是部队里的靴匠做的。‘为了把他的爱女带进社交界而给她穿戴打扮，他不买时兴的靴子，只穿自制的靴子。’我想。所以这双方头靴格外使我感动。他显然有过舞艺精湛的时候，可是现在发胖了，要跳出他竭力想跳的那一种优美快速的步法，腿部的弹力已经不够。不过他仍然巧妙地跳了两圈。他迅速地叉开两腿，重又合拢来，虽说不太灵活，他还能跪下一条腿，她微笑着理了理被他挂住的裙子，从容地绕着他跳了一遍，这时候，所有的人都热烈鼓掌了。他有点吃力地站立起来，温柔、亲热地抱住女儿的后脑，吻吻她的额头，随后把她领到我的身边，他以为我要跟她跳舞。我说，我不是她的舞伴。”

“‘呃，反正一样，您现在跟她跳吧。’他说，一面亲切地微笑着，把佩剑插进刀剑带里。”

“瓶子里的水只要倒出一滴，其余的便常常会大股大股地跟着倾泻出来，同样，我心中对瓦莲卡的爱，也激发了蕴藏在我内心的全部爱的力量。那时我真是用我的爱拥抱了全世界。我爱那戴着头饰、生有伊丽莎白式的胸部的女主人，也爱她的丈夫、她的客人、她的仆役，甚至也爱那个对我板着脸的工程师阿尼西莫夫。至于对她的父亲，连同他的自制皮靴和像她一样的亲切的微笑，当时我更是体验到一种深厚的温柔的感情。”

“玛祖卡舞结束之后，主人夫妇请客人去用晚饭，但是上校谢绝了邀请，他说他明天必须早起，就向主人告辞了。我唯恐连她也给带走，幸好她跟她母亲留下了。”

“晚饭以后，我跟她跳了她事先应许的卡德里尔舞，虽然我似乎已经无限地幸福，而我的幸福还是有增无减。我们完全没有谈起爱情。我甚至没有问问她，也没有问问我自己，她是否爱我。只要我爱她，在我就足够了。我只担心一点——担心有什么东西破坏我的幸福。”

“等我回到家中，脱下衣服，想要睡觉的时候，我才看出那是绝不可能的事。我手里有一片从她的扇子上撕下的羽毛和她的一只手套，这只手套是她离开之前，我先后扶着她母亲和她上车时，她送给我的。我望着这两件东西，不用闭上眼睛，就能清清楚楚地回想起她来，或者是当她为了从两个男舞伴中挑选一个而猜测我的代号，用可爱的声音说出‘骄傲？是吗？’并且快活地伸手给我的时候，或者是当她在晚餐席上一点一点地呷着香槟，皱起眉头，用亲热的眼光望着我的时候；不过我多半是回想她怎样跟她父亲跳舞，她怎样在他身边从容地转动，露出为自己和为他感到骄傲与喜悦的神情，瞧着啧啧赞赏的观众。我不禁对他和她同样生出柔和温婉的感情来了。”

“当时我和我已故的兄弟单独住在一起。我的兄弟向来不喜欢上流社会，不参加舞会，这时候又在准备学士考试，过着极有规律的生活。他已经睡了。我看了看他那埋在枕头里面、叫法兰绒被子遮住一半的脑袋，不觉对他动了怜爱的心，我怜悯他，因为他不知道也不能分享我所体验到的幸福。服侍我们的农奴彼得鲁沙拿着蜡烛来迎接我，他想帮我脱下外衣，可是我遣开了他。我觉得他的睡眼惺忪的面貌和蓬乱的头发使人非常感动。我极力不发出声响，踮起脚尖走进自己房里，在床上坐下。不行，我太幸福了，我没法睡。而且我在炉火熊熊的房间里感到太热，我就不脱制服，轻轻地走入前厅，穿上大衣，打开通向外面的门，走到街上去了。”

“我离开舞会是四点多钟，等我到家，在家里坐了一坐，又过了两个来钟头，所以，我出门的时候，天已经亮了。那正是谢肉节的天气，有雾，饱含水分的积雪在路上融化，所有的屋檐都在滴水。当时 Б 家住在城市的尽头，靠近一片广大的田野，田野的一头是人们游息的场所，另一头是女子中学。我走过我们的冷僻的胡同，来到大街上，这才开始碰见行人和运送柴火的雪橇，雪橇的滑木触到了路面。马匹在光滑的木轭下有节奏地摆动着湿漉漉的脑袋，车夫们身披蓑衣，穿着肥大的皮靴，跟在货车旁边噗嚓噗嚓地行走，沿街的房屋在雾中显得分外高大——这一切都使我觉得特别可爱和有意思。”

我走到 Б 宅附近的田野，看见靠游息场所的一头有一团巨大的、黑糊糊的东西，而且听到从那里传来笛声和鼓声。我的心情一直很畅快，玛祖卡舞曲还不时在我耳边萦绕。而这一次却是另一种音乐，一种生硬的、不悦耳的音乐。”

“‘这是怎么回事？’我想，于是沿着田野当中一条由车马辗踏出来的溜滑的道路，朝着发出声音的方向走去。走了一百来步，我才从雾霭中看出那里有许多黑色的人影。这显然是一群士兵。‘大概在上操。’我想，就跟一个身穿油迹斑斑的短皮袄和围裙、手上拿着东西，走在我前头的铁匠一起，更往前走近些。士兵们穿着黑军服，面对面地分两行持枪立定，一动也不动。鼓手和吹笛子的站在他们背后，不停地重复那支令人不快的、刺耳的老调子。”

“‘他们这是干什么？’我问那个站在我身边的铁匠。”

“‘对一个鞑靼逃兵用夹鞭刑。’铁匠望着远处的行列尽头，愤愤地说。”

“我也朝那边望去，看见两个行列中间有个可怕的东西正在向我逼近。向我逼近的是一个光着上身的人，他的双手被捆在枪杆上面，两名军士用这枪牵着他。他的身旁有个穿大衣、戴制帽的魁梧的军官，我仿佛觉得很面熟。罪犯浑身痉挛着，两只脚噗嚓噗嚓地踏着融化中的积雪，向我走来，棍子从两边往他身上纷纷打下，他一会儿朝后倒，于是两名用枪牵着他的军士便把他往前一拉，一会儿他又向前栽，于是军士便把他往后一推，不让他栽倒。那魁梧的军官迈着坚定的步子，大摇大摆地，始终跟他并行着。这就是她的脸色红润、留着雪白的唇髭和络腮胡子的父亲。”

“罪犯每挨一棍子，总是像吃了一惊似的，把他的痛苦得皱了起来的脸转向棍子落下的一边，露出一口雪白的牙齿，重复着两句同样的话。直到他离我很近的时候，我才听清这两句话。他不是说话，而是呜咽道：‘好兄弟，发发慈悲吧。好兄弟，发发慈悲吧。’但是他的好兄弟不发慈悲，当这一行人走到我的紧跟前时，我看见站在我对面的一名士兵坚决地向前跨出一步，呼呼地挥动着棍子，使劲朝鞑靼人背上噼啪一声打下去。鞑靼人往前扑去，可是军士挡住了他，接着，同样的一棍子又从另一边落在他的身上，又是这边一下，那边一下。上校在旁边走着，一会儿瞧瞧自己脚下，一会儿瞧瞧罪犯，他吸进一口气，鼓起腮帮，然后撅着嘴唇，慢慢地吐出来。这一行人经过我站立的地方的时候，我向夹在两个行列中间的罪犯的背部瞥了一眼。这是一个斑斑驳驳的、湿淋淋的、紫红的、奇形怪状的东西，我简直不相信这是人的躯体。”

“‘天啊。’铁匠在我身边说道。”

“这一行人慢慢走远了，棍子仍然从两边落在那踉踉跄跄、浑身抽搐的人背上，鼓声和笛声仍然鸣响着，身材魁梧端正的上校也仍然迈着坚定的步子，在罪犯身边走动。突然间，上校停了一停，随后快步走到一名士兵跟前。”

“‘我要让你知道厉害，’我听见他的气呼呼的声音，‘你还敢敷衍吗？还敢吗？’”

“我看见他举起戴麂皮手套的有力的手，给了那惊慌失措、没有多大气力的矮个子士兵一记耳光，只因为这个士兵没有使足劲儿往鞑靼人的紫红的背部打下棍子。”

“‘来几条新的军棍！’他一面吼叫，一面环顾左右，终于看见了我。他假装不认识我，可怕地、恶狠狠地皱起眉头，连忙转过脸去。我觉得那样羞耻，不知道往哪里看才好，仿佛我有一桩最可耻的行为被人揭发了似的，我埋下眼睛，匆匆回家去了。一路上我的耳边时而响起鼓声和笛声，时而传来‘好兄弟，发发慈悲吧’这两句话，时而又听见上校的充满自信的、气呼呼的吼叫声：‘你还敢敷衍吗？还敢吗？’同时我感到一种近似恶心的、几乎是生理上的痛苦，我好几次停下脚步，我觉得我马上要把这幅景象在我内心引起的恐怖统统呕出来了。我不记得我是怎样到家和躺下的。可是我刚刚入睡，就又听见和看到那一切，我索性一骨碌爬起来了。”

“‘他显然知道一件我所不知道的事情，’我想起上校，‘如果我知道他所知道的那件事，我也就会了解我看到的一切，不致苦恼了。’可是无论我怎样反复思索，还是无法了解上校所知道的那件事，我直到傍晚才睡着，而且是上一位朋友家里去，跟他一起喝得烂醉以后才睡着的。”

“嗯，你们以为我当时就断定了我看到的是一件坏事吗？决不。‘既然这是带着那样大的信心干下的，并且人人都承认它是必要的，那么可见他们一定知道一件我所不知道的事情。’我想，于是努力去探究这一点。但是无论我多么努力，始终探究不出来。探究不出，我就不能像原先希望的那样去服军役，我不但没有担任军职，也没有在任何地方供职，所以正像你们看到的，我成了一个废物。”

“得啦，我们知道您成了什么‘废物’，”我们中间的一个说，“您还不如说：要是没有您，有多少人会变成废物。”

“得了吧，这完全是扯淡。”伊凡·瓦西里耶维奇真正懊恼地说。

“好，那么，爱情呢？”我们问。

“爱情吗？爱情从这一天起衰退了。当她像平常那样面带笑容在沉思的时候，我立刻想起广场上的上校，总觉得有点别扭和不快，于是我跟她见面的次数渐渐减少了。结果爱情也消失了。世界上就常有这样的事情，使得人的整个生活发生变化，走上新的方向。你们却说……”他结束道。

（选自《托尔斯泰中短篇小说选》，译林出版社，石国雄译，2004 年）

---

❶ 小组：指 19 世纪 30 年代在莫斯科的部分大学生中成立的探讨哲学和文学问题、传播先进思想的各种小组。

❷ 伊丽莎白·彼得罗夫娜：1741年—1760年在位的俄国女皇。

❸ 代号：当时舞会的一条规则，男舞伴必须给自己选定一个代号，跳舞之前，两个男舞伴由第三者领到女舞伴面前，请女舞伴猜测代号，被猜中者就可以跟她跳舞。

❹ 阿尔封斯·卡尔：1808年—1890年，法国作家。

❺ 裤脚带：指缝在裤脚口上的带子，捆在鞋跟和鞋掌之间的地方，以免人坐下时裤脚往上吊，露出袜子来。

**评 析：**

《舞会以后》这篇小说语言上的特点是朴实自然，让事实说话。托尔斯泰不仅采用了批判现实主义作家经常用的一种方法，即通过主人公的叙述来展开故事，还采用了一种手法，即对比，这种写作手法贯穿整篇作品，成为本部作品的主要艺术特点。譬如，托尔斯泰在描写舞会时，写到了男女主人公的爱情，他们跳舞时那种陶醉的感觉，那种酒不醉人人自醉的情形，当时，男主人公觉得人生是那么美好，生活中充满了善良，不可能有恶的存在了。对于这些，托尔斯泰给予了极尽的渲染。然而，到了第二天早上，男主人公在广场上看见了在昨晚舞会上是那样善良、那样高贵、那样魁梧且令人敬仰的他的女朋友的父亲（上校），却在干着残酷鞭打士兵的罪恶勾当。这样，舞会上的那种充满了爱的缠绵之情，与第二天早上那种丑恶的、残忍的、人压迫人的情形，在主人公的心里形成了强烈的对比，也在读者心里形成了强烈的对比。小说中还有许多细节上的对比，例如，贵妇人白净丰满的肩膀、胸脯和被鞭打的士兵的血迹斑斑、奇形怪状的简直不能使人相信是人的身体的背脊，形成了对比；舞会上乐师的悠扬、高雅、动听的音乐和广场上那生硬的、令人不愉快的、刺耳的军鼓声，形成了对比；舞会上男女宾客的那种雍容仪态和那身穿破烂衣服、手拿工具的铁匠对人压迫人的制度的愤恨表情，也形成了对比。

列夫·托尔斯泰作为批判现实主义作家，他的作品是广阔且深刻的，他在反映人性和社会矛盾方面力求真实。对于笔下人物，他既不会回避他们的缺点，也不会夸大他们的优点，而是尽量如实地描绘他们内心的复杂性、多面性和丰富性。因此，我们可以看到闪烁着人性光芒的伊凡·瓦西里耶维奇身上的复杂面，他无法接受现实社会的残酷，于是就选择了不融入，表现出消极和不合作，用逃避来安慰自己。对于伊凡·瓦西里耶维奇，列夫·托尔斯泰展现了自己的悲悯情怀。他认识到伊凡·瓦西里耶维奇与那些伪善的上流阶级的本质不同，同时也意识到伊凡·瓦西里耶维奇缺乏反抗这一切的勇气。因而，伊凡·瓦西里耶维奇注定与本质不同的人分道扬镳，只能在自己狭小的圈子里高谈阔论。

## 阅读思考

1. 小说用第一人称叙述故事有什么作用？请结合作品做简要分析。

2. 托尔斯泰擅长敏锐捕捉、精细呈现人物复杂多变的心理，请简析主人公伊凡·瓦西里耶维奇在舞会前后的心理变化过程及其原因。

# 四、羊脂球（节选）

居伊·德·莫泊桑

## 题解

居伊·德·莫泊桑（Guy de Maupassant，1850 年—1893 年），19 世纪后半期法国优秀的批判现实主义作家，被誉为现代文学中的“世界短篇小说之王”，与俄国契诃夫和美国欧·亨利并称为“世界三大短篇小说巨匠”。他一生创作了 6 部长篇小说、359 篇中短篇小说及 3 部游记，是法国文学史上短篇小说创作数量最大、成就最高的作家。代表作品有《项链》《漂亮朋友》《羊脂球》《我的叔叔于勒》等。

《羊脂球》以 1870 年—1871 年普法战争为背景，通过讲述代表当时法国社会各阶层的十个人同乘一辆马车逃往一个港口的故事，形象地反映出资产阶级在这场战争中所表现出的卑鄙自私和出卖人民的丑恶嘴脸。

在车厢里，大家借着黯淡的光线互相好奇地打量着。

车厢最里边顶舒服的位置上，两个人面对面坐着打瞌睡，那是大桥街葡萄酒批发商卢瓦佐先生和他的太太。卢瓦佐从前原来是一家商店的伙计，东家生意破产以后，他盘下店产，后来发了财。他专门把质量非常差的葡萄酒以非常低的价格卖给乡下的零售商，因此在他的熟人和朋友中间，他被看作是一个狡猾的骗子手，一个表面乐呵呵，满肚子阴谋诡计的典型的诺曼底人。

他的骗子的名声已是尽人皆知，以致有一天在省政府的晚会上，图尔内尔先生——当地的一位名人，以思想敏锐、文笔细腻著称的寓言和歌谣作家——看到在场的太太们要打瞌睡了，就提议做一次“鸟儿飞”[1]的游戏。这一来“鸟儿飞”这一双关妙语顿时传遍全城，从省长的客厅飞到全城的沙龙，使得全省的人都咧开大嘴笑了整整一个月。

卢瓦佐所以出名还由于他喜欢恶作剧，专门和人开各种善意的或恶意的玩笑；因此只要提到他，不管是谁都会立刻加上一句：“这只鸟真是个活宝！”

他身材短小，却挺着一个球一样圆鼓鼓的大肚子，球上面是一张夹在两边花白颊髯中间的红彤彤的脸。他的妻子却是个高大、健壮、果断的人，说起话来嗓门很大，办起事来干脆利落，从不拖泥带水，是店里的主心骨和活算盘。他就利用她的这种兴致勃勃的整天不停的活动，使店内充满生机。

坐在他们旁边的是格外神气十足，属于更高一个等级的卡雷·拉马东先生。这是个了不起的人物，拥有三家纺织厂，在棉纺界举足轻重；他得过法国四级荣誉勋章，又是省议会议员。在整个帝国时期[2]，他一直是温和的反对派的领袖，唯一的目的，用他自己的话来说，是用“钝头武器”攻击对方，然后再附和对方，以便得到更多的报偿。卡雷·拉马东太太比她的丈夫要年轻得多，一直是鲁昂驻军当中出身名门的军官们赖以安慰的女人。

她坐在她的丈夫对面，蜷缩在她的皮大衣里，看上去娇小可爱，美貌动人；她看着这寒碜简陋的车厢，好像很痛心。

他们俩的身旁坐着于贝尔·德·布雷维尔伯爵和伯爵夫人，他们的姓氏是诺曼底省最古老、最高尚的姓氏之一。伯爵是个气度不凡的老绅士，他通过巧妙的打扮，尽力突出他和亨利四世[3]国王天生相似之处。根据他们家族中的一个光荣的传说，亨利四世曾使布雷维尔家的一个女子珠胎暗结，她的丈夫因此被封为伯爵，并当上了省长。

于贝尔伯爵和卡雷·拉马东同是省议会的议员，他是全省奥尔良派[4]的代表。他怎么会娶了南特市一个小船主的女儿，这段历史一直是个谜。不过由于伯爵夫人雍容大方，待人接物彬彬有礼，人们甚至说她曾被路易·菲力浦[5]的一位王子爱上过，整个贵族阶级对她都很热情。她家的客厅始终是当地首屈一指的，也是唯一保持古老的高雅情调的地方，要跻身进去是很不容易的。

布雷维尔家的财产全是不动产，据说每年收入高达五十万法郎。

这六个人成为这辆车子的基本旅客。他们都属于社会上有固定收入、无忧无虑、有权有势的一类人，全是信仰宗教、崇奉道德、享有威望的正人君子。

由于偶然的机缘，这三个女人同坐到一条长凳上来了。伯爵夫人的身旁坐着两个修女，她们一面数着长长的念珠，一面念念有词地嘟哝着《圣父经》和《圣母经》；其中一个年老的满脸都是坑坑洼洼的麻点，仿佛迎面受过一阵霰弹扫射似的；另一个非常瘦弱，相貌俊俏，却有着一个肺痨病人的干瘪胸脯，看得出这一病态胸脯正被那种使人殉道、教人发狂、如饥似渴的信仰蚕食着。

两个修女的对面，一男一女吸引着所有人的目光。

男的非常有名，就是被称作民主党人的科尔尼代，也是那些有身份人眼中的危险人物。二十年来，他的那把红棕色的大胡子一直浸在所有有民主倾向的咖啡馆中的大杯啤酒里。他和他的兄弟以及朋友们吃光了他的父亲——从前的糖果商——留给他的一份可观的财产，眼巴巴地等待着共和国的诞生，希望最终获得与他消耗了这么多革命饮料相称的地位。九月四日[6]那一天，大概是有人跟他恶作剧，他以为自己已被任命为省长了，但就在他去上任时，当时成为办公室里唯一主人的那些侍役都拒绝服从他，逼得他不得不退了出来。不过他倒确实是个热心人，与人无争而且乐于助人；他曾经以无比热情忙于筹划鲁昂的防御事宜，叫人在原野上挖了许多洞，把附近森林里的小树全部砍倒，在所有道路上设下陷阱；等到敌人逼近时，他认为已经有备无患，就心安理得地很快撤退到城里来。现在他想他到勒阿弗尔去会更有用武之地，因为那里马上就必须构筑新的防御工事了。

女的是一个被人称作妓女的人；由于过早的成熟和过分的丰腴出了名，并得了一个恰如其分的诨名，叫作“羊脂球”。她身材娇小，全身圆滚滚的，胖得要流油；连手指都是胀鼓鼓的，只是在节骨处收缩一点，好像一串串短而肥的香肠；她的皮肤紧绷绷的，富有光泽；丰满得异乎寻常的胸脯在衣服里高高耸起。尽管如此，她依旧很诱人，到处受人追逐，因为她那鲜嫩的色泽实在叫人动心；她的脸庞简直是一只鲜艳的红苹果，又像一朵含苞待放的芍药；脸的上方闪烁着两只漂亮的黑眼睛，眼睛四周遮着一圈又深又密的睫毛，睫毛的倒影映在眼里；脸的下方是一张迷人的小嘴唇，嘴唇丰润，仿佛天生是用来接吻的，一口细碎的牙齿在小嘴里闪闪发光。

据说她还有许多无法评价的极其珍贵的优点。

她一被认出来，马上引起那几个正派女人的窃窃私语，什么“婊子”啊，“公众的耻辱”啊，叽叽喳喳的声音高得使她抬起了头。这时她以大胆而极富挑衅的目光扫视了她的这些邻座，于是车厢内马上肃静下来，大家都垂下眼帘，只有卢瓦佐例外，他还是带着轻佻的神色窥视着她。

但很快交谈又在这三位太太之间重新开始了，眼前这个妓女的存在突然使她们成了朋友，而且几乎是亲密无间的朋友了。好像她们觉得，在这个不知羞耻的卖淫妇面前，她们必须团结一致，把她们做妻子的尊严显示出来才行，因为合法的爱情总是高于放纵的私情的。

那三个男人也是这样，一见到科尔尼代，出于保守派的本能，互相更加接近起来；他们用一种蔑视穷人的口吻谈论着各自的钱财。于贝尔伯爵谈到由于普鲁士人到来，牲畜被抢和庄稼无收将使他蒙受的损失；说话的口气好像一个万贯家财的大领主那样满不在乎，仿佛所有这些灾难至多使他一年内稍微为难一点而已。卡雷·拉马东先生在棉纺业中已备受磨难，所以预先做了准备，汇了六十万法郎到英国去，这笔钱是止渴的梨，可以用作不时之需。至于卢瓦佐，他也早已有了安排，把他存在地窖中的普通葡萄酒全部卖给了法国军需部门，因此政府欠了他一笔巨款，他一心想到勒阿弗尔去把这笔钱领到手。

这三个人谈得异常亲热，频频交换着友好的目光。尽管他们的状况各不相同，可是谈起钱来却情投意合，使他们感觉亲如兄弟；因为他们都是富豪行会中的一员，只要手一插进裤袋，就会弄得金币叮当作响。

驿车走得这么慢，到了上午十点钟还未走上四法里。每逢上坡乘客都得徒步，男人们已经下了三次车。本该在托特吃午饭的，现在看来天黑以前根本没有希望到达那里；大家开始不安起来，每个人都留神想在大路上发现一家小酒店，偏偏这时马车又陷进雪坑里，花了两个小时才好不容易把它拖出来。

大家饥肠辘辘，饿得心中发慌，但沿途看不到一家小饭店或小酒店，普鲁士人的迫近和饥饿的法国军队不断路过，把所有的生意人都吓跑了。

几位先生跑到路边的农庄里去找吃的，但他们连一块面包也没有找到。心怀疑惧的农民担心被士兵们抢劫，把储存的食品都藏了起来，因为那些大兵什么吃的也没有，见到什么就抢什么。

到了下午一点钟光景，卢瓦佐宣称他感到他的胃肯定已经饿瘪了；大家早已和他一样难受；想吃东西的欲望越来越强烈，谈话的兴致也没有了。

不时地有人打呵欠，一个人打了之后另一个几乎马上就跟着打；于是每个人都轮着打起来。由于各人的性格、教养和身份地位不同，有的张大嘴巴打得响声如雷，有的声音很轻，而且嘴一张开马上就用手挡住这冒出热气的偌大的洞口。羊脂球好几次弯下身子，好像在她的裙子底下寻找什么东西。她每次都犹豫了一下，看看身边的人，随后又若无其事地直起腰来。大家都脸色苍白，皱着眉头。卢瓦佐称他愿出一千法郎买一只肘子；他的妻子做了一个手势好像表示反对，随后又安静下来。每当她听到要破费钱财时，心里总不好受，只要涉及花钱的事，连开玩笑都当成真的。伯爵说："我确实也感到不太舒服，我怎么没有想到带点吃的东西呢？"每个人都在这样责怪自己。

科尔尼代倒是带着满满一水壶酒；他拿出来给大家，大家却冷冷地谢绝了。只有卢瓦佐接受了，他拿过来喝了几小口，在归还酒壶时道谢说："这还是很不错的，可以暖暖身子，也可以骗骗肚子。"酒一下肚，他的兴致又高起来，他提议仿照歌谣里那条小船上的做法，将最胖的一个旅客分而食之。这句影射羊脂球的话使得那些有教养的人听起来很刺耳，没有人答理他，只有科尔尼代微微一笑。两个修女已经停止念经，双手抄在肥大的袖笼里，一动不动地坐着，两眼死死地望着地面，肯定是正在把领受上天赐予的痛苦作为自己的奉献。

下午三点钟，马车来到一片无边无际的平原中央，一眼望去一个村子也没有。羊脂球突然弯下身子，从长凳下面拖出一只上面盖着白色餐巾的大提篮来。

她先从提篮里拿出一只小瓷盆和一只精致的小银杯，接着又拿出一只小钵子，钵子里头是已经切成小块的两只小鸡；鸡已用酱渍过，酱汁已经结冻。大家看到篮子里还有另外许多包扎起来的好吃的东西，如馅饼啊，水果啊，甜食啊，都是为三天旅程准备的食物，这样整个旅程就用不着碰旅店厨房的任何东西了。这些食品小包中间还露出四只酒瓶的瓶颈。她拈起一个鸡翅膀，就着一个在诺曼底被称作"摄政时期"的小面包，慢慢地吃了起来。

所有的目光都向她射去。随着香气四溢，大家的鼻孔都张大了。嘴里涌出大量的口水，耳朵下面的颌骨紧张得发痛。几位太太对这个妓女的憎恨简直到了极点，恨不得杀了她，或者把她连同她的酒杯、提篮以及那些吃的东西统统扔到车下雪地里去。

然而卢瓦佐的双眼却死死地盯住那只盛鸡的钵子。他说："妙极了，这位太太比我们有远见。有些人总是处处想得很周到。"羊脂球抬起头来朝他说："您要不要来一点儿，先生？从早上到现在一点儿东西没有吃可真够受的。"他躬了躬身，说道："真的，说老实话，我还难以拒绝，我饿得实在支持不住了。战争时期就得按战争时期办，是不是。太太？"他扫视了周围一眼，又说道："在眼下这种时刻，遇到乐于助人的人，真叫人高兴。"他把身边的一张报纸摊开，以免弄脏裤子，从口袋内掏出随身携带的小刀，用刀尖挑起一只沾满肉冻的鸡腿，用牙齿把它撕碎，然后津津有味地咀嚼起来。他吃得这么有滋有味，引起车厢内一片懊丧的叹气声。

这时羊脂球又用谦卑而温和的声音邀请两位修女和她一起共享她的小吃。两位修女立刻接受了。她们连眼睛也没有抬，结结巴巴地道谢之后就很快地吃了起来。科尔尼代也不拒绝他的女邻座的邀请，和两个修女一起把报纸摊在膝上当作桌子。这几张嘴不停地开了又闭，闭了又开，狼吞虎咽地吃着。卢瓦佐待在他的那个角落里一边起劲地咀嚼，一边悄声劝他的妻子照他的样子做。她抵制了好一会儿，后来五脏六腑一阵抽搐，实在很难受，最后才服从了。她的丈夫于是婉转地问他的"可爱的旅伴"，能不能允许他拿一小块鸡给他妻子。羊脂球回答道："当然可以，先生，这还用说。"她一面说，一面带着亲切的微笑把钵子递过去。

第一瓶波尔多葡萄酒打开以后，出现了一个难题：只有一只酒杯，怎么办。于是只好前一个人喝后把杯子抹一下再递给后一个人。只有科尔尼代，肯定是为了献殷勤，偏偏故意把自己的嘴唇放在他的女邻座的嘴唇沾过的还没有干的地方喝。这时，德·布雷维尔伯爵和伯爵夫人以及卡雷·拉马东先生和太太被围坐在这些又吃又喝的人中间，食物散发出的香气使他们透不过气来，他们不得不忍受着那可恶的叫做"坦塔罗斯[7]的痛苦"的折磨。棉纺厂老板年轻的妻子突然发出一声叹息，引得大家都向她转过头去，只见她脸色像车外地面上的雪一样白，两眼紧闭，头耷拉着，原来她已晕过去了。她的丈夫吓慌了，央求大家帮助；大家都没有主意；这时那个年纪大的修女把病人的头托起来，将羊脂球的酒杯放在她的双唇间，让她吞了几滴酒下去。这位漂亮的太太动弹了一下，睁开眼睛，露出一丝笑意，用微弱的声音说现在她已感觉好多了。不过为了防止她再次失去知觉，那个修女又强迫她喝了满满一杯波尔多酒，并说了一句："没有什么，这仅仅是饿的原因。"

这时羊脂球脸涨得通红，十分尴尬；她看着这四个还没有吃东西的旅客嗫嚅地说："天啊，我不知道是不是可以请这几位先生和太太……"她住口不再讲下去，生怕遭到没趣。卢瓦佐接过话头说道："哎呀，自然啰，在这种情况下，大家都是兄弟姊妹，应该互相帮助。来吧，两位太太，别讲礼节了，领人家的情吧！真要命，我们还不知道今晚能不能找到一个过夜的住所呢！照我们现在这种走法，明天上午也到不了托特！"那几个人还在迟迟疑疑的，因为没有人愿意出头承担接受这番好意的责任。

还是伯爵果断地把问题解决了。他转过脸去朝着那个胆怯的姑娘，摆出一副高贵的绅士派头，对她说道："我们领情了，谢谢，夫人。"

万事开头难。卢比孔河[8]一旦跨过，大家就放开肚皮吃喝起来。提篮很快空了。里面原来还有一罐鹅肝酱，一罐肥云雀酱，一段熏牛舌，一些克拉萨纳的梨子，一块主教桥面包房的方面包，几块小蛋糕和满满一茶缸醋泡的乳黄瓜和洋葱头。和所有女人一样，羊脂球喜爱生冷的食物。

大家不能吃了这个妓女的东西却不跟她讲话，于是开始交谈起来。起先还有点保留，后来见她谈吐非常得体，也就比较随便了。德·布雷维尔太太和卡拉马东太太都是很有教养、通晓人情世故的人，懂得在一些细小的地方让自己显得和蔼可亲，又不失身份。尤其是伯爵夫人，她显出一副跟任何人接触都不怕自己被玷污的那种居高临下的贵妇人的亲切态度，很讨人喜欢。但那位身强力壮的卢瓦佐太太却生就一个顽固不化的脑袋，态度还是那么死僵僵的，话说得很少，东西却吃得很多。

大家自然而然地谈起了战争，讲了一些普鲁士人的残暴行为和法兰西人的英勇事迹。这些自己逃跑的人却全都崇敬别人的勇敢。很快话题转到各人自己的经历上来。羊脂球怀着由衷的激动，用姑娘们来表达她们内心的愤怒时常用的激烈的语言，叙述她是怎样离开鲁昂的，她说："我原来以为我可以留下来，我家里储足了食品，我宁可供养几个士兵也不愿背井离乡四处流浪。但当我一看到他们，看到这些普鲁士人之后，我就忍不住了，他们叫我气不打一处来！我羞愧得哭了一整天。唉！我要是男人就好了，我一定跟他们干！我从窗户里看着这些戴着尖顶头盔的大肥猪，我的女仆抓住我的手，不让我把家具向他们的头上砸下去。后来他们要住到我的家里来，第一个走进来我便扑上去掐住他的喉咙，掐死他并不见得比掐死别人难！要不是有人抓住我的头发往后拉，我一定会把这个家伙结果了。这件事发生以后，我只好躲起来，最后终于找到一个机会逃了出来，上了这辆车。"

大家对她称赞不已。她在这些旅伴的心目中变得高大起来，因为他们没有人表现得像她这样勇敢。

科尔尼代听时脸上的神情就像一位神甫在倾听他的信徒颂扬天主，一直带着传教士的那种亲切嘉许的微笑。正如那些穿长袍的教士拥有宗教的专利权一样，这些留大胡子的民主党人拥有爱国主义的专利权。轮到他说话时，他用说教的口吻，学着那些每天贴在墙上的宣言中的夸张的词语，慷慨激昂地讲着；最后还发表了一段精彩的演说，把那个"巴丹盖恶棍"[9]狠狠地斥责了一番。

这一下可惹恼了羊脂球，因为她是波拿巴的拥护者。她的脸涨得比樱桃还要红，气得说话都结巴起来。她说："我倒要看看你们，你们这帮人处在他的位置上会怎么样。那可就有好看的了，肯定的！是你们背叛了他，背叛了这个人！要是由你们这帮不负责任的家伙来统治，大家只有离开法国了！"科尔尼代脸色没有变，还带着一丝高傲不屑的微笑，不过大家感到下面骂人的脏话就要出口了。这时幸亏伯爵出来调停，他用权威的口吻宣称所有真诚的意见都应受到尊重，才好不容易平息了这个姑娘的怒气。伯爵夫人和那位棉纺厂老板夫人同所有体面人一样，从心眼里对共和国就有一股莫名其妙的怨恨，同时又像所有女人一样，对威风凛凛的专制政府怀有一种天生的柔情，因此不由自主地被这个充满尊严的妓女所吸引，觉得她感情崇高，和她们多么相像。

提篮已经空了。十个人吃光一提篮食品是不费什么事的，只可惜提篮不再大一些。谈话又继续了一会儿，不过东西吃完后就有点冷落下来了。

天黑下来，夜色愈来愈浓。人在消化食物时更容易感到寒冷。羊脂球尽管肥胖却也冷得直打哆嗦。德·布雷维尔夫人的小手炉从早上到现在已经换了好几次炭，这时她表示愿意借给羊脂球用，羊脂球马上接受了，因为她觉得双脚已经冻僵了。卡雷·拉马东太太和卢瓦佐太太也把她们的手炉借给两个修女。

马车夫已经点起风灯。跳动的灯光照出正在出汗的辕马的臀部上方一片热腾腾的水汽。在闪烁不定的反光下，道路两旁的雪地好像随着车子前进在逐渐向后面展开。

车厢内已经什么都看不见了，但在羊脂球和科尔尼代之间突然有一下骚动；卢瓦佐竭力用眼睛在黑暗中搜索，他相信看到这个大胡子男人飞快地往旁边一闪，好像被人狠狠地打了一拳。

道路前方出现点点灯光，托特到了。马车走了十一个小时，连同途中四次停下让马休息和吃燕麦两个小时，一共走了十三个小时。现在马车进入市镇，在通商旅馆门前停了下来。

---

❶ 鸟儿飞：在法文中"卢瓦佐"原意是"鸟"；"飞"与"偷"是同一个词。因此，这里表面上说"鸟

儿飞”，实际上说“卢瓦佐偷”。

❷ 帝政时期：指拿破仑三世统治下的第二帝国（1852年—1870年）。

❸ 亨利四世：1553年—1610年，法国国王。

❹ 奥尔良派：主张君主立宪制度的政治派别。

❺ 路易·菲力浦：1773年—1850年，法国最后一位国王，1830年至1848年在位。

❻ 九月四日：1870年9月1日拿破仑三世在色当投降后，9月4日，法国人民起来推翻了第二帝国，成立第三共和国。

❼ 坦塔罗斯：传说中的吕狄亚国王，因触犯诸神，被罚永受饥渴之苦，他置身于上有果树的河中，河水深及下巴，低头喝水时水即减退，抬头想吃果子时，树枝即升高。

❽ 卢比孔河：意大利北部一条河流，古代为罗马与高卢的界河。为保障罗马的安全，罗马议院曾宣布任何人率一兵一卒越河驱向罗马即为罪过。后恺撒不顾禁令，率军越河，推翻了罗马政权。

❾ 巴丹盖恶棍：拿破仑三世的绰号。他于1840年起事失败后被囚于阿姆堡，1846年借砖石匠巴丹盖的衣裳得以脱逃。

**评析：**

《羊脂球》的篇幅相对短小，全篇不到三万字，但在这短短的篇幅里，莫泊桑却把普鲁士侵略者的残暴无耻、法国军队的腐败无能以及法国各阶层的精神面貌和爱国思想淋漓尽致地表现了出来。故事发生在一辆马车里，在这个狭窄有限的空间里，法国社会的政界、商界、教会以及社会底层的代表都集中在了一起。莫泊桑把这些人物放在特定的环境中，通过这些人在逃亡路上的不同表现，对法国人在普法战争中的态度以及民族精神进行了生动的展示，其好恶之情溢于言表。

在小说中，作者把下等人和上等人做了对比，检验了他们的道德水准。羊脂球是一个有爱国心的妓女，她心地善良，在马车上，尽管那些贵族资产阶级老爷太太对她表示了轻视和侮辱，可是当他们饥饿难耐的时候，羊脂球慷慨地将自己的食物分享给他们；她还有强烈的民族自尊心，十个人当中只有羊脂球配被称为高尚的人和有爱国心的人，而那些所谓的上等人却是些灵魂丑恶、损人利己的败类。

《羊脂球》作为西方社会悲剧的代表作，作者在描写主人公悲剧命运的同时成功地塑造了她崇高的品质，强烈的爱国心及民族自尊心，让读者肃然起敬，感受到一种震撼的悲剧美，同时体现出作者对下层民众的同情之心。在读者眼中，羊脂球是一只在集体性暴力残害下的无辜羔羊。虽然，用暴力迫害羊脂球的集体有很多“合情合法”的理由，但在具有全知全能视角的读者看来，这些理由都是对羊脂球的欺骗。本篇小说打动读者的关键点就在于无辜的人受到伤害，而真正的凶手却逃脱了惩罚，成了胜利者。

## 阅读思考

1. 作者有意在“吃”这一情节上进行了重复叙事，目的是什么？

2. 莫泊桑是一位很注重细节描写的作家，他往往通过对一些小细节的描写来推动故事情节发展，深化主题。请结合课文进行分析。

# 职场在线

# 第七章 口语交际

口语交际是口语表达者出于某种社交使命，运用连贯、标准的有声语言，并输之态势语言交流思想、传递信息、表达感情的一种艺术性的实践活动。

当今社会，从大学毕业生的就业求职到企业的竞争上岗，从人才的跳槽流动到农民的进城务工……无论是自觉的还是不自觉的，无论是主动的还是被动的，都必须正视这样一个现实：时代召唤人才，人才需要口才。卓越的口才已被列入现代开拓型人才所必备的素质之一。一个人有没有口才，擅不擅长辞令，与他人交往沟通的能力强不强，几乎重要到了与个人的生存命运相关的地步。卡耐基说过："一个人的成功，15％靠专业知识，而 85％靠人际沟通。"高校学生能够适应现代社会的交际需要，把话说得准确、贴切、得体、鲜明机敏、巧妙、动听且有磁性、有品位、有感染力，提升言语交际能力和职业素养，就是口语交际训练的目的。

交谈可以传递信息，增进理解，达成共识；辩论可以增长知识，开发智力，激发竞争意识；推销可以强化沟通能力，提高心理素质；谈判可以兼顾各方立场和利益，达到互惠互利；朗诵是对文学作品思想内容的升华，也是对语言艺术的再创造；演讲以鲜明的观点、强有力的论证，说服人、感染人、教育人；播音可以培养理解力与记忆力；主持可以锻炼组织能力和应变能力。交谈与辩论、推销与谈判、朗诵与演讲、播音与主持这些都是训练口语交际技能、提高口语交际水平的良好方式。

各种形式的口语训练不仅有共同的规律，而且具有较强的生活实践性。口语训练要求语音规范吐字清晰，语调适中，节奏合理，表意准确，措辞贴切，构思周密，详略得当，角度新颖，见解深刻，反应敏捷，紧扣题旨，表情自然，态势得体，等等。而每种形式的口语训练又各有特色，要在比较中学习，在实践中学习。在进行口语训练时，要注意培养交际意识，牢记口语交际的指导原则，把握交际对象、交际话题、交际语境及交际场合，多思多用多积累，通过勤奋努力把"能说会道"口语交际的潜能充分释放出来。

## 第一节 交谈与辩论

交谈与辩论，同为双向交流的口才形式。交谈是交流意见、想法、见解等，气氛比较和谐，不是为了争高下和对错。交谈有利于统一认识，消除个别人的偏见和误解。辩论是要分是非、争高下的，气氛不够和谐，是从本人最有利的角度发表言论的。有时就一个话题，人们往往是以交谈开始，发展到辩论，最后以争论结束。其实，每位发言者本意都是好的，但是他们往往受感情或面子的影响，在某些意见相左时，交谈就逐步发展为辩论。其实，辩论不可谓不好，在辩论中往往能得到很好的启发，可是，在辩论时如果各方，受感情或利益驱使，将辩论变为争论甚至争吵，这就脱离了交谈与辩论的初衷。

交谈与辩论，与日常的学习、工作、生活息息相关，我们不仅要学会思考，学会用辩证的方法分析问题，同时也要学会表达，克服语言上与心理上的障碍。让我们在思维和表达的世界中享受自由。

## 一、交谈

交谈是人际间最直接、最广泛、最简便的言语交往形式。它的特点是：话题灵活、听说兼顾且口语化。只要有人群的地方，就会有各种形式的交谈。人们在交谈中可以交流思想、联络感情、互通情报、洽谈事务、切磋技艺、商讨对策等。要想通过交谈达到预期目的，必须做到：

(1) 注意对交谈对象的了解。例如，了解对方的职业或文化水平，对方的性格特点及对自己的看法或态度，对方的处境、心境或思想动向等。

(2) 注意交谈的地点和对时机的把握。这些影响着交谈对象的心理，是一种“副语言”。

(3) 注意交谈的体态及语调。这些表达着丰富的语言信息。避免跷“二郎腿”，不要斜靠沙发，要用亲切委婉的语调给交谈定下和谐的基调。

### (一) 交谈的形式及要求

交谈有主动交谈和被动交谈，有两人交谈和多人交谈，从应用功能角度可归纳为 8 种，具体介绍如下：

#### 1. 聊天式交谈

聊天式交谈是指以无具体目的而闲聊为形式，通过较为轻松的口语交谈最终实现与交谈对象联络感情、增进友谊的目的，但要避免“自我中心”“抢夺话题”“人云亦云”式聊天。

#### 2. 迎合式交谈

迎合式交谈是指在交谈过程中，其中一方以“迎合”对方作为自己的表述原则，但要避免“有褒有贬”“迷失目标”“喧宾夺主”等现象。迎合式交谈不同于人们所说的“拍马”，因为当对方损害自己的原则立场时，即便有时不宜正面否定，也可以“沉默”或“岔开话题”委婉地表示自己的态度，不会以放弃自己的原则为代价。

#### 3. 求助式交谈

求助式交谈是指以求得帮助为目标的交谈，求助者常面临着被求助者的三重心理阻隔，即与己无关，害怕受骗，害怕陷入。因此，要设法使被求助者相信我们需要帮助，说服被求助者付诸行动，同时尽量减少被求助者的付出。

#### 4. 求合式交谈

求合式交谈是指使对方成为自己合作伙伴的交谈。这种交谈既要全方位地亮出自己的多方面能力或优势，以满足对方的“求合”标准，又要克服三种不良倾向，即“以势斥人”“以傲逼人”“以假诱人”。

#### 5. 劝服式交谈

劝服式交谈是指以劝诱的方式说服对方的交谈。多用于思想教育、司法民事调解等。此种交谈方式要将对方的观点立场分解为“是”与“非”两部分，避免“以逼代劝”“以压代劝”“以哄代劝”。

#### 6. 预设式交谈

预设式交谈是指一方借助闲聊之类的语言交流形式，将预先设定的、具有探问性质的话语不露痕迹地插入交谈中，在对方不知晓的情况下，从对方的应答交流中获取自己所需的信息，要避免“硬性插入”“追逼插入”“机械插入”。

**7. 肯定式交谈**

肯定式交谈是指一方以某种带有夸奖性、褒奖性的语言，对对方的某种言行表示肯定，以鼓励其有更好表现的交谈。要避免“不着边际”“言过其实”“言不由衷”。

**8. 否定式交谈**

否定式交谈，即一方以某种带有批评性、贬斥性的话语，对对方的某种言行表示否定，以期其加以改变的交谈。否定式交谈应婉转，先对“事”的性质进行评价，然后再通过对“人”的某种肯定对交谈内容予以缓冲、缓和，以增强对方改变现状的主动性，避免“全盘否定”。

### （二）交谈时的语言运用

**1. 讲究称呼语言**

用尊称（有人称、亲属称呼、职业称呼、职务称呼等）和泛称（有通称、姓称等）寒暄（有问候、攀认、敬慕、体悟等）。

**2. 注重介绍语言**

（1）自我介绍。进行自我介绍时，要繁简适度，把握分寸。

（2）介绍他人。介绍他人包括介绍姓名、辈分、职务等。

**3. 掌握电话语言**

（1）选择打电话时间。一般吃饭时间，即早晨 7 时以前、晚上 10 时以后都不宜打电话，除非确有紧急要事。

（2）控制好起始语。电话接通时要有礼貌用语，应自报姓名、身份，寻人称代要明确，通话时要调控语调、语气。

### （三）求职交谈

求职时的交谈是用人单位对求职者形象仪表、品质素养、业务能力诸方面的直观性检测。对求职者来说，虽然这是一种被动的交谈，但也可以做一些预测，那就是主试者重点要了解的情况。一般包括三方面情况，即对工作的热爱、向往程度；是不是适合做这个工作；是不是有能力做好这个工作。

求职者要注意的答问技巧包括，①听清问题，迅速确定表述的侧重点，从容不迫地作答；②珍惜认同点，创造良好气氛；③答语真诚而客观，不故作谦虚，也不故意卖弄夸饰；④多从对方的表述中引申作答，不节外生枝与对方争论；⑤适度赞美对方，表达求职的诚意。

## 二、辩论

“辩”是辩解、辩驳，即指出对方观点的谬误性；“论”是立论、证明，即确立自己观点的正确性。辩论就是双方在某一问题上因意见不同而产生的证明自己的观点反驳对方观点的一种语言交锋。《三国策·东周》：“一人之辩，重于九鼎之宝；三寸之吞，强于百万雄兵。”可见辩论的威力。

辩论实质上是一场综合素质的较量，它集道德涵养、文化积累、知识结构、逻辑思辨、心理素质、语言艺术、整体默契、仪表仪态于一体，其原则和目的就是击败或批驳对方，树立自己的观点。常见的辩论有决策辩论、外交辩论、法庭辩论、答辩、学术争鸣、辩论赛等。前五种辩论可以用口头语言或书面语言进行，而辩论赛必须用口语进行。辩论的特点表现为以下五个方面：

（1）辩论人员的双边性。论是种双边活动，最少也得有两方人员参加。

（2）辩论观点的对立性。辩论双方的观点是绝对对立的，正如《墨经》所云，“或谓之是或谓之非”，这样才有辩论的可能。

（3）论证的严谨性。辩论的目标是“争胜”。为此，辩论双方都会运用各种论证方法与论证技巧去争取胜利，但只有合乎思维逻辑的严谨论证，才可能获取辩论的胜利。

(4) 追求真理的目的性。辩论的目的在于通过辩论去昭示真理，取得共识。因此，恐吓、胡搅蛮缠都不是辩论。

(5) 表达的临场性。辩论在更多的时候是打无准备之仗，需要有很强的临场发挥的能力，因而辩论者应有深厚的知识底蕴和敏捷的思维反应能力。

## (一) 辩论的组织（以辩论赛为例）

辩论赛是一种有组织、有准备、有规则、有评判、有观众的，比较正规的口头辩论，也是一种训练口才和思维的有效方式和途径。

### 1. 拟辩题

要组织好辩论赛，首先要拟出一个既有辩论价值又能引发辩论双方和观众兴趣的辩题。辩题的拟定既要注意辩题的可辩性、准确性及影响性，又要考虑参赛者的认知水平，即让双方都有话可说。

当然，辩题确定之后，最重要的是确定自己的观点和准备材料以及有说服力的论据，同时，还要选择最有利的论证角度和论证方法，明确自己的条理和语言的组合等。可以准备一份发言稿，也可以将有关的观点和材料写在卡片上，以备辩论中使用。

### 2. 人员组织及程序规则

辩论赛一般有较严格的程序和固定的比赛规则。辩论的正反两队各由 4 人组成。辩论分程序辩论、自由辩论和总结发言 3 个阶段。

(1) 程序辩论阶段，由双方的一辩、二辩、三辩按顺序交错发言，每人发言时长 3 分钟。

(2) 自由辩论阶段，正方任意一位选手向反方提问落座后，计时员为反方计时；反方选手应辩落座后，再为正方计时。单方发言总时长为 4 分钟。

(3) 总结发言阶段，先由反方四辩做维护本方立场的总结发言，再由正方四辩做总结发言。发言时长为 4 分钟。

总结发言结束后，辩论的程序进行完毕，进入评委评议阶段，由评判团代表总结发言。

### 3. 安排主持人

主持人是辩论赛场上的直接组织者，在辩论中发挥着穿针引线、调节赛场气氛的作用。因此，辩论赛的主持人需要由作风干练、具有较强组织能力和较好文化修养而又不失公允的人来担任。

具体来说，主持人需承担以下工作：①开场白，介绍来宾；宣读比赛规则；介绍参赛队及队员名单；介绍评判团；宣读辩题和正反方观点。②连缀比赛过程中的环节。③组织观众发言。④介绍评判团代表总结发言。⑤公布评判结果。⑥主持颁奖。⑦结束语。

## (二) 辩论的技法与技巧

### 1. 辩论的技法

(1) 立论的技法。立论的技法指的是运用论据证明辩题的过程和方法，也就是树立自己观点的技巧。下面介绍几种常用的立论方法。

①例证法。例证法，即举例说明的方法。事实胜于雄辩，适当引用典型事例是辩论中用得较多的一种立论方法。

②归纳法。归纳法就是从许多事物中，概括出它们的共同属性，得出一个反映普遍规律的结论的方法。

③比喻法。比喻法是指用打比方，将抽象的道理形象化、简单化的一种论证方法。在辩论中，为了能够深入浅出地讲述自己的观点，经常用到比喻法。例如：

《劝学》开篇以“青，取之于蓝，而青于蓝；冰，水为之，而寒于水”，来论证任何人通过发愤学习，都能提高、进步的道理。接着以“木直中绳，輮以为轮，其曲中规。虽有槁暴，不复挺者，輮使之然也。”来论证学习的力量巨大，可以塑造人。在这里，喻体“青”“蓝”等颜色深浅的变化、“冰”“水”“金”“木”等事物状态的改变，这一系列的直观现象，跟本体“学习之道”的类属完全不同，但“青出于蓝而胜于蓝”“冰由水成而寒于水”“木经輮而不复挺”的道理与“人经努力学习后可以进步提高，甚至可以成为一个全新的自我”的道理是一样的。由此可见，辩论时，以直观现象为喻，来论证抽象的道理，可达到生动形象，深入浅出的效果。

④比较法。比较法是指将事物之间相对或相反的性质进行比较，以此作为论据来证明论点的一种论证方法。例如：

老师为了向学生证明大气压的存在，在一只塑料杯底打了个小圆孔，用右手手指按住小圆孔后，在杯里盛满水，用纸片把杯口盖严，左手按住纸片把杯子倒过来使杯口向下，放开左手后，纸片不会掉下来，杯子里的水也不会流出来。这时，学生可能认为“纸片是被粘住了”，然后老师拿掉按住小圆孔的右手指，结果纸片掉下来了，水也流出来了。通过手指按住小圆孔和不按住小圆孔两次实验的对比，学生观察到两次实验中纸片都与水接触，所不同的是后一次实验杯底与大气相通，从而解除了“纸片是被粘住了”的误会，提高了“大气压存在”这个结论的可信度。

⑤引证法。引证法是指引用名人名言、谚语典故、科学理论中的公理和定理等作为论据来证明自己观点的一种方法。在辩论时，若引用得当，能增强辩论的说服力。

(2) 反驳的策略。在辩论过程中，立论和驳论总是交替运用的，能够抓住对方的错漏或破绽，并迅速对其做出反驳，是辩论取胜的有效手段之一。下面列举几种常见的反驳策略。

①反证法，即先确定一个论题，使此论题与原论题相互矛盾，以证明该论题是假的，那么与之相对的原论题即是真的，从而证明原论题的真实性。例如：

要通过反驳证实出生在湖北襄樊（今湖北省襄阳市），喝着中国妈妈的乳汁长大的加拿大前外交官切斯特·郎宁“不是中国人”为真，则需要证实其反论题“是中国人”为假。因为论题涉及的论据为郎宁“出生在中国”“喝中国妈妈的乳汁长大”，所以，只要借助《中华人民共和国国籍法》证实“出生在中国的人不一定是中国人（需拥有中国国籍）”“喝什么乳汁（母乳、牛奶、羊奶…）长大，与国籍没有必然关系”为真，这样不仅在反驳论据，同时也反驳了论据所支撑的反论题“是中国人”，从而证明原论题“不是中国人”为真。

②归谬法。当对方说出荒谬观点时，先不直接反驳，而是假定该观点是对的，然后按照观点的逻辑加以引申，直至充分暴露它的荒谬性，从而使对方的观点不攻自破。例如：

如果你能发明一种能溶解一切物品的溶液，那么就得有一种器皿来盛放它（因为液体总得有容器盛放）；如果你能发明一种能溶解一切物品的溶液，那么就没有一种器皿能盛放它（因为任何器皿都会被它溶解）；所以，你根本不能发明一种能溶解一切物品的溶液。

③釜底抽薪法，即找出对方支撑论点的论据上的破绽，驳倒论据，达到驳倒对方论点的目的。例如：

阎纲《为电影〈人到中年〉辩》反驳对方关于《人到中年》“只注重阴暗面，而忽视了光明面”“没有反映出生活本质”等论点，就是从反驳论据入手的。对方认为，电影中陆文婷没有时间给园园买白球鞋、给佳佳扎蝴蝶结不真实，阎纲指出，这正是作者的亲历亲见。对方认为，影片把陆文婷的结局渲染得过悲，过于险恶，阎纲指出，类似的悲剧性结局并不需要作者编造、渲染和夸张，生活中的例子有过之而无不及。这样釜底抽薪，就使对方论点站不住脚了。运用釜底抽薪法应注意紧扣对论点的反驳，因为反驳论据的目的是反驳论点；同时，要注意论据与论点之间的内在逻辑联系。

否则，反驳论据的最终目的就会落空。

④针锋相对法，即直接给对方尖锐有力的正面反驳，来阻遏对方的攻势，使对方无从闪避，不得不带“伤”应战，从而使我方取得辩论的主动权。例如：面对针锋相对的反驳，对方无言以对。

以上列举的只是几种常见的辩论技法。当然，辩论技巧还有很多，这里不一一详述，辩论者们应在辩论实战中不断地体会和发掘。

**2. 辩论的技巧**

(1) 控场技巧。调控好友好、和谐、宽松的气氛。要讲道理，这样做的目的是交换意见、交流信息，加强对论题的理解；要有良好心态，少用武断的语言，温和语气胜于雄辩。要讲究风度，言语风趣，举止大方、文雅。

(2) 证明技巧。证明自己的主张、观点、立场、态度的正确性，这是获胜的先决条件。论点的数量要适中，要严密，表达要简明扼要；论据要充分，多用对比，有理论又有事实，旁征博引有针对性。论证要有逻辑性。

(3) 进攻技巧。抓住对方的论点、论据、论证进行驳斥，强化主动性。可采用的技巧有：先发制人法、窥短击虚法、巧藏问机法、引申归谬法、二难推理法、间接反驳法和戏遮反击法等。

(4) 防卫技巧。加强自身防卫，不给对方可乘之机，针对对方的进攻做好防御工作。常用技巧有：加固“堡垒”法、模糊回答法和避重就轻法等。

辩论中双方都要始终把握自己的目标，绝不退让，若退让，要么诱敌，要么意味着失败，注意灵巧地运用各种语言技巧突破对方的最后阵地，逼敌就范。在辩论中双方都要遵循一定的规则，忌“精于论而疏于听”，忌“出口伤人”，忌无益的争辩。

**阅读思考**

1. 总结辩论技法，并尝试举例。
2. 请根据老师设置的辩论主题，尝试举办一场辩论赛。

口语交际
基础知识

## 第二节　推销与演讲

处于世间的每一个人，其实总是要不断地将自己的知识、内在、才华等推销给企业和他人，以求得到对方的认可和接纳。推销的目的是使自己的意图和观点获得他人认可，无论是商品、服务还是创意等，都需要通过推销让他人了解并接受。高职高专学生在毕业后求职时也需要向求职单位推销自己，因而，推销能力应当是我们最基本的，也是最重要的生存能力之一。

演讲是一种在公众场合，以有声语言为主要手段，辅以体态语言，针对某个具体问题，鲜明、完整地发表自己的见解和主张，阐明事理或抒发情感，进行宣传鼓动的一种语言交际活动。它是一种社会实践活动，涉及思想交流和宣传，演讲的本质是思想的力量，话语的核心是价值的传递，而风采是外在的表现。演讲作为工作中不可或缺的一门工具，可以提高自信、扩大影响力、提升领导力。

## 一、推销

推销一般是指销售产品（或商品）的行为和活动。现代社会是商品经济和交换活动高度发达的社会，人人都可以是被推销的对象，人人也都可以充当推销的角色。对企业来说，没有推销，就难以实现发展；对个人来说，不懂得自我推销，也很难做出一番事业。成功的推销是口才与心智的完美结合，因此，推销的语言艺术是我们大学生需要掌握并灵活运用的。

### （一）推销的步骤

国际推销专家海因兹·姆·戈德曼把成功的推销总结为四个步骤，即引起顾客的注意、唤起顾客的兴趣、激起顾客的购买欲望、促成顾客的购买行为。

#### 1. 引起顾客的注意

推销员在推销产品时，留给顾客的第一印象至关重要。因此，成功的推销员应始终思考与研究第一句话该说什么，怎样说；第一个动作该做什么，怎样做。

卢米埃尔兄弟开始发明电影的时候，在草草搭建的电影院门口贴出海报，上面写着“与过去的时间约会”。这句话在很短的时间内就传遍法国。这是句精妙的推销语言，它以新奇的内容先声夺人，引人注意。德国西门子电器的推销员有一大特点，他们永远不说自己有什么，而是先问对方需要什么，这就使西门子公司创造出一个“无所不有”的神话。他们是通过推销开始后的第一句话指出顾客的主要需求而吸引顾客的注意的。

#### 2. 唤起顾客的兴趣

唤起顾客兴趣的基本原则是针对顾客的不同需求和不同爱好，分别采用不同的办法。其中，示范表演和情感沟通是两种比较好的方法。

推销员可以通过对产品功能、性质、特点的介绍展示以及使用效果的示范表演等来唤起顾客兴趣。如果在推销的开始阶段已经了解到了顾客感兴趣的方面，那么推销员就可以投其所好，在顾客的爱好上与其沟通，使顾客在情感上靠拢自己，达到“先做朋友后做生意”的效果。

#### 3. 激发顾客的购买欲望

在唤起顾客的注意与兴趣之后，推销员要做的就是消除顾客的疑虑，坚定顾客的选择，激发顾客的购买欲望。通常可通过诱导和充分说理等方式来激发顾客的购买欲望。

#### 4. 促成顾客的购买行为

促成购买，意味着不是坐等顾客自由反应。推销员要不失时机地推动顾客进行关于购买的实质性思考，帮助顾客强化购买意识，进一步说服顾客，促使顾客进行购买。

### （二）推销的语言技巧

俗话说：“货卖一张嘴。”推销员除了要有很强的事业心、责任感，敏锐的社会感知能力，灵活的处事能力，丰富的关于推销的知识外，还要有说服他人的口才能力。

#### 1. 诱导的技巧

在市场竞争中，突出自己的商品，在短时间内把顾客吸引到自己这里，诱发顾客的消费欲望，需要推销员的语言具有强烈的诱导性。

人们逛商店，看商品，有时往往只是兴趣所至，并非一定要购买什么物品。对这些潜在的顾客，如果推销员送上一句“看看吧，买不买没关系”或“试试吧，也许穿着很好看呢”之类的话语，就会吸引顾客驻足，此时，如果推销员立刻将商品递过去，激发顾客的兴趣，在顾客观看或试穿时，不失时机地说上几句恰当的夸奖语言，如“这衣服您穿太合身了显得年轻多了”，顾客很可能会接受诱导而购买。

又如，卖煎饼的小商贩，两种不同的问法，会带来两种销售结果：①要不要加鸡蛋？②请问，您是加一个鸡蛋还是加两个鸡蛋？不同的发问，鸡蛋的销售量是不同的，显然第 1 种问法的鸡蛋销量会比第 2 种问法少得多，因为，第 2 种问法是定向诱导式发问，是把顾客引入了扩大鸡蛋销售的导向，鸡蛋自然销得多。

#### 2. 激发的技巧

当客户产生购买欲望但又犹豫不决时，适当激发对方的好胜心理，促其迅速做出决断，就是激发的语言技巧。激发成功的关键在于推销员对顾客细致入微的观察，要摸准顾客的心理变化，掌握"激"的火候，不可操之过急，也不要坐失良机。例如：

有一位女士看中了某商店橱窗内的一双新式皮鞋，她站在柜台前反反复复地看，却问一些无关紧要的问题。很明显她是喜欢这双新式皮鞋，但又因太贵而犹豫不决。售货员看出她犹豫的心理，于是上前问道："如果这双鞋的价格不能令您满意的话，您是否愿意再看看别的?"结果这位女士很坚定地买下了这双鞋。售货员的问话很简单却激发了这位女士的好胜心，因此销售成功。

#### 3. 问话的技巧

推销是从被拒绝开始的。确实，在推销的过程中，我们经常发现有的顾客会不假思索地拒绝推销。在遇到这种情况时，推销员不应"退避三舍"，而应"迎难而上"，这期间巧妙设问是关键。提问可以消除双方的隔阂，缓和气氛，不仅可以帮助推销员摸清顾客心理，也可以让顾客了解推销员的想法。通过提问，推销员可以确定推销计划，了解顾客的障碍所在，寻找应对措施。

比如，在推销过程中遇到"不要""今天不买""再说吧"等托词时，推销员要能够分析顾客说这些话时的不同心态，是对价格不满意；还是不喜欢这个牌子；或是根本无意购买。针对不同的情况，推销员可以有的放矢地发问。只要顾客有了一次回答，推销员就可以抓住机会继续发问，在交流中进一步了解顾客的想法，以促成这次交易。

#### 4. 贴近顾客的技巧

俗话说："一句贴心话，招来万户客。"在推销过程中，几个贴心的小动作，一句贴心的话，往往会缩短推销员与顾客之间的距离，为推销活动打下良好的基础。很好地贴近顾客，应从以下几方面去努力：

(1) 面带微笑。微笑是最好的无声语言。真诚的微笑是与人交往时最初的一道光，能够架起心与心的桥梁，让对方充分体会到你的友善。即使对方不接受产品或服务，甚至挑剔抱怨，我们也要保持脸上的微笑，买卖不成情意在，以后还会有机会。

(2) 真诚赞美。赞美对方是唤起对方注意并与之进一步沟通的最有效的方法之一。赞美的方式有很多，顾客的年龄、服饰、健康的身体、办公室的布置等都可以成为赞美的对象。要注意的是，赞美要把握好分寸，过度的言辞可能使人产生油嘴滑舌的不良印象。

(3) 亲切攀谈。用热情的态度、礼貌的语言与顾客亲切攀谈也是贴近顾客行之有效的方法之一。作为推销员应主动寻找话题，可谈新闻，如国内外政治、经济、重大体育赛事等。还可请顾客提建议，如对某些商品销售前景的预测、陈列设计、店堂布置、广告宣传等，都是很好的攀谈话题。

### (三) 推销的心智素养

#### 1. 耐心倾听

倾听是一位销售人员最低成本的投资。推销心理学认为，耐心倾听顾客的话，会使顾客获得情感上的满足，顾客谈得越多，他的购买兴趣越大。因而，推销员不仅要学会认真耐心地听，还要学会积极地回应。例如：

美国汽车销售大王乔·吉拉德曾有过一次难忘的经历。一天，一位顾客来买车，交易成功在即，那人却突然起身而去。到了晚上，乔·吉拉德仍在想着白天的事情，百思不得其解，于是忍不住拿起电话打给了那位顾客。在他的一再请求下，这位顾客终于说出了放弃买车的原因：乔·吉拉德没有认真听他说的话。

原来，这位顾客在看车的时候，讲起了他刚上大学的儿子，他很为孩子自豪。而乔·吉拉德当时只是心不在焉地应付着，一心想着该如何填写购车单。结果，这位顾客失去了买车的兴趣。因为除了车子，他此时更需要乔·吉拉德听他倾诉心里话，并赞美他有一个值得骄傲的儿子。

从这次失败中，乔·吉拉德懂得了耐心倾听的重要性，并将其作为推销的必要手段。

**2. 设身处地，以诚待人**

人们对与自己有关的事总是特别注意。在面对顾客时，如果推销员能设身处地地替客户着想，那么，就会使顾客产生好感，并引起他们的注意。在此基础上，若可以晓之以理，动之以情，使顾客与我们的想法逐步一致，再让顾客接受建议就容易多了。

据说，某大企业家的办公室中常有两把椅子并行排列，在与伙伴“商谈”时并肩而坐，这样更能促使“商谈”顺利完成，因为这样坐给人们的感觉不是“你、我”，而是“我们”。

设身处地，以诚待人，还要求推销员客观地介绍商品，不要不顾实际，一味地将自己的商品吹得天花乱坠。所谓“信誉是第一通行证”，不仅对生产厂家如此要求，对推销者同样也是这样。

### （四）推销的示范技巧

百闻不如一见。示范是推销员在推销中展示自己产品的优点，引发顾客兴趣的一种极好的办法。无论哪种产品都应该做示范，即使产品不便随身携带，也应该利用产品模型、样品图片、产品说明书、录像资料等做示范说明。必要时可以请顾客亲临现场，将产品的功能特点、使用方法逐一演示，并配合生动有趣的说明，充分展现产品的魅力，这比仅靠言语说明更有吸引力和说服力。

演示产品时应注意以下几点：

①根据产品的特点选择演示的方式、内容及地点。

②演示内容应针对顾客的主要购买动机和利益要求。

③根据推销洽谈进展的要求，选择适当的演示时机。

④注意演示的步骤与艺术，注意演示气氛与情景效应。

⑤鼓励顾客参与演示，使顾客体验到产品的优点，从而产生认同感和占有欲。

## 二、演讲

演讲是指演讲者在特定的时境中，借助有声语言和态势语言艺术，面对广大听众发表意见，抒发情感，从而达到感召听众的一种现实交流活动。演讲不是一般意义上的“讲话”，它是在特定的时境中，就专门问题发表的具有艺术性的讲话。演讲的主题鲜明，带有明确目的，刻意追求正面效果，是一种讲究艺术性的交流传播活动。演讲，又称演说、讲演。“演”，包含着“推演”和“表演”两种意义。即在就某个问题对听众说明事理，以表见解的同时，演讲者要运用面部表情、手势、身体姿态乃至一切可以理解的动作，使他的讲话“戏剧化”。也就是“讲其所想，演其所说”，“以讲为主，以演为辅”。演讲是一种艺术性与针对性很强的社会实践活动。

### （一）演讲的类型

演讲的内容、形式、功能、风格复杂多样，根据不同的划分标准可分为不同的演讲类型，这里只列举几种基本类型。根据形式划分，可分为命题演讲、即兴演讲、论辩演讲等；根据内容划分，可分为政治演讲、生活演讲、学术演讲、诉讼演讲、公关礼仪演讲等；根据目的划分，可分为传播性演讲、说服性演讲、激励性演讲、娱乐性演讲等。

### （二）演讲的技巧

#### 1. 有的放矢

成功的演讲首先是有的放矢的演讲，无论是即兴演讲还是有准备的演讲，都要目标明确，富有针对性。要做到这一点，就要考虑“讲什么”和“怎么讲”的问题。一般来说，演讲的选题要符合下面三个原则。

（1）选听众都感兴趣的话题来讲。共同的兴趣有利于和听众沟通，可以帮助演讲者与听众紧紧地联系在一起。这样的演讲，无论是对自己还是对听众，都是一种极好的享受。

（2）选本人感触最深的话题来讲。对这类话题，不仅有话可说，而且情动于衷，不吐不快。

（3）选切合时事的话题来讲。演讲是一种社会实践活动。因此，演讲的选题应紧密联系社会实际。历史上许多备受推崇的演讲名篇，都是在当时特定的社会环境中，抓住当时社会上最敏感的话题进行演讲的。

“怎么讲”，即演讲的方式。俗话说：到什么山上唱什么歌。同一个题材，对不同的人，在不同的场合，应该有不同的讲法。

#### 2. 事、理、情三合一

演讲必须有鲜明的主题、典型的例证和浓烈的感情，否则，演讲的内容就会干瘪抽象，苍白无力，让听众兴味索然。在演讲中，只有将事、理、情三者有机地融会在一起，寓理于事，情理交融，才能全方位地俘获听众。在这方面，闻一多先生的《最后一次演讲》为我们提供了一个可资揣摩和学习的样本。在这次演讲中，闻一多先生将国民党反动派种种卑劣无耻的表现一一加以揭露和谴责，他通过每一个急促有力的句子，“激动”的声音、“厉声”的质问以及拍案而起，“捶击桌子”的动作将对爱国志士李公朴的爱和对国民党反动派的恨传递给了听众。然而，陈述事实、抒发感情并不是闻一多进行这次演讲的最终目的，他的最终目的是要让人民群众认清国民党反动派的真实面目，认识到他们之所以“这样疯狂地来制造恐怖”正是他们自己“在慌”“在害怕”“在恐怖”，他们已离末日不远了。他回顾历史，展望未来，以极其清晰的逻辑论证“历史上没有一个反人民的势力不被人民毁灭的”“正义是杀不完的，因为真理永远存在”。这犹如黑暗中的火把，照亮了人心，增强了人民群众与反动派做斗争的信心。闻一多先生的这次演讲真正做到了事、理、情的融合，其影响是非常深远的。

#### 3. 精心安排演讲的结构

演讲的结构要完整、清晰、紧凑，并有波澜。开头、中段、结尾部分既一气呵成又摇曳生姿，就能紧紧吸引住听众，调动听众的情绪。

（1）演讲的开头。演讲的开头是演讲者向听众出示的第一个，同时也是最重要的信号，能否引起听众的兴趣与此有很大关系。一个有演讲经验的人，通常都非常重视演讲开头的设计。演讲开头并没有什么固定的模式，怎样开头完全取决于演讲主题、演讲类型、听众结构和演讲者的风格。或开宗明义，或幽默风趣，或提问，或引用，或讲故事，或直抒情感等。但不管怎样，都必须使自己的开场白具有吸引听众注意力的作用。

例如，在题为《母爱，世间至纯无私的爱》的演讲中，一位选手是这样开讲的：

“去年 11 月 22 日凌晨时分，市郊发生了一起特大交通事故，一辆客车从数十米高的悬崖上坠落。就在人们想当然地认为所有乘客无一幸免时，突然听到一个婴儿微弱的哭声。经过仔细搜寻，搜救队发现一个不满周岁的婴儿正在一位已经死去的年轻妇女怀里啼哭。为抱出孩子，民警和医护人员费了好大的劲，才将这位妇女已经僵硬的手臂掰开。这位妇女后被证实是婴儿的母亲，是母亲的本能让她在危及生命的紧要关头放弃了自我求生的想法，用两条柔弱的手臂和温厚的胸脯为婴儿构筑了一个安全的‘生命之巢’……”

这个故事惨烈惊险，扣人心弦，与主题紧密相联，很快吊起了听众的胃口，使听众产生了急于听下去的强烈欲望。故事中的年轻母亲在灾难降临时，舍生救子的壮举震撼着每一位听众的心，牢牢地吸引了听众的注意力，同时也为进一步展开演讲做了良好的铺垫。

又如，在某单位举办的以“珍惜时间”为主题的演讲会上，一名选手首先将一片黄叶展示给在场的听众：

“亲爱的朋友们，你们看，我手中拿的是什么？是一片落叶吗？不错，然而这仅仅是一片落叶吗？不，它是穿越时空隧道的过客，是一首哀叹时间一去不回头的诗。我们读它，仿佛是在与那来去无踪的时间对话。从这里，我们不只看到了时间的力量伟大，同时也看到了时间的无情。绿叶婆娑，那是时间的恩典；黄叶飘零，那是时间的摧残。面对它，我们还有什么理由不珍惜时间呢？……”

演讲者灵活自然地将选取的“道具”——黄叶作为“切入点”，并将其与演讲的主题巧妙地结合起来，用富有朝气与活力的语言，深入浅出、形象鲜活地唤起了听众对时间的哲理性思考，激起了听众心中的波澜，给听众带来了耳目一新的感受。

(2) 演讲的中段。演讲的中段是对演讲的话题展开论证的部分，其目的是说服和感染听众。首先，演讲的中段要做到层次清楚，井然有序，一般采用并列、递进、正反等方式对演讲论题展开论证，这些演讲方式符合人们的认知规律，其条理性和逻辑性容易被人接受。其次，演讲的中段要张弛有度，跌宕起伏，“文武之道，一张一弛”。高明的演讲者都会让自己的演讲结构呈现一种波澜般起伏的节奏。演讲节奏的形成与思想感情的浓淡变化、艺术表现手法的交替运用和语言声调的抑扬顿挫等有关，因而演讲者要综合考虑以上几个因素，使自己的演讲呈现出一种整体上的和谐性。演讲节奏的顶点，即高潮，高潮就是演讲内容最为重要、演讲语言最为精彩、演讲情绪最为激昂的地方，高潮必然给听众以强烈的心灵震撼。因此，演讲者要善于利用内容因素、语言因素、情感因素来营造高潮，使整个演讲的节奏呈现出一种“百川归大海”的态势，产生动人心魄的艺术魅力。

(3) 演讲的结尾。演讲的结尾不仅非常重要，也比较特殊，有时演讲的高潮就在结尾。常见的结尾形式有总结式、高潮式、余韵式、祝颂式等。

例如：啊！只要人人都献出一点爱，世界将变成美好的人间。啊！只要人人怀着一颗感恩的心，我们就将知道滴水之恩，以何报？

——“滴水之恩，以何报！”

——“滴水之恩，以心报！”

又如：贝壳之所以能将无数的沙粒转化成一颗颗璀璨的明珠，那是长期的用心哺育，经过了无数个黑夜的承受，那是所有用心坚守的结果，并非一朝一夕所能成就。我们不仅要看到那颗光彩夺目的珍珠，也要看到那个经历了无数个日夜只为帮助别人获得一枚明珠的劳作。世间所有美好都从凄凉中用心生出，只有生命中的那片绿茵不曾凋谢，只要守住心灵的那片绿叶，你便守住了整个春天的绿茵，从那片丝丝的绿茵中读出世间美好，使生命之火愈燃愈烈！

**4. 把握好演讲语言的特点**

演讲语言是一种经过提炼和加工的口语，它既要保留口语简洁、流畅、生动、活泼的特点，又要将文学语言的精确、规范、优美、典雅的长处融合其中，是口语形式中最富艺术感的语言。因而它要符合下面 3 个要求：

(1) 通俗流畅。在演讲时不用生僻词语或别人听不懂的方言土语，少用深奥的专业术语。思路要畅达，避免出现结结巴巴、颠三倒四、欲言又止等问题。

（2）简明扼要。恩格斯说过："言简意赅的句子，一经了解，就能牢牢记住，变成口号，这是冗长的论述绝对做不到的。"演讲史上常被人们记住并加以引用的演讲名句都是见解精辟、言辞精练的。如亨利的"不自由，毋宁死"，肯尼迪的"不要问你的国家愿为你做些什么，而是要问你自己可以为你的国家做些什么"。

（3）生动活泼。生动活泼的语言可以最大限度地吸引和感染听众。首先，要运用具体形象的语言；其次，各种修辞手法的运用也是使演讲语言生动活泼的强有力的手段。同时，我们还可以运用类比、对比、拆字、幽默、讽刺等表现手法来给听众留下更为深刻的印象。

**5. 辅以适当的态势语言**

（1）姿态方面。演讲时一般采取站姿，昂首、挺胸、收腹。两肩要平，双腿要直，两手自然下垂，既端庄大方，又洒脱自然。

（2）表情方面。演讲者要善于通过面部表情的变化来反映自己内心的真实感情，对听众施加心理影响，使听众也能随自己喜怒哀乐的变化而变化。其中，眼神的运用尤为重要。演讲开始之前，演讲者要用亲切友善的目光环视听众。演讲开始后，演讲者的眼神要随演讲内容的变换而变化，并时时注意听众的反应，不断地用目光与之交流。

（3）动作方面。演讲时动作包括头部动作、手部动作、腿部动作等。其中，最富有表现力的是手势，许多演说家在演讲中的精彩的手势造型已成为某种含义的象征，成为这些演说家形象的独特标志，并为评论家津津乐道。但应该特别注意的是，手势不能太多太繁复，否则便会喧宾夺主，影响演讲效果。

口才训练的层次与要求

## 阅读思考

1. 总结推销技巧有哪些？请尝试举几个例子。
2. 尝试向你的同学和老师推销一件物品。

# 第八章　应用文写作

## 第一节　应用文写作概述

### 一、应用文的概念

应用文是国家机关和其他社会组织及个人处理公务和日常事务、传播信息时使用的格式规范、行文简约的实用性文体，也是开展公务活动和处理个人事务时不可缺少的工具。

应用文这种文体，作为交际的工具和手段是古已有之的。在我国，从有文字开始，就有了最早的应用文。《尚书》是现存最早的史书，其中大量的“典、谟、训、诰”就是我们今天所能见到的较早的应用文；秦汉的疏表奏议、唐朝的册制敕帖、明清的诏诰等，也都是有迹可查的应用文。旧时应用文讲究虚礼，套用僵硬死板的格式，烦琐不堪。但是我国古代的应用文求实致用、字斟句酌、富有章法和文采等的优秀传统还是很值得借鉴的。

在现代社会里，人们活动的范围更加广泛，信息交流和事务处理更加频繁，应用文越来越显示出它的重要作用。

### 二、应用文的特点

应用文具有明确的目的、对象、使用范围及特定的格式和简洁平实的语言，有着与其他文体不同的特点。

#### （一）实用性

应用文写作的目的十分明确，就是直接用来处理实际事务，解决工作、学习和生活中的实际问题。大到国家政策法规，小到私人信件往来，应用文存在于每一个角落。这些都说明，应用文已成为不可缺少的一种工具。

#### （二）真实性

不管是公务文书还是私人文书都应以事实为依据。应用文的真实性，要求我们客观地反映事实情况，对涉及的资料、数据等都要保证准确无误，在遣词用句上要恰当准确，避免发生异议，引起争议和纠纷。

#### （三）规范性

在长期使用过程中，应用文逐渐形成了惯用的文体形式和结构形式，即惯用格式。惯用格式不仅使应用文便于掌握，也便于沟通、理解和执行，更好地发挥了其社会功用。

### （四）简洁性

从实用方面考虑，应用文要求用最少的文字、最短的篇幅，将要表达的内容表述得准确明白。这种简洁性，可以节约阅读时间，提高工作效率。

### （五）时效性

应用文讲究“以用为上”，写文办事都有时限要求，即写得及时、发得及时、办理得及时，否则应用文就失去了应有的作用。

## 三、应用文的种类

应用文的种类繁多，随着社会的发展不断推陈出新。由于划分标准不同，分类也有所不同。主要可分为以下几类：

(1) 公文：命令（令）、议案、决定、公告、通告、通知、通报、报告、请示、批复、意见、函、纪要等。

(2) 事务文书：计划、总结、演讲稿、简报、规章制度、述职报告等。

(3) 经济文书：商品说明书、广告、合同、市场调查报告等。

(4) 学业文书：毕业论文、毕业设计等。

(5) 诉讼文书：起诉状、上诉状、答辩状、申诉状等。

(6) 社交礼仪文书：礼仪信函、求职类信函、礼仪致辞等。

(7) 文稿演示：文稿演示概述、文稿演示的筹划、文稿演示的提炼、文稿演示的制作、文稿演示的演讲。

(8) 网络文体：电子邮件、微博、短信、微信等。

## 四、应用文结构的概念

应用文结构即指应用文内部的组合构造，是对观点与材料、内容与形式进行组织安排的具体形式。只有将各要素有机地组合在一起，才能形成一篇中心突出、结构严谨、层次分明、条理清楚的应用文。如果不能按照清晰的思路把材料有条理地组织起来，材料就只能是散沙碎石。

## 五、应用文结构的原则

### （一）要服从主旨的需要

主旨是文章的灵魂，结构要为突出主旨服务，离开了主旨，结构安排就没有了依据和准绳。因此，应从突出主旨出发，既要注意每篇文章整体上的篇章结构，又要注意正文的逻辑结构。

### （二）要体现文体的特点

应用文的种类不同，结构各异。应用文的正文一般都有开头、主体、结尾等部分，但在具体安排结构时，还要根据不同的文体特点安排不同的结构层次形式。

例如：述职报告、工作报告、计划、总结等陈述性文体，内容比较复杂，常采用总分式或综合式结构；规章制度、经济合同和协议书等文体，侧重说明依据、规则及措施，常使用条款式和表格式结构；调查报告、学术论文等说理性的文体则要运用论据对论点进行论证，其结构一般按提出问题、分析问题、解决问题的次序组织结构，等等。

## 六、应用文结构的要求

### （一）完整匀称

应用文的正文一般分为开头、主体和结尾三部分，要求布局合理，完整和谐，详略得当。开头、结尾要精练，高度概括；主体部分要详尽具体，要不惜笔墨，表述得全面、透彻。

### （二）清晰

应用文的结构要清晰，内容应一目了然，便于理解和执行。

### （三）严谨

文章结构要首尾贯通，上下文之间要脉络清晰、结构紧凑、承接自然，有严谨的逻辑顺序，不能生拼硬凑。

## 七、应用文结构的内容

结构的内容主要有段落和层次、过渡和照应、开头和结尾。

### （一）段落和层次

段落指自然段，它具有明显的换行标志，是组成文章最基本的单位。

层次指的是文章表达客观事物的意义单位和表现次序，反映了作者的思维过程。在应用文中，层次的表示方法主要有：用小标题、数量词（如“一、二、三”“第一、第二、第三”“一是、二是、三是”）、表顺序的词或词组（如“首先”“其次”“最后”“会议认为”“会议指出”“会议决定”）等表示。

安排结构层次的常见顺序有：

（1）时间顺序。时间顺序是指各层次之间的先后顺序关系，是以时间的自然推移来安排的，先发生的先写，后发生的后写。在应用文写作中，这种结构安排多用于事情、情况的说明、介绍。如起诉状中的案件事实的陈述等。

（2）逻辑顺序。逻辑顺序分为并列式和递进式。并列式就是说明主旨的各个层次的内容是平等、并列的关系，规章制度、说明书等文体一般都是按照并列关系成文。递进式一般指内容层层推进、环环相扣，决定、调查报告等文体常采用这一形式。

（3）总分顺序。总分顺序一般按总—分—总、分—总、总—分的关系安排层次。通知、计划、总结、报告等文体通常采用这种形式。

（4）综合式。综合式也叫纵横式，是由于有的应用文内容复杂，需要综合运用几种顺序来安排层次结构。例如，先以时间为序划分大的层次，再以问题为序划分小的层次等。

### （二）过渡和照应

**1. 过渡**

过渡是指上下文之间的衔接和转换，具有承上启下的作用，能将上下段落、前后层次连接起来构成一体。

应用文常用关联词语、词组、句子或段落过渡、衔接。常用的关联词语有“综上所述”“……如下”“总之”“为此”“特此”等。

应用文常见的过渡一般在：

（1）内容开合处。文章内容由总到分或由分到总时需要过渡。例如，《国务院关于农村金融体制改革的决定》一文，先总述农村金融体制改革的意义，然后分述具体措施，中间部分用了一句话进行过渡："根据中共中央十四届五中全会精神和《国务院关于金融体制改革的决定》(国发〔1993〕91号)，现就农村金融体制改革作出如下决定……"过渡自然。

(2) 意思转换处。文章的内容由一层意思转入另一层意思，这两个相邻层次段落之间需要过渡。

(3) 表达变动处。文章由叙述转入议论或由议论转入叙述，需要过渡。

#### 2. 照应

照应是指文章的前后相互关照、呼应。照应一般有以下几种方式。

(1) 首尾照应，即开头与结尾相呼应。应用文常通过一些前后搭配的习惯用语来照应。

(2) 内容前后照应，即文章前后的内容相互呼应。应用文在行文中要围绕主旨，各层次之间的内容要相互呼应，保持一致。

(3) 文题照应，是指在行文中照应标题，对主旨加以揭示。

### (三) 开头和结尾

#### 1. 开头

应用文的开头多开门见山，平实直接。一般有以下几种。

(1) 目的、根据式。这样的开头一般都是用"根据……""为了……"的形式，如规章制度、计划等。例如，《关于对超标准排放污染物的排污单位实施限期治理的决定》的开头："为了进一步贯彻落实……实现……标准，根据《中华人民共和国环境保护法》和《国务院关于进一步加强环境保护若干问题的决定》的规定，特作如下决定……"

(2) 概述式。交代主要内容、基本情况或主要问题。调查报告、总结等一般常用这种方式开头。

(3) 提问式。先提问题，然后引出下文。

(4) 结论式。把观点主张先说出来，然后具体阐述。这种方式多用于学术论文中。

#### 2. 结尾

应用文的结尾有以下几种常见的形式。

(1) 总结式。归纳全文，篇末点题。总体经济预测报告等篇幅较长的文章多用这种形式结尾。

(2) 号召式。归纳全文，提出希望，发出号召。一些公文、总结和讲话稿多用此法。

(3) 公文式。以习惯用语和固定格式构成的结尾。如公文、经济合同、诉讼文书、礼仪信函等。

## 八、应用文语言的特点

应用文属于事务语体。在长期写作中，应用文的语言已形成特定的模式，词语和句式相对固定。在不同的文体中有不同的习惯用语。句式一般都用肯定句、陈述句，而不用感叹句。为了使语言准确、严密，多通过句子中的词语进行修饰限定。

## 九、应用文语言的要求

应用文语言总的要求是准确、简明、规范、平实。

### (一) 准确

准确就是要求所用词语能恰如其分地表现客观事物。

首先，在应用文写作中，经常涉及一些数字、概念，在运用时不能含混不清，一定要准确、恰当，切忌使用"可能""差不多""大概"等字眼。

其次，要注意区分词语在意义上和用法上的差别。一件事情不允许做，可用“不能”“不准”“严禁”等词，但表意程度上有很大差别。

最后，词语色彩分褒义、贬义、中性，在应用文写作中，尽量多用中性词，使表述对象保持其原本的真实状态，不要过多地掺杂写作者的感情。

### （二）简明

简明，就是用尽可能少的文字，反映尽可能多的信息，言简意赅，即：

（1）认识问题，抓住实质；

（2）陈述事实，抓住事物关键；

（3）提出意见和办法，抓住要点；

（4）善于概括，删繁就简。

### （三）规范

应用文不宜使用文学语言，也不宜使用口语、方言等。具体要求是：

#### 1. 使用规范化的书面语言

首先，不要使用口语。例如，在公文中使用“拟”“商榷”“业经”等书面语，而不用“打算”“商量”“早已经过”等口语。其次，不使用生造的晦涩难懂的词语或不规范的方言和简称。例如，“散步”不能用“遛弯儿”，“中国银行”不能简称“中行”。

#### 2. 选用含义明确且限定准确的词语

撰写公文时要避免使用词义不确切的词语，“最近×××表现不好”，其中“最近”一词时间指代不明；而“表现不好”缺乏具体的衡量标准。公文在表述事物的状态时，宜用含义单一且确定的数量词、名词、动词和代词，尽量不用或少用副词与形容词。例如，说明一项工作任务已“基本完成”，不如说“已完成80%”更为确定；表述事件发生的时间，应确切地写出“×日×时×分”，而不要写“太阳已经落山”或“时近黄昏”。如果因为事物性质复杂，无确切的词语表示，就要增加修饰、限定的词语，使概念明确。

#### 3. 使用应用文专用词语

长期以来，人们在文书中沿用一些使用频率较高的专用词语，有助于文章表述得简练。

### （四）平实

平实就是语言朴素，语意实在。要做到平实，就要多讲实事，少说空话；直接表述，直言其事；不用或少用形容和描写，不做过多的语言修饰。但是平实并不是不生动，平淡乏味。

## 十、应用文常用的专用词语

### （一）称谓词

在应用文中，涉及机关或个人时，一般应直呼机关的全称或规范化的简称，对方的职务或“××同志”等。在表述指代关系的称谓时，一般常用专用词语。

#### 1. 第一人称

“本”“我”，后面加上所代表的单位简称，例如，部、委、办、厅、局、厂、所等。

#### 2. 第二人称

“贵”“你”，后面加上所代表的单位简称。一般用于平行文或涉外公文。

**3. 第三人称**

“该”，可用于指代人、单位或事物。例如，“该厂”“该部”“该同志”“该产品”等。

### （二）引叙词

引叙词是指用以引出应用文撰写的根据、理由或应用文的具体内容的词。应用文的引叙词用于文章的开头，引出法律、法规以及政策、指示等做依据，或引出事实做根据；用于文章中间的，起前后过渡、衔接的作用。常用的有：根据、按照、遵照、为了……，接、前接、近接……，获悉、据悉、收悉、惊悉、欣闻……，现……如下，为……特……，……查等。

### （三）经办词

经办词是用来说明工作处理过程的已然时态，表明处理时间及经过情况的。在使用经办词时，要注意这类词语在表述次数和时态方面的差异。常用的有：业经、前经、均经、即经、复经等。

### （四）综述过渡词

综述过渡词是用来承接上文转入下文时使用的关联词语及过渡词语。综述过渡词用于陈述理由及事实之后引出作者的意见和方案等。常用的有：为此、据此、故此、鉴于此、综上所述、总而言之、总之等。

### （五）期请词

期请词是用于向受文者表示请求与希望的词。常用的有：希、敬希、请、望、即请、拟请、敬请、恳请、希望、要求等。

### （六）商洽词

商洽词又称询问词，用于征询对方的意见和反映，是表探询语气的词语。这类词语一般在公文的上行文、平行文中使用，在使用时要注意确有实际的商洽需求及商洽对象，即在确需征求对方意见时使用。常用的有：是否可行、妥否、当否、是否妥当、是否可以、是否同意、意见如何等。

### （七）目的词

目的词即直接交代行文目的的词语。人们在撰写应用文，尤其是公文时，都有明确而具体的目的，须有针对性地使用简洁的词语加以表述，以便受文者正确理解并加速办理。

(1) 用于上行文、平行文的目的词，还须加上期请词，如请批复、请函复、请批示、请告知、请批转、请转发等。

(2) 用于下行文，如：查照办理、遵照办理、参照执行等。

(3) 用于知照性文件，如：周知、知照、备案、审阅等。

### （八）表态词

表态词又称回复用语，即针对对方的请示、问函，表示明确意见时使用的词语。在使用时应对公文中的下行文和平行文严加区别。常用的有：应、应当、照办、同意、不同意、可行、不可行、准予备案、特此批准、请即试行、按照执行、迅即办理等。

### （九）结尾词

结尾词即置于正文最后，表示正文结束的词语。

(1) 用以结束上文的词语，如：特此报告、特此通知、特此批复、特此函告、此致、谨此、此复等。

(2) 再次明确行文的具体目的与要求的词语，如：……为要、……为盼、……为荷等。

(3) 表示敬意、谢意、希望的词语，如：此致……敬礼、致以谢意、顺祝……、专此敬贺、敬请光临等。

### (十) 介词

应用文大量使用介词，并形成较为稳定的表达句式，能使词语表达的意义更加明确、严密。

(1) 表示目的、原因：为、为了、为使、因、由于等。

(2) 表示对象、范围：对、对于、关于、至于、将、除（除了）等。

(3) 表示根据、方式：根据、依据、按照、遵照、通过、经过、本着等。

(4) 表示时间、起止：自、于、在、从、自从等。

## 十一、应用文的表达方式

在应用文体中，说明、叙述、议论是常用的表达方式。

### (一) 说明

说明是用简明的文字解说事物的形态、性质、特征、构造、成因、关系及功能。应用文以说明作为最基本的一种表达方式，使用广泛。

#### 1. 使用说明的要求

(1) 抓住特点。任何事物都具有其特殊性，一个事物的特征是其区别于其他事物的标志。说明只有抓住特征，才能使人们对被说明的事物有确切的了解。

(2) 客观科学。说明要有科学的态度，运用科学的方法，实事求是地反映客观实际及其本质规律，不应以个人的好恶而随意褒贬。

(3) 准确简明。准确是说明的生命，因此，说明绝不能弄虚作假、无中生有、任意夸大或缩小。

#### 2. 常用的说明方法

(1) 概括说明。概括说明就是对事物或事理的内容、特征予以概括，做出简明扼要的介绍，使人获得一个基本的了解。

(2) 解释说明。解释说明就是由因及果或由果溯因，围绕事物的因果关系，说明物因事理。

(3) 数字说明。数字说明就是运用数字说明事理、现象的特点，用事物的“量”反映其外观结构或变化过程，让人获得具体而准确的印象。

其他的还有诠释说明、分类说明、举例说明、引用说明、比较说明、定义说明和图表说明等。

### (二) 叙述

叙述的主要特点就是叙说和交代。客观事物的来龙去脉、前因后果、活动过程等，主要依靠叙述进行交代和介绍。

一般情况下，应用文多采用直接叙述的方式。例如，“中华人民共和国公民，不分民族、种族、职业、家庭出身、宗教信仰和教育程度，都有义务依照本法的规定服兵役。”（《中华人民共和国兵役法》第五条）。这段文字采用直接叙述，表述清楚明白，语言朴素、清晰。再如通报，常用叙述的表达方式来叙述典型事例。

应用文常用叙述的人称主要是第一人称和第三人称两种，常用的叙述方法主要是顺叙、倒叙、插叙、平叙和补叙，叙述应做到：

#### 1. 真实可靠

应用文中的叙述要绝对真实，包括人物、事件（细节）、时间、地点等，不可想象或联想，不能夸大和缩小。

#### 2. 交代清楚

叙述的六要素，即时间、地点、人物、事件、原因、结果，要交代清楚。有的要素可以省略，但必须为文章提供清楚的基础和依据。

#### 3. 线索清晰

应用文在叙述过程中要厘清线索，尽量平铺直叙，按时间的自然推移、事件的发展顺序来写，不拐弯抹角，迂回铺陈。

### （三）议论

议论是作者对客观事物进行分析、评论，借以表明自己的观点和态度的一种表达方式。应用文中的议论简约、平实，一般采用直接议论的方式，就事论事，表明观点。

#### 1. 议论的种类

（1）述评性议论。述评性议论，即通过对人或事的叙述和评价来阐明观点、说明问题。述评性议论常见的方法有：先叙后议、先议后叙、夹叙夹议。

（2）证明性议论。证明性议论，即正面提出论点并用一定的逻辑方法加以证明和阐述。

#### 2. 议论的要求

应用文中的议论应做到：

（1）庄重。庄重即对任何事物的评价要持实事求是的态度，以理服人。

（2）简洁。简洁即要直截了当地阐明观点，不拐弯抹角，不回避矛盾。

应用文概述

# 第二节　公文写作概述

## 一、公文的概念及种类

### （一）概念

公文，即公务文书，泛指是党政机关实施领导、履行职能、处理公务的具有特定效力和规范体式的文书，是传达贯彻党和国家方针政策，公布法规和制度，指导、布置和商洽工作，请示和答复问题，报告、通报和交流情况等的重要工具。

### （二）种类

2012 年，中共中央办公厅、国务院办公厅联合印发并开始施行《党政机关公文处理工作条例》，同时废止了1996年中共中央办公厅印发的《中国共产党机关公文处理条例》和2000年国务院印发的《国家行政机关公文处理办法》。《党政机关公文处理工作条例》中规定公文种类为15种，即决议、决定、命令（令）、公报、公告、通告、意见、通知、通报、报告、请示、批复、议案、函、纪要。

上述公文，按照行文方向可划分为四种：

#### 1. 上行文

上行文指的是具有隶属关系的下级机关向上级机关报送的公文，如请示、报告等。

#### 2. 平行文

平行文是指同一组织系统的同级机关或不相隶属机关之间的来往公文，如函、议案等。

#### 3. 下行文

下行文是指领导机关对下级机关、所属机关发送的公文，如命令（令）、决定、指示、通知、通报、批复等。

#### 4. 不定向行文

不定向行文是指没有特定的行文方向和对应机关的公文，如会议纪要。

此外，公文按缓急程度可划分为：平件、急件，急件又分为加急和特急。按保密级别可划分为：绝密、机密和秘密三类。

## 二、公文的特点及作用

### （一）公文的特点

#### 1. 权威性和政策性

公文的权威性主要体现在制定者和制定内容上，公文是各级党政机关根据法律赋予的权限和职责制作并发布的，表达的内容是党政机关对特定问题的权威意见、看法和要求。党政机关通过制发公文来发挥领导和指导作用，把各级党政机关紧密联结在一起，统一思想，统一认识，使政令畅通，运转灵活，上下合拍，工作步伐整齐一致，以体现党和国家政权组织的权威。同时，党政机关通过制发公文来传达政策，解决问题，推动工作。公文在各项事业中发挥着阐明事理、启发觉悟和提高认识的作用，是治国理政的重要工具，代表着党和政府的执政理念、执政思想，因此，公文的制发丝毫不能偏离党和国家的政治目标和政策轨道，不能有悖于党和国家的路线、方针、政策以及法律、法规等，具有很强的政策性要求。

#### 2. 针对性和指导性

公文是党政机关根据现实需要，为解决某个特定问题和指导某项工作而制发，因此，公文内容的制定不仅要体现上级机关的精神，而且要结合本地本部门实际，针对全局或局部工作，对布置的任务、安排的工作、规定的事项、提出的要求，都要交代得比较具体、明确，有鲜明的、现实的针对性和指导性。

#### 3. 规范性和约束性

从内容看，党政机关制发公文，语言运用极其规范，其传达的意志不以受文者是否同意为前提。公文一旦发布实施，其法定效力将对受文者及其他有关方面的行为产生不同程度的强制性影响和约束，受文者必须严格遵守或执行，可见，公文具有极强的约束力。从生成过程看，公文必须严肃庄重，制发单位要严格遵循共同的规范格式，种类名称、体式结构、用纸幅面等都必须按照具体规定执行，不得随意更改；行文规则、办理程序、整理归档、清退销毁等，也有统一、明确的要求，不得擅自行事。

#### 4. 程序性和严密性

公文的承办、归档、清退、销毁，环环相扣、步步相接，程序性和严密性极强。公文的处理工作必须履行规定的程序，从起草、审核、签发、校印、发出，到拟办、批办、执行，都要严格按照相关程序进行，否则，无论在哪个环节上违背了程序，都将影响公文的效果。

#### 5. 对应性和定向性

党政机关行文必须根据隶属关系和职权范围确定，也就是说，什么样的公文由什么单位制发、哪一级单位制发，都有具体、明确的对应关系。比如，党委、政府的办公厅（室）根据本级党委、政府授权，可以向下级党委、政府行文，其他部门和单位不得向下级党委、政府通知、发布指令性公文或者在公文中向下级党委、政府提出指令性要求。同时，大部分公文都是写给特定对象阅读的，公文发送到什么单位，必须有明确的指定。不同的公文都会根据内容对文的“读者”进行专门规定，即通过“主送机关”“抄送机关”和“传达（阅读）范围”等指定“读者”和执行对象。而且，党政机关制发的部分公文，在一段时期内，因其内容涉及党和国家的核心机密和暂时不得公开的重要事项，有保密的要求，其“传达范围”更加严格。对此类公文，必须进行严格的保密管理，一旦疏忽大意，出现失密、泄密情况，会带来不良后果甚至严重损失。

### （二）公文的作用

#### 1. 指导工作，传达意图

公文是传达贯彻党和国家方针、政策及指令的有效形式，是上级机关或部门实施领导与指导的重要工具。党政机关运用公文的形式作出决定、决议，发布政令，对经济社会等各方面的工作实施领导和指导，并以此为依据，监督检查下级机关对上级机关指示精神的贯彻执行情况。

#### 2. 联系工作，交流情况

公文是机关与机关之间常用的联系手段，公文能够使上情得以下达，下情得以上报，充分发挥着交流思想、沟通情况、接洽工作的作用，可以有效地确保机关之间联系畅通，运转有序。

#### 3. 请示工作，答复问题

下级机关工作中的有关事项需经上级机关批准方可办理，并且下级机关多以公文形式向上级机关请求指示或批准；向上级机关汇报工作、反映情况、回复询问，也多以公文形式报告上级机关。上级机关在掌握下级机关的工作情况和存在的问题后，可以进行及时指导或通过公文的形式答复下级机关的请示事项。

#### 4. 总结工作，推广经验

公文不仅是传达政策意图的重要工具，还是推广典型经验做法的有效载体。对某些地方和部门在工作中形成的经验和做法，及时总结，通过公文形式转发给其他地区和部门学习借鉴，推动有关工作的深入开展。

#### 5. 有据可依，协调行动

党政各级机关，根据严密的组织原则，构成严密的组织系统。公文则是它们按照党和国家的统一意志，协调行动的依据和凭证，起着“立此存照”的作用。下级机关根据上级的命令、指示、决议、批复、计划开展工作；上级机关凭借下级的报告、请示，有针对性地处理回复、解决问题；平行机关之间也根据来文机关的公函、通知，协调配合，统一行动。离开了公文的依据作用，机关将无所适从，难以有条不紊地协调运转。

**6. 记载工作，积累史料**

公文是党政机关从事公务活动的真实记录，记载着许多重大决策、法规和重要公务活动事项等的产生过程。任何公文在其形成的同时，也成为一个单位的档案材料，既是见证历史的权威凭证，也是今后工作的重要参考。

## 三、公文的构成要素及排版

### （一）公文的构成要素

公文一般由份号、密级和保密期限、紧急程度、发文机关标志、发文字号、签发人、标题、主送机关、正文、附件说明、发文机关署名、成文日期、印章、附注、附件、抄送机关、印发机关和印发日期、页码等组成。

（1）份号。份号是公文印制份数的顺序号。涉密公文应当标注份号。

（2）密级和保密期限。涉密公文应当根据涉密程度分别标注“绝密”“机密”“秘密”，并注明保密期限。

（3）紧急程度。紧急程度指公文送达和办理的时限要求。紧急公文应当根据紧急程度标注“特急”“加急”。

（4）发文机关标志。由发文机关全称或者规范化简称加“文件”二字组成，也可以使用发文机关全称或者规范化简称。联合行文时，发文机关标志可以并用联合发文机关名称，也可以单独用主办机关名称。

（5）发文字号。由发文机关代字、年份、发文顺序号组成。联合行文时，使用主办机关的发文字号。

（6）签发人。上行文应当标注签发人姓名。

（7）标题。标题由发文机关名称、事由和文种组成。

（8）主送机关。主送机关是公文的主要受理机关，应当使用机关全称、规范化简称或者同类型机关统称。

（9）正文。正文是公文的主体，用来表述公文的内容。

（10）附件说明。附件说明包括公文附件的顺序号和名称。

（11）发文机关署名。发文机关署名应是发文机关全称或者规范化简称。

（12）成文日期。发文日期一般署会议通过或者发文机关负责人签发的日期。联合行文时，署最后签发机关负责人签发的日期。

（13）印章。公文中有发文机关署名的，应当加盖发文机关印章，并与署名机关相符。有特定发文机关标志的普发性公文和电报可以不加盖印章。

（14）附注。附注是指公文印发传达范围等需要说明的事项。

（15）附件。附件是公文正文的说明、补充或者参考资料。

（16）抄送机关。抄送机关是指除主送机关外需要执行或者知晓公文内容的其他机关，应当使用机关全称、规范化简称或者同类型机关统称。

（17）印发机关和印发日期。公文的送印机关和送印日期。

（18）页码。公文页数顺序号。

## （二）公文的排版要求

公文的排版形式指公文各组成要素在文件版面上的标印格式。

### 1. 公文用纸幅面尺寸

公文采用国际标准 A4 型纸，210 mm×297 mm。公文页边与版心尺寸为：公文用纸天头为 37 mm±1mm，公文用纸订口为 28 mm±1mm，版心尺寸为 156 mm×225mm（不含页码）。发文机关标志上边缘至版心上边缘为 25 mm。对于上报的公文，发文机关标志上边缘至版心上边缘为 80 mm。

### 2. 公文书写形式

公文应该从左至右横排、横写。其标识第一层为“一、”，第二层为（一），第三层为“1.”，第四层为（1）。

### 3. 字体字号

发文机关标志使用 2 号小标宋体字，红色标识；密级、保密期限、紧急程度用 3 号黑体字；发文字号、签发人、主送机关、附注、抄送机关、印发机关、印发时间用 3 号仿宋体字；签发人姓名用 3 号楷体字；正文用 3 号仿宋体字，一般每面排 22 行，每行排 28 字，正文中如有小标题可用 3 号小标宋体字或黑体字。

## （三）公文的排版形式

公文分为版头、主体、版记三部分。

### 1. 版头

置于公文首页红色反线以上的各要素统称版头，包括份号、密级和保密期限、紧急程度、发文机关标志、发文字号、签发人。

（1）份号：公文印制份数的顺序号，即将同一文稿印刷若干份时每份公文的顺序编号，涉密公文应当标注份号。置于版心左上角第一行，用阿拉伯数字。

（2）密级和保密期限：密级分为绝密、机密和秘密；保密期限是对公文秘密等级时效规定的说明。置于版心右上角第一行，两字之间空一字。

（3）紧急程度：是对公文送达和办理的时限要求。根据紧急程度，标注“特急”“加急”；紧急电报分为“特提”“特色”“加急”“平急”。置于版心右上角第一行，两字之间空一字。公文同时标识密级与紧急程度，密级顶格标识在版心右上角第一行，紧急程度顶格标识在版心右上角第二行。

（4）发文机关标志：发文机关标志表明公文的作者，是发文机关制作公文时使用的、规范版式的文件版头，通常称“文头”。文头由发文机关全称或规范化简称后加“文件”组成，居中红色套印在文件首页上端。联合行文时，发文机关标志可以并用联合发文机关名称，也可以单独用主办机关名称，“文件”二字置于发文机关名称右侧，上下居中排布。

（5）发文字号：发文字号是发文机关按照发文顺序编排的顺序号。由发文机关代字、年份和序号组成。置于发文机关标志下空两行，居中排布。年份、序号用阿拉伯数字标识；年份应标全称，用六角括号“〔　　〕”括人；序号不编虚位（即 1 不编为 001），不加“第”字。联合行文使用主办机关的发文字号。发文字号之下 4 mm 处印一条与版心等宽的红色反线。

（6）签发人：签发人是在上报的公文中批准签发的领导人姓名，只用于上行文，平行排列于发文字号右侧。发文字号居左空一个字，签发人姓名居右空一个字，“签发人”用 3 号仿宋体字，签发人后标全角冒号，冒号后用 3 号楷体字标识签发人姓名。如有多个签发人，主办单位签发人姓名置于第一行，其他签发人姓名从第二行起在主办单位签发人姓名之下按发文机关顺序依次顺排，下移红色反线，应使发文字号与最后一个签发人姓名处在同一行并使红色反线与之相距 4 mm。

**2. 主体**

公文首页红色反线（不含）以下至抄送机关（不含）以上的各要素统称主体。主体包括标题、主送机关、正文、附件说明、发文机关署名、成文日期、印章、附注、附件。

(1) 标题：是对公文主要内容准确、简要的概括。由发文机关名称、事由和文种组成。除法规名称加书名号外，一般不用标点符号。标题位于红色反线下空两行，用 2 号小标宋体字，可分一行或多行居中排布；回行时，要做到词义完整，排列对称，间距恰当。

(2) 主送机关：是指要求公文予以办理或答复的主要受理机关，应当使用机关全称、规范化简称或者同类型机关统称。标识在标题下空一行，左侧顶格，3 号仿宋体字，回行时仍顶格。最后一个主送机关名称后标全角冒号。

(3) 正文：表述公文的具体内容，通常分导语、主体和结束语。在主送机关下一行，每自然段左空两个字，回行顶格，数字、年份不回行。正文以 3 号仿宋体字，一般每面排 22 行，每行排 28 字。文中如有小标题可用 3 号小标宋体字或黑体字。

(4) 附件说明：公文附件的顺序号和名称。公文如有附件，在正文下空一行，左空两个字，用 3 号仿宋体字标识“附件”，后标全角冒号和名称。附件如有序号，应使用阿拉伯数字（如“附件：1. ×××××”）；附件名称后不加标点符号。

(5) 发文机关署名：署发文机关全称或者规范化简称。

(6) 成文日期：指公文签发的时间。署会议通过或者发文机关负责人签发的日期。联合行文时署最后签发机关负责人签发的日期。标识在正文之下，空两行，右空 4 字。用阿拉伯数字将年、月、日标全。

(7) 印章：公文中有发文机关署名的，应当加盖发文机关印章，并与署名机关相符。有特定发文机关标志的普发性公文和电报可以不加盖印章。联合上报的公文，由主办机关加盖印章，联合下发的公文，发文机关都应加盖印章。

单一机关制发的公文在落款处不署发文机关名称，只标识成文日期。加盖印章应上距正文 2～4mm，端正、居中、下压成文日期，印章用红色。

当印章下弧无文字时，采用下套方式，即仅以下弧压在成文时间上；当印章下弧有文字时，采用中套方式，即印章中心线压在成文时间上。

当联合行文需加盖两个印章时，应将成文时间拉开，左、右各空 7 字；主办机关印章在前；两枚印章均压成文时间，印章用红色。只能采用同种加盖印章方式，以保证印章排列整齐。两印章间互不相交或相切，相距也不可太远。

当联合行文需加盖三个以上印章时，为防止出现空白印章，应将各发文机关名称（可用简称）排在发文时间和正文之间。主办机关印章在前，每排最多排三个印章，两端不得超出版心；最后一排如余一个或两个印章，均居中排布；印章之间互不相交或相切；在最后一排印章之下右空两个字标识成文日期。当公文排版后所剩空白处不能容下印章位置时，应采取调整行距、字距的措施加以解决，务使印章与正文同处一面，不得采取标识“此页无正文”的方法解决。

(8) 附注：需要说明的其他事项，如公文的发放范围、使用时注意的事项、联系人及联系方式等。公文如有附注，用 3 号仿宋体字，居左空两个字加圆括号标识在成文日期的下一行。

(9) 附件：公文正文的说明、补充或者参考资料。附件应与公文正文一起装订，并在附件左上角第一行顶格标识“附件”，有序号时标识序号；附件的序号和名称前后标识应一致。如附件与公文正文不能一起装订，应在附件左上角第一行顶格标识公文的发文字号并在其后标识“附件”及附件顺序号。

**3. 版记**

置于抄送机关以下的各要素统称版记。版记包括抄送机关、印发机关和印发日期。

（1）抄送机关：指除主送机关外需要执行或知晓公文的其他机关。公文如有抄送，在反线下一行；左空一个字用 3 号仿宋体字标识“抄送”，后标全角冒号；抄送机关间用逗号隔开，回行时与冒号后的抄送机关对齐；在最后一个抄送机关后标句号。

（2）印发机关和印发日期：印发机关是指印制公文的主管部门，印发日期是公文的复印日期。印发机关和印发日期位于抄送机关之下占一行位置；用 3 号仿宋体字。印发机关左空一个字，印发日期右空一个字。印发日期以公文复印的日期为准，用阿拉伯数字标识。

（3）版记中的反线。版记中各要素之下均加一条反线，宽度同版心。

## 四、公文的行文规则

### （一）向上级机关行文应当遵循的规则

（1）原则上主送一个上级机关，根据需要同时抄送相关上级机关和同级机关，不抄送下级机关。

（2）党委、政府的部门向上级主管部门请示、报告重大事项，应当经本级党委、政府同意或者授权；属于部门职权范围内的事项应当直接报送上级主管部门。

（3）下级机关的请示事项，如需以本机关名义向上级机关请示，应当在提出倾向性意见后上报，不得原文转报上级机关。

（4）请示应当一文一事。不得在报告等非请示性公文中夹带请示事项。

（5）除上级机关负责人直接交办事项外，不得以本机关名义向上级机关负责人报送公文，不得以本机关负责人名义向上级机关报送公文。

（6）受双重领导的机关向一个上级机关行文，必要时抄送给另一个上级机关。

### （二）向下级机关行文应当遵循的规则

（1）主送受理机关，根据需要抄送相关机关。重要行文应当同时抄送发文机关的直接上级机关。

（2）党委、政府的办公厅（室）根据本级党委、政府授权，可以向下级党委、政府行文，其他部门和单位不得向下级党委、政府发布指令性公文或者在公文中向下级党委、政府提出指令性要求。需经政府审批的具体事项，经政府同意后可以由政府职能部门行文，文中须注明已经政府同意。

（3）党委、政府的部门在各自职权范围内可以向下级党委、政府的相关部门行文。

（4）涉及多个部门职权范围内的事务，部门之间未协商一致的，不得向下行文；擅自行文的，上级机关应当责令其纠正或者撤销。

（5）上级机关向受双重领导的下级机关行文，必要时抄送该下级机关的另一个上级机关。

### （三）向同级机关行文应当遵循的规则

同级党政机关、党政机关与其他同级机关必要时可以联合行文。属于党委、政府各自职权范围内的工作，不得联合行文。党委、政府的部门依据职权可以相互行文。部门内设机构除办公厅（室）外不得对外正式行文。

## 五、公文的拟制

公文的拟制包括起草、审核、签发等程序。

### （一）起草

公文的起草应当做到：

（1）符合国家法律、法规和党的路线、方针、政策，完整准确地体现发文机关意图，并同现行有关公文相衔接；

（2）一切从实际出发，分析问题实事求是，所提政策措施和办法切实可行；

（3）内容简洁，主题突出，观点鲜明，结构严谨，表述准确，文字精练；

（4）文种正确，格式规范；

（5）深入调查研究，充分进行论证，广泛听取意见；

（6）公文涉及其他地区或者部门职权范围内的事项，起草单位必须征求相关地区或者部门意见，力求达成一致；

（7）机关负责人应当主持、指导重要公文起草工作。

### （二）审核

公文审核的重点是：

（1）公文的起草行文理由是否充分，行文依据是否准确；

（2）内容是否符合国家法律、法规和党的路线、方针、政策，是否完整准确地体现发文机关意图，是否同现行有关公文相衔接，所提政策、措施和办法是否切实可行；

（3）涉及有关地区或者部门职权范围内的事项是否经过充分协商并达成一致意见；

（4）文种是否正确，格式是否规范；人名、地名、时间、数字、段落顺序、引文等是否准确；文字、数字、计量单位和标点符号等用法是否规范；

（5）其他内容是否符合公文起草的有关要求。

### （三）签发

公文应当经本机关负责人审批签发。重要公文和上行文由机关主要负责人签发。党委、政府的办公厅（室）根据党委、政府授权制发的公文，由受权机关主要负责人签发或者按照有关规定签发。签发人签发公文，应当签署意见，姓名和完整日期；圈阅或者签名的，视为同意。联合发文由所有联署机关的负责人会签。

## 六、公文的办理

公文办理包括收文办理、发文办理和整理归档。

### （一）收文办理

#### 1. 签收

对收到的公文应当逐件清点，核对无误后签字或者盖章，并注明签收时间。

#### 2. 登记

对公文的主要信息和办理情况应当详细记载。

#### 3. 初审

对收到的公文应当进行初审。审查的重点是：是否应当由本机关办理，是否符合行文规则，文种、格式是否符合要求，涉及其他地区或者部门职权范围内的事项是否已经协商、会签，是否符合公文起草的其他要求。经初审不符合规定的公文，应当及时退回来文单位并说明理由。

#### 4. 承办

阅知性公文应当根据公文内容、要求和工作需要确定范围后分送。批办性公文应当提出拟办意见报本机关负责人批示或者转有关部门办理；需要两个以上部门办理的，应当明确主办部门。紧急公文应当明确办理时限。承办部门对交办的公文应当及时办理，有明确办理时限要求的应当在规定时限内办理完毕。

#### 5. 传阅

根据领导批示和工作需要将公文及时送传阅对象阅知或者批示。办理公文传阅应当随时掌握公文去向，不得漏传、误传、延误。

#### 6. 催办

及时了解、掌握公文办理的进展情况，督促承办部门按期办结。紧急公文或者重要公文应当由专人负责催办。

#### 7. 答复

公文的办理结果应当及时答复来文单位，并根据需要告知相关单位。

### （二）发文办理

#### 1. 复核

已经发文机关负责人签批的公文，印发前应当对公文的审批手续、内容、文种、格式等进行复核；需做实质性修改的，应当报原签批人复审。

#### 2. 登记

对复核后的公文，应当确定发文字号、分送范围和印制份数并详细记载。

#### 3. 印制

公文印制必须确保质量和时效。涉密公文应当在符合保密要求的场所印制。

#### 4. 核发

公文印制完毕，应当对公文的文字、格式和印刷质量进行检查后分发。

### （三）整理归档

（1）涉密公文应当通过机要交通、邮政机要通信、城市机要文件交换站或者收发件机关机要收发人员进行传递，通过密码电报或者符合国家保密规定的计算机信息系统进行传输。

（2）需要归档的公文及有关材料应当根据有关档案法律、法规以及机关档案管理规定，及时收集齐全、整理归档。两个以上机关联合办理的公文，原件由主办机关归档，相关机关保存复制件。机关负责人兼任其他机关职务的，在履行所兼职务过程中形成的公文，由其兼职机关归档。

公文文体

# 第三节　公文类文书写作

## 一、通知

### （一）通知的概念和种类

**1. 通知的概念**

通知是发布、传达要求下级机关执行和有关单位周知或者执行的事项，也是批转、转发公文的公文。

**2. 通知的种类**

(1) 指示性通知。指示性通知用于直接发布行政法规和对下级某项工作进行指示，要求带有强制性、指挥性和决策性。

(2) 转发类通知。转发类通知是用于批转下级机关公文，转发上级机关公文或不相隶属机关公文，印发本机关的公文或本机关领导人讲话材料的通知。常用“现将……批转（转发）给你们，请参照（遵照）执行”惯用语。

(3) 周知性通知。周知性通知多用于上级机关向下级机关宣布某些应知事项，不具有强制性。此类通知的结尾惯“以上事项望周知”等用语。

(4) 会议通知。会议通知包括如下内容：召开会议的时间、地点以及会议的名称；会议的中心议题和主要程序；对与会人员身份的要求；对与会人员会前准备工作的要求；联系人等。

(5) 任免、聘用通知。任免、聘用通知主要用于任免、聘用事项，一般要分条列项写明：任免或聘用干部的机关（会议）名称、日期，任免、聘用人员的姓名与职务。聘用人员，还要写明聘用期限及有关待遇等。

### （二）通知的结构和内容

**1. 标题**

标题一般由发文机关名称、事由和文种构成。有的通知标题也可以省略发文机关名称或事由。

**2. 主送机关**

要写明受文机关的全称或规范化简称。

**3. 正文**

不同类型的通知，正文的写法不尽相同，但通常由缘由、事项和结尾三部分组成。

(1) 缘由。这是制发通知的根据和目的。缘由之后，多用过渡语“特此通如下”“现将……的有关事项通知如下”等。

(2) 事项。这是通知的主体部分。内容较多的，要分条列项来写。内容的表述要具体、周密，语言要清楚、简练。

(3) 结尾。通知的结尾常用“特此通知”等惯用语结束，也有的再次明确主题或提出要求和希望等。

**4. 发文机关名称、发文日期、印章**

签署发文机关名称，标明发文日期，加盖发文机关印章。

## （三）通知的写作要求

**1. 主题集中**

一份通知一般要求说明一件事，布置一项工作，不能表述多种事情，达到多种目的。

**2. 重点突出**

通知的事项交代要清楚，措施要具体，要说明事情的来龙去脉、主要事项及目的和要求。

**3. 讲求实效**

通知的撰写、传递要及时、快捷，不可贻误时机，影响公务的执行和办理。

## （四）例文评析

**例文 1**

**河南省教育厅办公室转发教育部办公厅关于做好 2022 年全国成人高校招生工作的通知**

教办学〔2022〕282 号

各省辖市、济源示范区、省直管县（市）教育局，各高等学校：

现将教育部办公厅《关于做好 2022 年全国成人高校招生工作的通知》（教学厅〔2022〕4 号）转发给你们，请严格按照文件要求，认真贯彻落实。

附件：教育部办公厅关于做好 2022 年全国成人高校招生工作的通知

2022 年 8 月 29 日

（资料来源：河南省教育厅网站）

**评 析：**

这是转发类通知。主送机关不止一个，依据级别的大小分门别类，依次排列，相同一类的用顿号，类与类之间用逗号。正文简洁明了，交代行文的依据，说明发布的文件名称及文号。

**例文 2**

**国务院学位委员会关于下达有关学位授权点对应调整名单的通知**

学位〔2023〕13 号

各省、自治区、直辖市学位委员会，新疆生产建设兵团学位委员会，军队学位委员会：

2022 年 9 月，国务院学位委员会、教育部印发了《研究生教育学科专业目录（2022 年）》及其管理办法，为确保新旧目录的平稳衔接，对两版目录中相关学科专业涉及到的博士、硕士学位授权点进行了对应调整。经国务院学位委员会审议批准，现将调整结果及有关事项通知如下：

一、各单位对应调整增列的博士、硕士学位授权点名单，对应调整后不再保留的博士、硕士学位授权点名单，变更代码和名称的博士、硕士学位授权点名单详见附件，请将名单下达有关学位授予单位。

二、关于调整后学位授权点参加核验的时间，按以下情况处理。

1. 附件1中所列学位授权点，由艺术学理论调整为艺术学的，仍按照原艺术学理论学位授权点的批准时间参加学位授权点核验；其他学位授权点按照调整结果的批准时间参加学位授权点核验。

2. 附件3中所列学位授权点，均按照原学位授权点的批准时间参加学位授权点核验；设计学一级学科授权点按照《交叉学科设置与管理办法（试行）》规定，仅参加周期性核验。

三、2023年下半年启动的新一轮研究生招生、培养和学位授予工作按照调整后的学科和专业学位类别进行。在校生及2022年启动招生、2023年9月入学学生的培养仍按原学科专业执行。

各单位要按照推动研究生教育高质量发展的要求，进一步加强学位授权点建设，做好研究生培养工作，不断提高培养质量，加快建设教育强国。

附件：1. 对应调整增列的博士、硕士学位授权点名单

2. 对应调整后不再保留的博士、硕士学位授权点名单

3. 变更代码和名称的博士、硕士学位授权点名单

国务院学位委员会

2023年9月14日

（资料来源：中华人民共和国教育部网站）

**评 析：**

这是一篇指示性通知，正文目的明确，要求具体。格式规范，要言不烦。

**例文3**

**河南省教育厅办公室关于召开全省新型高校智库发展论坛暨智库评估工作会议的通知**

各普通高等学校：

按照本年度工作部署，根据《河南省教育厅办公室关于开展河南省新型高校智库评估工作的通知》（教社语函〔2023〕263号）的要求，省委教育工委 省教育厅决定召开2023年度全省新型高校智库发展论坛暨智库评估工作会议。现将有关事项通知如下：

一、会议时间

2023年9月12日下午报到。会期三天。

二、会议地点

驻马店市柏林国际酒店（驻马店市文明大道与置地大道交叉口西北角）。

三、会议内容

对全省33所高校的74家智库进行评估，并就智库建设情况进行经验交流。

四、参加人员

各新型高校智库负责人1名。

五、其他事项

1. 请各新型高校智库于9月8日前将智库评估会参会回执和成员名单电子版发送至sheke×××@163.com，智库成员名单纸质版盖章后自行携带至会场。

2. 高校品牌智库发送智库简介（不超过150字）电子版至sheke×××@163.com。

3. 会议住宿费用、往返交通费用由参会人员所在单位按照财务管理制度核销。

其他未尽事宜，请与教育厅社语处联系。

联系人：南×× 张× 联系电话：03××-××××××××。

黄淮学院联系人：陈×× 187××××××××

附件：1. 河南省新型高校智库考评会议参会回执

2. 河南省新型高校智库成员名单汇总表

2023 年 9 月 5 日

（资料来源：河南省教育厅网站）

**评 析：**

这是会议通知。首先写明了开会的目的与依据以及会议主题、专题，接着具体说明了会议的时间、地点、会议安排及其他有关事项。该通知内容完备而具体，可操作性强。行文规范，条理清晰。

## 二、函

### （一）函的概念、种类及其用途

**1. 函的概念**

函是不相隶属的机关之间商洽工作、询问和答复问题、请求批准和答复审批事项的公文。

**2. 函的种类及其用途**

（1）按性质、格式不同，函分为公函和便函。

①公函。公函是正式的公文（本节所讲行政公文的函，就是公函），从标题、发文字号到发文日期等都严格按公文的格式制发。公函多用于商洽、答复、要求批准的较重要的事项。

②便函。便函不是正式公文，是机关处理一般事务的简便函件。在格式上，便函与一般书信格式相同、不加标题，不编发文字号，用机关信笺书写，要加盖公章。

（2）按行文方向不同，函分为去函和复函。

①去函。去函也称来函、发函，是发文机关主动制发的函。去函按内容、发文目的分为以下几类：

a. 商洽函。商洽函用于平行机关的或不相隶属的机关、单位之间商洽工作、联系事项等。陈述事项时，要明确、简洁。

b. 询问函。询问函用于上级或平级机关、单位之间询问有关问题，征求意见。询问函内容要集中，每函一事。

c. 告知函。告知函用于将有关事项或活动、安排告知对方，多为平行文，对方收文后一般也不必回复。

d. 请批函。请批函用于向不相隶属的主管部门请求批准事项。请求的理由要明确、具体、合理。

②复函。复函也称回函，是发文机关被动制发的函。

### （二）函的结构和内容

**1. 标题**

标题一般由发文机关、事由和文种构成。复函的标题中要写明“复函”，便函可以不写标题。

**2. 主送机关**

主送机关即收函机关名称。复函的主送机关就是去函的发文机关。

**3. 正文**

（1）正文。去函的开头首先说明去函的原因、目的。复函先用一句话引述去函的标题（或主要内容）、发文字号（或日期），并说明函已收悉。

（2）主体。去函主体要写明所商洽、询问或请求批准的事项以及想法、请求。对事项的表述要清楚、具体，内容较多的可以分条写。复函要针对去函的内容逐一给予明确、具体的答复。

（3）结尾。结尾通常表述行文目的、行文要求，使用惯用语作结尾。去函常用“特此函达”“即请复函”“敬请回复”等，复函常用“特此函复”“专此函复”等。

**4. 发文机关名称、发文日期、印章**

签署发文机关名称，标明发文日期，加盖发文机关印章。

### （三）函的写作要求

**1. 叙事简洁，要求明确**

为了使收函者能迅速了解行文的意图，在叙述原委时要简洁，商洽、询问的事项要明确，以便收函者有针对性地回复。

**2. 用语得体，语气恰当**

函主要是不相隶属机关或平级机关之间使用的公文，因此，要有问必答，语气应谦和、委婉、礼貌。忌用命令性、告诫性的词语或不谦恭的语气。

### （四）例文评析

**例文 1**

**××公司关于选派技术人员进修的函**

××函〔2023〕5 号

××大学：

我公司为提高专业技术人员的业务水平和科研能力，经研究决定派××、××、××三位同志分别到你校中文系、计算机系、外语系进修一年。进修费用按国家规定的标准，由公司财务科一次性付清。

可否，特此函达，即盼回复。

附件：选派技术人员的情况登记表

（××公司印章）

2023 年 6 月 1 日

**例文 2**

**××大学关于××公司选派技术人员进修的复函**

××公司：

你公司《××公司关于选派技术人员进修的函》（××函〔2023〕5 号）收悉。经研究，现将有关问题函复如下：

一、同意你公司××、××、××三位同志分别来我校中文系、计算机系、外语系进修一年。

二、2023 年 9 月 1 日到学校“进修管理中心“报到，同时办理有关手续。现寄上进修生登记表 3 份，填好后请于 8 月 1 日前寄到我校“进修管理中心”。

三、进修费具体支付事宜，请与我校财务处直接联系。

附件：进修生登记表

（××大学办公室印章）

2023 年 6 月 5 日

**评 析：**

例文 1 是与不相隶属单位联系工作业务的商洽函。直陈事项，明确简洁；态度诚恳，语气谦和。例文 2 是复函，主体部分就来函的有关事项做了明确的答复。有的放矢，针对性强；条理清楚，语言简洁。

## 三、新闻

### （一）新闻的概念

新闻是指报纸、电台、电视台、互联网经常使用的记录社会、传播信息、反映时代的一种文体。新闻有广义与狭义之分。广义的新闻指除发表于报刊、广播、电视上的评论与专文外的常用文本，包括消息、通讯、特写、速写（有的将速写纳入特写之列）等；狭义的新闻则专指消息，即用概括的叙述方式，比较简明扼要的文字，迅速及时地报道国内外新近发生的、有价值的事实。

### （二）新闻的结构与写作思路（以会议新闻为例）

会议新闻是报道会议主要内容或与会议有关事件的新闻。通常可以把会议新闻理解成是报道会议的新闻。

#### 1. 标题

标题的形式有单标题、双标题和多标题三种。

（1）单标题。

多写明什么会议在何地（何时）举行或何团体举行什么会议，如《教育部与江苏部省会商会议、推进长三角教育一体化高质量发展座谈会在南京举行》。

（2）双标题。

主标题写明会议召开的主题，副标题写明会议名称，如《凝心聚力创佳绩 奋楫扬帆谋新篇——北京回龙观医院顺利召开 2024 年宣传思想文化工作会暨 2023 年度系列表彰会》。

（3）多标题。

由引题、正题和副题构成。这种标题更能突显出会议特色与亮点。如《中秋国庆假期前三天，国内旅游出游 3.95 亿人次——文旅市场持续升温 道路交通总体平稳》。

2. 正文

(1) 导语。

概要叙述会议召开的基本情况，包括会议时间、地点、主题、名称、与会人员、主持人等。介绍领导的时候，应写明出席领导的姓名、职务，特别要注意领导的排序问题，奉行的原则是来宾位于最前，综合级别、资历来排序。如“省教育厅厅长×××、副厅长×××，我校校长×××，学工部（处）、校团委、有关负责人出席了本次交流会。”

(2) 主体。

会议新闻的主体一般包括提炼领导讲话、介绍会议程序和描绘会场气氛等内容。在会议新闻稿中，领导的讲话内容很重要，但又不能将领导讲话的所有内容抄进新闻稿中，应对讲话内容进行提炼。提炼的内容要注意措辞，用词要简练，要体现出层次感，一些理论方面的提法要准确，要能体现理论的高度。领导讲话都是有逻辑的，可将各层次的内容用一两句话提炼出来，再按顺序组合，就能把讲话的精髓很好地囊括了。

介绍完领导讲话后，就要介绍整个会议的流程了。会议中进行的活动可能有很多，这就要求作者分清主次，与会议主题联系紧密的重点介绍，一些琐碎的程序少介绍或不介绍，如会议的讨论环节、收看重要的视频资料、表彰环节等都是比较重要的程序，而分发、收取材料等环节可略去。

会场的气氛能够让读者了解与会人员对召开此次会议的态度，了解会议的基调，这是会议新闻的重点。一般情况下，会场气氛往往是热烈的，与会人员的反应可体现该类信息，如“×××的讲话引起了与会人员的激烈讨论”“全场掌声不断”等。

(3) 结尾。

新闻稿的最后一段往往要简短评论会议的意义，评论要注意层次感。有时最后一段也可以不写意义，而是列举与会人员对该会议的反应，他们的反应更能真切地展现会议的意义，如《南京大学召开2024年新春座谈会》的结尾段写道：“与会院士、人文社科资深教授、老领导纷纷表示，学校在过去一年取得的成绩令人倍感振奋，对未来发展充满信心。大家还围绕科研创新、人才队伍、立德树人、多校区建设等话题展开深入交流和讨论，并提出针对性意见和建设性建议。”与会人员的反应显得更加生动有说服力。

总之，写作会议新闻时需注意以下三点：

(1) 要吃透会议精神，抓住会议的重要内容。一般说来，每个会议都有一个或几个中心内容，在报道时，要吃透会议精神，从其中心内容入手，选择最主要的、读者最关心的信息来落笔。

(2) 了解会议的背景，挖掘新闻背后的新闻。会议报道不一定总是写会议本身，善于捕捉会议中的“花絮”，往往更能赢得读者的青睐，深化会议的内涵。特别是在会议本身的新闻价值较小，报道意义不大时，不要把目光仅盯在会议上，应该从会议圈子里跳出来，通过会议提供的线索去挖掘会议新闻背后的新闻。

(3) 会外采访。会外采访是会场采访的一种配合和补充，要善于运用会外采访来挖掘更多的会议新闻背后的新闻。可在会外专访一些与会者，请他们谈谈会议有关的问题、意见、要求、心得体会以及自己参加会议的情况等；也可以采访会议的组织者或工作人员，请他们谈谈会议日程、会议安排等；还可以围绕会议主题采访会外公众的反应。

## (四)例文评析

**例文**

**郑州大学举办庆祝第 17 个国际档案日暨 2024 年兼职档案员业务培训会**

近日，郑州大学档案与校史馆、信息管理学院以"筑梦现代化奋斗兰台人"为主题，举办庆祝第 17 个国际档案日暨 2024 年郑州大学兼职档案员业务培训会。河南省档案馆副馆长翟賈远，郑州大学副校长张倩红出席，档案与校史馆、信息管理学院负责同志，全校各单位 120 余名专、兼职档案员和师生代表参加会议。

张倩红致辞。她指出，"历史载于文献，文献见证历史"，档案是历史的见证，是历史的载体，也是一个民族的记忆。一个国家越发达，文明程度越高，文化水准越高，就会越重视档案工作。她强调，一要提高政治站位，充分认识到档案工作的重要性和紧迫性；二要树立大档案意识，丰富学校的档案资源；三要加强知识学习，提高档案工作的能力；四要加强郑大校史的整理和编辑，传承学校的历史文化。

翟賈远以《高校档案收集整理》为主题作专题辅导报告。他从高校档案、高校档案收集、高校档案整理三个方面详细解读了高校档案的定义、特点、种类以及保管条件等。他表示，档案不仅是社会实践活动的原始记录，也是由文件有条件转化而来的宝贵资料。档案作为真实可靠的历史证据，具有法律效力，为巡视、审计、督查等工作提供了重要支撑。档案信息的储备和所反映的内容可供各项工作借鉴和参考，要充分利用现代科技手段，提高档案管理的智能化、信息化水平，更好地服务于国家的发展大局和社会公众的需求，继续发挥其在保存历史、传承文化、服务社会中的独特作用。

档案与校史馆负责同志分别对档案收集和年鉴编纂工作进行了具体讲解。

会后，翟賈远参与"6·9"国际档案日外展活动，并对学校档案管理工作给予了充分肯定。

（资料来源：郑州大学新闻网）

**评 析:**

这是一篇常见的会议新闻，开头对参会人员进行简单介绍，笔墨着重落在会议内容的展现上，高度概括，语言简洁，让读者在有限的时间内一目了然会议的主旨和内容。

**阅读思考**

1. 通知标题应具备的要素是什么？为什么不能直接将标题写作“通知”二字？
2. 请为近期或即将举办的某个会议写一则通知。
3. 函是平行文，在函的写作时要注意些什么？
4. 请根据老师创设的情景，写一则复函。
5. 新闻的构成要素有哪些？
6. 请选取本学期你参与的校园会议，写一篇会议新闻。

# 第四节 事务类文书写作

## 一、计划

### （一）计划的概述

#### 1. 计划的概念

部门、单位或个人对未来一定时期内要做的工作或要完成的某项任务，提出某些设想，做出具体安排，并写成的书面材料，就是计划。

#### 2. 计划的特点

（1）指导性。

计划是以人们对客观规律的认识为基础，通过人的思维加工而制订的。它是实践的反映，反过来又指导着人们的实践。计划从本质上说是一种自我规范性文件，具有很强的行政导向作用。

（2）预见性。

计划是对工作的安排，制订计划总要先回顾过去工作完成得如何，然后根据形势的发展变化，对下一阶段工作所能达到的目标做出科学的分析和预见，从而明确未来努力的方向，激励人们为这一理想的实现而勤奋工作。

（3）可行性。

计划是以现实工作为基础，经过主观努力可以实现的。计划既不能毫无突破、停滞不前，又不能脱离实际、好高骛远，必须在充分考虑主客观条件的情况下，实事求是、切实可行。

（4）约束性。

计划体现着决策机关的要求和意图，计划一经通过、下达，就要严格遵照执行，所以计划的约束性又是实现一定的决策目标的保证。

#### 3. 计划的种类

计划是一个十分宽泛的文种概念，其种类较多，由于内容涉及的范围不同、时限不同，又有粗细、远近等方面的差别，所以名称也不统一，常见的有规划、设想、安排、打算、要点、方案等。一般来说，“规划”适用的时间较长，涉及面广，内容比较概括。“设想”适用的目标比较长远，线条较粗，仅供初步参考。“安排”“打算”适用的时间较短，涉及面窄，内容比较具体。“要点”适用于上级对下级布置任务，交代政策，提出要求。“方案”是指对某项工作的全面计划。

计划从不同的角度，可分为不同的种类。

（1）按内容分，有工作计划、生产计划、学习计划等。

（2）按范围分，有国家计划、地区计划、单位计划、个人计划等。

（3）按时间分，有长期计划（5 年以上）、中期计划（2～5 年）、短期计划（年度、季度、月度等）。

（4）按作用分，有指令性计划、指导性计划等。

（5）按结构分，有条文式计划、表格式计划、条文与表格兼用式计划等。

（6）按性质分，有综合（全面）计划、单项（专题）计划等。

## （二）计划的结构和内容

以条文式计划为例，其结构一般由标题、正文、落款三部分组成。

### 1. 标题

标题应包括单位名称、计划期限、计划内容、计划种类，如《××公司 202×年度工作计划》。个人制订的计划，标题可省略制订单位部分。有些单项计划标题中可没有执行计划的时间部分。

如果计划是草稿或初稿，还应在标题后或下面加以注明，写明“草案”“草稿”“送审稿”“征求意见稿”等字样。

### 2. 正文

计划的正文一般由开头、主体、结尾三部分组成。

（1）开头。

开头，即前言（序言、导语）。主要说明制订计划的依据和指导思想。回答“为什么要做（制订计划）”的问题，也可以同时回答“能不能做”及“主要做什么、做到什么程度”等问题，写作时可灵活处理，没有定规和模式，总的要求是简明扼要，能统率全文。

（2）主体。

主体，即计划事项，是说明计划的基本内容的，是计划的核心，它紧接计划的开头部分，回答“做什么、做到什么程度、怎么做、什么时候做”的问题，即具体的任务、目标、措施、步骤，一般可采用序号或小标题的方式展开内容。

①任务，即“做什么”，是计划要完成的具体事项。任务要具体、明确、重点突出。

②目标，即“做到什么程度”，是计划完成任务所要达到的基本要求。要求应有量和质的标准，切合实际，有达到的可能性。

③措施，即“怎么做”，是指实施计划的具体办法。措施是实施计划、完成任务的保证，是达到目标的具体手段。措施要实事求是，具体可行。

④步骤，即“什么时候做”，是指工作的程序和时间的安排。

（3）结尾。

结尾，即结束语。可提出希望，发出号召，以鼓励全体人员为实现计划而努力，也可视情况不写这部分。

### 3. 落款

落款包括署名和日期。如标题中已写明的不用再署名。日期指制订计划的年、月、日，可写在标题下，或正文的右下方。

## （三）计划的写作要求

### 1. 实事求是，防止过高或偏低

制订计划要实事求是，具有科学的基础。一要认真研究上级的有关指示、政策精神，把它作为拟订计划的依据和参考；二要认真听取群众意见，根据实际情况，把计划订得切实可行。这里特别要注意防止两种倾向：一是目标定得太高，说大话，好高骛远；二是目标定得过低，轻而易举就能完成。

### 2. 明确具体，利于执行检查

计划要订得明确具体。目标、措施、步骤、责任者、时间都要表达清楚，目标明确，不仅便于执行，还有利于督促检查。

### 3. 层次分明，语言准确简洁

计划的目标、任务、措施、步骤等，安排要合理、得当。表格式计划和字表结合式计划应图表明确、项目清楚、数据准确可靠。

### 4. 符合规律，及时调整修改

事先预订的计划难免与不断出现的新情况、新问题不完全适应，在执行计划的过程中，对计划中的个别不适应的地方应及时调整修改，使计划不断完善。

## （四）例文评析

**例文**

**陇南市教育局 2023 年工作要点**

2023 年是全面贯彻党的二十大精神的开局之年，也是实施教育“十四五”规划承上启下的关键之年。全市教育工作的总体要求是：以习近平新时代中国特色社会主义思想为指导，紧紧围绕学习贯彻党的二十大精神这条主线，深刻领悟“两个确立”的决定性意义，增强“四个意识”、坚定“四个自信”、做到“两个维护”。坚决贯彻落实习近平总书记对甘肃重要讲话指示精神和对教育的重要论述，坚持和加强党对教育工作的全面领导，贯彻党的教育方针，落实立德树人根本任务，努力办好人民满意的陇南教育。紧紧围绕“学有优教”的新要求，全面贯彻市委、市政府和省教育厅对教育工作的安排部署，深入实施全市“十四五”教育发展规划，着力推动教育优先发展，加快构建现代化高质量教育体系，为建设幸福美好新陇南作出新贡献。

一、坚持和加强党对教育工作的全面领导

1. 深入学习宣传贯彻党的二十大精神。始终把学习宣传贯彻习近平新时代中国特色社会主义思想和党的二十大精神作为全市教育系统首要政治任务，开好讲好“习近平新时代中国特色社会主义思想概论”课，用好《习近平总书记教育重要论述讲义》《习近平新时代中国特色社会主义思想学生读本》。抓好党员干部日常学习，组织开展党的二十大精神宣讲活动，深入推进习近平新时代中国特色社会主义思想和党的二十大精神进教材进课堂进头脑，用习近平新时代中国特色社会主义铸魂育人。

2. 全面加强党对教育工作的领导。坚持将党的领导贯穿于办学治校的各方面、全过程，制定全市教育系统党建工作清单。完善中小学校党组织领导的校长负责制，形成党组织书记管决策、校长抓落实的工作格局。加强学校思想政治工作，推动中小学党建与教育教学深度融合。开展学校党务干部专题培训。健全完善“双培养”工程长效机制，组织实施党员教育中心校建设工程。推动指导民办学校落实党建工作重点任务和有关责任清单。

3. 纵深推进全面从严治党。召开全市教育系统全面从严治党工作会。强化教育部门党委（党组）的主体责任，完善与驻局纪检监察组的沟通机制。扎实做好软弱涣散基层党组织排查整顿和“回头看”工作。持续做好党支部标准化建设和“四抓两整治”。持之以恒正风肃纪，严格落实中央八项规定。深入推进教育系统廉洁文化建设，持续开展专项治理。实施好全市教育系统党建“双优工程”，积极培育“双优人员”。扎实推进“三抓三促”行动，巩固提升全市教育系统风清气正、干事创业、教书育人的良好政风行风教风。

4. 牢牢掌握意识形态主导权。进一步健全完善责任考核制度，强化意识形态工作、网络意识形态工作的目标管理。加强对教师引进、学生活动、教辅使用等方面的政治把关。加强教育宣传工作，建好管好用好市县区教育局和各级各类学校“一网两微两号”，强化教育领域舆情预警处置，切实防范化解意识形态领域风险。

二、不断提升立德树人水平

5. 大力推进思政课建设工作。配齐建强中小学专职思政课教师队伍，开齐上好思政课。积极创建思政课名师工作室，各县区至少创建小学、初中、高中各1个思政课名师工作室。举办校级、县级、市级思政课课堂技能大赛和精品思政课晒课活动。开展好红色基因传承“一校一品”行动和“争做强国少年”阅读活动。实施好“读懂中国”“新时代好少年”主题活动。进一步强化共青团、少先队组织对少年儿童的政治启蒙和价值观塑造，推进中小学德育工作取得新实效。

6. “五育并举”促进学生全面发展。实施好甘肃省“中小学德育工作星级校”创建工作。推动落实体育美育劳动教育三个“若干措施”，促进学生德智体美劳全面发展。配齐中心小学以上学校体育、艺术课教师，认真开好体育、艺术课，举办多层次的体育运动会、艺术展演等活动。全面组织学生体质健康监测。积极开展劳动教育，将劳动素养纳入学生综合素质评价体系。实施好全省心理辅导室建设标准化学校评选认定工作。做好防控儿童青少年近视工作。开展学生军事训练和国防教育，提升国防素养。

7. 巩固提升“双减”工作成效。全面贯彻落实国家“双减”政策，切实发挥“双减”工作专门协调机制作用，严格执行“五项管理”规定。不断提高作业设计和课后服务质量。巩固校外培训机构整治成效，将校外培训全流程监管纳入政府履行教育职责评价体系，健全校外教育培训监管机构，严格查处隐形变异违法违规培训行为。做好校外培训机构年检年审工作。充分利用新媒体阵地宣传“双减”各项政策，不断强化群众和家长对“双减”政策的正确认识及大力支持，营造共同治理的良好氛围。

8. 深入开展教育教学研究。完善县区教研机构，按照学段、学科齐全的原则配齐配强教研员，充分发挥教科研在基础教育质量提升中的支撑作用。全面贯彻落实、健全“三新”高考改革下普通高中教育教学质量考核评价制度。全面开展校本教研、课题研究、课改培训、教学竞赛、精品课制作等教科研活动。积极组织参加省、市级教科研活动。加强教研基地和学科教研创新示范校建设。

9. 加大中小学教材监管力度。认真落实国家和甘肃省各项教材管理条例，规范教材征订选用工作。定期组织开展中小学教材教辅和校园读物专项排查，加大教材违规行为查处力度。各县区研究制定中小学地方课程教材建设规划和校本课程开发实施基本规范，打造精品教材。

10. 大力推广普及国家通用语言文字。实施好国家通用语言文字普及提升工程和推普助力乡村振兴行动，实施好“童语同音”计划，开展“小手拉大手学讲普通话”活动。积极参加新时代语言文字示范校创建工作。组织教师普通话水平抽检监测。

三、促进各类教育协调发展

11. 推动学前教育普及普惠安全优质发展。全面推进陇南市“十四五”学前教育发展提升行动计划，集中力量以增加城区公办幼儿园学位为目标，新建、改扩建一批公办幼儿园，切实提高公办园在园幼儿占比。持续深化学前教育改革，全面开展幼儿园保育教育质量评估工作，稳步提升保育教育质量，推进幼小科学衔接，定期开展幼儿园“小学化”专项治理行动，坚决克服和纠正“小学化”倾向。

12. 推进义务教育优质均衡和城乡一体化发展。深化以县为主的义务教育治理结构改革，强化义务教育学区制管理、集团化办学和城乡学校共同体建设。加快主城区、城镇中心区和人口聚居区的学位扩容，建好中心乡镇寄宿制学校，满足城乡义务教育学位需求，全面消除义务教育大班额。落实控辍保学长效机制，激发乡村小规模学校办学活力，打造“乡村温馨校园”。实施义务教育课堂教学改革深化行动，全面提高课堂教学质量。深入开展中小学生研学实践教育活动，着力提高创新精神和实践能力。

13. 推动普通高中特色多元发展。进一步优化普通高中布局结构，持续推进普通高中创建省级示范性高中和特色高中，扩大优质资源供给。出台县区普通高中标准化建设工程实施方案并推动落实。改扩建一批普通高中，全面提升全市普通高中办学条件，适应高考改革需要。严格落实公办民办高中属地招生政策，稳定县中生源。强化学生综合素质培养，优化选课走班教学模式。

14. 提升职业教育和成人教育办学水平。持续推进中职学校办学条件达标工程，建立市、县级教育部门协同机制，逐步提高达标学校比例。完成 2023 年“技能甘肃”建设任务。持续推进“一县一校一中心”县域职业教育发展，积极开展职业技术技能培训。推进中职学校“双优”计划和职业教育数字化发展，优化专业设置，充实数字教学资源，提升职业教育与产业发展的适配度。组织开展技能大赛、职业教育活动周和全民终身学习周活动。规范中职学校办学行为，加强实习实训管理。更名转型成人教育机构，设立陇南开放大学县区学院（学习中心），推进社区教育、老年教育和终身教育。

15. 加快陇南师专专升本工作。积极推动陇南师范高等专科学校升本发展，优化专业设置，建成一批省级一流学科或特殊优势学科，大力提升学前教育、小学教育和电子商务等专业办学水平。

16. 推动特殊教育和民办教育规范良好发展。争创省级随班就读示范区、示范校。加大特教学校教师培训力度，健全残疾儿童少年入学数据核对机制，落实好“一人一案”和随班就读工作。加强对民办学校师资力量的培训。规范民办学校招生管理和财务监管。加大对民办学校联合监管督查力度，提升民办学校规范办学水平和办学质量。

四、加强教师队伍建设

17. 提升教师队伍整体素质。认真实施国家特岗计划、市级人才引进项目和事业单位公开招聘等渠道为学校补充所需的优质师资。制定教师及校园长培训计划，整合培训资源，依托国培计划、省培和东西协作项目，开展以师德师风教育、新理念和新方法为重点的新一轮中小学幼儿园教师全员培训。培养教师运用现代信息化手段开展教育教学技能，树立教师现代化教育理念，提高教师综合能力和业务水平。

18. 落实教师各项待遇。落实义务教育教师工资待遇保障，认真实施好农村中小学教师周转宿舍建设项目和乡村教师生活补助政策，确保乡村教师生活补助人均月补助标准不低于 400 元。大力推进全市教师安居工程。积极开展中小学教师职称评审。

19. 强化师德师风建设。把师德师风作为第一标准，完善师德师风考核长效机制，强化对教师失德失范行为的监督查处，加大优秀教师宣传力度，开展师德师风培训及宣讲活动。认真组织开展市级名教师名校长，省市骨干教师和学科带头人等评选工作，建设阶梯形骨干教师队伍。做好第 39 个教师节宣传庆祝系列活动，进一步营造全社会尊师重教浓厚氛围。

五、深化改革激发教育发展动力

20. 深化新时代教育评价改革。落细落实《陇南市深化新时代教育评价改革总体方案》，按照国家关于教育质量评价的三个指南，修订县区党委政府教育工作评价、学校评价、教师评价、学生评价、用人评价的制度和办法，认真开展幼儿园、义务教育阶段学校、普通高中学校教育质量评价工作，克服“五唯”顽瘴痼疾，扭转不科学的教育评价导向，建立促进学生德智体美劳全面发展的体制机制。

21. 深化教育关键领域改革。深化考试招生制度改革，严格执行义务教育免试就近入学制度。全面应用陇南市普通高中招生录取系统，规范普通高中招生行为。深入推进教育领域“放管服”改革，持续推进简政放权、放管结合、优化服务改革。进一步规范教育行政审批，落实事中事后监管责任。大力推进“双随机、一公开”，优化“互联网＋政务服务”，推进“一网通办”，提高教育领域政务服务信息化水平。

22. 深化教育督导体制机制改革。深化新时代教育督导体制机制改革，研制陇南市《关于强化教育督导推动教育高质量发展的工作方案》，推动全市教育高质量发展。认真开展政府履行教育职责评价。开展好义务教育质量检测。继续开展学前教育普及普惠、幼儿园办园行为督导评估。强化“双减”督导检查，统筹开展专项督导评估。

23. 扎实推进“县管校聘”改革。各县区进一步优化调整“县管校聘”实施方案，制定完善校长聘任制和任期制。建立县域内教师在城镇学校和农村学校、优质学校和薄弱学校之间双向流动的长效机制，严格落实“县管校聘”改革规定的交流轮岗人数比例要求。

六、夯实教育高质量发展基础

24. 健全教育经费投入保障机制。落实教育领域市与县区财政事权和支出责任，督促各县区教育经费足额补缺到位，提高教育经费保障作用的发挥。各县区确保今年一般公共预算教育支出只增不减。积极协调和配合市县区财政部门做好各类教育扶贫财政资金的管理和按期支付工作。用好市县区教育发展专项资金。加强教育系统审计工作，定期开展内部审计。

25. 高标准完成教育项目建设任务。重点做好薄改与能力提升项目、长效机制及综合奖项目、改善普通高中办学条件项目、省政府为民办实事“建宿舍扩食堂增学位改厕所”项目、学前教育项目和职业教育项目等建设工作。各县区多措并举，加强市县联动，压实时间、进度、人员和管理等各环节责任，切实加快项目建设进度。3月份全面启动项目建设工作，4月底前开工，总投资300万元以下的项目到2023年10月底前完成主体施工，300万元以上的项目到12月底前完成主体施工，设备购置项目10月底前全部完成。

26. 加快推进教育数字化转型。加快推进“三个课堂”建设，全面完成全市364所学校开展“专递课堂”所需的各类设备采购。全市打造10个“名校网络课堂”、400个“名师网络学堂”。持续推进陇南市智慧教育云平台常态化应用。举办全市第四届创客大赛和全市教师数字实验教学技能大赛。积极组织师生参加国家、省级教育信息化竞赛活动。应用人工智能、人脸识别等先进技术开展体育教学、考试工作。建设物理、化学、生物数字实验室，开展数字实验教学和考试工作，满足中考对加考实验的要求。办好全省教育信息化现场推进会。

27. 全面落实各项学生资助政策。严格按照管理办法开展学生资助，做到从学前到高校资助的精准资助。认真落实国家助学贷款政策，做好生源地信用助学贷款。规范资助档案管理报备。做细校方责任险工作，依据程序做好事故理赔。落实好学生营养餐大宗食品材料采购县区向市教育局报审制度。

28. 全力做好校园安全稳定工作。学校安全工作常抓不懈，健全安全预案，持续抓好学校安全风险点摸排管控、安全隐患排查整治、扫黑除恶、校园欺凌防治、防震减灾、交通安全、校车监管、食品卫生、校舍安全、扫黄打非、防溺水、冬季取暖、心理健康、重点时段和学校大型活动安全、拥挤踩踏事故预防、校园反恐怖和校园周边环境综合治理等安全工作。强化学校防疫物资和医疗用品保障，健全在校学生基础疾病、心理健康、疫苗接种等台账，持续做好学校新冠病毒和其他传染病防控工作。开展“平安校园创建”活动。开展“家校协同护苗行动大讲堂”活动。持续推进依法治校，落实“八五”普法规划，加强青少年法治教育。落实校园安全工作联席会议制度，靠实部门职责，合力维护校园及周边环境安全稳定。

（资料来源：陇南市教育局政府信息公开网站）

评 析：

这是一篇陇南市教育局的年度工作要点，属于计划的形式之一，全文将来年要做的28项工作内容分为6大板块，层次分明，为陇南市教育局开展新一年工作指明方向。

## 二、总结

### （一）总结的概念和特点

#### 1. 总结的概念

总结是国家机关、社会团体、企事业单位和个人对过去一段工作的回顾和分析评价，是用以判明得失利弊，提高理性认识，指导今后工作的书面材料。总结是立足现实、回顾过去、展望未来的一种文体。

#### 2. 总结的特点

（1）客观性。

总结是事后回顾，所回顾的都是客观存在的，做过什么、成功与否等都必须符合客观实际，实事求是。

（2）主观自觉性。

一方面，总结是对本组织、本部门、本单位或个人的实践进行的回顾与检查，自身实践是总结的对象；另一方面，总结要求实践主体自觉地进行回顾检查、分析评价，否则总结就失去了意义。

（3）理论性和概括性。

总结将感性认识上升为理性认识，重在从实践中得出经验教训及规律性认识。简单地复述具体实践是没有意义的，必须有所侧重、有所概括、有所分析研究。

#### 3. 总结的种类

（1）按性质分。

按性质分，有综合性总结、专题性总结等。

（2）按内容分。

按内容分，有生产总结、工作总结、学习总结等。

（3）按时间分。

按时间分，有年度总结、季度总结、月度总结等。

（4）按范围分。

按范围分，有国家总结、地区总结、单位总结、部门总结、个人总结等。

（5）按功用分。

按功用分，有经验性总结、汇报性总结等。

在实际应用中，总结不外乎两大类，即综合性总结和专题性总结。

综合性总结是指对一个单位或部门在一个阶段内的所有工作进行的全面总结。总结的综合性有两方面的含义：从时间上说，是指对一个阶段内的工作进行综合总结，如月度总结、季度总结、年度总结等，都要求总结一个阶段内的所有工作；从内容上说，是对一项工作任务的各个方面进行综合总结。当然，全面中要突出重点，不要面面俱到。

专题性总结是对一个单位、一个部门的某项工作或某个专门问题进行的专门性总结。一般选取工作中的某些突出成绩、典型经验或某些带有普遍意义的问题，通过总结指导工作。这类总结，内容集中，针对性强，使用更加广泛，在写作中要抓住中心，突出特色，切忌泛泛而谈。

### （二）总结的结构和内容

总结一般由标题、正文，具名和日期三部分组成。

#### 1. 标题

总结的标题从形式上分，有两大类：单行标题和双行标题。单行标题又有两种：公文式标题和文章式标题。

（1）公文式标题。

公文式标题是由单位名称、总结时限、总结内容、总结种类构成的，如《××办公室 2023 年工作总结》。

（2）文章式标题。

文章式标题直接标明总结的基本观点和内容范围，多用于专题总结，特别是经验总结，如《在调整中继续前进的一年》。

在实际运用过程中还有使用双行标题的，即同时使用上述两种标题，多是正题用文章式标题，点明总结的主要观点或基本经验、教训，让人易于把握；副题采用公文式标题，补充说明单位、时限、内容。如《从改革中寻出路不拘一格选人才——西安人民广播电台公开招聘采编人员的总结》。

#### 2. 正文

总结的正文大致可分为四个部分：概述、工作情况、经验教训、结语。

（1）概述。

这个部分要概述工作全貌，写明工作根据、指导思想、综合成果，有时也概括一下经验。目的是先给人一个总体印象，为下文做好铺垫。这部分要写得简明扼要，高度概括。

（2）工作情况。

要写明工作的进程，采取了哪些措施，实行了什么步骤，取得了哪些成绩，还存在什么问题。或综述或分述，要写清楚。这部分着重回答“做了什么”的问题。在综合性总结中，工作情况一般单独列项，并且要把成绩列于特别突出的位置；而在专题性总结中，工作情况常和经验教训融为一体。

（3）经验教训。

这部分是总结的核心，着重回答“怎么做”的问题。它是根据工作情况总结出来的有规律性的东西，常常还要加以分析说明，使之更有说服力。工作情况和经验教训两部分是总结中最重要的部分，是总结中必备的内容。当然由于侧重点不同，在具体叙述安排中，也可各有详略。具体结构形式有三种情况。

①分块式。全面总结常采用此式。最常见的写法是分成成绩块、经验块，以前后为序。这种写法结构分明，层次清楚。

②过程式。这种写法是以工作过程为序，把工作分成几个阶段，然后按工作过程的阶段、步骤，归纳总结出相应的经验教训。这种写法突出的重心是工作成绩，好处是看完后，对工作有比较完整的印象。

③经验式。这种写法是以工作经验为线索，把主要经验按性质分类，然后分条来写，每条之间要有一定的逻辑关系。在每条经验教训之后，常用工作过程中有关措施、成绩、步骤作为论据来说明证实。此类写法突出的重点是经验、教训。专题总结常用此法。

（4）结语。

结语多写今后的打算、努力的方向，着重回答“今后怎样做”的问题。也有把存在的问题写在这一部分的，然后再写今后改进意见。这部分要写得简洁、明确。有些总结采用自然结尾，因此，就没有结语部分了。

#### 3. 具名和日期

一般在正文的右下方署名，并写上日期，也有的在标题下方署名。

### （三）总结的写作要求

#### 1. 要有正确的指导思想

写总结是一项思想性、政策性很强的工作。从材料的整理到观点的形成，都要围绕正确的指导思想进行。工作中的成绩、经验，往往是贯彻正确的思想取得的；工作中的缺点错误，往往是偏离这一指导思想造成的。正确的指导思想不是一成不变的，它会随着时间、条件的变化而调整和改变。特别是在经济高速发展的今天，许多工作是前人没有做过的，因此，我们必须面对新情况，研究新问题，这是写好总结的前提和基础。

#### 2. 要有实事求是的科学态度

实事求是，就是尊重客观实际，这是我们一切工作的出发点。总结中的观点必须是从客观实际的材料中提炼出来的，“求是”是“实事”的理性认识，材料虚假就会导致观点虚假。要用一分为二的观点来认识事物，工作中取得的成绩、经验，遇到的问题、教训，总结时一般都要兼顾。尤其是全面总结更应注意，对成绩不能夸大，对缺点不能轻描淡写，全盘肯定，全盘否定，把问题绝对化，都应该避免。

#### 3. 要归纳规律性的东西

搜集材料讲求全面，要全面了解自身实践活动的全过程。包括工作中的各个方面，过去是怎样做的，现在是怎样做的，有哪些好的做法值得发扬，哪些做法需要引以为戒，从而概括出普遍的经验、教训，即规律性的东西。不要就事论事，记流水账。同时，使用材料，必须经过取舍，要把那些典型的、有说服力的材料写入总结。只有抓住突出的、能反映事物本质的材料，才能做到材料和观点的有机统一，具有说服力。

#### 4. 要突出个性、准确表达

这是保持总结活力的重要方法。突出个性是指既要注意与其相关文种（工作报告、调查报告）的区别，注意概括和总结，突出总结的个性特征；又要注意总结自身的特征。不能例行公事、老生常谈，而应抓住新经验、新方法、新思路。准确表达是指总结在表达方式上要以叙、议为主，做到叙议结合。叙述事实过程应是撰写情况、经验的基础，议论则应体现在对所叙事实的升华和提高上。

### （四）例文评析

**例文**

**深圳市教育局2022年工作总结**

2022年，全市教育系统深入贯彻习近平新时代中国特色社会主义思想，在市委市政府的正确领导下，坚定不移扩规模、提质量、推改革，各项工作取得新的成绩，在广东省对各市政府履行教育职责评价中，我市得分连续四年居珠三角城市第一。

（一）教育系统党的建设不断加强。在全市教育系统掀起学习宣传贯彻党的二十大精神热潮，通过多种形式举办“学习党的二十大精神专题培训班”“主题党日”“宣讲团进校园”等活动，实现全市教育系统党员干部师生全覆盖。全市11个区（新区、特别合作区）全部成立党委教育工作领导小组。出台中小学校领导体制改革“1+5”文件，推进中小学校党组织领导的校长负责制改革。公办高校教师党支部书记“双带头人”比例达100%，全市大中学校100%将党建工作写入学校章程，教育社会组织党建覆盖率达到100%。累计31个学校党组织立项建设省级以上党建示范校、党建标杆院系和样板支部。出台《关于深化新时代深圳市学校思想政治教育改革创新的若干措施（2022—2025年）》，编写出版深圳特色系列思政教材，遴选42节“思政金课”，探索了新时代青少年学生思政教育新路径。

（二）教育改革创新实现新突破。教育部基础教育综合实验区、普通高中新课程新教材实施国家级示范区、国家信息化教学实验区、国家智慧教育示范区建设和教师队伍建设等形成多项经验并在国家级会议上分享。出台《深圳市教育发展“十四五”规划》和教育经费保障、校长教师发展、教育教学研究、监测评价督导“四个体系”建设方案，成立由国内外知名专家组成的高等教育、基础教育、职业教育三个专家咨询委员会，进一步强化了教育先行示范的保障支撑。

（三）百万学位建设攻坚计划成效显著。新改扩建中小学校、幼儿园182所，新增基础教育学位20.6万座，再创历史新高。自2020年百万学位攻坚计划实施以来，已累计新增基础教育学位43.7万座。公办幼儿园在园儿童占比达到54.7%，普惠园在园儿童占比达到88.6%。在国内首创高中园模式，三所高中园投入使用，2022年新增公办普高18所，全市普高录取率达到70%，公办普高录取率达到53.8%，比大规模学校建设前分别提高了近8个、10个百分点。

（四）各级各类教育发展取得新进步。一是基础教育发展迈上新台阶。颁布实施《深圳经济特区学前教育条例》，推进学前教育步入法治化发展轨道。印发《深圳市公办中小学集团化办学实施方案》，立项建设30个优质基础教育集团，推动新建学校集团化办学全覆盖。出台《深圳市中小学科技创新教育行动计划》，强化深圳创新教育特色。二是高等教育保持快速发展态势。南方科技大学入选国家“双一流”建设计划，深圳大学深圳南特金融科技学院获批设立，深圳音乐学院、深圳理工大学、天津大学佐治亚理工深圳学院永久校区开工建设。深圳零一学院揭牌并正式招生，海洋大学筹建方案获市政府审批通过。成立西丽湖国际科教城X9高校院所联盟，探索了区域内高校院所紧密合作、资源共享新机制。三是职业教育创新高地建设顺利推进。部省共建深圳职业教育全国创新发展高地任务完成率达到95%。组建深圳东、西部职业教育集团，在全国首创了中高本一体化协同发展新模式。2022年全国职业院校技能大赛成绩突出，获一等奖18个，位居广东省前列。四是“五育并举”与“双减”深入推进。深化体教融合，全年共举办28个项目35场市级比赛，初步实现校园体育活动赛事“班班有活动、周周有比赛、月月有颁奖”，在广东省第十三届中学生运动会上，深圳代表团获团体总分一等奖，公办中小学校体育场馆实现100%向社会开放。出台《深圳市学生心理健康教育与服务体系建设方案》《关于进一步加强大中小学劳动教育的实施意见》。印发《深圳市义务教育阶段学校减负提质实施方案》，义务教育学校100%开展课后服务，义务教育阶段学科类校外培训机构100%登记为非营利性机构，被教育部评为全国“双减”工作优秀案例。

（五）教师队伍建设机制不断完善。印发《深圳市深化中小学教师职称制度改革实施方案》，畅通了校领导、非在编教师参与职称评审渠道。印发《深圳市校长教师交流轮岗指导意见》，推动基础教育师资均衡配置。新建218个市级名校（园）长、名教师工作室，34个教育科研专家工作室，覆盖约3000名骨干校长、教科研专家、教师。创新性教学成果丰硕，74项基础教育教学成果获广东省基础教育教学成果奖，全市教育系统获省教学成果奖特等奖10项，占全省的五分之一。

（六）教育对外开放和治理现代化水平进一步提升。成功举办第十一届深港校长论坛、“深港澳青少年庆祝香港回归25周年暨携手同学行动成果展”等活动，成立粤港澳大湾区特色职教园区。出台《深圳市基础教育信息化“十四五”规划》《深圳市智慧教育领航人才培养工程实施方案》，云端学校创新实践入选教育部智慧教育优秀案例、2022年度深圳市二十项优秀改革案例。织密织牢校园疫情防护网，全市校园没有发生大规模聚集性疫情。对全市2800多所学校（幼儿园）全覆盖开展安全检查，维护了教育系统安全稳定。对口帮扶5省10市40县（区），与302所学校建立“一对一”帮扶关系，构建了从幼儿园到高中全覆盖式学校结对帮扶机制。讲好深圳教育故事，推出“圳少年”“圳青年”系列宣传报道20期，全网流量超3亿，“深圳教育”官微被评为“深圳年度优秀政务新媒体”。

（资料来源：深圳市教育局政府信息公开网站）

**评 析：**

这是一篇深圳市教育局的年度工作总结，开头高度概括，为下文对工作、成绩展开性的陈述、做好铺垫，并将重要成绩在开头段点明。工作情况和经验教训两部分内容融合到一起写，每一段都有高度凝练的段旨句，详略得当，条理清楚。

## 阅读思考

1. 请根据自身情况，写一份本学期的阶段性学习总结。
2. 计划的构成要素有哪些?
3. 请根据自身情况，写一份本学期学习计划。
4. 总结的构成要素有哪些?

事务文书

# 第五节　就业类文书写作

## 一、个人简历的概念

个人简历是求职者给招聘单位发的一份简要的自我介绍。从广义上讲，个人简历包括四个部分：封面、求职信、个人情况介绍和附件。从狭义上讲，个人简历就是个人情况的简要介绍，包含自己的基本信息：姓名、性别、年龄、民族、籍贯、政治面貌、学历、联系方式、学习经历、工作经历及自我评价等。

## 二、个人简历的写作

### （一）个人简历的内容

个人简历即个人情况简介，可以是表格的形式，也可以是其他形式。个人简历的内容一般应包括以下六个方面的内容。

**1. 个人资料**

个人简历必须包括姓名、性别和联系方式（固定电话、手机、电子邮箱），而出生年月、籍贯、政治面貌、婚姻状况、身体状况、兴趣爱好等则视个人以及应聘的岗位情况而定。

**2. 学业有关内容**

主要包括毕业学校、专业，获得的学位及毕业时间，学过的专业课程（可把详细成绩单附后）以及一些对工作有利的辅修课程等。

**3. 本人经历**

本人经历是指大学以来的简单经历，主要是学习和社会工作的实践经历，有些用人单位比较看重应聘者在课余参加过的活动，如实习、社会实践、志愿工作、学生会、团委工作、社团等。切记不要列入与自己应聘工作毫不相干的经历。

**4. 荣誉和成绩**

荣誉涉及“优秀学生”“优秀学生干部”“优秀团员”及奖学金等方面，还可以把你认为较有成就的经历（比如自立读完大学等）写上去。

**5. 自我评价**

内容应简明扼要，突出重点。

**6. 附件**

个人获奖证明，如优秀党员、团员，优秀学生干部证书的复印件，外语四、六级证书的复印件，计算机等级证书的复印件，发表的论文或其他作品的复印件等。上述附件视应聘单位要求确认是否提供。

### （二）个人简历的写作标准

**1. 整洁**

简历一般应彩色打印，保证简历的整洁性。

**2. 简明**

简历字数一般在 1000 字以内，让招聘者能在几分钟内看完，并留下深刻印象。

**3. 准确**

简历对名词和术语的使用要正确、恰当，做到没有拼写错误和打印错误。

**4. 通俗**

语言通俗流畅，没有生僻的字词。

**5. 诚实**

内容实事求是，不卑不亢。

### （三）个人简历的写作原则

每个人的特点及经历都是不一样的，这就决定了简历不可能千篇一律，在简历中要反映出个性和创意。如果简历没有新意，无法做到“与众不同”，就无法引起应聘单位的注意。下面四个原则有助于你的简历更加个性化。

**1. 重点突出**

招聘者希望看到你对自己即将从事的职业的态度是认真负责的。不要忘记招聘者在寻找的是适合某一特定职位的人，这个人是数百名应聘者中最合适的一个。因此，如果简历中没有对所应聘的工作和职位的重点陈述，或是你把自己定位成一个适合于所有职位的求职者，你很可能将无法在任何求职竞争中胜出。

**2. 推销自己**

最成功地推销通常要求简短且富有感召力，并且能够多次重复重要信息。个人简历应该限制在一页以内，介绍不要以段落的形式出现，尽量运用动作性短语，使语言鲜活有力。

**3. 陈述有利信息，争取成功机会**

理想的应聘者要有相应的教育背景、工作经历以及技术水平，这会是应聘者在新的职位上取得成功的关键。应聘者只有符合这些关键条件，才有可能打动招聘者，赢得面试机会。同样，简历中不要有其他无关信息，以免影响招聘者的看法。

**4. 画龙点睛做小结**

这其实是很重要的一个部分，可以在小结中写出你最突出的优点。很少有应聘者写上这几句话，但用人单位却认为这是引起注意的好办法。

### （四）个人简历的写作提示

(1) 要仔细检查已成文的个人简历，绝对不能出现错别字、语法和标点符号等方面的低级错误。

(2) 个人简历最好用 A4 标准复印纸打印，字体采用常用的宋体或楷体，排版要简洁明快，切忌标新立异，排得像广告一样。当然，如果应聘的是排版等工作则例外。

(3) 要记住个人简历必须突出重点，与应聘的工作无关的事情尽量不写，对应聘的工作有意义的经历和经验绝不能漏掉。

(4) 个人简历越短越好，最好在一页纸之内完成，一般不要超过两页。

(5) 要尽量提供个人简历中提到的业绩和能力的证明资料，并作为附件附在个人简历的后面。可使用复印件，以防丢失重要文件。

(6) 要用积极的语言，切忌用缺乏自信和消极的语言写个人简历。

(7) 不能凭空编造经历，但也没有必要写出所有真实的经历。对求职不利的经历可忽略不写。

(8) 用第三人称写个人简历，不要在个人简历中出现“我”的字样。

(9) 在结构严谨的前提下，要使个人简历富有创造性，使招聘者产生阅读兴趣。

## 三、例文评析

### 例文

**李哲**

**LIZHE**

**河南 XX 大学**

**新闻传播专业研究生**

**XX 学院**

**旅游管理专业（会展经济方向）本科**

**求职意向：河南 XX 控股有限公司 —— 人事专员**

**工作经历**　　**河南省 XX 集团有限公司**　　**人事运营岗**　　**2018.5.21—至今**

**1．新媒体模块**

**负责集团及部门公众号运营**

2018 年 7 月开设集团公众号，截至目前，共开设 5 个版块内容，发布 26 篇文章、8 张海报，并在公众号发布关于十五周年司庆文章。

**2．活动策划执行模块**

负责集团第五届家庭日前期策划及宣传视频拍摄工作；

参与集团 15 周年司庆、第四届家庭日及年会策划组织工作。

**3．人力资源模块**

**① 负责集团培训开发及组织工作：**

制订集团年度培训计划，并组织开展各期培训。

**② 负责集团五险一金办理及管理工作：**

管理集团全体员工五险一金事务。

**③ 负责集团相关福利管理工作：**

修订集团福利制度，负责集团相关福利的管理工作。

**④ 参与集团常规招聘工作。**

---

**校内经历**

| | |
|---|---|
| XX 学院考研学习社学习部部长 | 2014-2015 |
| XX 学院青年志愿者协会项目部部长 | 2012-2013 |
| XX 学院一比九会展行业协会副会长 | 2012-2013 |

---

**专业技能**

大学英语六级

注册助理会展经营师

熟练使用 Office、Photoshop、Premiere、Finalcut 等软件

---

**荣誉奖励**

河南 XX 大学 2017-2018 年度研究生一等奖学金

河南 XX 大学 2016-2017 年度研究生二等奖学金

河南 XX 大学 2017 年暑期三下乡社会实践活动一等奖

XX 学院 2012-2013 年度校级服务奉献奖

XX 学院 2011-2012 年度校级优秀青年志愿者

出生日期：1992.12.19　　政治面貌：中共党员

邮箱： XXXXXX @163.com　　电话：185XXXXXX

**评 析：**

简历可以有多种组成形式，这是其中一种简历的例文，该份简历具备了简历应有的所有信息，尤其是专业技能一栏有针对性地突出了求职者的个人技能和优势，有助于求职者顺利应聘。

## 阅读思考

1. 个人简历应包括哪些内容？
2. 请根据自己的就业目标，写一份个人简历。

就业文书

# 参考文献

[1] 朱东润. 中国历代文学作品选. 上海：上海古籍出版社，2008 年

[2] 沈德潜. 古诗源. 北京：中华书局，2016 年

[3] 章培恒，陈振鹏 . 古文鉴赏词典（上册）. 上海：上海辞书出版社，1997 年

[4] 彭定求等. 全唐诗. 北京：中华书局，2018 年

[5] 黄国贞. 宋词三百首. 北京：商务印书馆，2017 年

[6] 傅德岷等. 外国散文百年精华鉴赏. 上海：上海科学技术文献出版社，2008 年

[7] 马臻荣. 大学人文基础（第三版）. 北京：高等教育出版社，2018 年

[8] 黄高才. 应用写作（第二版）. 北京：北京大学出版社，2017 年

[9] 谷岩，裴哲 . 口才与演讲实训教程 . 长春：东北师范大学出版社，2017 年

[10] 张婧，白志荣，陈丽君 . 演讲与口才 . 长沙：湖南师范大学出版社，2017 年

[11] 丁亚玲 . 口才与演讲训练教程 . 北京：高等教育出版社，2016 年

[12] 纪可妹，骈俊生 . 国学经典与职场 . 北京：高等教育出版社，2016 年

[13] 董小玉 . 文学欣赏教程 . 北京：高等教育出版社，2015 年

[14] 金燕，刘国庆 . 应用写作项目实训教程（第二版）. 北京：高等教育出版社，2015 年

[15] 张建 . 应用写作 . 北京：高等教育出版社，2014 年

[16] 李向明 . 职业人文基础（第二版）（人文修养分册）. 北京：高等教育出版社，2014 年

[17] 陈桂良 . 新编高职语文（第二版）. 北京：高等教育出版社，2014 年

[18] 李艳敏 . 经典诗文名篇诵读 . 辽宁：大连理工大学出版社，2013 年

[19] 王启敏，邱燕，姜宽德 . 新编大学语文 . 天津：南开大学出版社，2012 年

[20] 付煜 . 大学语文 . 长春：东北师范大学出版社，2012 年